Bodo Deletz

50 Halbwahrheiten, die dir das Leben schwer machen können

Bodo Deletz
alias Ella Kensington

50 Halbwahrheiten

die dir das Leben schwer machen können

Orientierung im Dschungel
von Esoterik und Lebenshilfe

Ella Kensington Verlag

Bodo Deletz

50 Halbwahrheiten, die dir das Leben schwer machen können

München: Ella Kensington Verlag, 2016

ISBN 978-3-946602-36-1

1. Auflage

Printed in Germany

Lektorat und Cover-Design: Jörg Starkmuth

Bodo Deletz im Internet:

Homepage: bodo-deletz-akademie.de

YouTube: youtube.com/user/bododeletzakademie

Vorwort

Von Jörg Starkmuth

Dieses Buch ist nach meiner Einschätzung eines der wichtigsten, wenn nicht sogar das wichtigste Buch im boomenden Lebenshilfe-Markt der letzten Jahre. Und ein solches Urteil treffe ich nicht leichtfertig. Ich selbst bin hauptsächlich deshalb zum Buchautor geworden, weil es das Buch, das ich damals gebraucht hätte, einfach nicht gab – nämlich eines, das die Zusammenhänge zwischen Bewusstsein und Realität, die von anderen Autoren nur in Form von – oft widersprüchlichen – Glaubenskonzepten präsentiert wurden, wirklich fundiert erklärt und plausibel begründet. Ich musste dieses Buch daher selbst schreiben – auf Grundlage meiner jahrzehntelangen Recherchen auf der Suche nach den wirklichen Zusammenhängen. Und schon damals basierte mein Werk mit dem Titel *Die Entstehung der Realität* in wichtigen Teilen auf der Arbeit von Bodo Deletz.

Sein hier vorliegendes neuestes Buch, das zu lektorieren ich die Freude hatte, gehört ebenfalls zu der seltenen Kategorie der Bücher, auf die ich lange gewartet habe, weil sie einfach überfällig waren. Hier wird endlich umfassend, systematisch und fundiert mit all den Mythen aufgeräumt, die man im unüberschaubaren Feld von Lebenshilfe, Therapie, Esoterik und Spiritualität findet – und zwar nicht von jemandem, der „esoterischen" Konzepten grundsätzlich ablehnend gegenübersteht, sondern einem der seltenen Menschen, die unvoreingenommen jede angebotene Sichtweise in Erwägung ziehen, sie jedoch nicht unkritisch glauben und weiterverbreiten, sondern hinterfragen und auf den Prüfstand stellen.

Jede der hier behandelten Behauptungen hat Bodo Deletz nicht nur theoretisch, sondern anhand langjähriger Praxiserfahrung auf Herz und Nieren getestet und sowohl eigenen Erkenntnissen als auch wissenschaftlichen Forschungsergebnissen gegenübergestellt, um die Spreu vom Weizen zu trennen und seinen Lesern eine realistische Einschätzung ihrer Nützlichkeit zu erleichtern – aus meiner Sicht eine unschätzbar wertvolle Arbeit.

Bodo Deletz ist ein Forscher – jemand, der ganz genau wissen will, wie die Dinge wirklich funktionieren, jede These an ihrer Praxistauglichkeit misst und sich auch nicht scheut, eigene Fehleinschätzungen der Vergangenheit offen zuzugeben und zu korrigieren. Zugleich aber ist ihm bewusst, dass jede gefundene Wahrheit nur eine relative sein kann, die uns der tatsächlichen Wahrheit – die vermutlich unseren menschlichen Horizont weit übersteigt – lediglich ein Stück näher bringt.

Er selbst bezeichnet sich als *Entwickler*, weil es ihm um praktisch anwendbare Methoden geht – und seine Ergebnisse und Erfolge im Coaching-Bereich waren und sind stets richtungsweisend. Aber mit den zuvor genannten Eigenschaften steht er auch in der besten Tradition wissenschaftlicher Forschung, und von solchen Menschen dürfte es auf dem Gebiet der Lebenshilfe und Esoterik gerne mehr geben. Ich hoffe, dass dieses Buch einen Beitrag dazu leisten wird, mehr Seriosität in diesem sensiblen Bereich zu etablieren.

Vor allem aber wird dieses Buch – davon bin ich überzeugt – ganz erheblich zur dauerhaften Mehrung von Lebensglück unter seinen Lesern beitragen, und das ist der Maßstab, an dem alle Bücher und Methoden im Bereich Lebenshilfe gemessen werden sollten.

Hennef, Februar 2016

Das Wichtigste vorab

Die Inhalte dieses Buches bauen alle aufeinander auf. Ich möchte dir deshalb wärmstens empfehlen, dieses Buch von Anfang an zu lesen und keine Kapitel zu überspringen, denn nur dann können meine Ausführungen richtig verstanden und umgesetzt werden.

Lies die einzelnen Kapitel daher bitte auch dann, wenn dir die jeweilige Halbwahrheit, die dort behandelt wird, nicht so wichtig erscheint.

Halbwahrheit Nr. 1: Das ist ein Naturgesetz

Es gibt viele Menschen, die meinen, die tatsächliche Wahrheit über unsere Realität zu kennen. Doch seit es Menschen gibt, stellte sich dieser Glaube in 100 Prozent aller Fälle früher oder später als Irrglaube heraus. Das gilt sowohl für alle spirituellen als auch alle wissenschaftlichen Konzepte und Theorien.

Sir Isaac Newton hielt seine Erkenntnisse vor etwa 300 Jahren noch für Wahrheiten und nannte diese angeblichen Wahrheiten deshalb auch „Naturgesetze" – wie beispielsweise das Gravitationsgesetz. Mittlerweile hat die Wissenschaft jedoch längst erkannt, dass kein einziges der angeblichen Naturgesetze tatsächlich *exakt* mit unserer Realität übereinstimmt. So sind Newtons „Gesetze" zwar für den Alltag bis heute genau genug, wurden aber inzwischen durch Einsteins Relativitätstheorie als Näherungen entlarvt. Die Relativitätstheorie wiederum ist ebenso wenig der Weisheit letzter Schluss, darin ist sich die Fachwelt einig. All diese „Gesetze" sind in Wirklichkeit nur Regeln, mit denen sich die meisten Phänomene in unserer Natur *relativ gut* beschreiben lassen. Diese Regeln können in unserem Alltag sehr nützlich sein, aber es sind trotzdem keine Wahrheiten, sondern eben nur näherungsweise anwendbare Regeln!

Ausnahmen bestätigen die Regel, sagt der Volksmund – was bedeutet: Solange es Ausnahmen gibt, hat man die tatsächliche Wahrheit nicht gefunden, sondern lediglich eine Regel, die viele, aber nicht alle Phänomene in unserer Realität relativ gut erklären oder auch voraussagen kann.

Aus diesem Grund spricht man in den Wissenschaften nicht mehr von „Gesetzen" oder „Prinzipien". Man spricht stattdessen von „Theorien" wie beispielsweise Evolutionstheorie, Chaostheorie, Relativitätstheorie, Stringtheorie, Quantenfeldtheorie, Big Bang Theory usw.

Die Naturwissenschaften erheben keinerlei Anspruch darauf, die tatsächliche Wahrheit zu kennen. Alle wissenschaftlichen Theorien sollen lediglich eine möglichst umfassend anwendbare Beschreibung der Wirklichkeit darstellen und als solche für relativ genaue und wiederholbare Voraussagen nützlich sein.

Mit anderen Worten: In den Naturwissenschaften geht es nicht in erster Linie um Wahrheit, sondern um *Nützlichkeit*, was den meisten Menschen nicht bewusst ist. Kein seriöser Wissenschaftler glaubt also, dass seine Theorien der Wahrheit entsprechen. Im Gegenteil: Heute ist kaum noch ein Naturwissenschaftler der Meinung, dass man die Wahrheit in ihrer Gesamtheit mit wissenschaftlichen Methoden überhaupt ergründen kann!

Die Naturwissenschaften befassen sich bislang *ausschließlich* mit der Erforschung des physischen Universums. Dieses entstand gemäß der Urknalltheorie vor etwa 13,8 Milliarden Jahren. Was vor dem Urknall war, vermag kein Wissenschaftler zu sagen. Denn vor dem Urknall gab es noch kein physisches Universum. Das ist einer der Gründe, warum Naturwissenschaftler der Meinung sind, dass man die vollständige Wahrheit nicht (oder noch nicht) ergründen kann. Der Wissenschaft fehlen bislang schlicht und ergreifend die Möglichkeiten, eine nichtphysische Welt zu erforschen. Natürlich bleibt es spannend zu erfahren, was die Zukunft diesbezüglich noch bringen wird.

Während kein seriöser Wissenschaftler behaupten würde, die tatsächliche Wahrheit zu kennen, spricht man in der Esoterik sehr gerne noch von „Gesetzen“ oder „Prinzipien“, wie beispielsweise vom „Gesetz der Anziehung“, dem „Polaritätsprinzip“ oder dem „Resonanzgesetz“. Leider widersprechen sich die vielen verschiedenen esoterischen Lehren so sehr, dass es für Laien mittlerweile fast unmöglich geworden ist, sich in diesem Esoterik-Dschungel zurechtzufinden. Wer hat hier denn wirklich recht? Wem soll man glauben?

Ich war vor 37 Jahren einer dieser Laien. Ich las Hunderte von Büchern – immer auf der Suche nach der ultimativen Wahrheit. Zu meiner Verwunderung musste ich dabei feststellen, dass sich nicht nur die esoterischen Ratgeber gegenseitig widersprachen, sondern auch viele der klassischen psychologischen Modelle. Die Psychologie gehörte doch in den Bereich der Wissenschaft! Wie konnten sich Wissenschaftler so dermaßen gegenseitig widersprechen?!

Damals wusste ich noch nichts davon, dass die Wissenschaft überhaupt keinen Anspruch auf Wahrheit erhebt. Ich hielt alles für wahr, was sie zutage gefördert hatte. Wissenschaft war für mich ein Synonym für die Wahrheit. Hätte ich damals schon gewusst, dass die Wissenschaft gar keinen Anspruch auf Wahrheit erhebt, wäre mir vieles leichter gefallen. Ohne dieses Wissen war ich einfach nur völlig irritiert und wusste gar nicht mehr, was ich glauben sollte.

Neben den psychologischen und esoterischen Modellen gab es natürlich auch noch die verschiedenen Religionen, die ihren Schäflein zumeist die ultimative Wahrheit entweder diesseits oder jenseits dieses Lebens versprachen. Doch auch die großen Weltreligionen widersprechen sich in ihren Aussagen so sehr, dass deshalb schon unzählige Glaubenskriege geführt wurden.

Als Wahrheitssucher war mir bereits damals klar, dass ich hier erst einmal die Spreu vom Weizen trennen musste. Wer hatte tatsächlich die Wahrheit über das Leben erkannt? Wer konnte seine Thesen beweisen? Konnte ich es als Beweis für die Wahrheit einer Theorie gelten lassen, dass Psychotherapeuten mit ihren psychologischen Theorien in vielen Fällen erfolgreich waren? Warum aber waren sie es nicht immer?

Oder war es ein Beweis für die Wahrheit, dass Milliarden von Menschen einem bestimmten Glauben angehörten? Es gibt 2,3 Milliarden Christen. Die konnten sich doch nicht alle irren, oder?! Aber wurde wirklich etwas wahrer, nur weil viele Menschen daran glaubten? Und warum glaubten nicht alle sieben Milliarden an die gleiche Wahrheit?

Waren vielleicht die übersinnlichen Fähigkeiten einiger indischer Yogis ein Beweis dafür, dass sie die tatsächliche Wahrheit über das Leben erkannt hatten? Doch warum hatten dann so viele Erleuchtete Krebs oder andere tödliche Erkrankungen?!

Irgendwann las ich dann ein Buch von Stephen Hawking (einem der bedeutendsten Physiker unserer Zeit), durch das für mich als Wahrheitssucher erst einmal eine Welt zusammenbrach. Dieses Buch machte mir unmissverständlich klar, dass tatsächlich niemand auf dieser Welt wissen konnte, was tatsächlich wahr war und was nicht. Die Wahrheit exakt zu bestimmen war naturwissenschaftlich einfach gar nicht möglich. Doch woran sollte ich mich orientieren?

Kurz darauf las ich dann in einem wissenschaftlichen Artikel, dass unsere westliche Medizin nur zu ca. zehn Prozent auf wissenschaftlich haltbaren Erkenntnissen beruhe. Der Rest sei empirisch ermitteltes Wissen – also gesammelte Informationen, die sich in der Praxis als nützlich erwiesen haben. Und das menschliche Gehirn sei bislang auch nur zu ca. 30 Prozent erforscht. Das schlug für mich als Wahrheitssucher dem Fass den Boden endgültig aus! Ich fühlte mich völlig haltlos.

Das änderte sich jedoch sehr schnell, als ich vor gut 30 Jahren anfing, mich für NLP (Neurolinguistisches Programmieren) zu interessieren. Richard Bandler und John Grinder, die Begründer des NLP, hatten verschiedene Therapeuten bei ihrer Arbeit beobachtet, die überragende Erfolge vorzuweisen hatten. Diese Therapeuten arbeiteten mit völlig verschiedenen Methoden. Die psychologischen Theorien, auf denen ihre Methoden aufbauten, widersprachen einander ganz erheblich. Doch seltsamerweise schien Richard und John das gar nicht zu stören! Sie suchten einfach nach den Vorgehensweisen, die in der Praxis gute Erfolge brachten, und kümmerten sich nicht um die theoretischen Widersprüche der jeweiligen Hintergrundtheorien.

Nach einer Weile begriff ich auch, warum. Richard und John hatten sich die Frage gestellt, wozu sie eigentlich die Wahrheit wissen wollten. Sie kamen zu dem Ergebnis, dass sie durch die Kenntnis der Wahrheit in der Lage wären, das Richtige zu tun. „Richtig“ war für sie, was in der Praxis zu den gewünschten Ergebnissen führte. „Richtig“ war also, was sie ihren Zielen näherbrachte. „Falsch“ war, was ihnen Nachteile in Bezug auf ihre Ziele einbrachte.

Ich spürte sofort, dass es mir um das Gleiche ging. Auch ich wollte die Wahrheit nur deshalb ergründen, um die „richtigen" von den „falschen" Vorgehensweisen unterscheiden zu können. Ich wollte die Wahrheit über das Leben erfahren, weil ich dadurch wissen würde, wie ich zu meinen Zielen kommen konnte. Die Wahrheit zu erkennen war also tatsächlich nur ein Mittel zum Zweck!

Richard und John stellten mit ihrer Denkweise alles auf den Kopf, was ich bis dahin für wichtig gehalten hatte. Ihnen ging es (wie allen Wissenschaftlern) nur um die *Nützlichkeit* einer Information. Der Wahrheitsgehalt interessierte sie überhaupt nicht. Sie überprüften alle Informationen sehr sorgfältig – jedoch nur auf ihre Nützlichkeit!

Nachdem ich endlich akzeptiert hatte, dass die Überprüfung auf den Wahrheitsgehalt gar nicht möglich war, nicht einmal in der Medizin und schon gar nicht in der Psychologie, schloss ich mich der Vorgehensweise von Richard und John an. Ich fing an, alles, was ich über Glück, Erfolg und Gesundheit erfahren konnte, zu überprüfen – und zwar auf seine Nützlichkeit in der Praxis, denn das war im Gegensatz zur Wahrheitsfindung sehr gut möglich. Und das tue ich jetzt seit über 30 Jahren.

Ich bin also Pragmatiker geworden. Für mich zählt das tatsächliche Ergebnis in der Praxis. Ich unterscheide sogenannte Gesetzmäßigkeiten nicht mehr in „wahr" oder „unwahr". Ich untersuche stattdessen alle diese Thesen in der praktischen Anwendung auf nützliche oder nachteilige Folgewirkungen in Bezug auf unser Lebensglück, unsere Gesundheit und unseren Erfolg. Dazu habe ich mir in den letzten drei Jahrzehnten die tatsächlichen Lebenserfahrungen von mehr als 35.000 Menschen mit den verschiedensten spirituellen und psychologischen Konzepten angeschaut.

Ich spreche hier jedoch nicht von einer statistischen Studie, denn ich bin kein Wissenschaftler. Mich interessiert wie gesagt nicht die Theorie, sondern die Praxis. Bei diesen 35.000 Menschen handelte es sich um meine eigenen Seminarteilnehmer, deren Lebenserfahrungen ich mir in den letzten 30 Jahren zum Teil sehr detailliert anschauen konnte. Insbesondere habe ich mir dabei ganz genau anschaut, wie sich ihre Thesen, die ich heute als Halbwahrheiten ansehe, auf ihr Denken, Fühlen und Handeln auswirkten und welche Konsequenzen dies auf ihre Gesundheit, ihr empfundenes Lebensglück und ihren Erfolg in den verschiedensten privaten und beruflichen Lebensbereichen hatte.

Gleichzeitig konnte ich mitverfolgen, wie sich die Lebenserfahrungen dieser Menschen sofort veränderten, wenn sie neue Thesen annahmen. Mit der Zeit trennte sich so durch Praxiserfahrung die Spreu vom Weizen. Es dauerte drei Jahrzehnte, aber es kristallisierten sich eindeutig Halbwahrheiten heraus, die sich in der Praxis nachteilig auswirkten, und andere, die sich als überaus nützlich erwiesen.

Ich blicke daher auf einen über 30-jährigen Praxistest mit 35.000 Teilnehmern zurück und kann mit großer Bestimmtheit sagen, welche spirituellen und psychologischen Modelle in der Praxis tatsächlich nützlich sind, wenn man ein schönes, glückliches und gesundes Leben führen will, und welche Halbwahrheiten sich in der Praxis als nachteilig oder sogar schädlich erwiesen haben.

Wir werden in diesem Buch die gängigsten Halbwahrheiten in der Spiritualität und Psychologie einmal etwas genauer unter die Lupe nehmen und uns die Vor- und Nachteile dieser Thesen anschauen. Die meisten dieser Halbwahrheiten wurden in den vergangenen zwei Jahrzehnten in so vielen Lebenshilfe-Ratgebern genannt, dass man als Laie schnell das Gefühl entwickeln kann, es handle sich dabei tatsächlich um unumstößliche Wahrheiten.

Ich kenne wie gesagt die tatsächliche Wahrheit nicht, aber ich kenne die Praxis! Ich biete dir deshalb bei jeder Halbwahrheit, die in diesem Buch zur Sprache kommt, die Möglichkeit an, selbst einen Praxistest zu machen. Ich zeige dir dabei auf, wie du auf eine sehr einfache Art und Weise von schädlichen Halbwahrheiten loslassen kannst. Du wirst erleben, dass dein Leben dadurch deutlich leichter, heller, freier und lebendiger wird. Gleichzeitig biete ich dir zu der jeweiligen nachteiligen Halbwahrheit immer eine alternative Sichtweise an, die sich in der Praxis als sehr vorteilhaft in Bezug auf Glück, Gesundheit und Erfolg erwiesen hat. Und auch dabei wirst du innerhalb weniger Tage oder Wochen die positiven Auswirkungen in deinem Leben spürbar wahrnehmen können.

Jetzt steht erst einmal eine der wichtigsten Entscheidungen an, die man auf seinem Lebensweg überhaupt treffen kann. Und die lautet: Willst du weiterhin ein Wahrheitssucher sein, oder möchtest du dich auf den Erfolg versprechenden Weg der Nützlichkeit begeben? Nimm dir ein wenig Zeit für diese Entscheidung, bevor du das nächste Kapitel liest.

Halbwahrheit Nr. 2: Du musst deine Lernaufgaben bewältigen

Wie funktioniert die Welt? Was ist der Sinn unseres Lebens? Das sind die beiden Fragen, die jeder Weltanschauung zugrunde liegen. Den Zweck unseres Daseins zu erfüllen ist per Definition das höchste Ziel jeder Weltanschauung. Mit anderen Worten: Es ist per Definition das Wichtigste in unserem gesamten Leben! Deshalb ist es klar, dass unsere Weltanschauung einen ganz maßgeblichen Einfluss auf unser Glück, unsere Gesundheit und unseren Erfolg ausübt. Denn wir leben nach unserem persönlichen Sinn des Lebens – ob wir uns dessen nun bewusst sind oder nicht.

Die meisten Menschen stehen mittlerweile jedoch dem Sinn des Lebens, den uns die großen Weltreligionen aufzeigen wollen, eher kritisch gegenüber. Sie haben angefangen, sich ihre eigenen Gedanken über das Leben und seinen Sinn zu machen. Viele sind sich dabei ihrer eigenen Weltanschauung jedoch gar nicht so richtig bewusst, da sie das nicht für so maßgeblich halten und nur ab und an eher nebenbei darüber nachdenken. Nichtsdestotrotz bildet ihr eigener angenommener Sinn im Leben unbewusst das oberste Entscheidungskriterium bei allen kleinen und großen Entscheidungen, die sie in ihrem Leben treffen.

Unsere Überzeugungen haben einen sehr gravierenden Einfluss auf alle Entscheidungen, die wir treffen. Und das sind mächtig viele! Der Psychologe und Nobelpreisträger Daniel Kahneman konnte nachweisen, dass unser Gehirn täglich ca. 40 Millionen Entscheidungen trifft. Das meiste davon sind natürlich kleinste Detail-Entscheidungen. Nur zehn bis zwölf dieser 40 Millionen täglichen Entscheidungen treffen wir bewusst, der Rest läuft komplett auf der *unbewussten* Ebene.

Bei all diesen Entscheidungen – ob es nun bewusste oder unbewusste sind – berücksichtigen wir mit hoher Priorität unseren persönlichen Sinn, den wir bewusst oder unbewusst im Leben sehen. Ich schlage vor, dass wir uns einmal gemeinsam ein Beispiel für die Einflussnahme des angenommenen Lebenssinns auf die eigenen Entscheidungen anschauen.

Viele spirituelle Menschen glauben zum Beispiel, dass wir hier auf der Welt sind, um zu lernen und uns weiterzuentwickeln. Das Leben stelle uns hierzu *Lernaufgaben* zur Verfügung, an denen wir dann wachsen sollen. Um zu verstehen, wie dieser Glaube sich tendenziell auf das eigene Leben auswirken kann, schlage ich vor, dass wir uns einmal einen Menschen vorstellen, der hier wirklich Nägel mit Köpfen machen will. Stellen wir uns also einmal vor, unser Mensch würde die Erfüllung dieses Lebenssinns wirklich als höchsten Wert in seinem Leben ansehen und alles andere der Erfüllung dieses Sinns unterordnen. Es geht ja schließlich um den Sinn des Lebens. Und das ist wie gesagt per Definition das wichtigste und höchste Ziel im Leben!

Um zu verstehen, wie sich der Glaube, Lernaufgaben erfüllen zu müssen, im Alltag *tendenziell* auswirken kann, ist es am besten, wenn wir uns einmal vorstellen, wie das Leben eines Menschen aussieht, der diesen Sinn des Lebens wirklich sehr, sehr ernst nimmt. Nennen wir diesen Menschen deshalb einfach einmal *Ernst*.

Ernst nimmt also seinen Lebenssinn tod-*ernst*! Er glaubt felsenfest daran, dass er hier ist, um sich weiterzuentwickeln. Das ist der Sinn und Zweck seines Daseins! Und deshalb muss er auch die Lernaufgaben bewältigen. Alles andere ist ihm egal. Es gibt sicherlich nur sehr wenige Menschen, die ihre Spiritualität so ernst nehmen, aber die Auswirkungen diese Weltanschauung auf das eigene Leben sind prinzipiell trotzdem die gleichen. Sie sind nur ein wenig abgeschwächt, wenn man nicht so stark daran glaubt.

Was meinst du? Welchen Job hat Ernst gewählt, der ja hier auf der Welt ist, um Lernaufgaben zu bewältigen? Geht er den Weg des geringsten Widerstandes, oder hat er einen Job, der ihn echt fordert und vielleicht sogar manchmal an die Grenzen seiner Belastbarkeit bringt?

Logisch, oder?! Er will sich ja weiterentwickeln, und dazu braucht er Lernaufgaben! Ein Job, der ihn nicht fordert, ist nichts für ihn. Damit hätte er das Gefühl, sein Leben zu verschwenden, denn er ist nicht hier, um Spaß zu haben. Er ist hier, um sich weiterzuentwickeln und seine Lernaufgaben zu bewältigen. Spaß leistet er sich mal zwischendurch als Belohnung, aber eine so bedeutende Entscheidung wie die seiner Berufswahl trifft er dann doch lieber *sinnvoll*!

Was meinst du? Wie gesund ist Ernst grundsätzlich? Menschen, die daran glauben, dass das Leben ihnen Lernaufgaben präsentiert, gehen auch davon aus, dass ihr Körper das ebenfalls tut. Alles auf dieser Welt ist so beschaffen, dass wir uns daran weiterentwickeln sollen – *glaubt Ernst*! Und so kommt er wie die meisten anderen Menschen, die diesem Glauben ans Weiterentwickelnmüssen anhängen, schnell auf die Idee, dass auch die Krankheiten des eigenen Körpers Lernaufgaben darstellen. Sie verschwinden also erst wieder, wenn man seine Lektion gelernt hat. Die Folge ist, dass man seine Aufmerksamkeit sofort auf die ersten Anzeichen einer Krankheit lenkt und sich stark darauf fokussiert.

Wie stark sich diese Fokussierung auf die Gesundheit auswirken kann, wurde in unzähligen Placebo-Studien wissenschaftlich belegt. Anfang 2011 veröffentlichte der Wissenschaftsbeirat der Bundesärztekammer neue, unglaubliche Forschungsergebnisse. Dort heißt es:

Eine der wichtigsten Erkenntnisse der Forschung ist, dass Placebo- und Verumeffekt hirnphysiologisch und -anatomisch lokalisierbar sind. Der Placeboeffekt ist damit nicht auf ein bloßes Epiphänomen reduzierbar. Da der Placeboeffekt nachgewiesenermaßen eine somatische bzw. (neuro-)biologische Basis hat, rückt somit die Frage seiner therapeutischen Relevanz mehr und mehr in den Mittelpunkt. Zahlreiche Metaanalysen zeigen, dass der Placeboeffekt für viele klinische Bilder therapeutisch relevant ist, für den einzelnen Patienten vorhersagbar ist er aber (noch) nicht. Es existiert bislang kein umfassendes Modell, das den Placeboeffekt hinreichend erklärt. (*Bundesärztekammer; Placebo in der Medizin, 2011, S. 60-61*)

Auf Deutsch bedeutet dies Folgendes: Wenn ein Mensch (unwissentlich) ein Placebo – also ein chemisch unwirksames Schein-Medikament – bekommt, sagen wir einmal eine Spritze, dann registriert sein Körper erst einmal, dass in dieser Spritze gar kein Wirkstoff enthalten ist. Wenn dieser Mensch jedoch glaubt, ein wirksames Medikament erhalten zu haben, dann tut sein Körper aufgrund der positiven Erwartungshaltung etwas absolut Unglaubliches: *Das Gehirn schüttet Botenstoffe aus, die im Körper dafür sorgen, dass die fehlenden Wirkstoffe einfach selbst hergestellt werden!*

Der Körper stellt jedoch nicht unbedingt die gleichen Stoffe her, die angeblich im Medikament enthalten waren. Das Gehirn veranlasst sehr häufig die Produktion völlig anderer Stoffe, die jedoch gleichermaßen die erwartete Medikamentenwirkung herbeiführen. Die Wirkung der selbst hergestellten Stoffe kann der des (tatsächlichen) Medikamentes sogar überlegen sein!

Der Placebo-Effekt ist daher laut Bundesärztekammer nicht auf eine Begleiterscheinung (Epiphänomen) reduzierbar, sondern hat eine eigene neurobiologische Basis. Erklären kann man die Existenz des Placebo-Effektes mit den derzeitigen wissenschaftlichen Weltanschauungen jedoch nicht. Auch kann er (noch) nicht bei allen Patienten zuverlässig ausgelöst werden, da bislang noch nicht alle Faktoren dazu vollständig erforscht sind.

Die Macht, die unsere Erwartungshaltung auf unser Gehirn und damit auf Körper, Seele und Geist ausüben kann, ist schier unglaublich, und die Grenzen dieser Macht sind noch längst nicht ausgelotet. Die Forschungsergebnisse, die dazu bislang veröffentlicht wurden (im Internet teilweise auch als Filmbeiträge), sind überaus beeindruckend. Placebos helfen nach Aussage der Bundesärztekammer bei fast allen Arten von körperlichen und seelischen Schmerzen, Allergien, Asthma, Autoimmunkrankheiten, Reizdarmsyndrom, Bluthochdruck, Parkinson usw. Gleichzeitig helfen sie auch bei sehr vielen geistigen Erkrankungen wie Depressionen, Burnout, Ängsten, Neurosen etc.

Die Effektivität eines Placebos scheint dabei sehr stark davon abhängig zu sein, wie sehr sich die Erwartungshaltung des Patienten auf den Glauben an die Wirksamkeit seiner Behandlung stützt. Dieser Wirkfaktor ist bei Placebo-Studien jedoch stark eingeschränkt, denn aus rechtlichen Gründen muss jeder Proband einer Studie darüber informiert sein, dass er an einer Studie teilnimmt. Der Patient muss also davon ausgehen, dass er eventuell in der Placebo-Gruppe ist und gar kein echtes Medikament bekommt. Aus diesem Grund hält sich die positive Erwartungshaltung der meisten Probanden bei Studien stark in Grenzen.

Es gibt jedoch auch unzählige von Ärzten dokumentierte Fallbeispiele zum Placebo-Effekt, bei denen die Patienten keine Ahnung davon hatten, dass sie nur ein Placebo bekommen hatten. Die Erwartungshaltung dieser Patienten war deshalb sehr viel höher als bei den Probanden von offiziellen Studien. Deshalb gehen auch die dokumentierten Phänomene weit über die Placebo-Phänomene von Medikamenten-Studien hinaus. Eines der erstaunlichsten Beispiele wurde 1957 von Dr. Bruno Klopfer im Journal of Projective Techniques veröffentlicht.

Klopfer berichtete von einem Patienten (genannt *Mr. Wright*) mit sehr weit fortgeschrittenem Lymphknotenkrebs. In seinem gesamten Körper hatten sich große Tumore entwickelt. Zu diesem Zeitpunkt wurde gerade eine Studie mit dem Wirkstoff Krebiozen durchgeführt, der von den Medien als Wunderwaffe gegen den Krebs angepriesen wurde. Mr. Wright las davon und drängte darauf, unbedingt in diese Studie aufgenommen zu werden. Obwohl das Stadium seiner Erkrankung für diese Studie viel zu weit fortgeschritten war, machten die Ärzte aus Mitgefühl eine Ausnahme – ohne jedoch tatsächlich ein Resultat zu erwarten. Was dann jedoch geschah, erschien den Ärzten wie ein Wunder: Mr. Wright nahm zu, sah besser aus, fühlte sich besser, und seine Tumore schrumpften in kürzester Zeit so stark, dass sie kaum noch ertastet werden konnten. Sein Zustand verbesserte sich fortwährend – bis die Zeitungen nach ein paar Monaten davon berichteten, dass Krebiozen die in diesen Wirkstoff gesetzten Erwartungen leider doch nicht erfüllt hätte. Nachdem Wright diese Berichte gelesen hatte, verlor er sofort wieder an Gewicht, und seine Tumore wuchsen wieder.

Im Bewusstsein, dass es sich bei der Genesung von Mr. Wright um einen Placebo-Effekt gehandelt haben musste, erzählten die Ärzte ihm, die erste Lieferung Krebiozen, die das Krankenhaus erhalten habe, sei tatsächlich nicht so wirksam gewesen. Das Labor habe inzwischen jedoch den Fehler behoben, sodass das Mittel jetzt seine volle Wirkung entfalten würde.

Daraufhin erhielt Mr. Wright erneut Infusionen, jedoch diesmal nicht Krebiozen, sondern lediglich sterilisiertes Wasser. Tatsächlich verbesserte sich sein Zustand erneut auf die gleiche dramatische Weise wie zuvor durch Krebiozen. Es ging ihm so lange besser, bis einige Monate später regionale Zeitungen davon berichteten, dass der American Medical Association zufolge Krebiozen gegen Krebs völlig unwirksam sei. Als Mr. Wright davon erfuhr, wuchsen seine Tumore sofort wieder, und er starb nach wenigen Wochen.

Zu diesem Fallbeispiel gibt es einige übertriebene Darstellungen im Internet, die vermutlich im Laufe der Jahre immer mehr „aufgepeppt" wurden. Die vorliegende Darstellung stammt hingegen von Dr. Howard Brody; Arzt und Professor für medizinische Ethik an der Michigan State University. (*Howard und Daralyn Brody; Der Placebo-Effekt, 2002, S. 16-17*) Ein Universitätsprofessor würde seine berufliche Reputation aufs Spiel setzen, wenn er unwahre oder „aufgepeppte" Begebenheiten veröffentlichen würde, sodass ich seine Darstellung als vertrauenswürdig einstufe.

Menschen, die daran glauben, dass das Leben ihnen Lernaufgaben präsentiert, sehen oft auch ihre Krankheiten als sehr wichtige Lernaufgaben an. Und da diese Lernaufgaben so immens wichtig sind, hören diese Menschen in Bezug auf irgendwelche Krankheitssymptome förmlich die Flöhe husten! Sie fokussieren sich beim ersten Anzeichen einer möglichen Erkrankung (Lernaufgabe) sofort auf die Symptome, denn sie wollen auf keinen Fall eine wichtige Lernaufgabe übersehen, da sie sind in der Regel davon überzeugt sind, dass sie dann noch viel schlimmer krank würden. Doch dabei übersehen sie etwas ganz Wesentliches! Neben dem Placebo-Effekt, der sich ja positiv auf die eigene Gesundheit auswirkt, gibt es nämlich auch den sogenannten *Nocebo*-Effekt, bei dem sich die Gesundheit aufgrund eines Glaubens verschlechtert. Und dieser Effekt ist leider sogar in der Regel noch stärker als der Placebo-Effekt!

Ebenso wie beim Placebo-Effekt veranlasst unser Gehirn auch beim Nocebo-Effekt über die Ausschüttung von Botenstoffen die Produktion körpereigener Wirkstoffe, welche die von uns erwarteten körperlichen, seelischen oder geistigen Probleme auslösen. Wie weitreichend die Folgen unserer Erwartungshaltung dabei sein können, beschreibt das Fallbeispiel von Mrs. S., das von dem Kardiologen Dr. Bernard Lown (Erfinder der Defibrillation, Friedensnobelpreis 1985) dokumentiert wurde. (Quelle: *Howard und Daralyn Brody; Der Placebo-Effekt, 2002, S. 20-22*)

Mrs. S. litt an einer nicht lebensbedrohlichen Herzklappenerkrankung namens Trikuspide Stenose und an einer leichten Herzinsuffizienz (Herzmuskelschwäche), die erfolgreich mit Medikamenten kontrolliert wurde. Mrs. S. ließ gerade im Krankenhaus turnusmäßig eine Routine-Untersuchung durchführen. Ihr Zustand war wie üblich stabil. Bei der Visite kam der Oberarzt mit einer Schwadron von Assistenzärzten ins Krankenzimmer, wie es damals üblich war. Da es gegenüber den Assistenzärzten nicht viel Bemerkenswertes zu berichten gab, fasste der Oberarzt den Fall von Mrs. S. folgendermaßen zusammen: „Diese Frau hat TS!" Das war unter Kardiologen eine gängige Abkürzung für Trikuspide Stenose. Danach verließen die Ärzte das Krankenzimmer, ohne Mrs. S. weiter zu beachten.

Kurz darauf kam der damalige Assistenzarzt Dr. Lown zu Mrs. S. zurück und war sehr überrascht, dass diese völlig panisch war. Als er sie fragte, was los sei, antwortete sie, der Oberarzt habe gesagt, dass sie mit Sicherheit sterben werde. Er habe gesagt, sie habe TS, und sie wisse ganz genau, dass dies „terminale (zum Tode führende) Situation“ bedeute.

Dr. Lown versuchte ihr klarzumachen, dass TS nicht „terminale Situation“, sondern „Trikuspide Stenose“ bedeutete, was Mrs. S. jedoch nicht annehmen wollte. Sie wisse ganz genau, was wirklich los sei, murmelte sie immer wieder wie in Trance. Sie war absolut überzeugt, Dr. Lown würde nur versuchen, sie vor der schrecklichen Wahrheit zu bewahren.

Obwohl es keinerlei Anzeichen dafür gab, dass sich ihr eigentlich unbedrohliches Herzleiden signifikant verschlechtert hätte, verstarb Mrs. S. noch am selben Tag, ohne dass die Ärzte etwas dagegen tun konnten.

Ähnlich beeindruckend ist der Fallbericht von Derek Adams, der bei einem Suizidversuch einen kompletten Monatsvorrat eines Medikamentes einnahm, an das er durch die Teilnahme an einer Medikamentenstudie gelangt war. Er wurde mit einer akuten Medikamentenvergiftung ins Krankenhaus eingeliefert. Sein Zustand war kritisch. Und obwohl es sich bei dem Medikament nur um Placebo-Tabletten handelte, drohte er zu sterben. Erst nachdem er von der wahren Natur der Tabletten erfuhr, normalisierten sich seine Werte wieder. (*Roy R. Reeves, General Hospital Psychiatry 2007129:275-277, nach MMW-Fortschr. Med. Nr. 7 / 2010 (152. Jg.) v. 18. Februar 2010, S. 13*)

Ein weiteres Beispiel für sehr extreme Nocebo-Effekte sind Todesurteile, die von Voodoo-Priestern verhängt werden und die nachweislich tatsächlich zum Tod führen können. Auch hier vermuten Wissenschaftler, dass die Verurteilten allein durch ihre Erwartungshaltung sterben, da dieser Effekt nur bei Menschen vorkommt, die an die Macht von Voodoo glauben. (*S. I. Cohen; Psychosomatic Death: Voodoo Death in a Modern Perspective.* In: *Integrative Psychiatry* 3, 1985, S. 46–51)

Anmerkung: Da es in diesem Buch nicht um Wahrheit oder wissenschaftliche Korrektheit geht, werde ich im weiteren Verlauf weitgehend auf Quellenangaben verzichten, um den Textfluss nicht zu stören. Wenn ich in diesem Buch etwas als „Es ist so" darstelle, bedeutet das, dass meine eigene, jahrzehntelange Erfahrung die Anwendbarkeit dieser Erkenntnis bestätigt.

Die Macht, die unsere auf Überzeugung gestützte Erwartungshaltung auf Körper, Geist und Seele ausüben kann, ist offensichtlich mehr als gewaltig. Das Auslösen eines starken Nocebo-Effektes über eine negative Erwartungshaltung vollzieht sich dabei leider sehr viel häufiger und dramatischer als das Auslösen eines positiven Placebo-Effektes, da wir aus Sicherheitsgründen dazu neigen, vom Negativen auszugehen.

Wenn wir unsere Aufmerksamkeit auf Krankheitssymptome fokussieren, dann verstärkt dies deutlich messbar die Symptome. Aber das ist noch längst nicht alles! Der Glaube von *Ernst* an seine gesundheitlichen Lernaufgaben könnte durchaus den normalen Heilungsprozess verzögen oder sogar verhindern, wenn er nicht seine Lernaufgabe bewältigt, die nach seinem Glauben dieser Krankheit zugrunde liegt. Sein Glaube würde so lange einen Nocebo-Effekt auslösen, bis er seine Lernaufgabe erkannt und bewältigt hätte, denn er wäre überzeugt davon, dass seine Krankheit nur dann verschwinden kann.

Auf der anderen Seite möchte ich anmerken, dass gelegentlich auch das Gegenteil der Fall sein kann. Wenn Ernst sich auch nur einbilden würde, seine Lernaufgabe bewältigt zu haben, obwohl sie rein gar nichts mit der tatsächlichen Ursache seiner Erkrankung zu tun haben muss, würde er einen positiven Placebo-Effekt auslösen, der ihn gesund machen könnte.

In der Praxis ist das Verhältnis zwischen günstigen Placebo- und nachteiligen Nocebo-Effekten bei dieser Weltanschauung leider nicht sehr ausgewogen. Die schädlichen Nocebo-Effekte überwiegen bei Weitem! Ernst würde sich daher mit hoher Wahrscheinlichkeit keiner allzu guten Gesundheit erfreuen. Zumindest könnte seine Gesundheit mit einer anderen Weltanschauung deutlich besser sein.

Weiterhin würde Ernst aufgrund der Belastung, die viele seiner Lernaufgaben in seinem Beruf und in seinem Privatleben mit sich bringen, sehr viel mehr Stress erfahren als Menschen, die nicht an die Existenz von Lernaufgaben glauben. Auch dieser Stress würde vermutlich seiner Gesundheit nicht sehr zuträglich sein. Ernst hätte einfach sehr viele Probleme im Leben zu bewältigen, denn er würde ständig nach eventuellen Lernaufgaben und damit Problemen suchen. Er würde aufgrund seiner Weltanschauung die Probleme anziehen wie das Licht die Motten – und das nicht nur in Bezug auf Beruf und Gesundheit!

Was meinst du – wie glücklich wäre beispielsweise die Partnerbeziehung von Ernst? Was für eine Partnerin hätte er sich wohl ausgesucht? Eine, die reibungslos zu ihm passt und mit der er einfach ganz mühelos glücklich sein kann? Oder eine, bei der er sich *weiterentwickeln* kann?!

Wenn Ernst seinen Lebenssinn wirklich ernst nimmt, wovon wir ja in unserem Gedankenexperiment ausgehen, dann hätte er eine echte Herausforderung an seiner Seite! Möglicherweise hätte er sich eine Frau gesucht, die sich ebenfalls spirituell weiterentwickeln will und an die Existenz von Lernaufgaben glaubt. Oder er hätte sogar die Herausforderung angenommen, dass seine Frau eine völlig andere Weltanschauung vertritt und es dadurch ständig Diskrepanzen zwischen den beiden geben muss. Auf diese Weise könnte Ernst sich wirklich ganz hervorragend an diesen Lernaufgaben weiterentwickeln! Doch wie glücklich wären Ernst und seine Frau tatsächlich in dieser Beziehung?!

Doch um Glück geht es ihm ja in Wirklichkeit auch gar nicht. Er hat sich keine Frau zum Glücklichsein gesucht. Gemäß seinem Glauben ist es ja viel wichtiger, eine Frau zu finden, mit der er aufgrund der vielen Lernaufgaben wachsen kann.

Und welche Art Freunde hätte Ernst wohl? Nur nette Menschen, mit denen es einfach nur schön ist, oder hätte er sich auch hier Lernaufgaben gesucht, an denen er wachsen kann? Wenn er seine Lebensaufgabe ernst nimmt, dann ist natürlich Letzteres der Fall.

Ich denke, es ist klar, dass wir uns noch tausend andere Bereiche aus dem Leben von Ernst anschauen könnten – es würde sich überall das gleiche stressige Bild zeigen.

Wie gesagt, die meisten Menschen leben ihren Glauben nicht so konsequent, wie wir das dem lieben Ernst angedichtet haben. Aber viele leben diesen Glauben in Teilbereichen ihres Lebens stark genug, damit sich die gleichen Probleme tendenziell bemerkbar machen. Und überall dort, wo es kriselt, suchen sie dann nach den Ursachen dieser Probleme. Doch mit dem Glauben an die Lernaufgaben findet man die tatsächlichen Ursachen dann leider gar nicht! Man glaubt ja, dass diese Ursachen immer nur in Lernaufgaben zu finden seien, daher sucht man natürlich auch nur nach Lernaufgaben. Man hat also Scheuklappen auf und kann nur in eine Richtung schauen. Für alle anderen Problemursachen ist man daher blind.

Das größte Problem bei dieser Weltanschauung besteht jedoch darin, dass viele Menschen deshalb auf die Idee kommen, nach Problemmustern in ihrer Vergangenheit zu suchen. Sie wollen sich ja weiterentwickeln, und die Korrektur alter Problemmuster ist dabei natürlich ein sehr wichtiger Eckpfeiler, denn das waren ja alles Lernaufgaben, die man immer noch nicht erfolgreich gemeistert hat. Aufgrund der Tatsache, dass es in der Praxis tatsächlich sehr wohltuend sein kann, solche alten Problemmuster in Ordnung zu bringen, kommen viele Menschen jedoch auf eine fatale Idee – nämlich die, jetzt einmal gründlich mit der Vergangenheit aufzuräumen und dabei *alle* alten Problemmuster aufarbeiten zu wollen. Um zu erklären, warum dies eine fatale Idee ist, muss ich ein wenig ausholen.

In meiner NLP-Ausbildung vor 30 Jahren erklärte man mir, dass 90 Prozent aller Problemmuster, die wir in unserem Gehirn abgespeichert haben, in unserem Leben normalerweise nie wieder aktiviert werden. Wir sind heute keine Kinder mehr, und dennoch sind in unserem Gehirn alle Muster abgespeichert, die wir noch als Kinder und

Jugendliche hatten. Doch damals waren unsere Lebensumstände noch völlig andere. Wir durften noch nicht tun, was wir heute dürfen. Wir mussten noch Dinge tun, die wir heute nicht mehr müssen. Wir verfügen heute über Fähigkeiten und Kompetenzen, die wir damals noch nicht hatten. Wir sind heute einfach ganz andere Menschen als damals und leben auch in ganz anderen Umständen. Und dennoch sind ganz viele der Probleme, die wir damals als Muster in unserem Gehirn hatten, immer noch unverändert. Doch diese Muster muss man gar nicht verändern, da sie aufgrund unserer veränderten Lebensumstände und unserer veränderten Persönlichkeit in unserem Alltag nie wieder aktiviert werden. Das gilt wie gesagt für sage und schreibe 90 Prozent aller Problemmuster!

Viele Menschen glauben, dass man diese 90 Prozent trotzdem aufarbeiten muss, weil sie sich sonst im eigenen Körper als Krankheiten manifestieren. Wissenschaftler konnten jedoch in den letzten Jahrzehnten aufzeigen, dass dieser Glaube völlig unzutreffend ist. Auch wurde der Denkfehler offensichtlich, auf dem dieser Irrglaube aufbaut. Ich werde im Kapitel über Halbwahrheit Nr. 12 ausführlich auf diesen Denkfehler eingehen. In der Praxis ist es tatsächlich so, dass Menschen, die diesem Irrglauben anhängen, eindeutig kränker sind als Menschen, die sich um ihre alten Problemmuster aus der Vergangenheit gar nicht kümmern. Wir werden im weiteren Verlauf dieses Buches noch einmal ausführlich auf dieses Phänomen zu sprechen kommen.

Die meisten Menschen wissen nicht, dass 90 Prozent ihrer alten Muster nie wieder aktiviert werden und sich auch sonst nicht mehr in ihrem Leben manifestieren – weder in Form von Krankheiten noch in Form anderer weltlicher Probleme. Und wenn man das nicht weiß, gleichzeitig aber daran glaubt, man müsse seine Lernaufgaben erfüllen, dann kommt man natürlich schnell auf die fatale Idee, alle Problemmuster der Vergangenheit aufarbeiten zu wollen.

Da der Glaube an die Lernaufgaben sehr weit verbreitet ist, gibt es natürlich auch viele spirituelle Bücher, welche die Notwendigkeit dieser Aufräumaktion mit Nachdruck postulieren. Viele dieser Autoren glauben, man könne nur dann wirklich glücklich, gesund und erfolgreich werden, wenn man zu 100 Prozent alle seine Problemmuster in Ordnung gebracht hat. Wenn man dieses Postulat annimmt, dann erlebt man ein sehr beeindruckendes Phänomen: Innerhalb weniger Wochen und Monate hat man nämlich plötzlich zehn Mal so viele Probleme an der Backe wie jemals zuvor in seinem Leben! Ich spreche hier aus Erfahrung, denn in dieses Fettnäpfchen habe ich vor 30 Jahren einen mächtigen Arschplatscher gemacht!

Seitdem kläre ich meine Seminarteilnehmer stets über dieses Fettnäpfchen auf. Vielen von ihnen war es irgendwann selbst aufgefallen, dass da irgendetwas in ihrem Leben nicht stimmen konnte, denn auch ihre Probleme hatten sich innerhalb kürzester Zeit verzehnfacht. Doch auch dafür haben viele spirituelle Menschen eine scheinbar logische Erklärung, die ich vor 30 Jahren ebenfalls zu hören bekam: Ich traf damals auf jemanden, der mir klarmachte, ich sei jetzt kein normaler, *schlafender* Mensch mehr, ich sei jetzt *aufgewacht*, und das sei etwas sehr, sehr Gutes! Das Universum präsentiere mir jetzt nur deshalb so viele Probleme, weil es mir helfen wolle, mich weiterzuentwickeln. Denn in dem Moment, wo man dazu bereit sei, seine Probleme aufzuarbeiten, gebe einem das Universum sofort alle erdenkliche Hilfe dazu. Die vielen Probleme, die sich in meinem Lebensalltag plötzlich manifestiert hatten, seien also in Wirklichkeit nur Hilfen, die ich dankbar annehmen solle!

Das war ehrlich gesagt esoterischer Unfug, wie sich leider erst sehr viel später herausstellte! Ich war nicht „aufgewacht", und das Universum wollte mir auch nicht „helfen" – ich hatte mich lediglich auf die Suche nach alten Problemmustern in meinem Gehirn gemacht, die ich damit unbewusst automatisch aktivierte, sodass sie in meinem Leben in Erscheinung traten. Der Spuk hörte sofort wieder auf, als ich das begriff, was jedoch wie gesagt leider erst viele Jahre später geschah. Diese völlig überflüssige, schwierige Zeit möchte ich dir mit diesem Buch ersparen.

Damit an dieser Stelle keine Missverständnisse aufkommen: Das Lösen deiner Probleme ist völlig in Ordnung, richtig und gut! Nur solltest du dir nicht angewöhnen, nach Problemen zu *suchen*! Die tatsächlich relevanten zehn Prozent unserer Problemmuster melden sich in unserem Alltag nämlich ganz von allein! Die müssen wir nicht suchen gehen. Und wenn sich diese Probleme melden, dann können wir sie immer noch lösen. *Wir müssen also Probleme nicht suchen, denn sie kommen ganz von allein!*

Falls du ebenfalls in dieses Fettnäpfchen getappt bist, dann gibt es eine ganz einfache Maßnahme, mit der du dich hier und jetzt von 90 Prozent aller deiner Probleme wieder verabschieden kannst. Dafür genügt es nämlich bereits, wenn du jetzt an deiner bisherigen Weltanschauung und dem darin enthaltenen Lebenssinn *zweifelst*.

Das ist tatsächlich schon alles! Es genügt, wenn du zweifelst. Denn wäre es tatsächlich wahr, dass wir alle hier sind, um uns anhand von Lernaufgaben weiterzuentwickeln, dann dürfte der Zweifel an dieser vermeintlichen Wahrheit nichts an deiner alltäglichen Lebenserfahrung ändern. Das Leben müsste dir trotz deines Zweifels weiterhin die vielen Lernaufgaben präsentieren. Doch genau das passiert in der Praxis eben *nicht*, was viele Tausend meiner Seminarteilnehmer eindeutig bestätigen können. Durch den Zweifel wird plötzlich alles anders – und zwar *besser*! Und das dürfte wie gesagt nicht passieren, wenn die Existenz von Lernaufgaben der tatsächlichen Wahrheit entspräche.

Natürlich haben wir bisher erlebt, dass das Leben uns scheinbar Lernaufgaben präsentierte, aber die entstammten eben nicht einem ominösen kosmischen Gesetz, sondern einfach nur der eigenen, individuellen Realitätswahrnehmung, weil man eben daran geglaubt hat. Dadurch hat es dann für uns so ausgesehen, als gäbe es diese Lernaufgaben tatsächlich. In dem Moment, in dem wir ernsthaft daran zweifeln, ändert sich alles. Tausende meiner Seminarteilnehmer haben in den letzten 30 Jahren erlebt, dass sich die meisten schweren „Lernaufgaben" ganz mühelos aus ihrem Leben verabschiedeten, nachdem sie angefangen hatten, an ihrer Weltanschauung zu zweifeln. Ihre Partnerbeziehung verbesserte sich, ihr Gesundheitszustand ebenfalls, sie fühlen sich erheblich glücklicher, der berufliche Stress nahm ab, es lief schöner und harmonischer in Freundschaften usw.

Das Thema Lernaufgaben ist natürlich nur ein Beispiel von vielen, an dem man erkennen kann, welchen gigantischen Einfluss solche esoterischen Halbwahrheiten auf unser Leben ausüben. Es gibt unzählige weitere Möglichkeiten, worin man den Sinn des Lebens sehen kann. Manche haben nachteilige Wirkungen auf unser Lebensglück, unseren Erfolg und unsere Gesundheit, manche haben positive Wirkungen.

Das Schöne bei der Art von Umsetzung, die ich dir eben vorgeschlagen habe, ist, dass du nicht etwas Neues glauben musst. Es genügt, wenn du zweifelst! Und Zweifeln ist leicht! Ich schlage vor, dass wir uns die positive Wirkung eines gezielten Zweifels im nächsten Kapitel einmal ein wenig genauer anschauen.

Halbwahrheit Nr. 3: Du darfst nicht zweifeln

Wie bereits erwähnt, lösen sich die Probleme, die aus einer Weltanschauung entstehen, sehr schnell auf, wenn man *ernsthaft* an dieser Weltanschauung zweifelt. Damit ist ein sogenannter *begründeter* Zweifel gemeint. Begründete Zweifel haben nämlich sehr viel mehr Kraft als unbegründete.

Der Zweifel ist eine unglaublich starke Macht. Ich gehe davon aus, dass dir die zerstörerische Kraft des Zweifels durchaus bewusst ist. Er kann dich leicht vom Erreichen positiver Ziele abbringen, wenn du zum Beispiel an deinen Fähigkeiten oder am Sinn deines Ziels zweifelst – oder daran zweifelst, dass du es überhaupt *verdient* hast, das Ziel zu erreichen. Deshalb findest du auch in vielen esoterischen Ratgebern – ebenso wie im „weltlichen" Coaching-Bereich – die Aussage, dass du nicht zweifeln darfst, wenn du deine Ziele erreichen willst. Auch das ist aber wieder nur eine Halbwahrheit.

Man kann diese Macht des Zweifels nämlich auch sinnvoll nutzen, um sich von nachteiligen Halbwahrheiten zu befreien. Das gelingt in der Praxis sehr einfach und hat einen unglaublich starken Effekt. Ich schlage vor, dass wir das einmal anhand unseres Beispiels der Lernaufgaben gemeinsam anschauen.

Um die Macht des Zweifels gezielt zu nutzen, haben sich drei einfache Fragen bewährt, die man sich selbst stellen kann. Die erste Frage lautet:

1. *Kann ich wirklich definitiv wissen, dass meine alte Sichtweise wahr ist?*

Bei Menschen, die beispielsweise an die Existenz von Lernaufgaben glauben, würde diese Frage automatisch Zweifel an ihrer Weltanschauung auslösen. Der Effekt wäre jedoch noch nicht allzu stark, da diese Frage erst einmal nur einen unbegründeten Zweifel bewirkt. Man kann natürlich an allem zweifeln – auch ohne Grund. Kommen wir also zur zweiten Frage:

2. *Warum kann ich nicht definitiv wissen, dass meine alte Sichtweise tatsächlich wahr ist?*

Diese Frage zielt direkt darauf ab, Gründe zu finden, warum man definitiv nicht wissen kann, dass die eigene Sichtweise wahr ist. Die Antwort auf diese Frage bringt uns daher direkt zu unserem Ziel: dem *begründeten Zweifel*. Doch es gibt noch eine dritte Frage, mit der man diesen begründeten Zweifel noch stärker festigen kann. Sie lautet:

3. *Was spricht dafür, dass es auch anders sein könnte?*

Wenn diese drei Fragen *nicht* helfen, dann hat man es mit einer sogenannten *Überzeugung* zu tun. Im NLP macht man einen Unterschied zwischen Glaubenssätzen und Überzeugungen, der sich über die Jahre in der Praxis als sehr sinnvoll erwiesen hat. Im Gegensatz zu einfachen Glaubenssätzen werden Überzeugungen nämlich *verteidigt*, denn man hat einen triftigen Grund, warum man das unbedingt genau so glauben will. Man wehrt sich dann mit aller Macht gegen den Zweifel.

Bei Kindern ist das noch sehr schön zu sehen. Sie halten sich tatsächlich die Ohren zu und fangen möglicherweise sogar an zu singen, wenn ihre Eltern ihnen eine wichtige Überzeugung kaputtmachen wollen. Erwachsene gehen im Allgemeinen etwas subtiler vor. Sie fangen an zu diskutieren und suchen Argumente, warum das nicht stimmen kann, was der andere von sich gibt. Wenn das nicht genügt, versuchen sie vom Thema abzulenken. Wenn der Gesprächspartner sich nicht darauf einlässt und weiter auf dem Thema herumreitet, weil er beispielsweise meint, einem den Kopf zurechtrücken zu müssen, dann wird man aggressiv und bricht einen Streit vom Zaun.

Wenn man eine Überzeugung behalten will, dann will man keine Argumente hören, die beweisen, dass man Unrecht hat. Man will auch keine Zweifel hören und auch keine tollen Ratschläge, wie gut sie auch gemeint sein mögen. Wenn jemand das dennoch tut, wird er bekämpft. Am stressigsten wird es dabei immer dann, wenn zwei Menschen mit gegensätzlichen Überzeugungen aufeinandertreffen.

Sie kommen dann um eine Auseinandersetzung kaum herum, wenn das Thema ihrer Überzeugung zur Sprache kommt. Dann wird diskutiert und gestritten bis aufs Messer. Genau das ist der Grund, warum es in der Geschichte der Menschheit unzählige Glaubenskriege gab. Jede Seite betrachtete die Überzeugung der Gegenseite als Angriff auf die eigene Ideologie.

Überzeugungen sind also Glaubensmuster, die man nur ändern kann, wenn man sie tatsächlich ändern *will*. Hier geht es nicht um die Wahrheit, sondern um die *Vorteile*, die man sich von der bisherigen Überzeugung verspricht. Erkennt man aber, dass diese Überzeugung in Wirklichkeit doch sehr viel mehr Nachteile mit sich bringt, als man bisher angenommen hat, dann fällt es sehr leicht, davon loszulassen.

Da ich nicht wissen kann, ob du es bei den dich betreffenden Halbwahrheiten, die wir in diesem Buch durchsprechen, mit Überzeugungen oder mit Glaubenssätzen zu tun hast, gehen wir immer beide Wege parallel. Das heißt, wir schaffen einen begründeten Zweifel, aber wir schauen uns auch immer die Vor- und Nachteile einer Halbwahrheit an. Aus diesem Grund haben wir auch über den lieben *Ernst* gesprochen und wie sich sein Glaube an die Lernaufgaben in seinem Leben in der Praxis auswirken würde.

Die drei genannten Fragen können also einen begründeten Zweifel bei dir auslösen, der dir hilft, von einer nachteiligen Halbwahrheit loszulassen. Doch begründete Zweifel lassen sich noch erheblich verstärken, wenn man echte Widersprüche in der alten Anschauung findet. Die meisten spirituellen Menschen in unserer Kultur folgen nicht mehr blind einer einzelnen Religion oder Ideologie. Sie machen sich ihre eigenen Gedanken. In der Regel greifen sie dabei einzelne Aussagen aus den verschiedensten Weltanschauungen heraus, die ihnen sinnvoll erscheinen, und kochen sich damit ihr eigenes Süppchen. Und in diesem Süppchen finden sich dann in der Regel recht schnell Widersprüche.

So glauben zum Beispiel viele Menschen daran, dass sie hier auf der Welt sind, um sich weiterzuentwickeln, haben aber gleichzeitig irgendwo gehört, dass es in Wirklichkeit keine Zeit geben soll. Alles, was ist, alles, was war, und alles, was jemals sein wird, wäre also immer schon vorhanden gewesen. Zeit sei in Wirklichkeit nur eine Wahrnehmungsweise, die dadurch entsteht, dass wir die Realität nicht komplex erfassen können, sondern immer nur in ganz kleinen Häppchen Moment für Moment erleben.

Einige spirituelle Weisheitslehrer vergleichen die Welt sehr anschaulich mit einem Buch. Dieses Buch sei bereits bis zum Ende vollständig geschrieben, aber um seinen Inhalt zu erfassen, müssen wir es trotzdem vom Anfang bis zum Ende lesen. Manche Menschen leiten aus dieser Metapher ab, dass alles, was wir erleben, bereits vorbestimmt ist, andere sehen dieses Buch als interaktiv an – ähnlich einem Abenteuerspiel im Computer, das ganz viele mögliche Wege bietet, sodass unser persönlicher Lebensweg durch diese unendlich vielen Möglichkeiten dennoch individuell bleibt.

Viele erleuchtete Menschen können eine Bewusstseinsebene erreichen, in der sie alles, was existiert, gleichzeitig wahrnehmen – also das gesamte interaktive Buch mit allen seinen Möglichkeiten. Aufgrund dieser spirituellen Erfahrung sind sie dann sicher, dass Zeit in Wirklichkeit nur eine Illusion ist.

Doch nicht nur spirituelle Menschen vertreten diese Meinung. Albert Einstein schrieb einmal an einen Freund: *„Vergangenheit, Gegenwart und Zukunft sind nur Illusionen, wenn auch hartnäckige."* Diese Aussage folgt unmittelbar aus Einsteins *Spezieller Relativitätstheorie*, die dem gegenwärtigen Augenblick jede absolute, universelle Bedeutung abspricht. Der Theorie zufolge – und diese Theorie hat sich anhand realer Messungen bislang als äußerst präzise erwiesen – ist Gleichzeitigkeit ein relativer Begriff. Zwei Ereignisse, die von einem Bezugssystem aus beobachtet im selben Augenblick stattfinden, können von einem anderen Bezugssystem aus zu unterschiedlichen Zeiten eintreten. Dabei hängt es vom Bezugssystem ab, welches Ereignis *vor* dem anderen eintritt.

Es ist daher eine durchaus naheliegende These, dass es in Wirklichkeit *keine Zeit* geben könnte. Doch diese These verträgt sich nicht sehr gut mit der Anschauung, dass wir alle hier auf dieser Welt sind, weil wir uns zur Liebe oder zur Vollkommenheit weiterentwickeln sollen. Zumindest kann es nicht sein, dass wir uns weiterentwickeln *müssen*! Denn wenn es keine Zeit gibt, dann gibt es auch keine Notwendigkeit einer Weiterentwicklung. Denn dann ist jeder Entwicklungsstand, den wir jemals erreichen können, ja bereits vorhanden. *Wenn es keine Zeit gibt, dann sind wir automatisch als Seele bereits am Ziel!* Wir können das unter Umständen als Mensch nur noch nicht wahrnehmen. Aber das heißt noch lange nicht, dass wir uns dann zur Vollkommenheit oder zur Liebe entwickeln *müssen*. Unsere Seele braucht es jedenfalls nicht, wenn es in Wirklichkeit keine Zeit gibt.

Der Mensch kann nur wahrnehmen, was er mit seinen Sinnen erfassen kann. Möglicherweise ist die Wahrnehmung von Zeit als ein Fluss, der vorüberfließt, nicht die Wahrheit. Und wenn die Idee der Zeit nicht wirklich stimmt, sind wir bereits am Ziel, ohne uns weiterentwickeln zu müssen!

Was jedoch Sinn ergibt, ist die Annahme, dass wir hier auf dieser Welt als Mensch aus irgendeinem Grund Weiterentwicklung *spielen*. Es kann daher durchaus sein, dass wir uns nicht weiterentwickeln *müssen*, sondern dass dies zum Spiel gehört. So gesehen wäre die Weiterentwicklung eine echte Halbwahrheit, denn zur Hälfte könnte diese These ja wahr sein. Wenn man sich unsere Wirklichkeit anschaut, dann liefert auch die Evolutionstheorie sehr gute Erklärungsmodelle für viele Ereignisse in unserer Welt, was jedoch natürlich nicht heißen muss, dass die Evolutionstheorie wahr ist. Kein ernsthafter Wissenschaftler hält sie für wahr, sondern nur für eine sehr *nützliche* Theorie.

Wenn es tatsächlich keine Zeit gibt, dann kann Evolution jedenfalls nicht der tatsächliche Sinn und Zweck des Lebens sein, sondern lediglich ein Merkmal, das unter Umständen zu diesem Spiel des Lebens dazugehört.

Ich hoffe, ich konnte dir genügend Inspiration für einen begründeten Zweifel liefern, damit sich nachteilige Halbwahrheiten wie beispielsweise das Weiterentwickelnmüssen von selbst auflösen können. Wenn du diesbezüglich auf Nummer sicher gehen willst, dann sprich mit Freunden und Bekannten über die Widersprüche innerhalb deiner alten Halbwahrheit, von der du loskommen willst. In der Praxis gibt es nichts Effektiveres als den Austausch mit anderen Menschen, wenn man eine Halbwahrheit möglichst einfach und schnell loslassen möchte. Dabei ist es jedoch sinnvoll, den Unterschied zwischen Glaubenssätzen und Überzeugungen zu kennen. Denn eine Diskussion mit jemandem, der von seiner Halbwahrheit überzeugt ist, bringt sicherlich nur Stress, denn Überzeugungen werden wie gesagt zum Teil bis aufs Messer verteidigt. Such dir daher Leute, die wirklich Interesse an einem echten Austausch haben.

Vielleicht hast du ja Freunde und Bekannte, die ebenfalls auf dem spirituellen Weg sind und sich mit Halbwahrheiten das Leben unnötig schwer machen. Sie werden ohnehin froh sein, wenn du sie darüber informierst, welche Auswirkungen bestimmte Halbwahrheiten in der Praxis tatsächlich haben können und dass der einfachste Weg zur Korrektur darin besteht, diese Halbwahrheiten begründet anzuzweifeln. Mit diesem Wissen kannst du sehr vielen Menschen einen großen Gefallen tun. Nutze daher jede Gelegenheit zum Austausch, wenn sie sich ergibt. Es wird sich auch für deine Freunde und Bekannten lohnen.

Halbwahrheit Nr. 4: Du musst dein Karma bewältigen

Viele Menschen, die glauben, dass wir hier sind, weil wir uns weiterentwickeln müssen, glauben auch an *Karma*. Karma bezeichnet ein spirituelles Konzept aus dem Hinduismus, Buddhismus und Jainismus, nach dem jede Handlung, physisch wie geistig, unweigerlich eine Folge hat. Insbesondere soll es dabei auch eine Rückwirkung auf den Akteur selbst geben. Diese Rückwirkung muss jedoch nicht unbedingt im gegenwärtigen Leben wirksam werden, sondern kann sich möglicherweise auch erst in einem zukünftigen Leben manifestieren. Dieses spirituelle Konzept hat natürlich seine Vor- und Nachteile. Schauen wir uns zuerst einmal die Vorteile an.

Der Glaube an ein Karma ist durchtränkt von Verhaltensregeln, ethischen und moralischen Werten, welche die Art und Weise beeinflussen, wie Menschen zusammenleben. Im Christentum glaubt man im Gegensatz zum Buddhismus und Hinduismus nicht an frühere Leben und Wiedergeburt. Man geht vielmehr davon aus, dass man genau ein einziges Mal als Mensch auf dieser Welt verweilt und dass sich danach entscheidet, ob man für alle Ewigkeit in der Hölle schmort oder in den Himmel kommt. Man glaubt hier nicht an Lernaufgaben, sondern an Prüfungen, die man zu bestehen hat, wenn man in den Himmel kommen will. Was man dazu alles beachten muss, wird mit einfachen Verhaltensregeln in der Bibel sehr ausführlich beschrieben.

Diese Verhaltensregeln sind sehr nützlich, wenn es darum geht, unsere menschlichen Instinkte in Schach zu halten, um ein friedliches Miteinander zu gewährleisten. Uns Menschen ist nämlich ein instinktives Neid-, Habgier- und Revierverhalten angeboren, das unser Zusammenleben sehr schwierig machen kann. Diese sogenannten *niederen Instinkte* scheinen beim modernen Menschen deutlich stärker ausgeprägt zu sein als bei den meisten Tieren. Mit dem *modernen Menschen* meine ich den *Homo sapiens*.

Paläontologen sind sich darin einig, dass mindestens drei Menschenarten (Neandertaler, Homo floresensis und Homo sapiens) gleichzeitig auf der Erde gelebt haben, was ja in unserer Natur die Regel ist. Es gibt zum Beispiel auch gleichzeitig mehrere Affenarten. Populärwissenschaftlich wird immer gesagt, dass *widrige* Lebensumstände für das Aussterben der anderen beiden Menschenarten gesorgt hätten, die neben dem Homo sapiens gelebt haben. Diese für den modernen Menschen *sehr nette* Darstellung wird jedoch von einigen Wissenschaftlern angezweifelt! Denn auch die übrigen Menschenarten, die gleichzeitig mit dem Homo sapiens gelebt haben, waren an ihre Umweltbedingungen sehr gut angepasst. Sie verfügten alle über eine weit höhere Intelligenz als alle anderen Tiere. Knochenfunde des Neandertalers zeigen beispielsweise auf, dass der Neandertaler über ein größeres Gehirn verfügt hat als der Homo sapiens und damit möglicherweise sogar intelligenter war als wir. Aber Paläontologen sind der Meinung, dass der Neandertaler gleichzeitig weit friedliebender war als der Homo sapiens. Und das war möglicherweise sein Untergang! Es gab vermutlich nur einen widrigen Umwelteinfluss, dem der Neandertaler nicht gewachsen war: *der Gewalttätigkeit des Homo sapiens*!

Aber unsere angeborene Gewalttätigkeit richtet sich nicht nur gegen andere Gattungen! Wir sind die einzige Spezies, die Genozid (Völkermord) gegen die *eigene* Art betreibt – und das nur, weil andere Völker eine andere Hautfarbe haben, weil sie eine andere Religion haben oder weil sie sich in irgendeiner Belanglosigkeit von uns unterscheiden! Genozid betreibt kein einziges Tier auf dieser Welt!

Ich möchte keine schlechte Stimmung verbreiten, aber wenn das tatsächlich so stimmt, dann macht dies den Homo sapiens nach unseren eigenen ethischen Maßstäben zu der mit Abstand *bösartigsten* Spezies, die je auf dieser Welt gelebt hat! Und diese Bösartigkeit gilt es so weit wie möglich im Zaum zu halten, damit eine stabile Gesellschaftsordnung möglich wird. Und dazu haben die verschiedenen Weltreligionen seit jeher aufgerufen – jede auf ihre Weise. Den Christen droht wie gesagt die ewige Verdammnis, wenn sie ihren niederen

Neigungen nachgeben. Die Hölle ist eine sehr starke Abschreckungsmaßnahme, wenn man tatsächlich daran glaubt.

Der hinduistische und buddhistische Glaube an das Karma erfüllt den gleichen Zweck und ist damit sehr nützlich, um unsere sozialschädlichen Verhaltensmuster im Zaum zu halten, denn alles, was wir nach dieser Auffassung anderen an Leid und Ungerechtigkeit zufügen, fällt früher oder später wieder auf uns selbst zurück. Also lassen wir es doch lieber!

Das ist also die positive Seite dieser Weltanschauung. Schauen wir uns einmal die weniger nützliche Seite an. Die zeigt sich vor allem dann, wenn der Glaube an das Karma nicht innerhalb einer in sich stimmigen Weltanschauung wie dem Buddhismus oder dem Hinduismus gelebt wird, sondern aus dem Kontext gerissen und mit allen möglichen anderen spirituellen Konzepten vermischt wird, wie es in der Esoterik die Regel ist. Ich habe in den letzten 30 Jahren Tausende von Menschen gecoacht, die sich auf diese Weise das Leben sehr schwer machten.

Die größten Schwierigkeiten, die bei diesen Menschen aufgrund ihres Glaubens auftraten, wurzelten in dem Gefühl, ihrem Karma machtlos ausgeliefert zu sein. Denn wenn man aus einem früheren Leben ein echt *mieses* Karma mitgebracht hat, das sich nicht so einfach auflösen lässt, dann hat man wirklich die Arschkarte! Egal, was man weltlich versucht, um seine Lebensumstände zu ändern, das Karma ist stärker und sorgt dafür, dass man aus seinem Elend nicht mehr herauskommt. Da *karma* dann eben nichts machen! ☺ Es sei denn, man arbeitet wirklich sein Karma ab, was nach einigen Glaubensrichtungen viele Leben dauern kann!

Die Machtlosigkeit aus dieser Weltanschauung wirkt sich gelinde gesagt nicht gerade positiv auf unser Lebensglück, unseren Erfolg und unsere Gesundheit aus. Ich schlage vor, dass wir uns das ebenfalls einmal in der Praxis anschauen, indem wir unserem lieben *Ernst* unterstellen, dass er nicht nur an die Lernaufgaben, sondern auch an das Konzept des Karmas glaubt. Ernst hat sich aufgrund seines Glaubens an die Lernaufgaben ja eine Frau gesucht, die eine echte Herausforderung für ihn darstellt. Seine Motivation, sich weiterentwickeln zu wollen, gepaart mit der Auffassung, dass man an Herausforderungen am schnellsten wachsen kann, sorgte dafür, dass er Frauen, mit denen er sehr leicht hätte glücklich sein können, als uninteressant empfand.

Den meisten Menschen ist nicht bewusst, wie stark solche unbewussten Motive unsere Entscheidungen beeinflussen. Gehen wir daher einmal davon aus, dass dies unserem lieben Ernst ebenfalls nicht so ganz klar ist. Vielmehr kommt er auf die Idee, es sei seinem Karma zu verdanken, dass er immer an Frauen gerät, die nicht wirklich zu ihm passen. Also macht er sich auf, um sein Karma zu bewältigen. Er durchforstet das Internet und findet unzählige Angebote, die eine Ablösung von seinem negativen Karma versprechen.

Ich kann mich hier übrigens sehr leicht mit Ernst identifizieren, denn ich spreche in diesem Buch nicht nur über die Erfahrung meiner Seminarteilnehmer. Ich habe selbst vor 30 Jahren an das Karma geglaubt. Ich probierte damals fast alles aus, was der Esoterikmarkt zu bieten hatte, um mein Karma aufzulösen. Ich steuerte dabei von einer Odyssee in die nächste. Immer mehr wurde mir dabei von meinen spirituellen Lehrern klargemacht, was ich alles zu tun hätte, um mein Karma zu bewältigen. Darunter waren auch viele Lehrer, die mich davon überzeugen wollten, dass ich das allein niemals schaffen würde. Ich bräuchte dringend professionelle Hilfe, zum Beispiel in Form von Rückführungen in meine früheren Leben. Doch egal, was ich damals versuchte – und ich versuchte wirklich viel –, es half nichts. Mein Karma bestimmte weiterhin mein Leben.

Kommen wir wieder zu unserem lieben Ernst zurück, um uns anzuschauen, warum diese Rückführungen nicht den gewünschten Effekt bringen konnten. Ernst glaubt ja, dass er hier ist, um Lernaufgaben zu bewältigen, und er ist der Meinung, dass man sich durch Herausforderungen am besten weiterentwickeln kann. Und solange Ernst das glaubt, wird er sich immer unbewusst Frauen aussuchen, mit denen er nur sehr schwer oder gar nicht glücklich sein kann. Diese Frauen sieht er dann als sein Karma an.

An seiner schlechten Partnerwahl ändert sich jedoch überhaupt nichts, wenn er sich im Rahmen einer Rückführung ein früheres Leben anschaut und jetzt nachträglich lernt, was er damals hätte lernen sollen. Es kann sein, dass diese Lernerfahrungen durchaus wertvoll für ihn sind, aber an seiner grundsätzlichen Partnerwahl ändern sie eben trotzdem nichts, denn diese wird in Wirklichkeit ja von seiner Suche nach Lernaufgaben bestimmt.

Im Beziehungsleben von Ernst ändert sich also nichts, wenn er jetzt lernt, was er in einem früheren Leben angeblich hätte lernen sollen. Zu Anfang wird er nach einer Rückführung hoffnungsvoll in die Zukunft schauen, was sich auch kurzfristig positiv auf sein Glückempfinden und darüber dann auch auf seine Partnerbeziehung auswirkt, aber diese Hochphasen halten, wie ich selbst erleben musste, leider nie sehr lange an. Nach wenigen Wochen merkt Ernst deshalb, dass sich nicht wirklich etwas zum Positiven verändert hat. Er war emotional nur „besser drauf" und sah deshalb alles etwas entspannter in dieser Zeit. Auch war er voller Hoffnung, da er glaubte, seine Lernaufgabe nun bewältigt zu haben. Danach folgt jedoch unweigerlich die Enttäuschung, weil er einsehen muss, dass sich in Wirklichkeit doch nichts geändert hat. Und mit jedem weiteren vergeblichen Versuch, über die Bewältigung seines Karmas seine Beziehung zu verbessern, wird seine Enttäuschung automatisch immer größer.

Bei mir selbst dauerte es einige Jahre, bis die Enttäuschung groß genug war, um das spirituelle Konzept des Karmas einmal komplett in Zweifel zu ziehen. Doch als ich das tat, änderte sich plötzlich mein gesamtes Leben! Alle „karmischen" Verstrickungen, die zuvor mein Leben so unsagbar schwer und düster gemacht hatten, lösten sich plötzlich wie von Zauberhand ganz von selbst auf.

Genau das Gleiche konnte ich in den letzten 30 Jahren bei mehreren Tausend Seminarteilnehmern beobachten. Sobald sie anfingen, an ihrem Glauben an die Lernaufgaben und das Karma zu zweifeln, wurde ihr Leben innerhalb weniger Wochen leichter und heller. Der Zweifel genügte also auch hier. Doch wäre das Karma eine echte kosmische Gesetzmäßigkeit, wie es vielerorts behauptet wird, dann dürfte der Zweifel an dieser vermeintlichen Wahrheit eigentlich nicht viel ändern. *Ein echtes Naturgesetz könnte man sicherlich nicht außer Kraft setzen, nur indem man daran zweifelt!*

Wir haben uns jetzt gemeinsam die Auswirkungen des Karma-Glaubens und des Glaubens an die Lernaufgaben im Bereich der Partnerbeziehung angeschaut. Natürlich gibt es die gleiche Machtlosigkeit und die gleiche Enttäuschung auch in allen anderen Lebensbereichen. Ernst stürzt sich ja auf alle Probleme, die das Leben ihm bietet, weil er darin wichtige Lernaufgaben sieht, die er bewältigen muss, will er nicht noch mehr *mieses* Karma anhäufen. So gesehen macht sein Glaube ihn zu einem *Problem-Suchgerät.* Und permanent Probleme zu suchen ist weder dem eigenen Lebensglück noch der eigenen Gesundheit zuträglich. Auch stellt diese ständige Suche nach Lernaufgaben eine echte Erfolgsblockade dar. Denn wenn man zu stark auf Probleme fokussiert ist, dann übersieht man sehr schnell die Chancen und Gelegenheiten, die das Leben einem anbietet. Man ist mit den vielen Problemen einfach schon komplett ausgelastet.

Der Glaube an das Karma ist eine gute Abschreckungsmaßnahme, um unsere niederen Instinkte in Schach zu halten, aber er ist alles andere als nützlich, wenn man ein glückliches, erfülltes und gesundes Leben führen will. Wenn du dich daher von diesem Glauben befreien möchtest, falls du überhaupt davon betroffen bist, dann genügt ein gutes Argument, um einen begründeten Zweifel auszulösen. Ist dieser begründete Zweifel erst einmal geweckt, muss nichts weiter getan werden. Denn dieser Zweifel verändert innerhalb weniger Tage oder Wochen deine eigene Lebenserfahrung kolossal. Und diese Veränderungen dürfte es eben nicht geben, wenn dein vorheriger Glaube der Wahrheit entsprochen hätte. Das heißt, das Leben selbst gibt dir durch deinen Zweifel alle Bestätigungen, die du brauchst, um deinen falschen Glauben immer mehr in Zweifel zu ziehen – und zwar so lange, bis er sich vollständig aufgelöst hat.

Das Hauptargument gegen das Karma, das du jetzt erst einmal für deinen begründeten Zweifel einsetzen kannst, ist natürlich, dass *Zeit nur eine Wahrnehmungsweise der Realität darstellt*. Denn wenn es tatsächlich keine echte Zeit gibt, dann finden alle sogenannten früheren Leben parallel und nicht nacheinander statt. Und dann ergibt es einfach keinen Sinn, dass die Ursache aus einem *früheren* Leben eine Wirkung in diesem haben soll – genauso wenig, wie die Ursache im *jetzigen* Leben eine Auswirkung auf ein *späteres* Leben haben kann.

Wissenschaftlich kann man bislang – trotz gewisser Hinweise in der modernen Physik – nicht zweifelsfrei beweisen, dass Zeit nur eine Wahrnehmungsweise ist, und damit auch nicht, dass es diese angebliche karmische Gesetzmäßigkeit definitiv nicht gibt, aber glücklicherweise benötigen wir ja keine Beweise. Uns genügen bereits Hinweise darauf, dass es eventuell nicht stimmen *könnte*, denn wir benötigen lediglich einen begründeten Zweifel. Den Rest erledigen dann das Leben und unser Gehirn ganz von allein. Hier noch einmal die drei Fragen, mit denen du deinen begründeten Zweifel erzeugen kannst:

1. Kann ich wirklich definitiv wissen, dass meine alte Sichtweise wahr ist?
2. Warum kann ich das nicht definitiv wissen?
3. Was spricht dafür, dass es auch anders sein könnte?

Auch zu dieser Halbwahrheit möchte ich dir empfehlen, dich mit deinen Freunden und Bekannten auszutauschen. Dieser Austausch kann wie ein Turbo wirken, wenn es darum geht, ungute Halbwahrheiten loszulassen.

Halbwahrheit Nr. 5: Du sollst nicht werten

Viele spirituelle Menschen haben gelernt, man solle nichts als gut oder schlecht beurteilen. Man solle am besten überhaupt nicht mehr urteilen, denn das Nicht-Urteilen würde einen in die reine Liebe bringen. Wenn einem jedoch das Bewerten und damit das Nutzen des gesunden Menschenverstandes untersagt ist, dann ist es unmöglich, esoterische Halbwahrheiten zu untersuchen, um sie in nützliche oder nachteilige Halbwahrheiten einzuteilen. Deshalb halte ich es für sinnvoll, dass wir uns dieses spirituelle Postulat einmal ein wenig genauer anschauen.

Als diese ursprünglich buddhistische Lebensweisheit Einzug in die westliche Esoterik hielt, haben sich einige kapitale Missverständnisse eingeschlichen. Buddha empfahl diese Praktik des Nicht-Urteilens nämlich nur in Bezug auf die Meditationspraxis auszuüben und nicht generell für den gesamten Alltag! Ziel dieser Meditationspraktik ist die Erfahrung der reinen Bewusstheit. Dieser Zustand stellt sich am einfachsten ein, wenn man Gedanken, Gefühle und Geschehnisse nicht beurteilt, sondern sie lediglich absichtslos beobachtet.

Eine Alternative zu dieser Meditationspraxis besteht darin, sich vorzustellen, man könnte alles, was man zu sein glaubt, in eine große Tonne legen – den eigenen physischen Körper, die eigene Seele, den eigenen Geist, die eigenen Erfahrungen, die eigenen Gedanken und Gefühle usw. Dann schaut man in diese Tonne hinein und wird sich bewusst, dass es da noch eine weitere Instanz des eigenen Selbst geben muss, die nicht in der Tonne liegt – nämlich diejenige, die dort in die Tonne hineinschaut! Das ist der Beobachter. Das ist reines Bewusstsein!

Die Erfahrung der reinen Bewusstheit hat sehr viele positive Auswirkungen, weshalb sie auch seit Jahrtausenden praktiziert wird. Doch Buddha, der gerne von spirituellen Nicht-Bewertern zitiert wird, hat niemals gesagt, dass man die Nicht-Bewertung auch im Alltag praktizieren soll. Im Gegenteil: Er postulierte seinen achtfachen Pfad der

Befreiung vom Leiden, und dazu gehört auch das Erlernen wichtiger Differenzierungen und Unterscheidungen, um die Ereignisse im Alltag angemessen *bewerten und beurteilen* zu können.

Die Meditationspraxis des Nicht-Bewertens, die Buddha empfahl, diente also nicht dazu, im Alltag ganz mit dem Bewerten aufzuhören. Es ging lediglich um die Erfahrung der reinen Bewusstheit, die uns Menschen eine andere Perspektive auf das Leben ermöglicht. Diese Perspektive führt zwar unter anderem dazu, dass man im Alltag nicht mehr so viel *verurteilt,* weil man erkennt, dass „gut" und „schlecht" rein subjektive Wertungen sind und letztlich alles nur Bewusstsein ist. Buddha hat jedoch niemals postuliert, man solle *überhaupt nicht* mehr urteilen. Diese esoterische Aussage ist eine unsinnige Verzerrung seiner tatsächlichen Lehre.

Viele spirituelle Menschen, die diesem Missverständnis zum Opfer gefallen sind, wollen daher nichts mehr beurteilen, denn es ist ja offensichtlich *besser,* nicht zu urteilen, und damit *schlechter,* wenn man es tut. Doch genau das ist natürlich eine Beurteilung allererster Güte, was die Anhänger dieser Halbwahrheit aber entweder ignorieren oder nicht merken. Stattdessen *verurteilen* viele von ihnen sogar andere Menschen, weil diese noch urteilen. Das Ganze ist also ein Widerspruch in sich!

Es gibt in der Esoterik viele Verzerrungen fernöstlicher Lehren, in denen die Erleuchtung angestrebt wird. Doch Erleuchtung wird in diesen Traditionen nicht wie hier im Westen mit einem Zustand in Verbindung gebracht, bei dem alles in bester Ordnung ist. Im Gegenteil! Viele Erleuchtete sind sterbenskrank, haben Krebs oder leben einsam im Elend. Das irritiert in den fernöstlichen Traditionen tatsächlich niemanden, denn das *Ziel des Lebens* wird dort darin gesehen, den *spirituellen Zustand der Erleuchtung* zu erlangen und damit nicht mehr in dieser Welt *inkarnieren zu müssen.* Ob man sich dabei glücklich fühlt, ist in dieser Weltanschauung unbedeutend, denn *weltliches Glück ist genauso wenig wie Gesundheit das Ziel dieser Philosophien.* Hier wird also mit zwei völlig verschiedenen Maßstäben gemessen, sodass Missverständnisse und Irrtümer vorprogrammiert sind.

Unsere westliche Esoterik ist ein Sammelsurium von nützlichen Weisheiten aus aller Welt. Die meisten dieser Weisheiten werden jedoch einfach *aus ihrem Zusammenhang gerissen*, in einen völlig anderen Kontext gestellt und mit unzähligen anderen spirituellen Lehren gemischt – selbst dann, wenn diese Lehren völlig gegensätzlichen Zielen dienen sollen. Daher suchen mittlerweile Millionen von Menschen ihr Glück darin, in ihrem Alltag (und nicht in der Meditation, wo es sinnvoll wäre) absichtslos zu bleiben und alles als *gleich-gültig* ansehen. Sie wollen auf diese Weise die Liebe finden.

In der Tat kann man während einer Meditation bei der Erfahrung der reinen Bewusstheit auch allumfassende Liebe erleben. Aber diese Praxis ist eben für den täglichen Alltag völlig ungeeignet. Sie funktioniert in der Meditation, aber im Alltag ist der Weg zur allumfassenden Liebe ein völlig anderer. Wir werden im weiteren Verlauf dieses Buches noch darauf zu sprechen kommen. Die allumfassende Liebe ist genauso wie die Erfahrung der reinen Bewusstheit ein Bestandteil meiner Seminare. Ich kann daher auch diesbezüglich aus der Praxis berichten und aufzeigen, was nachweislich funktioniert und was nicht. Die Auflösung jeglicher Bewertung im Alltag funktioniert jedenfalls schon einmal nicht. Im Gegenteil, sie macht sogar krank! Schauen wir uns das wieder einmal ein wenig genauer an.

Unser Nervensystem arbeitet mit relativen Spannungsdifferenzen und nicht mit Absolutwerten. Wenn du seit Tagen erwartest, dass heute etwas ganz Schlimmes passiert, dann bist du seit Tagen emotional vielleicht auf -8 auf einer Skala von -10 bis +10. Wenn dann um Mitternacht immer noch nichts passiert ist und du weißt, dass der Kelch dieses Mal tatsächlich an dir vorübergegangen ist, dann geht deine Stimmung auf plus/minus Null. Es ist ja nichts passiert, und *nichts* ist neutral – also +/- Null.

Doch du hast dann alles andere als neutrale Gefühle! Du weinst vielleicht sogar vor Glück – und zwar, weil nichts passiert ist! Ich wiederhole es noch einmal: weil *nichts* passiert ist! Denn das, was du fühlst, ist die Differenz zwischen -8 und 0. Und das geht 8 Punkte nach oben.

Wenn du hingegen die ganze Zeit auf +8 bist, weil du schon seit Tagen etwas ganz Tolles erwartest, und es tritt dann definitiv nicht ein, dann sinkt deine Stimmung auf 0 – weil ja *nichts* passiert ist! Und *nichts* ist neutral. Doch natürlich fühlst du dich total enttäuscht, und zwar mit -8 Punkten!

Das ist damit gemeint, dass unser Nervensystem mit relativer Polarität arbeitet. Dabei betrachtet es jeden lang anhaltenden emotionalen Zustand nach einer Weile als Normalzustand und damit als emotionsneutral. Der Mensch gewöhnt sich eben einfach an fast alles. Das hat neurobiologische Gründe und ist für unser Überleben erforderlich. Doch ich will hier gar nicht zu weit in die Neurobiologie abtauchen. In meinen Büchern *Mary* sowie *Robin und das Positive Fühlen* habe ich hierzu viel erklärt. An dieser Stelle daher nur das Wesentliche, um das es mir gerade hauptsächlich geht.

Unser Nervensystem benötigt Polarität und damit Beurteilungen, damit wir überhaupt etwas fühlen können. Glücklicherweise heißt das nicht, dass wir uns unglücklich fühlen müssen, damit wir uns danach glücklich fühlen können, wie viele Anhänger des sogenannten Polaritätsprinzips glauben. Wir werden uns mit diesem Prinzip im Kapitel zu Halbwahrheit Nr. 26 noch ausführlich befassen. An dieser Stelle möchte ich nur anmerken, dass die erforderliche Polarität auch durch einen Wechsel zwischen den drei unterschiedlichen neuronalen Glückssystemen in unserem Gehirn entstehen kann – dem Zusammengehörigkeitsystem, dem Belohnungssystem und dem Locksystem. Das sind drei neuronale Systeme, die zwar zusammenarbeiten, aber gleichzeitig auch ihr eigenes Süppchen kochen.

Nehmen wir einmal das schöne Thema Sex, um diesen Sachverhalt zu verdeutlichen. Als Erstes könnte die Lust auf Sex aufkommen. Das ist ein Lockgefühl. Dieses Gefühl soll uns also zu etwas verlocken. Wenn du versuchst, dieses Lockgefühl über einen langen Zeitraum hinweg konstant hoch zu halten, wirst du erleben, dass es verschwindet. Lust ist kein Gefühl, das man ewig aufrechterhalten kann. Sie verwandelt sich dann ganz schnell in Frust, wenn nach der Lust nicht irgendwann die Erfüllung kommt.

Wenn du jedoch von der Lust zum Genuss wechselst, indem du dann tatsächlich Sex hast, dann gibt es eine Relativerfahrung im Nervensystem. Du wechselst nämlich vom Locksystem ins Belohnungssystem. Genuss ist nämlich ein Belohnungsgefühl. Durch diese Relativerfahrung fühlst du deine Gefühle daher wieder sehr intensiv. Obwohl es nicht die Spannungsdifferenz zwischen Plus und Minus ist, ist es doch eine relative Polarität.

Aber auch den Sex kannst du nicht drei Jahre lang ununterbrochen genießen. Irgendwann verschwindet der Genuss von selbst, ohne dass du etwas dagegen tun kannst. Ein Wechsel zur Liebe wäre dann sinnvoll, denn das ist ein Zusammengehörigkeitsgefühl, das wieder in einem komplett anderen neuronalen System abläuft. Es gibt also eine erneute relative Polarität. Auf diese Art und Weise funktioniert unser Nervensystem.

Nun hatte ich in den vergangenen Jahren immer wieder überzeugte Nicht-Beurteiler in meinen Seminaren. Viele von ihnen arbeiteten bereits seit Jahren an ihrer *Gleich-Gültigkeit*, und einige schafften es dann tatsächlich, so gut wie alle ihre Bewertungen und damit auch alle Spannungsdifferenzen aufzulösen. Die Folge war, dass sie dann nach ein, zwei Jahren fast *gar nichts mehr* fühlen konnten, denn alle Gefühle verlangen eine Spannungsdifferenz. Sie entwickelten dadurch ein Krankheitsbild, das in unserer Kultur mittlerweile sehr häufig geworden ist und das natürlich nicht nur diese eine Ursache hat: Sie entwickelten eine Depression. Ein Merkmal von Depressionen ist nämlich die Abwesenheit von guten Gefühlen. Und genau das passierte durch die jahrelang antrainierte Gleichgültigkeit.

Negative Gefühle werden natürlich neutralisiert, wenn man nicht mehr bewertet, und das fühlt sich dann erst einmal gut an. Man fühlt sich gut, weil man keine schlechten Gefühle mehr hat. Man fühlt die

Spannungsdifferenz von den bisherigen schlechten Gefühlen zur jetzigen Neutralität. Und diese Spannungsdifferenz ist positiv! Genau das hat die *Nicht-Beurteiler* zu Anfang völlig geflasht. Sie sahen die Beurteilungsfreiheit deshalb als Schlüssel zu einem glücklichen Leben an.

Diese scheinbare Zauberlösung funktioniert jedoch nur auf einer Seite der Gleichung. Man kann schlechte Gefühle damit neutralisieren und fühlt sich dadurch zunächst besser. Doch die positiven Gefühle werden auf Dauer leider auf diese Weise ebenfalls neutralisiert! Und genau das war diesen Teilnehmern dabei nicht bewusst, weil sie gelernt hatten, dass nach Auflösung jeglicher Beurteilung nur noch Liebe bleibt. Das ist ja auch zur Hälfte richtig, denn in der Meditation bleibt bei der Erfahrung der reinen Bewusstheit nur noch Liebe. Für die Yogis, die einzig die Erleuchtung anstreben und den ganzen Tag in Meditation versunken sind, ist dies schön und gut, *aber für Menschen, die ihr Glück im normalen Leben suchen, ist diese Gefühlsneutralität eine Katastrophe! Sie werden krank davon!*

Es sind eben einfach völlig verschiedene Zielsetzungen. Wenn man ein schönes weltliches Leben führen will, dann ist die Beurteilungsfreiheit ganz sicher der falsche Weg. Man bekommt nach und nach immer mehr Probleme mit dem gesamten sozialen Umfeld, das einen intuitiv vor diesem Unsinn bewahren will. Man wird mit der Zeit immer gefühlsneutraler bis hin zur Depression. Man bringt keine Motivation mehr auf, irgendetwas erreichen zu wollen. Daraus resultieren Probleme im Job, finanzielle Probleme, gesundheitliche Probleme, Probleme in der Partnerschaft usw.

Glücklicherweise nehmen die meisten spirituellen Menschen ihre Anschauungen längst nicht so ernst, wie wir das unserem lieben Ernst unterstellt haben. Sie setzen ihre Erkenntnisse also gar nicht so konsequent um, als dass sie es zur völligen Beurteilungsfreiheit schaffen könnten. Daher ist der Prozentsatz der tatsächlich erkrankten Nicht-Beurteiler recht klein. Den meisten nicht so konsequenten Umsetzern geht es ganz gut mit der angestrebten Beurteilungsfreiheit. Sie beurteilen in ihrem Alltag trotzdem ständig etwas, ohne es zu merken. Und nur dann, wenn ihre Gefühle zu schlecht sind, kommen sie auf die Idee, man könnte ja mal die Bewertung weglassen. Diese esoterische Halbwahrheit kann also auch einen sinnvollen Effekt haben, wenn man sie tatsächlich sinnvoll und maßvoll einsetzt. Die Nachteile dieser Halbwahrheit dominieren in der Praxis jedoch bei Weitem!

Ich vermute, du kennst bestimmt auch Menschen, die sich das Leben mit dieser Halbwahrheit unnötig schwer machen. Rede mit ihnen und hilf ihnen, begründete Zweifel zu finden. Wenn du das tust, wirst du auch gleichzeitig dir selbst helfen, möglichst schnell von dieser unguten Halbwahrheit loszukommen. Denn wie ich bereits erwähnt habe: Der Austausch mit Gleichgesinnten ist der einfachste Weg, um ungute Glaubenssätze über Bord zu werfen. Wenn du magst, kannst du auch mit deinen Freunden und Bekannten die drei Fragen durchgehen, mit denen du deinen begründeten Zweifel erzeugen kannst:

1. Kann ich wirklich definitiv wissen, dass meine alte Sichtweise wahr ist?
2. Warum kann ich das nicht definitiv wissen?
3. Was spricht dafür, dass es auch anders sein könnte?

Es gibt jedoch noch ein weiteres Missverständnis, das sich im Rahmen der Verzerrung dieser fernöstlichen Weisheitslehre eingeschlichen hat und das sich in der Praxis noch sehr viel problematischer auswirkt – und zwar die fehlende Differenzierung zwischen *Verurteilen* und *Be-urteilen*.

Halbwahrheit Nr. 6: Beurteilen und Verurteilen

Hast du dir schon einmal eine TV-Doku über Gorillas angeschaut? In einem Gorilla-Rudel hat das Leittier das alleinige Privileg, die Weibchen des Rudels zu begatten. Alle anderen männlichen Gorillas müssen sich hier mächtig zurückhalten, was natürlich nicht allen leicht fällt. Gelegentlich versucht dann doch einer, dem Rudelführer ein Weibchen abspenstig zu machen. Was wir dabei beobachten können, ist sehr interessant. Denn es wiederholt sich in jedem anderen Gorilla-Rudel auf die gleiche Art und Weise. Offensichtlich handelt es sich hierbei um einen instinktiv veranlagten Maßnahmenkatalog, dem alle Gorillas auf dieser Welt folgen.

Als Erstes würde der Rudelführer den Nebenbuhler ignorieren, wenn er sich seinen Webchen nähert. Denn ein Gorilla erkennt genau wie ein Mensch, dass er offensichtlich nicht erwünscht ist, wenn er ignoriert wird. Wenn der Drang des Nebenbuhlers groß genug ist, wird diese Ignoranz jedoch allein nicht genügen. Daher schaltet der Silberrücken (Rudelführer) einen Gang hoch. Er schaut den Nebenbuhler kurz an und zeigt in seiner Mimik eine dezente Ablehnung. Menschen rollen dazu gerne mal mit den Augen!

Doch genauso, wie es Menschen gibt, denen solch eine dezente Ablehnung nicht viel ausmacht, so gibt es auch Gorillas, die sich allein deswegen noch nicht zurückziehen. Daher schaltet der Silberrücken erneut einen Gang hoch. Er schaut den Nebenbuhler direkt verachtungsvoll an und gibt einen ermahnenden Laut von sich. Er lässt jetzt keinen Zweifel mehr daran, dass er dieses Verhalten nicht gutheißen kann.

Wenn der Nebenbuhler dann immer noch nicht verschwindet, greift der Rudelführer zur nächsten Maßnahme, die offensichtlich instinktiv vorgegeben ist, denn alle Gorillas auf der Welt verhalten sich hier gleich. Der Silberrücken stößt nämlich jetzt eine ernsthafte Drohung aus! Und sollte diese Drohung wieder nicht den gewünschten Effekt bringen, dann kriegt der unverschämte Nebenbuhler anständig eins auf die Glocke!

Schauen wir uns einmal zum Vergleich an, wie Männer sich in dieser Situation für gewöhnlich verhalten. Falls du kein Mann bist, dann stell dir bitte einfach einmal vor, du wärest einer. Nehmen wir also in diesem Gedankenexperiment einmal an, es gibt jemanden, der in unserem Beisein unsere Partnerin anbaggert. Hauen wir diesem unerwünschten Zeitgenossen dann sofort auf die Glocke? Sicherlich nicht. Wir tun erst einmal das Gleiche, was auch der Gorilla getan hat: Wir ignorieren diesen Störenfried. Menschen merken ja, dass sie nicht erwünscht sind, wenn man sie ignoriert!

Kennst du vielleicht Menschen, die das nicht so richtig merken, oder denen es vielleicht auch völlig egal ist? Die gibt es natürlich! Also greifen auch wir Männer zu einer deutlicheren Maßnahme. Wenn das Ignorieren nichts bringt, dann werden wir ein wenig deutlicher! Wir bringen diesem unerwünschten Zeitgenossen unsere Ablehnung entgegen – zunächst noch dezent, denn wir wollen nicht gleich eine ernsthafte Auseinandersetzung riskieren.

Doch was tun wir, wenn dieser Störenfried sich von unserer dezenten Ablehnung nicht beeindrucken lässt und einfach damit weitermacht, unsere Partnerin anzumachen? Logisch, dann werden wir natürlich deutlicher! Möglicherweise drücken wir dann unsere unverhohlene Ablehnung verbal aus. Wir sagen dem Nebenbuhler, dass er gefälligst verschwinden soll. Sollte er dann immer noch nicht gehen, werden wir echt sauer! Unsere Kampfbereitschaft steigt. In der Regel geht dem Kampf jedoch erst einmal eine ernsthafte Drohung voraus. Wenn der Störenfried dann immer noch nicht verschwindet, rät uns unser Instinkt sehr eindrücklich, die Fäuste sprechen zu lassen! Bei den meisten Menschen setzt an diesem Punkt dann der Verstand ein: „Was soll das bringen? Du haust ihm aufs Maul, er geht dann zum Zahnarzt und du dafür in den Knast. Das ist kein guter Schlagabtausch."

Das Einzige, was unsere Verhaltensweise in solch einer Situation von der eines Gorillas unterscheidet, ist also, dass irgendwann unser Verstand einsetzt und wir das Feld räumen, statt den Widersacher zu vertreiben. Aber ansonsten laufen exakt die gleichen Verhaltensmaßnahmen ab: Ignoranz, dezente Ablehnung, offensichtliche Ablehnung, Gewaltandrohung, Kampf. Diese Maßnahmen sind unseren Instinkten offensichtlich genauso einprogrammiert wie dem Gorilla. Und das ist sicherlich kein Zufall! Britische Wissenschaftler haben das Erbgut des Gorillas analysiert und festgestellt, dass wir Menschen uns von diesen großen Affen genetisch nur zu 1,75 Prozent unterscheiden.

So weit, so gut. Kommen wir jetzt zu dem eigentlichen Grund, warum wir diese Exkursion ins Tierreich gemacht haben. Es hat, wie die Überschrift dieses Kapitels sicherlich bereits verraten hat, etwas mit dem Unterschied zwischen Be-urteilung und Ver-urteilung zu tun.

Was eine Beurteilung zu einer Verurteilung macht, ist die darin enthaltene Ablehnung.

Die Ablehnung selbst ist natürlich nicht das Problem, denn sie hat sich für das Vertreiben unerwünschter Zeitgenossen seit Jahrmillionen als sinnvoll erwiesen. Dieser Sinn wird jedoch sehr schnell zum Unsinn, wenn zusätzlich ein sehr kurioses – und dennoch weit verbreitetes – Missverständnis aufkommt. Schauen wir uns die Auswirkungen dieses Missverständnisses einmal ein wenig näher in der Praxis an.

Hast du schon einmal beobachtet, wie sich viele Menschen verhalten, wenn sie eine Krankheit loswerden wollen? „Was von allein gekommen ist, geht auch von allein wieder weg!“, meinen dann viele spontan dazu. Das ist natürlich *Ignoranz* allererster Güte! Und wenn die Ignoranz allein nicht funktioniert, dann greifen sie instinktiv zur nächsten Maßnahme: Sie lehnen ihre Krankheit dezent ab. Sollte ihre Krankheit dann immer noch nicht freiwillig verschwinden, dann steigern sie ihre Ablehnung. Man sieht sie ihnen dann sehr deutlich an, wenn sie über ihre *Scheiß*-Krankheit sprechen. Manche schrecken noch nicht einmal davor zurück, ihrer Krankheit dann schließlich mit Gewalt zu drohen oder tatsächlich Gewalt gegen den eigenen Körper anzuwenden. Sie schlagen dann zum Beispiel gegen ihren eigenen Kopf, damit dieser *Scheiß*-Kopfschmerz verschwindet. Ich wage zu behaupten, dass der Schmerz dann trotzdem nicht geht, sondern erst so richtig aufdreht! ☺

Aber unsere Krankheiten sind natürlich nicht das Einzige, was wir gelegentlich *verurteilen*. Hast du vielleicht schon einmal deine überschüssigen Pfunde abgelehnt? Und? Sind sie dann gegangen? Oder hast du schon einmal deine Computermaus gezüchtigt, weil sie nicht richtig funktioniert hat? Oder gegen dein Auto getreten, weil es einen Platten hatte? Viele Menschen lehnen sogar das Minus auf ihrem Kontoauszug ab. Ich habe selbst schon einmal gesehen, wie jemand seinen Kontoauszug wütend zerrissen hat, weil das Minus dort einfach nicht von selbst verschwinden wollte.

Eine Bekannte von mir hat einmal etwas anderes versucht, um das Minus auf ihrem Konto loszuwerden. Sie holte ihre Kontoauszüge einfach nicht mehr ab. Doch auch das nützte nichts, denn ihr Kontoauszug war so penetrant, dass er ihr nach Hause in den Briefkasten folgte! ☺

Wenn wir dem besagten kuriosen Missverständnis unterliegen, das ich noch nicht exakt verbalisiert habe, um dir den Spaß an der Selbsterkenntnis nicht zu verderben, dann tun wir solche unsinnigen Dinge. Dann lehnen wir unseren eigenen Motivationsmangel ab, den Speck auf den Hüften, die schlechte Stimmung im Büro, Nörgeleien, Egoismus, Unfairness, Stress, Unordnung, Unflexibilität, Sturheit, Faulheit, Kritik, Probleme, Gefühle, Krankheiten und so weiter und so fort.

Das Missverständnis, das für diese unsinnigen Verurteilungen verantwortlich ist, besteht darin, dass wir all diese Dinge unbewusst *personifizieren*, als seien es eigenständige Lebewesen, die wir mit unserer Ablehnung vertreiben könnten. Natürlich kann das nicht funktionieren, denn es sind eben keine eigenständigen Lebewesen, die sich zum Gehen entscheiden könnten. Egal, wie sehr wir unsere eigene Faulheit oder eine andere unerwünschte Eigenschaft ablehnen, sie wird dadurch nicht verschwinden – genauso wenig wie unsere schlechten Gefühle. Nicht wenige Menschen haben schon einmal ihre eigenen Ablehnungsgefühle abgelehnt oder wurden (erst recht) wütend, weil sie wütend waren. Doch davon wurden diese Gefühle natürlich alles andere als besser – im Gegenteil! Auf diese Weise kann man sich ganz leicht ganz schnell in Rage bringen.

Unsere unangenehmen Gefühle gehören jedoch genau wie unsere körperlichen, geistigen oder seelischen Eigenschaften oder unsere Krankheiten zu uns. Sie gehen überall hin, wo wir auch hingehen. Sie haben keinen eigenen Willen und keinen eigenen Verstand, der sie dazu veranlassen könnte, zu verschwinden, wenn sie erkennen, dass sie hier nicht erwünscht sind. Die Personifizierung von *Dingen* löst also in unserem Gehirn ein kapitales Missverständnis aus, das uns so handeln lässt, als ginge es um unerwünschte eigenständige Lebewesen mit eigenem Willen, die man über die Verurteilung loswerden kann. Daher ergibt es natürlich Sinn, diese unsinnige Verurteilung einfach wegzulassen, indem man all diese Dinge eben nicht mehr verurteilt. Es erspart uns nicht nur sehr viele schlechte Gefühle, sondern auch eine Vielzahl von sozialen Problemen.

Denk zum Beispiel einmal an Partnerbeziehungen. Hier ist es gang und gäbe, dass beide Beziehungspartner die unerwünschten Eigenschaften des Partners loswerden wollen. Die meisten Menschen personifizieren dann unbewusst diese Eigenschaften und durchlaufen ganz automatisch, ohne es zu merken, die oben genannten instinktiven Maßnahmen, die ein Gorilla anwendet, um einen Nebenbuhler zu vertreiben.

Und so lehnen beispielsweise viele spirituelle Nicht-Beurteiler die Eigenschaft ihres Partners ab, dass dieser immer noch urteilt, obwohl das Urteilen ja eindeutig *schlecht* ist! Sie wollen also, dass diese schlechte Eigenschaft des Partners verschwindet, denn sie steht dem Beziehungsglück mächtig im Weg. Und wie reagiert der Partner auf diese gut gemeinte *Unterstützung*? Er fühlt sich *persönlich* abgelehnt oder angegriffen, statt zu begreifen, dass wir ihm doch nur helfen wollen! ☺

Das Verurteilen des Urteilens sollte natürlich nur ein Beispiel sein, wie sich solch eine unsinnige Personifizierung von Eigenschaften oder Verhaltensweisen in einer Partnerschaft auswirken kann. Die meisten Partnerbeziehungen zerbrechen tatsächlich genau an dieser *gut gemeinten* gegenseitigen Verurteilung persönlicher Eigenschaften oder Verhaltensweisen, da dies im Alltag sehr schnell zu einer Eskalation führen kann. Und das alles nur, weil man, ohne es zu merken, irgendwelche Eigenschaften oder Verhaltensweisen des Partners versehentlich *personifiziert* hat.

Die Folgen dieser unsinnigen Personifizierung von *Dingen, die keinen eigenen Willen haben*, sollte wirklich jeder Mensch kennen. Es wäre ein großer Gewinn für die gesamte Menschheit. Doch die Halbwahrheit der Nicht-Beurteiler, die dabei in die gleiche Falle tappen, indem sie die Verurteilung verurteilen, bringt uns hier sicherlich nicht zum Ziel. Stattdessen wäre es sehr viel sinnvoller, an der tatsächlichen Ursache des Problems anzusetzen.

Und das ist nicht das Be-urteilen, sondern zweifellos die Personifizierung von Dingen, die keinen eigenen Willen in sich tragen, welche dann eine Ver-urteilung auslöst.

Im Gegensatz zu einer Ver-urteilung ist eine negative Be-urteilung einfach nur die sachliche Erkenntnis, dass etwas unserem Ziel nicht dienlich ist. Diese Erkenntnis ist absolut nützlich und muss mit keinerlei negativen Gefühlen einhergehen, während diese ablehnenden Gefühle bei einer Ver-urteilung (im Sinne der hier beschriebenen Personifizierung) elementarer Bestandteil sind.

Ich habe bislang in der spirituellen oder psychologischen Literatur noch nichts über die Folgen dieser unsinnigen Personifizierung gefunden. Vermutlich liegt hier der eigentliche Grund, warum das Beurteilen so häufig mit Verurteilen verwechselt wird. Denn wenn man nicht weiß, dass eine ungewollte Verurteilung automatisch durch die

Personifizierung ausgelöst wird, dann findet man die tatsächliche Problemursache nicht. Man erkennt dann nur, dass das Verurteilen in der Praxis allerlei Probleme auslöst. Daher kommt man dann schnell auf die Idee, dass man dies einfach einmal lassen sollte!

Die esoterische Halbwahrheit, dass man nichts mehr beurteilen soll, entstand also – wie viele andere Halbwahrheiten – aufgrund eines nur oberflächlichen Verständnisses des menschlichen Gehirns. *Weder die Beurteilung noch die Verurteilung sind nämlich an sich schlecht.* Beides sind Fähigkeiten, die, wenn sie zum richtigen Zeitpunkt am richtigen Ort zum richtigen Zweck eingesetzt werden, sich im Alltag als überaus wertvoll erweisen, und die nur dann Probleme mit sich bringen, wenn man sie falsch einsetzt.

Lass dich daher nicht von diesem missverstandenen Postulat der Beurteilungsfreiheit davon abhalten, deine Halbwahrheiten in Bezug auf ihre Nützlichkeit zu bewerten! Diese Bewertung ist der beste Weg, wie du dein Leben dem Licht und der Leichtigkeit zuwenden kannst.

Hier also noch einmal die drei Fragen, mit denen du deinen begründeten Zweifel erzeugen kannst:

1. Kann ich wirklich definitiv wissen, dass meine alte Sichtweise wahr ist?

2. Warum kann ich das nicht definitiv wissen?

3. Was spricht dafür, dass es auch anders sein könnte?

Wir werden uns im nächsten Kapitel mit einer esoterischen Halbwahrheit befassen, die extrem negative Auswirkungen auf unser Glück, unsere Gesundheit und unseren Erfolg haben kann. Solltest du das Gefühl haben, dass du mit dieser Halbwahrheit nichts am Hut hast, dann möchte ich dir empfehlen, dieses Kapitel trotzdem zu lesen, denn es werden einige wichtige Zusammenhänge erläutert, die wir für die Bewertung anderer Halbwahrheiten noch brauchen werden.

Halbwahrheit Nr. 7: Du musst dein Ego loswerden

Es gibt viele spirituelle Menschen, die das sogenannte *Ego* als eine der größten Geisteskrankheiten ansehen, die es derzeit auf dieser Welt gibt. Das Ego mache uns unglücklich und zerstöre sowohl uns selbst als auch andere Menschen und die gesamte Umwelt. Man erkenne das Ego angeblich an bestimmten Gefühlszuständen wie Hass, Groll, Wut, Ärger, Unzufriedenheit, Ungeduld, Gereiztheit, Hast, Nervosität, Neid, Gier, Eifersucht, Angst und allen anderen unliebsamen Gefühlen. Das Ego wird angeblich geschaffen, indem wir uns mit Dingen wie unserem Besitz, unserem Ruf, unserem Kontostand, unserem gesellschaftlichen Status oder sogar schlicht mit unserem Körper identifizieren.

Das Ego sei es dann auch in Wirklichkeit, das vergleicht, bewertet und verurteilt – so heißt es in dieser esoterischen Anschauung. Werde man von seinem Ego beherrscht, schaffe man sich dadurch eine Welt, in der das eigene Glück von Besitz, der gesellschaftlichen Stellung und anderen äußeren Umständen abhängig ist. Das Ego mache uns also abhängig und unglücklich. Wahrhaftig auf Dauer glücklich könnten wir nur dann sein, wenn wir unser *wahres Ich* erkennen und einfach nur *sind*, statt ständig zu bewerten und zu urteilen. Auch sei es wichtig, das Ego seiner Mitmenschen bewusst zu erkennen. Denn wann immer sie nichts Gutes täten, seien es nicht sie selbst, sondern ihr Ego! Sie wüssten also gar nicht, was sie tun. Auch hätten sie keine Kontrolle mehr über ihr Leben, da ihr Ego diese Kontrolle längst übernommen habe.

Diese esoterische Halbwahrheit dominierte mein Leben ein volles Jahrzehnt lang. Sie machte mein Leben zu einem einzigen Kampf gegen das Ego. Und dieser Kampf war sehr hart, denn mein Ego kämpfte scheinbar mit allen Mitteln um sein Überleben! Da ich bereits festgestellt hatte, dass sich viele esoterische Halbwahrheiten ganz von selbst auflösten, wenn man nur daran zweifelte, startete ich einfach auch hier einmal einen Versuch. Ich zweifelte also daran, dass das Ego tatsächlich existierte. Doch die negativen Machenschaften meines Egos hörten einfach nicht auf. War das Ego also doch eine Wahrheit?

Lange sah es für mich danach aus – bis sich dann bei mir vor einigen Jahren unbeabsichtigt die Fähigkeit entwickelte, die Aura des Menschen zu sehen. Diese Wahrnehmung ermöglichte es mir, das Phänomen „Ego“ sehr viel besser zu verstehen. Das Wichtigste dabei war die Erkenntnis, dass unsere Aura aus mehreren Schichten besteht. Ich sah diese Schichten deutlich voneinander abgegrenzt in verschiedenen Farben. Diese Schichten entsprachen Darstellungen, die man auch in der Literatur findet.

Die erste Schicht nennt man *Ätherkörper*. Er ist 3 bis 5 cm größer als der physische Körper. In diesem Körper befinden sich die sogenannten Meridiane (Energiebahnen), die bei der Akupunktur behandelt werden. Dann sah ich den *Emotionalkörper*, der unseren physischen Körper bis in unser Innerstes durchdringt und ca. 20 bis 30 cm über unsere Haut hinausreicht. Zu diesem energetischen Körper gehören die sogenannten *Chakren* (Energiezentren). Um den Emotionalkörper herum sah ich dann den *Mentalkörper* und darüber hinaus noch einige weitere Schichten.

Die Aura wird übrigens nicht wirklich über die physischen Augen wahrgenommen, aber es erscheint aurasichtigen Menschen häufig so, weil sich beide Bilder im Gehirn zu einem einzigen überlagern.

Diese Wahrnehmung brachte sehr viel Transparenz in das Phänomen „Ego“. Ich sah nämlich jetzt mit eigenen „Augen“, dass sich mein Zweifel an der Wahrhaftigkeit des Egos ausschließlich auf den Mentalkörper auswirkte. Der Emotionalkörper blieb davon völlig unberührt.

Damit war mir klar, warum mein Zweifel nicht genügt hatte. Das Ego war offensichtlich kein rein mentales Muster, wie es bei den meisten esoterischen Halbwahrheiten der Fall war, die ich bereits erfolgreich angezweifelt hatte. Das waren jedoch alles nur Glaubenssätze gewesen, die offenbar im Mentalkörper abgespeichert waren und dort auch verändert werden konnten. Ich sah diese Glaubenssätze wie Energiewolken im Mentalkörper – etwa in der Größe eines Tennisballs bis zur Größe eines Fußballs. Damit war mir auch sofort klar, warum man diese Schicht der Aura *Mental*-Körper nannte. Hier waren offensichtlich alle mentalen – also verstandesbasierten – Muster abgespeichert, wie Glaubenssätze, Beurteilungen, Notwendigkeiten, Anforderungen, Motive usw. Das Ego musste einfach mehr sein als nur ein mentales Muster. Deshalb hatte mein Zweifel nicht genügt. Vermutlich erstreckte sich das Ego auch über den Emotionalkörper, und dort bewirkte mein Zweifel wie gesagt rein gar nichts.

Ich begann also den Emotionalkörper genauer zu erforschen. Hier gab es keine *mentalen* Muster. Aber welcher Art waren die Muster dort sonst? Ich konnte sie ebenfalls als kleine Energiewolken sehen. Sie sahen nur geringfügig anders aus als die mentalen Muster. Und doch musste es etwas komplett anderes sein. Ich fand dann schließlich in der Gehirnforschung alle wichtigen Antworten. Die verschiedenen Ebenen der Aura können bestimmten Bereichen unseres Gehirns zugeordnet werden. So passt der Mentalkörper sehr genau zur Großhirnrinde – also dem Bereich, dem wir unsere menschliche Intelligenz zu verdanken haben. Der Emotionalkörper hingegen stimmt mit dem sogenannten limbischen System überein – dem Zentrum emotionaler Intelligenz. Und hier sind sogenannte *Konditionierungen* abgespeichert und keine mentalen Muster.

Ich schlage vor, dass wir uns einmal eine solche Konditionierung in der Praxis anschauen, um den Unterschied zu mentalen Mustern deutlicher zu machen. Es gibt eine medizinische Behandlungs-Methode für Allergien, die sich das Phänomen der Konditionierung zunutze macht. Bei dieser Allergietherapie erhält der Patient zunächst einmal ein Immunsuppressivum, das die allergische Reaktion medikamentös unterdrückt. Gleichzeitig erhält der Patient ein Getränk mit einem sehr eigentümlichen Geschmack. In der Regel bekommt er eine Lavendel-Erdbeer-Milch. Das schmeckt nicht unbedingt schlecht, aber sehr, sehr ungewöhnlich. Kein Mensch ist zuvor auf die Idee gekommen, diesen Geschmacksmix herzustellen.

Während also das Medikament zu wirken beginnt, trinkt der Patient sehr langsam sein Getränk – ein Getränk, bei dem es ausschließlich um den Geschmack geht! In dieser Lavendel-Erdbeer-Milch ist also *keinerlei* medizinischer Wirkstoff enthalten. Der Patient trinkt das Getränk nur deshalb so langsam, weil er diesen Geschmack während der gesamten Zeit im Mund haben soll, in der sein Medikament anfängt zu wirken.

Hat der Patient das oft genug wiederholt, dann entsteht im Emotionalgedächtnis seines limbischen Systems eine Kopplung zwischen dem Geschmack des Getränks und der Medikamentenwirkung. Fortan kann der Patient dann das Medikament weglassen und erspart sich dadurch allerlei ungesunde Nebenwirkungen. Das Immunsystem reagiert nämlich jetzt auf den Geschmack – und das völlig unabhängig davon, ob der Patient das glauben kann oder nicht! Das ist der springende Punkt bei der Sache. Es ist völlig egal, ob der Patient das will oder nicht will, es ist auch völlig egal, ob er daran glaubt oder daran zweifelt. Wenn sein Immunsystem entsprechend konditioniert wurde, dann passiert es einfach. Weder sein Glaube noch sein Wille oder irgendein anderer mentaler Denkprozess übt einen Einfluss auf seine Konditionierung aus.

Jetzt schien eindeutig klar geworden zu sein, warum mein Zweifel an der Wahrhaftigkeit meines Egos allein nicht genügen konnte, denn der Zweifel bewegte sich wie gesagt lediglich auf der mentalen Ebene und kam an die Konditionierungen gar nicht heran. Ich suchte also nach Coaching-Methoden, die auch bei Konditionierungen eine Wirkung erzielten und nicht nur bei mentalen Prozessen. Ich musste sehr lange suchen, denn fast alle bekannten Methoden wirkten ausschließlich auf der mentalen Ebene. Schließlich fand ich dann aber doch eine – das sogenannte Ankern im NLP. Ich konnte die Veränderungen im Emotionalkörper ganz deutlich sehen, wenn ich diese Methode mit meinen Klienten anwendete.

Allerdings waren die Veränderungen sehr klein und leider nicht ausreichend, um dem Phänomen „Ego" im Emotionalkörper auf die Spur zu kommen. Doch diese Coachings brachten mich auf neue Ideen. Ich sah mit eigenen „Augen", wie das Ankern die Konditionierungen im Emotionalkörper auf eine ganz bestimmte Art und Weise veränderte. Ich konzentrierte mich daher einfach einmal *direkt* auf diese kleinen Energiewolken, die offensichtlich eine Konditionierung repräsentierten, und transformierte sie mit meinem Geist in der gleichen Art und Weise, wie ich das zuvor beim Ankern beobachtet hatte. Und siehe da, es funktionierte – und zwar in einem weit größeren Ausmaß, als das Ankern das zuvor getan hatte.

Jetzt hatte ich endlich ein Werkzeug, mit dem ich im Emotionalkörper nach dem Ego suchen konnte. Ich sah jetzt mit eigenen „Augen", dass viele Phänomene, die dem Ego zugeschrieben wurden, wie beispielsweise das Festhalten des Egos am sogenannten *Schmerzkörper*, eindeutig auf Konditionierungen zurückzuführen waren. Und genau diese Konditionierungen konnte ich jetzt auflösen. Hurra!

Den Schmerzkörper soll man sich übrigens nach einem gängigen Denkmodell wie einen autonomen Speicher vorstellen, in dem alles Leiden gesammelt werde. Dieser Speicher werde vom Ego genutzt, um dessen eigene Existenz zu sichern. Der Schmerzkörper werde durch das Wiedererleben alter schmerzhafter Erinnerungen und Kränkungen gestärkt. Genau das nutze unser Ego aus, um sich zu stärken. *So heißt es!*

Und genau diese Auffassung erwies sich jetzt als eindeutige Fehlinterpretation. Ich erkannte, dass in Wirklichkeit hier gar kein Ego ums Überleben kämpfte und es auch kein Ego gab, das sich hier an schmerzhaften Erinnerungen oder Kränkungen stärken wollte. Auf die Idee war man offensichtlich nur gekommen, weil man mit mentalen Methoden versucht hatte, Konditionierungen zu verändern, was einfach nicht möglich ist. Man musste daher zwangsläufig versagen. Und dieses unvermeidliche Versagen führte dann zu der Auffassung, dass es da „jemanden“ in uns geben musste, der mit aller Macht am Schmerzkörper festhielt.

Doch diese schmerzlichen Erfahrungen, die man immer dem Überlebenskampf des Egos und dem autonomen Schmerzkörper zugeschrieben hatte, erwiesen sich nun als bloße Konditionierungen, die ich jetzt mühelos ändern konnte. Und sofort lösten sich alle Probleme auf, die ich zuvor aus Unwissenheit dem Widerstand des Egos zugeschrieben hatte. Mehr noch: Ich erlebte, dass sich bei der Veränderung einer Konditionierung *überhaupt nichts* wehrte!

Mittlerweile haben bereits viele Tausend Menschen die gleichen Erfahrungen mit ihrem sogenannten Ego gemacht. Das war bei mir also kein Einzelfall. Wenn man die passenden Methoden anwendet, kann man auch Konditionierungen ohne Widerstände verändern. Da ist dann kein Ego mehr, das sich gegen eine Veränderung wehrt. Ganz offensichtlich wurde hier dem Ego aufgrund eines mangelnden Verständnisses der tatsächlichen Zusammenhänge fälschlicherweise nur ein Überlebenskampf angedichtet.

Der Glaube an das Ego ist natürlich schon mehrere Tausend Jahre alt. Damals konnte man seine Schlussfolgerungen nur aus den Phänomenen ableiten, die man mit bloßen Augen beobachten konnte. Mehr ging einfach nicht. Erst durch die modernen bildgebenden Verfahren unserer heutigen Medizin wissen wir genug über das menschliche Gehirn, um hier sinnvollere Schlussfolgerungen ziehen zu können. Was wir heute über den menschlichen Körper und unsere Psyche wissen, geht daher sehr weit über alles hinaus, was man in der Antike zu wissen glaubte. Und das Wissen von heute legt den Schluss nahe, dass es weder den Schmerzkörper noch das Ego in der überlieferten Weise überhaupt gibt!

Doch auch nach dem Verändern meiner Konditionierungen blieben noch einige der angeblichen Ego-Phänomene übrig. Ich vermutete, dass es noch eine weitere Ebene unseres Selbst geben könnte, die für diese Phänomene verantwortlich war. In den Neurowissenschaften fand ich dann auch stimmige Hinweise darauf, und zwar in Bezug auf den Frontallappen unseres Gehirns – den *Sitz unserer Persönlichkeit.*

Dazu gab es auch bereits einige Coaching-Methoden, die sich sehr positiv auf die Veränderung der eigenen Persönlichkeit auswirken konnten. Während ich diese Methoden mit einigen Klienten anwendete, versuchte ich, die Veränderungen in ihrer Aura – genauer gesagt in ihrem Mental- und Emotionalkörper – zu sehen. Doch diese beiden Ebenen schienen sich nur sekundär mit zu verändern. Da musste es ganz offensichtlich noch eine dritte Ebene geben. Doch diese Ebene war nicht mit bloßem „Auge" zu sehen! Ich sehe die Aura des Menschen einfach ganz „normal" mit offenen Augen, wie ich auch die Arme und Beine eines Menschen sehe. Doch da war seltsamerweise nichts, das mit dem Sitz unserer Persönlichkeit im Frontallappen zusammenzuhängen schien.

Nach einer Weile konnte ich dann in Selbstversuchen eine Ebene meiner Aura finden, die mir bislang unbekannt gewesen war und von der ich auch noch nirgendwo gelesen hatte. Ich konnte sie jedoch nicht sehen, sondern nur fühlen. Sie bestand aus reiner Energie und war dort, wo ich mein *Ich* repräsentierte. Hatte ich damit den energetischen *Ego-Körper* gefunden? Ich „schaute" mir diese Ebene an und erkannte, dass hier ein völlig anderer rudimentärer Prozess meines Geistes für diese Energien verantwortlich war – und zwar die *Identifikation*!

Im Identitätskörper gab es Identitätsmuster, die in der Summe meine Persönlichkeit ausmachten. Und diese Muster waren komplett anders aufgebaut als die Denkmuster auf der mentalen Ebene oder die Gefühlsmuster im Emotionalkörper. Zu Anfang war ich noch unsicher, ob diese Ebene in unserer Aura tatsächlich existierte, denn ich hatte wie gesagt noch nie etwas darüber gehört oder gelesen.

Um dieser Frage auf den Grund zu gehen, begann ich mit dieser Ebene zu experimentieren und stellte schnell fest, dass ich über die Veränderung der Identitätsenergien meine Persönlichkeit in unfassbar kurzer Zeit wunschgemäß verändern konnte. Ich wiederholte diese

Veränderungsarbeit mit vielen Probanden, um sicherzugehen, dass dies alles keine Einbildung war. Mittlerweile arbeiten bereits einige Tausend Menschen in meiner Online-Akademie erfolgreich mit diesen Energien, sodass sich meine Entdeckung in der Praxis eindeutig bestätigt hat.

Die Identitätsebene, die ich fand, kann sehr leicht mit dem gängigen Ego-Begriff verwechselt werden. Der wichtigste Unterschied besteht darin, dass unser Identitätskörper keinen eigenen Willen hat, wie es dem Ego nachgesagt wird. Hier gibt es niemanden, der um sein Überleben kämpft oder sonst irgendwie Ärger macht. Hier gibt es – genau wie im Mental- und Emotionalkörper – einfach nur Muster, die verändert werden können. Nur kann man sie nicht über Denken oder Fühlen verändern, wie es auf den anderen beiden Ebenen möglich ist. Deshalb schien das Verändern dieser Muster zunächst so schwer oder unmöglich zu sein. Auf der Ebene des Identitätskörpers regiert die Identifikation. Die *Identifikation* ist neben dem *Denken* und dem *Fühlen* einer der drei Elementarprozesse in unserem Gehirn, die man bislang einfach nur noch nicht richtig auseinanderhalten konnte.

Schauen wir uns einmal ein paar Beispiele solcher Identitätsmuster an, um ein besseres Gefühl dafür zu bekommen. Viele Menschen identifizieren sich beispielsweise mit ihrem Beruf. Sie sagen dann: *Ich bin* Ingenieur, Maurer, Schauspieler, Mechaniker, Lehrer, Koch, Berufssportler. Gibt es einen Beruf, mit dem du dich identifizierst? Mit welchen emotionalen Eigenschaften kannst du dich identifizieren? Beispiele: *Ich bin* liebevoll, offen, freundlich, verschlossen, ein Angsthase, ein harter Kerl oder eine toughe Frau, ein Sensibelchen, Skeptiker, Zyniker, Zweifler, Optimist, Pessimist, Genussmensch, Spaßvogel. Welche urzeitliche Klassifizierung trifft auf dich zu? *Ich bin* Sammler, Jäger, Kämpfer, Flüchter, Totsteller. Oder welche Rolle nimmst du familiär ein? Mutter, Vater, Oma, Opa, Sohn, Tochter, der/die Älteste, Jüngste, das schwarze Schaf der Familie? Mit welchem Selbstbild kannst du dich identifizieren? Beispiele: *Ich bin* eine Spielernatur, ein Perfektionist, Chaot, Spießer, Querdenker, Faulenzer, Macher, Gewinner, Glückspilz, Pechvogel.

Das alles sind Identitätsmuster, und diese können sehr gravierende Auswirkungen auf dein Glück, deinen Erfolg im Leben und deine Gesundheit haben. Schauen wir uns dazu einmal ein Beispiel an, um das besser nachvollziehen zu können. Die Vater- oder Mutterrolle ist beispielsweise eines der genannten Identitätsmuster. Viele Menschen schlüpfen in diese Rolle, wenn sie Eltern werden. Und plötzlich verhalten und fühlen sie sich von einem Tag auf den nächsten anders. Nicht wenige Menschen haben zum Beispiel sofort keine Lust mehr auf Sex, wenn sie Mutter oder Vater geworden sind. Das passiert genau dann, wenn man die eigenen Eltern als Rollenmodell abgespeichert hat. Den meisten Menschen ist es nämlich unangenehm, sich ihre eigenen Eltern beim Sex vorzustellen, daher wird dieser Bestandteil der Rolle einfach ausgeblendet. Schlüpft man dann jedoch selbst in diese Rolle, in welcher der Sex ja ausgeblendet ist, dann hat man natürlich keine Lust mehr darauf. Und dann versteht man sich selbst nicht mehr. Was ist passiert?! Wieso hat man plötzlich keine Lust mehr auf Sex?

Bei der Elternrolle könnte man natürlich noch argumentieren, dass es mit dem Stress zu tun hat, dem man als junge Mutter oder Vater ausgesetzt ist. Aber das Phänomen tritt bei vielen auch direkt zu Anfang der Schwangerschaft auf, und zwar sobald man sich als Mutter oder Vater *fühlt*. Auch tritt das gleiche Phänomen bei einigen Menschen direkt nach der Hochzeit auf, wo noch gar kein Kind im Spiel ist. Denn jetzt ist man *Ehemann* oder *Ehefrau*, und wenn die eigenen Eltern wieder als Muster für dieses Rollenbild herhalten, dann kann es sein, dass der Sex schon hier ausgeklammert ist.

Natürlich war der Sex nur ein Beispiel von vielen. Wenn wir in eine bestimmte Rolle schlüpfen, verändern wir dabei immer sofort einige Charaktereigenschaften und auch unseren Willen. Und es gibt sehr viele Rollen! Wir sind also nicht immer die gleiche Persönlichkeit. Wir sind immer der gleiche Mensch. Aber wir schlüpfen als dieser Mensch in viele verschiedene Identitätsmuster. So kann es sein, dass wir uns als Chef in unserer Firma ganz anders verhalten und fühlen als zu Hause mit unseren Freunden. Dass wir als Fußballfan in eine andere Rolle schlüpfen und ganz anders sind als zu Hause mit der Familie. Manch treusorgender Familienvater, der keiner Fliege etwas zuleide tun könnte, prügelt sich im Stadion mit gegnerischen Fans!

Es gibt unzählige Rollen, in die wir schlüpfen können. Und in jeder Rolle fühlt man sich anders, handelt anders, denkt anders und will etwas anderes.

Als ich das verstand, fiel es mir sofort wie Schuppen von den Augen: Das Ego war vermutlich das erste Erklärungsmodell, um Phänomene in unserer Psyche zu verstehen, die man allein auf der mentalen und emotionalen Ebene nicht erklären konnte. Es war der erste Erklärungsversuch der Identitätsebene. Und da man nicht wusste, dass man Identitätsmuster ausschließlich durch Identifikation verändern kann, scheiterte man jedes Mal, wenn man solch ein Muster auf dem üblichen Weg verändern wollte. Und das sah dann so aus, als würde sich hier *jemand* in uns gegen eine Veränderung wehren. Und dieser Jemand wurde dann *personifiziert*. Das Ego war also nicht real. Es war offensichtlich nur eine Fehlinterpretation, weil man Prozesse in unserem Gehirn noch nicht richtig verstanden hatte und sie zusätzlich auch noch personifizierte. Man sprach dem Ego damit fälschlicherweise einen eigenen Willen und das Motiv zu, sich angeblich gegen eine Veränderung zu wehren.

Der Identitätskörper ist also genau wie der Mental- und der Emotionalkörper lediglich ein Musterspeicher. Hier werden einfach nur Daten gespeichert wie auf einer Festplatte. Und kein Programm kämpft um sein Überleben, wenn man es von der Festplatte löschen will! Und genau das tut unser Identitätskörper ebenfalls nicht. Sobald man begreift, dass Denken, Fühlen und Identifizieren drei völlig verschiedene elementare Prozesse sind, die sich gegenseitig nicht ersetzen können, kann man auch seine Identitätsmuster auf direktem Weg verändern.

Bedingt durch die Unkenntnis dieser drei elementaren Prozesse in unserem Gehirn sind neben dem Ego-Modell noch viele weitere esoterische Mythen entstanden. Eines davon ist der sogenannte „Schatten“, den C. G. Jung als Modell verwendet hat. Oder das Polaritätsprinzip, an das viele Esoteriker glauben und das wir später noch behandeln werden. In Wirklichkeit gibt es weder ein Polaritätsgesetz noch den Schatten. Aber bleiben wir zunächst noch ein wenig bei unserem lieben Ego.

Die Veränderungsarbeit auf der Identitätsebene erwies sich bisher in allen Coaching- und Therapieverfahren als sehr, sehr mühsam und zäh, wenn nicht gar unmöglich, weil man immer versuchte, Identitätsmuster mittels Denken und Fühlen zu verändern. Es gilt heute noch als Sensation in der Psychotherapie, wenn man ein einzelnes Identitätsmerkmal in *nur* vier Wochen verändern kann. Früher benötigte man dazu Jahre, wenn es überhaupt gelang. Viele Menschen lernten in ihrer langjährigen Therapie einfach nur, mit diesem Identitätsmuster zu leben, weil man es eben gar nicht ändern konnte. Arbeitet man jedoch direkt mit dem Elementarprozess der Identifikation, benötigt eine solche Veränderung nur wenige *Minuten*!

Das ist in meiner Akademie wie gesagt bereits gelebte Praxis und nicht nur eine schöne Theorie. Doch im Laufe der Zeit zeigten sich in der Praxis noch einige Phänomene, die man kennen sollte, damit man nicht gleich wieder in seinen alten Ego-Glauben zurückfällt. Manche Veränderungen werden nämlich scheinbar wie von Zauberhand wieder rückgängig gemacht, was man natürlich schnell wieder dem Widerstand des Egos zuschreiben könnte. Doch dafür gibt es einen ganz anderen Grund: Oft sind Veränderungen auf der Identitätsebene so umfassend, dass unser Gehirn zuvor in die Lage versetzt werden muss, alle mentalen sowie alle emotionalen Muster, die damit zusammenhängen, selbstständig an das neue Identitätsmuster anzupassen.

Ohne diese Anpassung würde eine Diskrepanz zwischen Identifikation, Denken und Fühlen entstehen, die nicht sein darf, wenn man geistig gesund bleiben will. Passen Identifikation, Denken und Fühlen nämlich nicht mehr zusammen, können sich ernsthafte psychische Störungen entwickeln. Daher haben wir eine Art psychisches Immunsystem, das alle Veränderungen sofort blockiert, die uns krank machen könnten. Hat man davon keine Ahnung, kann man natürlich sehr schnell wieder auf die Idee kommen, das Ego wolle eine positive Veränderung einfach nicht zulassen. In Wirklichkeit kann unser System das nicht tun, weil dies eine psychische Störung hervorrufen würde. Auch da ist kein Ego, das um sein Überleben kämpft!

Es gibt noch eine weitere Quelle, die den Glauben an den Überlebenskampf des Egos seit Jahrzehnten nährt. Wir Menschen haben alle eine Eigenschaft gemeinsam: Wir wollen es so einfach wie möglich haben. Doch manchmal wollen wir auch Dinge einfacher haben, als sie tatsächlich möglich sind! Und das passiert gar nicht so selten. Wir hätten zum Beispiel alle gern einen einfachen Trick oder einen Schalter, den man nur umlegen muss, um für den Rest seines Lebens glücklich, gesund, selbstbewusst, schön, sexy und erfolgreich zu sein. Mehrere Hundert Milliarden Euro werden jährlich allein in Deutschland von suchenden Menschen auf dem Esoterikmarkt ausgegeben, die solch einer Zauberlösung nachjagen. Es gibt auch sehr viele Menschen, die glauben, genau diese Zauberlösung gefunden zu haben, aber genau wie ich müssen sie dann irgendwann doch enttäuscht einsehen, dass es in Wirklichkeit nur ein vorübergehender Placebo-Effekt war.

Ich selbst bin diesen Zauberlösungen viele Jahren lang nachgejagt, bis ich einsehen musste, dass ich hier nur meine Zeit und Energie verschwendete. Statt ewig nur ergebnislos weiterzusuchen, beschloss ich, *ganz bodenständig Schritt für Schritt an meinem Glück zu arbeiten*. Dies war die beste Entscheidung in meinem bisherigen Leben, denn von diesem Augenblick an ging es unaufhaltsam aufwärts!

Ich habe wie gesagt in den letzten 30 Jahren etwa 35.000 Menschen gecoacht. Die meisten von ihnen waren ebenfalls viele Jahre auf der Suche nach einer Zauberlösung, die mit geringstem Aufwand wahre Wunder verspricht. Viele von ihnen bemühten sich sehr darum, so stark wie möglich an die Effektivität ihrer Lösung zu glauben. Und wenn sie dann nicht so funktionierte, wie sie sollte, dann machten sie entweder sich selbst fertig, weil sie offenbar nicht stark genug geglaubt hatten, oder sie gaben ihrem Ego die Schuld für ihren Misserfolg. *Scheiß-Ego!*

Da es sehr viele Menschen gibt, die ihre Misserfolge immer noch dem Widerstand des Egos zuschreiben, wird dieser kollektive Glaube natürlich weiterhin überall genährt. Verstärkt wird dieser Effekt noch, weil die meisten Anwender nach einer Erklärung suchen, warum ihre Zauberlösung versagt hat. Denn natürlich gibt es auch Menschen, die mit dem gleichen Werkzeug scheinbar erfolgreich sind. Dass die meisten von ihnen das jedoch einfach nur vorgeben, weil sie nicht als Versager dastehen wollen, erfährt man dann letztendlich nur als Trainer, weil diese Leute dann nämlich irgendwann mit dem Rücken zur Wand stehen und nicht mehr weiterwissen und sich erst dann einen professionellen Trainer suchen, der ihnen da wieder heraushilft. In meinem Beruf bekommt man daher einiges mit, was man sonst niemals erfahren würde, denn Menschen, die Angst haben, als Versager dazustehen, klären ihre Irrtümer im Nachhinein nur sehr selten auf. Sie berichten dann lieber begeistert von ihrer neuen Zauberlösung, die ja noch viel besser ist als die vorherige, statt zuzugeben, dass sie es einfach nicht hingekriegt haben.

Was den Run auf die esoterischen Zauberlösungen jedoch am meisten anheizt, ist der Umstand, dass es einige ganz wenige Menschen gibt, bei denen diese Lösungen nachweislich zumindest das eine oder andere Mal funktioniert haben. Das erweckt den Eindruck, als müssten die Methoden an sich schon funktionieren, wenn sie denn richtig angewendet würden. Doch das ist ein kapitales Missverständnis. Viele dieser „Zauberlösungen" funktionieren nur unter ganz bestimmten Bedingungen – und zwar ausschließlich bei Anwendern, die das Glück haben, dass es von vornherein keine Diskrepanz zwischen Identifikation, Denken und Fühlen zu dem jeweiligen Thema gibt, das sie mit ihrer Methode bearbeitet haben. Dann kann das psychische Immunsystem die Veränderung einfach zulassen, und es sieht so aus, als würde die Zauberlösung doch funktionieren, wenn man es nur irgendwie richtig macht.

Wenn man zu den Unglücklichen gehört, bei denen es nicht geklappt hat, will man das wie gesagt in der Regel verstehen. Und man will sich nicht als Versager fühlen. Vor allem aber will man nicht *schuld* sein! Die Veranlagung des menschlichen Geistes, nicht schuld sein zu wollen, sorgt dafür, dass die Auffassung, das *Ego* sei schuld, gerade recht kommt. Man ist also gar nicht selbst verantwortlich, wenn es nicht geklappt hat – das Ego ist schuld! Sehr viele Menschen nehmen diese Erklärung mit Erleichterung an. Schuldgefühle verschwinden nämlich sofort, wenn man die Schuld jemand anderem zuschieben kann.

Das sind die Gründe, warum sich der Glaube an den Überlebenskampf des Egos über Jahrtausende gehalten hat und immer noch weiter ausgebaut wurde. Dieser Glaube bot nicht nur eine Erklärung für Zusammenhänge in der Psyche des Menschen, die man sonst nicht richtig erklären konnte, er bot eben auch sehr viel Erleichterung in Bezug auf Schuld. Und so hat die Halbwahrheit *Ego* seit der größer werdenden Unzufriedenheit mit dem christlichen Weltbild immer stärker Einzug in die westliche Esoterik gefunden und wurde dadurch zu einer der größten psychologischen Problemquellen der Menschheitsgeschichte! Es gibt kaum ein psychologisches Modell, mit dem man sich das Leben so schwer machen kann wie mit dem gängigen Ego-Bild und der damit verbundenen unechten Notwendigkeit, dieses Ego auflösen zu müssen. Es gibt unendlich viele Dinge, die man aufgrund dieses Modells nicht tun darf oder tun muss. Regeln über Regeln sind aus diesem Ego-Modell entstanden, mit denen man sich so sehr einengen kann, dass man bald überhaupt nichts mehr auf die Reihe kriegt.

Mittlerweile wird dieses Modell paradoxerweise von vielen Menschen sogar schon genutzt, um ihren eigenen Status zu erhöhen oder andere Menschen unterzuordnen. Wenn man sein Ego im Griff hat, ist man eben *etwas Besseres*! Viele große Egomanen protzen damit, dass sie ihr Ego im Griff oder gar aufgelöst hätten, und kritisieren jeden, der offenbar noch aus dem Ego heraus und nicht aus dem Herzen heraus handelt. Sie schwingen sich dann zu Chefesoterikern auf, die jedem sagen wollen, was richtig und falsch, was gut oder schlecht ist. Gleichzeitig beteuern sie, dass sie selbst niemals werten würden, denn jegliches Werten entstamme dem Ego. Sie sind also etwas Besseres, weil sie nicht werten! Merkst du was?

Ich habe mich sehr lange in diesen Kreisen aufgehalten. Ich vermute, man erkennt an den Worten, die ich im letzten Absatz gewählt habe, dass ich mich etwas *zu* lange dort aufgehalten habe. Ja, die Chefesoteriker sind mir mit der Zeit tierisch auf den Sack gegangen! Ich gebe es offen zu. Ich bin nicht perfekt. Ich bewerte immer noch und handle damit immer noch aus dem Ego! ☺

Das Ego ist also eine sehr ungute esoterische Halbwahrheit, die weit weg ist von der tatsächlichen Realität. Sie entsteht durch die Personifizierung egoistischer Motive, die natürlich jeder Mensch und jedes Tier in sich trägt – genauso wie wir auch altruistische Motive in uns tragen.

Ich habe dieses Kapitel geschrieben, um begründete Zweifel an der Wahrhaftigkeit des Ego- und Schmerzkörper-Modells zu wecken. Denn allein diese Zweifel können, wie du weißt, schon genügen, um viele angebliche Ego-Probleme oder Blockaden in Luft aufzulösen. Vor allem ging es mir aber darum, den erforderlichen Freiraum zu schaffen, den wir benötigen, um überhaupt unvoreingenommen nützliche Halbwahrheiten von nachteiligen unterscheiden zu dürfen. Denn wenn du nicht mehr bewerten *darfst,* weil dir deine Weltanschauung das verbietet, dann kannst du mit diesem Buch leider auch nichts anfangen.

Ich möchte dir deshalb vorschlagen, dir auch zu dieser Halbwahrheit die drei Umsetzungsfragen zu stellen, mit denen du deinen begründeten Zweifel schaffen kannst:

1. Kann ich wirklich definitiv wissen, dass meine alte Sichtweise wahr ist?
2. Warum kann ich das nicht definitiv wissen?
3. Was spricht dafür, dass es auch anders sein könnte?

Vielleicht hast du auch zu diesem Thema Menschen in deinem Bekanntenkreis, die das ebenfalls wissen sollten. Wenn ja, dann nutze die Gelegenheit, dich mit ihnen auszutauschen, denn du weißt ja bereits, dass dies neben dem Zweifel die effektivste Möglichkeit ist, ungute Halbwahrheiten zu korrigieren.

Halbwahrheit Nr. 8: Ein Teil von mir sagt ...

Es gibt viele psychologische und spirituelle Erklärungsmodelle, mit denen man versucht, unsere unbewussten Verhaltens-, Denk-, Gefühls- und Identitätsmuster als Teile unserer Persönlichkeit zu beschreiben. In der Praxis lässt sich mit diesen einfachen Modellen auch sehr eindrucksvoll und erfolgreich arbeiten. *Doch nur wenige Anwender dieser Methoden sind sich ihrer Nebenwirkungen bewusst.*

Wir haben beispielsweise wie jedes Tier ein Energiesparprogramm in unseren Genen, das dafür sorgen soll, dass wir keine Energie sinnlos vergeuden. Wir nennen dieses Energiesparprogramm gerne den *inneren Schweinehund*. Dieses Energiesparprogramm - auch Parasympathikus genannt – ist eine uralte Komponente unseres Nervensystems. Es funktioniert nicht wie der Verstand. Es trifft keine Entscheidungen, sondern macht einfach stupide und unbeirrbar seinen Job. Und der besteht darin, uns permanent das Gefühl zu geben, dass etwas zu anstrengend ist!

Der innere Schweinehund hat jedoch einen Gegenspieler, den Sympathikus – auch *innerer Treiber* genannt. Es handelt sich dabei um unser Motivationsprogramm. Diese beiden Systeme sind wie Gaspedal und Bremspedal beim Auto – nur dass sie permanent beide gedrückt werden. Wir geben also immer gleichzeitig Gas und bremsen gleichzeitig. Bei einem Auto würde das keinen Sinn ergeben – bei Lebewesen ist es lebensnotwendig! Denn hätten wir keinen inneren Schweinehund, würden wir uns innerhalb kürzester Zeit so stark verausgaben, dass wir unser Leben gefährden würden. Und hätten wir keinen inneren Treiber, würden wir tatsächlich überhaupt gar nichts mehr tun und sehr schnell zugrunde gehen. Der innere Schweinehund kennt nämlich keine Grenze bei seinen Sparmaßnahmen.

Gemeinsam sind die beiden jedoch ein Super-Team! Sie sorgen dafür, dass wir nur dort Energie aufwenden, wo es sich wirklich lohnt. Der innere Schweinehund sorgt dafür, dass wir keine Energie verschwenden, und der innere Treiber sorgt dafür, dass wir unsere Ziele anstreben. Und gemeinsam als Team sorgen sie dafür, dass wir nur diejenigen Ziele anstreben, die es wirklich wert sind. Wir verschwenden also keine Energie und konzentrieren uns auf das, was wirklich lohnend ist.

Dieses einfache Erklärungsmodell, wie der innere Schweinehund und der innere Treiber als Team zusammenarbeiten, ist sicherlich sehr anschaulich! Man kann sofort nachempfinden und verstehen, wie die beiden arbeiten. Und genau hier liegt die Quelle der unerwünschten Nebenwirkungen, von denen ich eingangs gesprochen habe und die in der Summe weit bedeutender sein können als der Nutzen des gesamten Denkmodells. Wir vergessen nämlich sehr schnell, dass es sich bei diesen beiden „Persönlichkeiten" in Wirklichkeit nur um zwei instinktive *Verhaltensprogramme* handelt, die auch jedes Säugetier, jedes Reptil, jedes Insekt und sogar jede Pflanze besitzt. Das sind keine eigenen Persönlichkeiten! Das sind genetische Programme.

In diesem Denkmodell werden also wieder einmal Instanzen *personifiziert*, die in Wirklichkeit keinen eigenständigen Willen haben. Sowohl in der klassischen Psychologie als auch in den verschiedenen spirituellen Modellen ist man sich der gravierenden Nebenwirkungen dieser Personifizierung nicht bewusst. Aus diesem Grund gibt es unzählige Therapie- und Coaching-Modelle, die dieses Fettnäpfchen beinhalten.

Zur Erinnerung: Die Personifizierung von Verhaltens-, Denk-, Gefühls- oder Identitätsmustern löst in unserem Gehirn ein kapitales Missverständnis aus, das uns so handeln lässt, als ginge es um unerwünschte, eigenständige Lebewesen mit eigenem Willen, die man über die Verurteilung loswerden kann. Instinktiv starten wir dann eine Abfolge unpassender Maßnahmen: Ignoranz, dezente Ablehnung, offensichtliche Ablehnung, Drohung, Gewalt.

Der innere Schweinehund ist wie gesagt nur ein Energiesparprogramm. Es ist in unseren Instinkten angelegt und absolut identisch mit dem Energiesparprogramm eines Reptils. Dieses Programm ist sehr rudimentär und einfach aufgebaut. Es trifft keine Entscheidungen, hat keine eigene Persönlichkeit und schon gar keinen eigenen Willen. Es hat nur eine Aufgabe: Es erzeugt bei jeder Aufgabe das Gefühl von *Mühsamkeit*. Erst im Verbund mit dem Motivationssystem, das von dem Gefühl des *Verlangens* gesteuert wird, kommt es letztendlich zu Entscheidungen. Dieses Kräftesystem funktioniert im Grunde wie eine Balkenwaage und lässt sich durch eine einfache mathematische Gleichung beschreiben:

Verlangen – (minus) Mühsamkeit = Motivation

Geben wir diesen beiden Faktoren einmal Zahlenwerte, um das zu veranschaulichen. Stell dir vor, du bist zu Hause und hast tierisch Lust auf ein Bier. Das Verlangen nach einer Flasche Bier liegt zum Beispiel bei +7. Die Mühsamkeit, an den Kühlschrank zu gehen und dir ein Bier zu holen, liegt bei 1. Es ist ja nicht so anstrengend, zum Kühlschrank zu gehen!

+7 (Lust auf ein Bier) – 1 (zum Kühlschrank gehen) = +6 Motivation

Du bist also sehr motiviert und wirst sofort aktiv. Nachdem du den Kühlschrank geöffnet hast, stellst du jedoch fest, dass du kein Bier zu Hause hast. Du kannst schnell zur Tankstelle fahren und eine Flasche kaufen. Die Mühsamkeit dafür schätzt du zum Beispiel auf 4.

+7 (Lust auf ein Bier) – 4 (zur Tankstelle fahren) = +3 Motivation

Deine Motivation, es tatsächlich zu tun, ist also immer noch ausreichend. Nun kommst du zum Auto und stellst fest, dass es einen Platten hat. Du müsstest zur Tankstelle laufen, was du mit einer Mühsamkeit von 8 bewertest.

+7 (Lust auf ein Bier) – 8 (zur Tankstelle laufen) = -1 Motivation

Du gehst also nicht hin, da dir die Mühe zu viel ist für ein Bier. Entweder verzichtest du auf dein Bier, oder du bestellst dir eine Pizza, und der Pizzabote soll auch gleich eine Flasche Bier mitbringen! ☺

Dieses System aus Verlangen und Mühsamkeit ist auch dafür verantwortlich, dass wir täglich unbewusst ca. 40 Millionen Entscheidungen treffen, wie der Nobelpreisträger Daniel Kahneman nachweisen konnte. Entscheidungsschwierigkeiten haben wir dabei immer nur dann, wenn das Verlangen exakt genauso groß ist wie die Mühsamkeit. Dann erst muss das Bewusstsein eingeschaltet werden, um eine Entscheidung zu treffen.

Das ist die einfache Funktionsweise unseres Energiespar-Antriebs-Systems. Es ist wie gesagt ein ganz simples, rudimentäres Programm, das bei allen Tieren und Pflanzen existiert. Doch in dem Moment, in dem wir aus diesen beiden *Verhaltensmustern* zwei *personifizierte* Kontrahenten machen, erzeugen wir daraus *Identitätsmuster*.

Im letzten Kapitel haben wir beispielsweise über die Mutter- und Vaterrolle gesprochen, die dafür verantwortlich sein kann, dass man sich plötzlich ganz anders verhält, denkt und fühlt. Du erinnerst dich sicherlich: Viele Menschen haben zum Beispiel sofort keine Lust mehr auf Sex, sobald sie Mutter oder Vater sind. Es gibt unzählige Rollen, in die wir schlüpfen können. Und in jeder Rolle fühlt man sich anders, handelt anders, denkt anders und will etwas anderes.

Doch die Rollenmuster sind nur eine Form von Identitätsmustern. Es gibt noch viele weitere, zum Beispiel die sogenannten *dissoziierten* (abgetrennten) Identitätsmuster. Das sind Identitätsmuster, die wir als von unserem gefühlten Ich getrennt empfinden, als seien sie jemand anderes. Das Ego ist beispielsweise eines dieser dissoziierten Muster, genau wie das *innere Kind*, der *innere Treiber*, der *innere Schweinehund*, das *Unterbewusstsein*, das *höhere Selbst*, der *innere Saboteur* oder andere sogenannte *Persönlichkeitsanteile*. Aber nicht nur die eigenen Persönlichkeitsanteile werden abgetrennt, manche Menschen schaffen sich auch vollständig dissoziierte Identitätsmuster in Gestalt eines *Geistes* oder *Dämons*, der sie „besetzt", oder eines *Urahnen* oder Ähnlichem. (Zu diesem Thema wird es noch ein eigenes Kapitel geben.)

Wenn man dissoziiert, tut man so, als würden die entsprechenden Charaktereigenschaften und die Motive dieser Identitätsmuster nicht zum eigenen Selbst gehören. Das Problem ist, dass man diese Muster dann nicht mehr verändern kann, denn Identitätsmuster lassen sich ja ausschließlich durch Identifikation verändern. Es sind also keine Gedanken- und auch keine Gefühlsmuster. Es sind reine Identifikationsmuster. *Man kann sie sehr leicht verändern, aber nur, wenn man sich damit assoziiert*, sie also zum eigenen Selbst zugehörig betrachtet und damit akzeptiert, dass man das selbst ist. Sie einfach nicht wahrhaben zu wollen oder sie gar abzulehnen, ihnen mit Gewalt zu drohen usw. ändert an den Mustern natürlich rein gar nichts. Sie funktionieren dann einfach weiter wie Programme in einem Computer. Hat man solch ein Programm gestartet, kann man es ablehnen und fluchen, solange man will. Das Programm ändert sich erst, wenn man sich wieder damit identifiziert und dann dieses Muster verändert.

Dissoziierte Identitätsmuster entstehen häufig, wenn schlimme Gefühle zu heftig werden. Das kann beispielsweise bei emotionalen Verletzungen der Fall sein. Es kann auch passieren, wenn unser eigenes Verhalten für uns selbst so untragbar ist, dass wir uns damit nicht identifizieren wollen. So wollen wir einfach nicht sein! Viele geben dann, wie bereits erläutert, lieber dem Ego die Schuld für dieses Verhalten. Nicht wenige spirituelle Menschen verurteilen sogar ihren eigenen *Verstand* und fangen an, ihn abzulehnen oder sogar zu bekämpfen, als sei er eine eigene Persönlichkeit. Und so wird ein weiteres problematisches dissoziiertes Identitätsmuster geschaffen, das ständig Mist baut! Man selbst trägt dabei dann natürlich keine Schuld. Das war alles dieser vermaledeite *Verstand*!

Die Dissoziation kann auch passieren, wenn wir uns nicht vorstellen können, dass wir uns auf eine Art und Weise verhalten, die so ganz und gar nicht unserem Selbstbild entspricht. Das passiert zum Beispiel sehr häufig bei selbstzerstörerischem Verhalten oder bei Selbstbestrafung, die in der Regel auf ein in der Kindheit konditioniertes Verhalten zurückzuführen ist.

Hat man in der Kindheit häufig genug erlebt, dass man für einen Fehler bestraft wurde, wird die Bestrafung neuroemotional im limbischen System an das Machen eines Fehlers gekoppelt. *Man bestraft sich also fortan automatisch selbst für ein Fehlverhalten, weil man so konditioniert wurde.*

Nun entziehen sich Konditionierungen, wie bereits erwähnt, unserer Willenskontrolle. Wir können hier also nicht so einfach eingreifen wie auf der mentalen Ebene. Das gibt vielen Menschen das Gefühl, dass sie hier *fremdgesteuert* sind. Dennoch sind Konditionierungen natürlich einfach nur Muster. Und natürlich kann man sie auch ändern, wenn man weiß, wie das funktioniert. Aber man kann sie nicht dadurch loswerden, dass man sie ignoriert, ablehnt, ihnen droht oder gegen sie in den Kampf zieht.

Das Gleiche gilt auch bei Selbstsabotage, die ebenfalls konditioniert sein kann. Wurde man vom großen Bruder beispielsweise als Kind häufiger malträtiert, sobald man einen nennenswerten Erfolg errungen hatte, weil dieser einem den Erfolg aus Neid einfach nicht gönnen wollte, dann kann sich daraus ein konditioniertes Vermeidungsverhalten ergeben. Sobald man also dem Erfolg zu nahe kommt, sabotiert man ihn lieber selbst, damit man nicht verprügelt oder ausgegrenzt wird. Und diese Konditionierung kann ein gesamtes Leben halten! Weiß man nicht, dass es solche Konditionierungen überhaupt gibt, sucht man natürlich sofort nach einer anderen Erklärung für dieses Phänomen. Und dann kommt man schnell auf die Idee, dass man da offensichtlich etwas in sich trägt, das einen sabotiert – einen *inneren Saboteur* sozusagen.

Diese ungute dissoziierte Personifizierung passiert bei allem, bei dem man denkt, dass man sich so etwas doch niemals selbst antun würde. Doch das sind in Wirklichkeit alles nur Verhaltens-, Denk-, Gefühls- und Identitätsmuster, die wir irgendwann erzeugt und in unserem Gehirn abgespeichert haben. Und alle Muster können mit dem passenden Know-how korrigiert werden.

Mentale Muster wie Beurteilungen, Motive, Glaubenssätze, Überzeugungen oder Anforderungen können mit den üblichen Coaching- oder Therapie-Methoden sehr gut verändert werden. Identitätsmuster kann man hingegen nur verändern, wenn man sich tatsächlich wieder damit identifiziert. Tut man so, als sei es jemand anders, nimmt man sich selbst die Möglichkeit zur Veränderung. Die Akzeptanz, dass man es selbst ist, kann jedoch eine große Herausforderung darstellen, denn man *will* das nicht sein! Manche Menschen glauben lieber, von einem bösen Geist besessen zu sein, als dass sie das selbst sind.

Mit solchen und ähnlichen Gedanken schaffen wir dann dissoziierte Identitätsmuster, die sich entsprechend unseren Erwartungen verhalten – und das in einem schier unfassbaren Ausmaß! Die Identitätsmuster, die wir auf diese Weise erschaffen, können einen gesunden Menschen innerhalb weniger Stunden sterben lassen und todkranke Menschen innerhalb weniger Tage oder Wochen wieder gesund machen. Das passiert jedoch nicht nur bei Identitätsmustern, sondern auch bei emotionalen und mentalen Mustern. Die Placebo-Forschung spricht hier eine sehr eindeutige Sprache. Die Muster, die wir selbst schaffen, haben eine unfassbare Macht!

Wenn wir beispielsweise an einen bösen Geist glauben, der von uns Besitz ergriffen hat, dann erschaffen wir damit ein dissoziiertes Identitätsmuster, das sich fortan genauso verhält, wie wir es von dieser Rolle erwarten. Und wenn wir erwarten, dass dieser Geist uns quälen will, dann wird dieses Muster das auch tun! Wie gesagt: Muster funktionieren wie Programme in einem Computer. Wenn wir einen Computer darauf programmieren, uns alle fünf Minuten einen starken Stromstoß zu verabreichen, dann wird er das einfach tun. Da hilft es wenig, wenn wir ihn dafür beschimpfen, ihm drohen oder ihn anflehen, damit aufzuhören. Er tut nur, worauf er programmiert wurde.

Man kann sehr leicht dissoziierte Identitätsmuster erschaffen. Sie alle verhalten sich dann exakt nach unseren Erwartungen und funktionieren einfach. Das kann man sich sogar in der Therapie zunutze machen. Ich habe einmal von einem „Heiler" gelesen, der auf dieser Grundlage alle möglichen Krankheiten mit großem Erfolg behandelte. In Wirklichkeit war dieser Mann jedoch ein Schauspieler, der für ein Experiment engagiert worden war. Seine Aufgabe bestand darin, jedem Patienten, der zu ihm kam, die gleiche abenteuerliche Story aufzutischen – und zwar die, dass er von einem bösen Dämon besessen sei. Dann schnallte er den jeweiligen Patienten auf einem Stuhl fest – zu dessen eigenem Schutz, versteht sich –, stellte sich hinter ihn und schlug ihm mit einem besonderen Plastikknüppel, der dabei sehr viel Lärm machte, auf den Kopf – nicht so fest, dass es echte Verletzungen gab, aber fest genug, dass es echt wehtat! Dabei schrie er jedes Mal: „Komm raus, Dämon, und nimm mich!"

Das zog er richtig lange durch, egal wie sehr die Patienten auch protestierten, denn sie hatten unterschrieben, dass er das tun durfte. Nach einer Viertelstunde oder länger erkannten die Patienten dann unbewusst, dass es nur eine Möglichkeit gab, dem Martyrium ein Ende zu setzen: Sie mussten den *Dämon* rauslassen! Und das taten sie dann auch – zur Verwunderung ihres eigenen Bewusstseins. Sie redeten sogar manchmal in einer Stimmlage, zu der sie glaubten, gar nicht fähig zu sein, und überzeugten sich damit selbst, dass hier tatsächlich ein Dämon am Werk war.

Der Schauspieler, der den Heiler ja in Wirklichkeit nur spielte, tat dann so, als sei der Dämon nun in ihn eingefahren, und zog sich kämpfend in einen anderen Raum zurück. Während der Patient noch etwa zwei Stunden am Stuhl angeschnallt sitzen musste, spielte der Schauspieler Videospiele oder ging etwas essen. Dann kam er scheinbar schweißgebadet zurück und berichtete, dass er den Kampf schließlich gewonnen habe.

Die Heilungsquote dieses Schauspielers war unfassbar! Fast alle Patienten in diesem Experiment wurden danach gesund – egal woran sie zuvor erkrankt waren. Der Dämon war ja weg! Dies ist ein typischer Placebo-Effekt, der den Heilungserfolg einer echten Behandlung durchaus übertreffen kann, weshalb der Wissenschaftsbeirat der Bundesärztekammer auch mittlerweile allen Ärzten dringend empfiehlt, die Placebo-Behandlung als gleichwertige Behandlungsmethode neben der Medikation anzuerkennen.

Es gibt in psychologischen und spirituellen Modellen unzählige dissoziierte Identitätsmuster. Einige Therapiemethoden haben die dissoziierte Personifizierung sogar zur Methode gemacht. Der Klient kommt zum Beispiel in die Beratung, weil er krankhaft eifersüchtig ist. Die Ursachen seiner Eifersucht können natürlich vielfältig sein. Manch einer ist deshalb eifersüchtig, weil er der Auffassung ist, dass Kontrolle grundsätzlich besser ist als Vertrauen. Ein anderer ist eifersüchtig, weil er starke Verlustängste hat. Der Nächste ist eifersüchtig, weil er schon mehrmals betrogen wurde und diese Erfahrung nicht noch einmal machen will. Es gibt wie gesagt viele Gründe, warum ein Mensch krankhaft eifersüchtig sein kann.

In diesen Therapieformen tut man dann so, als gäbe es einen unbewussten *Teil der eigenen Persönlichkeit*, der für dieses eifersüchtige Verhalten verantwortlich ist. Und mit diesem *Teil* redet man dann, als sei er eine zweite Person, die man in sich trägt. Und genauso geht man mit jedem Problem vor, mit dem ein Klient in die Therapie kommt – ganz egal, ob es sich dabei in Wirklichkeit um ein Verhaltensmuster handelt oder um ein Denk- oder Gefühlsmuster. Man behandelt einfach alle Muster als Teil der Persönlichkeit.

Was diesen Therapeuten jedoch nicht bewusst ist: Das menschliche Gehirn benötigt für das Erzeugen eines dissoziierten Identitätsmusters nur wenige Sekunden, weshalb diese Therapeuten und auch ihre Klienten davon ausgehen, es hätte diesen Teil der Persönlichkeit bereits vorher gegeben. Hat es aber nicht! Diese Muster werden einfach nur jedes Mal innerhalb weniger Sekunden erschaffen. Doch zum Glück wirken sich die meisten dieser Muster in der Therapie nur verzögernd auf die Veränderungsarbeit aus. Statt ein Verhaltens- oder Denkmuster einfach zu verändern, muss man dann erst einmal mit ihm reden und an seine „Vernunft" appellieren, und nicht selten muss man sogar mit ihm verhandeln. Aber das wirkt sich wie gesagt nur etwas verzögernd auf den Behandlungserfolg aus. Es ist also alles nur ein wenig mühsamer, als es sein müsste, aber keine Katastrophe.

Problematischer wird es jedoch, wenn dem geschaffenen Teil der Persönlichkeit vom Therapeuten oder vom Klienten *böse Absichten* unterstellt werden, wie es zum Beispiel bei sogenannten Glücks- oder Erfolgsblockaden häufig der Fall ist. Viele Klienten gehen sofort in die Verurteilung und die damit zusammenhängende Ablehnung, wenn sie merken, dass da *etwas in ihnen* ist, das ihr Glück oder ihren Erfolg sabotiert. Die Therapeuten haben dann immer alle Hände voll zu tun, um die Klienten wieder davon zu überzeugen, dass es in ihnen keine Anteile gibt, die negative Absichten verfolgen. Glücklicherweise ist es in den meisten Therapiemodellen, die mit Persönlichkeitsanteilen arbeiten, eine elementare Vorannahme, dass hinter jedem Verhalten immer eine positive Absicht steckt. Und so liegt es im Geschick des Therapeuten, wie leicht er seinen Klienten wieder davon überzeugen kann, dass da nichts „Böses" in ihm ist.

Die Personifizierung von Verhaltens-, Denk-, Gefühls- oder Identitätsmustern ist jedoch keine Erfindung dieser Therapieformen. Sie findet sich seit Jahrtausenden in allen großen Religionen wieder. Und längst nicht alle hatten dabei diese positive Vorannahme, dass hinter jedem Muster eine positive Absicht steckt! Selbst heute noch unterziehen sich sehr gläubige Christen dem Exorzismus, wenn sie glauben, etwas Böses in sich zu tragen.

Wie wir beim Heiler-Schauspieler gesehen haben, funktionierte seine Art der Behandlung mit dem Knüppel sehr erfolgreich. Es ist daher kein Wunder, dass der Exorzismus immer noch von einigen Fanatikern durchgeführt wird – und das, obwohl dabei schon Menschen gestorben sind! Dabei hätte man nur diese unsinnige Personifizierung eines unbewussten Musters unterlassen müssen.

Doch die tatsächlichen Nachteile der Therapiemodelle, bei denen personifiziert wird, zeigen sich nicht so sehr *während* der Behandlung, sondern erst, wenn der Klient sich diese Denkweise auch in seinem Alltag zu eigen macht. Dann ist plötzlich immer irgendein „Teil" von ihm an allem schuld, was nicht wirklich rund läuft. Ist er krank, dann „macht" ihn ein „Teil" von ihm gezielt krank. Ist er unglücklich, dann „will" das ein „Teil" von ihm so. Hat er keinen Erfolg, dann gibt es natürlich einen „Teil" in ihm, der seinen Erfolg sabotiert.

Auf diese Weise kann man sich sehr schnell in eine Sackgasse manövrieren, aus der man nur sehr schwer wieder herauskommt. Denn zum einen lässt sich einfach nicht jeder „Teil" dazu überreden, seine Glücks-, Erfolgs- oder Gesundheitsblockade wieder aufzuheben, und zum anderen haben diese Probleme in Wirklichkeit ja völlig andere Ursachen, an denen man überhaupt nichts verändert, wenn man mit seinem Persönlichkeitsanteil verhandelt. Man behandelt auf diese Weise lediglich eine Illusion und löst dabei, wenn man Glück hat, einen nützlichen Placebo-Effekt aus, dem dann die Korrektur des eigentlichen Musters zu verdanken ist. Ich rate deshalb aus Sicherheitsgründen davon ab, die therapeutischen Personifizierungsmodelle zu einer *Wahrheit* zu erheben und dann auch außerhalb der Therapie in diesem Rahmen zu denken.

Ich hoffe, dass ich mit diesem Kapitel genügend Zweifel bei dir wecken konnte, damit sich alle Probleme, die von diesen Personifizierungsmodellen herrühren, wieder in Wohlgefallen auflösen können. Und wie immer ist es auch hier wieder sinnvoll, sich mit Gleichgesinnten darüber auszutauschen. Hier noch einmal die drei Fragen:

1. Kann ich wirklich definitiv wissen, dass meine alte Sichtweise wahr ist?

2. Warum kann ich das nicht definitiv wissen?

3. Was spricht dafür, dass es auch anders sein könnte?

Halbwahrheit Nr. 9: Glück ist dein natürlicher Zustand

Wenn man anfängt, sich mit Esoterik zu beschäftigen, stößt man meist sehr schnell auf die Aussage, dass Glück unser Geburtsrecht, unser natürlicher Zustand oder gar der Sinn des Lebens sei. Wenn jedoch Glück unser natürlicher Zustand ist, dann lebt man offensichtlich gegen die Natur, wenn man gerade einmal *nicht* glücklich ist. Diese scheinbare Logik verleitet sehr viele Menschen dazu, permanentes Glück als *normal* zu empfinden – mit ungeahnten Folgen. Denn nur wenn man glücklich ist, ist dann alles in Ordnung. Fällt man jedoch einmal kurz aus diesem „natürlichen" Zustand heraus, dann hat man offensichtlich schon etwas falsch gemacht – und zwar jedes Mal, wenn man schlechte Gefühle hat! Die logische Schlussfolgerung: *Eigentlich ist man nur dann wirklich in Ordnung, wenn man permanent glücklich ist. Wenn nicht, ist man ein Loser!*

Als ich vor gut 30 Jahren mit der Esoterik anfing, tappte ich genau in diese Falle. Ich hatte bis zu diesem Zeitpunkt bereits einige Jahre mit verschiedenen mentalen Techniken an meinen Problemen gearbeitet. Doch war ich noch weit davon entfernt, vollkommen problemfrei zu sein. Ich war also nicht permanent glücklich – ganz im Gegensatz zu den spirituellen Menschen, die ich damals kennenlernte. Die schienen immer gut drauf und voller Liebe zu sein. Für mich gab es daher nur zwei Möglichkeiten: Entweder war ich ein Loser, weil ich es nach mehreren Jahren Selbsthypnose immer noch nicht geschafft hatte, oder die Methoden dieser spirituellen Menschen waren sehr viel effektiver als meine mentalen Techniken.

Daher probierte ich die spirituellen Methoden dieser Leute aus. Ich übte mich im Nichtbewerten, im Loslassen, im Akzeptieren, in der Absichtslosigkeit, in Achtsamkeit, im Alles-und-jeden-Lieben, im Steigern meines Glaubens an meine Schöpferkraft, im positiven Denken usw. Doch egal was ich versuchte, ich kriegte es einfach nicht hin, permanent glücklich zu sein. Im Gegenteil – ich hatte sogar mehr

Probleme als je zuvor! Ich hielt mich jetzt für einen Loser, was ich bis dahin in meinem Leben noch nie getan hatte.

Verstärkt wurde dieses Gefühl, weil ich offensichtlich der Einzige war, der es nicht schaffte. Alle anderen schienen permanent glücklich zu sein. Zumindest sah es für mich lange danach aus – bis ich diese Leute dann nach und nach immer besser kennenlernte und erkannte, dass doch nicht alles Gold war, was glänzte. Manche dieser Menschen gaben offensichtlich nur vor, dass sie keine Probleme mehr hätten und immer nur glücklich wären. Mit der Zeit erlebte ich immer häufiger ihre emotionalen Abstürze mit, die teilweise sehr, sehr heftig waren. Damals verstand ich noch nicht, warum es sie so dermaßen niederbügelte, wenn sie einmal ein *normales* Problem hatten wie jeder andere auch.

Heute weiß ich, dass dafür die Halbwahrheit verantwortlich war, dass Glück unser natürlicher Zustand sei. Sie waren dadurch in den Sog des Glücklich-sein-*Müssens* geraten und bauten darauf auch ihr Selbstbild auf. Doch dieses tolle Selbstbild konnten sie einfach nicht langfristig aufrechterhalten. Sie hatten sich selbst und allen anderen eben nur etwas vorgemacht. Und wann immer sie ein Problem bekamen, bei dem sie nicht einfach so tun konnten, als gäbe es dieses Problem nicht, stürzte ihr künstlich hochgepushtes Selbstbild ein wie ein Kartenhaus. Sie waren dann völlig am Boden zerstört und hatten eine sogenannte *Identitätskrise*.

In der Regel durchlebten sie diese Krisen heimlich, weil sie sich schämten. Sie zogen sich einfach eine Weile zurück und tauchten erst wieder auf, wenn es ihnen wieder besser ging und sie wieder die Illusion aufrechterhalten konnten, dass es ihnen permanent hervorragend ging. Wenn diese Leute einmal öffentlich von ihren Problemen erzählten, dann war es immer in der Vergangenheitsform. Aktuell war angeblich immer alles super bei ihnen.

Wie gesagt bekam ich diese heimlichen Probleme dann trotzdem nach und nach immer mehr mit – vor allem, weil mich viele dieser Leute dann um Hilfe baten, wenn es ihnen gerade mal wieder richtig schlecht ging. Ich war nämlich der Einzige in dieser Truppe, der über Werkzeuge aus dem therapeutischen Bereich verfügte, mit denen man seine Muster tatsächlich verändern konnte. Daher wurde ich sehr häufig ins Vertrauen gezogen – jedoch immer unter dem Mantel der Verschwiegenheit, denn sie wollten vor den anderen nicht als Versager dastehen.

Ich respektierte diesen Wunsch natürlich. Doch heute weiß ich, dass es genau diese Heimlichtuerei war, die das Problem der gesamten Gruppe immer noch mehr verstärkte. Ausnahmslos *jeder* tat nämlich vor den anderen so, als sei er permanent in höchster Intensität glücklich. In Wirklichkeit hatten sie *alle* ständig Probleme, was sie jedoch voneinander nicht wussten. Deshalb hatte auch immer jeder das Gefühl, dass er der Einzige sei, der noch Probleme hatte. Und das sah man wie gesagt als eine Schande an.

In den letzten 30 Jahren hatte ich unzählige Teilnehmer in meinen Seminaren, die in das gleiche Fettnäpfchen getreten waren. Und es ist heute immer noch gang und gäbe in der Esoterik, dass man permanentes Glück heuchelt. Lass dich davon bitte nicht beeindrucken! Mir sind in meinem Leben nur sehr wenige Menschen begegnet, die wirklich fast permanent glücklich waren. Das ist möglich, wenn man alles Erforderliche dafür tut, aber es gibt keine einzige Zauberlösung auf dieser Welt, die mit geringstem Aufwand zu permanentem Glück führt. Ausnahmslos alles, was in der Esoterik diesbezüglich angeboten wird, hat in der Praxis nur sehr unzureichend funktioniert. Diese vielen einfachen Methoden, die ich gerne *esoterische Zauberlösungen* nenne, bewirken schon etwas, aber eben leider nur sehr wenig. Wirklich glücklich machen können sie uns nicht – insbesondere nicht auf Dauer.

Ich habe fast 30 Jahre lang so gut wie alle Zauberlösungen ausprobiert, die weltweit mit den schönsten Worten angepriesen wurden. Keine von ihnen hielt auch nur annähernd das, was versprochen wurde. Ich spreche hier wohlgemerkt nicht nur von meinen persönlichen Erfahrungen. Ich habe mir die tatsächlichen Auswirkungen dieser Zauberlösungen bei Tausenden von Menschen angeschaut. Das Ergebnis war überall gleich: Ich konnte in den letzten 30 Jahren keinen einzigen Menschen finden, der mit diesen Methoden das permanente Glück verwirklicht hatte – *keinen einzigen!* Aber unzählige taten so, als hätten sie mit einer bestimmten Methode ihr Glück gefunden. Das gleiche Spielchen wiederholte sich dann auch bei allen esoterischen Selbstheilungs-Methoden. Viele bewirkten etwas, aber immer nur sehr wenig, und das meiste war offenbar auf einen Placebo-Effekt zurückzuführen.

Einige dieser Zauberlösungen versprechen durch ein einziges Seminar-Wochenende höchstes Glück und beste Gesundheit oder auch Erfolg. Aber die Realität sieht dabei ganz anders aus. Doch darüber reden die meisten Menschen nicht, weil sie nicht zugeben wollen, dass es bei ihnen nicht klappt, denn sie wollen ja keine Versager sein. Und wenn es offensichtlich alle hinkriegen, nur man selbst nicht, dann muss es ja an einem selbst und nicht an der Methode liegen. Doch in Wirklichkeit klappt es einfach bei niemandem. Da aber jeder so tut als ob, fühlt sich jeder als der Einzige, der es nicht hinkriegt.

Ich kann dir daher nur den Tipp geben, dir die Menschen ganz genau anzuschauen, die behaupten, dass sie immer nur glücklich sind. Das relativiert sich dann sehr schnell wieder. Und dann erkennst du, dass überall nur mit Wasser gekocht wird.

Die einzige Vorgehensweise, von der ich sagen kann, dass sie in der Praxis tatsächlich funktioniert, ist das Korrigieren deiner Verhaltens-, Denk-, Gefühls- und Identitätsmuster, die dich im Alltag sonst automatisch emotional runterziehen, wenn sie aktiviert werden. Du kannst diese Muster alle korrigieren, aber solange diese Muster nicht verändert sind, werden sie dich auch immer wieder einmal im Alltag runterziehen.

Verschwende daher deine Zeit nicht mit esoterischen Zauberlösungen, die an einem Wochenende Glück, Gesundheit und Erfolg versprechen! Du sparst sehr viel Zeit und Geld, wenn du gleich etwas Vernünftiges anfängst.

Das Wichtigste ist jetzt jedoch, dass du von der Halbwahrheit dieses Kapitels loslassen kannst, immerwährendes Glück sei unser natürlicher Zustand. Wäre das wirklich wahr, dann gäbe es sehr viel mehr glückliche Menschen auf dieser Welt. Im Durchschnitt verbringen die Menschen in unserer Kultur jedoch gerade einmal 30 Minuten täglich mit tatsächlich glücklichen Gefühlen. In der restlichen Zeit haben sie entweder neutrale oder sogar schlechte Gefühle. Das wäre sicherlich anders, wenn Glück unser natürlicher Zustand wäre!

Du bist also kein Loser, wenn du nicht permanent glücklich bist. Von dieser unguten Halbwahrheit loszulassen kann dich sehr schnell von dieser negativen Selbsteinschätzung befreien.

Hier noch einmal die drei Fragen, mit denen du das beschleunigen kannst:

1. Kann ich wirklich definitiv wissen, dass meine alte Sichtweise wahr ist?
2. Warum kann ich das nicht definitiv wissen?
3. Was spricht dafür, dass es auch anders sein könnte?

Halbwahrheit Nr. 10: Die Schule des Lebens macht uns alle zu Lebens-Experten

Aus dieser Halbwahrheit kann leicht eine Lernblockade entstehen, die ich *Expertenblockade* nenne. Und diese Expertenblockade kann verhindern, dass du die Inhalte dieses Buches für dich nutzen kannst. Deshalb schlage ich vor, dass wir einmal ein kleines Gedankenexperiment durchführen, um diese Blockade besser nachempfinden zu können.

Stell dir bitte einmal vor, du würdest dein Geld als Seminarleiter verdienen, und zu deinem Seminarprogramm gehörten all die esoterischen Halbwahrheiten, die ich dir bisher geschildert habe. Dann wäre dieses Buch natürlich ein Angriff auf deine finanzielle Existenz! Was ich über die Lernaufgaben, das Karma, das Ego, die Persönlichkeitsanteile usw. geschrieben habe, würdest du also mehr als *scheiße* finden. Du würdest mein Buch vermutlich am liebsten verbieten lassen und alle Bücher, die bereits verkauft wurden, beschlagnahmen und verbrennen! Ähnlich kann es in dir aussehen, wenn du ein großer Fan eines spirituellen oder psychologischen Autors bist und jetzt das Gefühl hast, diesen Autor verteidigen zu *müssen*, weil er die besagten Halbwahrheiten vertritt.

Die Nachteile der bisher genannten Halbwahrheiten liegen sicherlich auf der Hand, genauso wie ihre Widersprüche, dennoch wird das garantiert nicht jeder hören wollen! Falls das für dich bisher kein Problem war, dann behalte bitte in Erinnerung, dass im weiteren Verlauf dieses Buches auch Halbwahrheiten angesprochen werden könnten, bei denen dir echt die Hutschnur hochgeht, wenn ich sie sorgfältig zerlege, um ihre Widersprüche oder Nachteile aufzuzeigen. Sollte dies einmal der Fall sein, dann greife bitte nicht gleich zur Bücherverbrennung! Schau dir lieber an, warum du dich so sehr dagegen wehrst. In der Regel bestehen die jeweiligen Gründe nämlich auch nur aus Halbwahrheiten, die man durch bessere Sichtweisen ersetzen kann.

Wenn du zum Beispiel besagter Seminarleiter wärst und dieses Buch dein Seminarkonzept torpedieren würde, dann könntest du mit den Inhalten dieses Buches auch dein Konzept verbessern, dadurch ein noch besserer Trainer werden und damit sogar mehr Geld verdienen statt weniger. Für erfahrene Trainer, die von ihrem Handwerk wirklich etwas verstehen, stellt dieses Buch deshalb vielmehr einen Schatz dar und keine Bedrohung!

Den meisten spirituellen Trainern bin ich seit vielen Jahren bekannt. Mit über einer Million verkaufter Bücher im deutschsprachigen Raum gehöre ich seit zwei Jahrzehnten zu den spirituellen Autoren, an denen man kaum vorbeikommt, wenn man in diesem Bereich arbeitet. Wenn ich mir die Bücher meiner Berufskollegen anschaue, dann finde ich auch bei fast allen Inhalte, die ich in den letzten 20 Jahren erforscht und als Erster publiziert habe. Ich werde daher ganz offensichtlich von guten Trainern und Autoren nicht bekämpft – im Gegenteil! Ich gelte längst als Experte auf meinem Gebiet, was mich sehr freut.

Ich gehe deshalb auch nicht davon aus, dass mich jetzt alle spirituellen Trainer dieser Welt wegen dieses Buches steinigen wollen. Aber stell dir einmal vor, du wärst ein Trainer, der noch ganz am Anfang seiner Karriere steht und daher noch nicht die Kompetenzen besitzt, um sein Konzept anhand der hier enthaltenen Informationen selbstständig zu verbessern. Dann wäre die Lektüre dieses Buches alles andere als einfach für dich. Du hättest also ein Motiv, dieses Buch „scheiße" zu finden.

Dass junge, unerfahrene Trainer mit meinem Buch Schwierigkeiten haben könnten, liegt sicherlich auf der Hand. Aber ich schreibe dieses Kapitel natürlich nicht für Trainer, die vermutlich noch nicht einmal ein Prozent meiner Leserschaft ausmachen. Die Trainer sind nur ein nachvollziehbares Beispiel dafür, dass bestimmte Hintergrundmotive dazu führen können, dass man die Inhalte dieses Buches einfach nicht wahrhaben will.

Nun bist du vermutlich kein Trainer, weshalb ich dieses Beispiel auch gewählt habe, denn manche Dinge kann man einfach sehr viel besser erkennen, wenn man selbst davon gar nicht betroffen ist. Denn dann kann man *unvoreingenommen* hinschauen. Deshalb schlage ich vor, dass wir noch ein wenig bei diesem Beispiel bleiben, um die Wirkung der Expertenblockade noch besser nachvollziehen zu können, bevor wir dann zu deinen eigenen unbewussten Motiven kommen, die dir das Verdauen meiner Buchinhalte unnötig schwer machen können. Dazu muss ich ein wenig ausholen.

Die beiden Nobelpreisträger David Dunning und Justin Kruger haben nachgewiesen, dass Menschen die Kompetenzen eines anderen Menschen nur in einem ganz bestimmten Ausmaß wahrnehmen können. So kann zum Beispiel ein Viertklässler maximal die Kompetenzen eines Schülers aus der fünften oder sechsten Klasse einschätzen, nicht aber die eines Abiturienten oder eines Studienabsolventen oder gar eines Experten, der seit 30 Jahren auf einem bestimmten Gebiet arbeitet. Das ist einfach unmöglich.

Und so sind nur sehr wenige Menschen in der Lage, die tatsächlichen Kompetenzen eines Trainers oder Autors zu beurteilen. Leider lässt sich die Qualität eines Trainers auch so gut wie überhaupt nicht an seinem wirtschaftlichen Erfolg festmachen, wenn man aktuellen Marketing-Studien Glauben schenkt. Denn hauptsächlich verantwortlich für den Gesamterfolg ist mit ca. 60 Prozent der Faktor *Bekanntheit*, gefolgt vom *Image*, das mit ca. 30 Prozent zu Buche schlägt. Die tatsächliche *Qualität* der Arbeit eines Trainers macht gemäß einer Studie nur etwa zehn Prozent des wirtschaftlichen Erfolges aus. Mit anderen Worten: Es kommt fast ausschließlich darauf an, wie gut man sich als Trainer verkauft! Die wirtschaftlich erfolgreichsten Trainer sind daher sehr häufig Marketing-Spezialisten, die sich als Trainer einfach sehr professionell vermarkten.

Der Dunning-Kruger-Effekt besagt jedoch nicht nur, dass ein Viertklässler maximal in der Lage ist, die Kompetenz eines Fünft- oder Sechsklässlers zu beurteilen. Dieser Effekt besagt auch, dass jeder

Abiturient, der sich nur mit Viertklässlern umgibt, seine eigene Kompetenz automatisch ganz *massiv überschätzt*! Er weiß eben nicht, was er alles *nicht* weiß! Er sieht nur, dass er viel mehr weiß als die anderen in seinem Umfeld.

Und so gibt es nach Dunning und Kruger sehr viele Trainer, die sich selbst für wesentlich kompetenter halten, als sie in Wirklichkeit sind. Die meisten haben die besten Absichten und wollen anderen mit ihrem Wissen nur helfen, doch verbreiten viele natürlich trotzdem unwissentlich teilweise sehr ungute Halbwahrheiten, die ihren Teilnehmern erhebliche Nachteile bringen können. Sie halten sich jedoch für Experten und glauben, etwas Gutes zu tun, denn sie wissen einfach nicht, was sie alles *nicht* wissen!

Doch der Dunning-Kruger-Effekt betrifft natürlich nicht nur Trainer! Ich vermute, dir ist bereits bewusst, worauf ich mit diesem Beispiel hinauswill. Gerade in der Psychologie ist es ein weit verbreitetes Phänomen, dass sich auf diesem Gebiet fast jeder Mensch selbst als Experte empfindet, obwohl er von der Psychologie in Wirklichkeit nur wenig Ahnung hat. Jeder Psychologe, jeder Coach und jeder Therapeut kann ein Lied davon singen! Dieses Phänomen hat wie gesagt eine ganz profane Ursache: *Man weiß einfach nicht, was man alles nicht weiß!*

Wenn es um andere Wissensgebiete geht, von denen wir überhaupt keine Ahnung haben, dann tun wir uns hier leichter. Wir haben keine Ahnung von Raketentechnik, wenn wir keine Raketentechniker sind. Wir haben keine Ahnung von Mikrobiologie, wenn wir keine Mikrobiologen sind usw. Von diesen Fachgebieten wissen wir einfach so gut wie gar nichts.

Im Bereich der Psychologie sieht das jedoch ganz anders aus, denn hier geht es um Dinge, zu denen sich fast jeder schon Gedanken gemacht und vielleicht auch etwas gelesen hat, weil sie einfach jeden von uns betreffen. Hier hält sich deshalb fast jeder Laie für kompetent. Er glaubt, viel darüber zu wissen, und fühlt sich bereits als Experte – weil er eben nicht weiß, was er alles nicht weiß, und es ihm auch niemand sagt, denn die meisten Menschen wollen das einfach gar nicht hören! Das Gefühl, von etwas echt Ahnung zu haben, ist eben sehr viel angenehmer als der Wahrheit ins Auge zu sehen und zu erkennen, dass man in Wirklichkeit immer noch ein Laie ist.

Doch auf diese Weise bleiben die Laien, die sich für Experten halten, in der Unkenntnis ihrer Unwissenheit. Und das hat zur Folge, dass sie an sich selbst viel zu hohe Anforderungen stellen – wie zum Beispiel die, permanent glücklich sein zu müssen. Freilich gibt ihnen die eigene Selbstüberschätzung zunächst einmal ein gutes Selbstwertgefühl. Doch langfristig können sie das wie gesagt leider nicht aufrechterhalten, weil die negativen Auswirkungen der viel zu hohen Anforderungen in der Praxis wesentlich schwerer wiegen, sodass das gute Selbstwertgefühl sehr schnell ins Gegenteil umschlägt.

Und genau dieses Phänomen, das man aus der Psychologie kennt, trifft auch auf die inhaltlich damit verwandten Themen Glück, Erfolg, Gesundheit, Partnerschaft, Kindererziehung und Spiritualität zu. Auch hier halten sich die meisten Laien für Experten, weil sie eben nicht wissen, was sie tatsächlich alles nicht wissen. Und dann fordern sie von sich selbst einfach das Unmögliche und werden dann durch die Misserfolge, die zwangsläufig aus diesen zu hohen Anforderungen an sich selbst entstehen, immer stärker frustriert.

Das Einzige, was hier wirklich helfen kann, ist eine kompromisslos ehrliche Selbsteinschätzung. Diese erfordert natürlich als Allererstes die Akzeptanz der Tatsache, dass man einfach nicht auf jedem Wissensgebiet ein Experte sein kann und auch nicht sein muss! Was auch dabei helfen kann, ist ein besseres Verständnis davon, wann man denn eigentlich als Experte für ein bestimmtes Wissensgebiet gilt. Schauen wir uns das also einmal ein wenig genauer an.

Der US-Psychologe Anders Ericsson formulierte zusammen mit seinen beiden Kollegen Ralf Krampe und Clemens Tesch-Römer die sogenannte 10.000-Stunden-Regel. So lange braucht es nach ihren Erkenntnissen, bis sich im Gehirn sogenannte *neuronale Expertenstrukturen* entwickeln.

Selbst durch das Lesen von hundert guten Büchern zum Thema Psychologie oder Spiritualität entstehen daher noch lange keine neuronalen Expertenstrukturen! Sie entstehen nur, wenn man neues, hochwertiges Wissen 10.000 Stunden lang konzentriert erlernt und in der Praxis anwendet. Denn es gibt einen großen Unterschied zwischen passivem Wissen und Wissen, das aktiv genutzt werden kann! Auch ein Student, der gerade sein Studium abgeschlossen hat und alle wichtigen Grundlagen seines Fachs kennt, gilt daher noch längst nicht als Experte, denn ihm fehlt die Praxis. Er hat während seines Studiums auch nur *Allgemeinwissen* aus seinem Fachbereich erworben. In der Regel kann er davon dann später in seinem Job maximal fünf bis zehn Prozent gebrauchen.

Ein Experte hat also unfassbar viel hochwertiges Wissen aus einem ganz speziellen Fachbereich erworben und sich dabei viele, viele Jahre richtig „reingekniet". Dann hat er sein Fachwissen in der Praxis angewendet und parallel dazu neues Wissen erworben, das er dann wieder gelernt hat in der Praxis anzuwenden und so weiter und so fort. Es gibt nur wenige Menschen, die sich diesen immensen Arbeitsaufwand überhaupt antun, denn fürs Privatleben bleibt da kaum noch Zeit! Auch kann man diesen Zeitaufwand nur stemmen, wenn man sich hauptberuflich damit befassen kann. 10.000 Stunden sind bei einer 40-Stunden-Woche nämlich bereits fünf Jahre!

Nach 10.000 Stunden harter, hoch konzentrierter Arbeit ist das Gehirn dann so weit, dass sich erste Expertenstrukturen gebildet haben. Der Experte ist in seinem Fachbereich dann genial, in anderen Lebensbereichen jedoch möglicherweise ein Komplettausfall – eben ein sogenannter *Fachidiot*. Doch sein Gehirn kann in seinem Fachbereich Unfassbares leisten. Schauen wir uns dazu einmal einen alltäglichen Vergleich an. Sagen wir einmal, ein „normaler" Mensch liest ein Buch, das ihn sehr interessiert. Wenn man ihn nach dem Lesen dieses Buches einem ausführlichen Test unterzieht, hat er sich im Durchschnitt neun Prozent des Gelesenen gemerkt. 91 Prozent sind also gar nicht in seinem Gedächtnis abgespeichert worden. Doch auch diese neun Prozent sind nur passives Wissen. In der Praxis kann der Laie dieses

Wissen noch gar nicht direkt anwenden, nur weil er ein Buch darüber gelesen hat.

Ein Mensch, der neuronale Expertenstrukturen entwickelt hat, kann hingegen nach dem einmaligen Lesen eines zu seinem Gebiet passenden Fachbuches über 90 Prozent des erworbenen Wissens in der Praxis *nutzen*! Das ist ein gewaltiger Unterschied. Vergleicht man diese beiden Menschen, dann hat man das Gefühl, der Experte käme nicht von diesem Stern. Das muss ein Außerirdischer sein!

Nehmen wir noch einen anderen, alltäglichen Vergleich: Stell dir vor, dich schickt jemand in den Elektronikladen, um für ihn drei elektronische Bauteile zu kaufen – sagen wir, einen Niob-Elektrolyt-Kondensator, eine Schottky-Diode und einen Bipolartransistor. Du darfst dir das aber nicht aufschreiben. Du musst dir diese drei Bauteile auswendig merken.

Das ist eine echt schwere Aufgabe! Einem wirklichen Experten müsste man dagegen nur sagen, was man bauen will und welche Bauteile man schon hat. Dann könnte er selbstständig alle weiteren 300 Bauteile besorgen, die noch gebraucht werden. Und der Experte würde kein einziges vergessen! Das ist der Unterschied zwischen einem Menschen mit normalen Denkstrukturen und dem Gehirn eines echten Experten.

Ein echter Experte hat also nicht einfach nur ein paar Bücher über seinen Fachbereich gelesen. Es ist eher wie bei Chuck Norris. Wenn du Chuck fragen würdest, wie viele Liegestütze er schafft, dann würde er ohne zu zögern antworten: *„Alle!“* ☺

Bei den Themen Glück, Erfolg, Gesundheit, Partnerschaft und Spiritualität halten sich wie gesagt die meisten Menschen selbst für Experten. Verstärkt wird dieses Phänomen dadurch, dass es tatsächlich auch nur sehr wenige Experten auf diesen Fachgebieten gibt. Es gibt an unseren Hochschulen bislang noch keinen Studiengang für Glücks- oder Erfolgstraining oder alternative Gesundheitskonzepte. Und wenn es um Spiritualität geht, kann man nur Theologie studieren. Selbst von einem Psychologiestudium kann man als Trainer leider maximal fünf Prozent des Erlernten verwenden, da es ein sehr allgemeines Studium ist. Ein abgeschlossenes Psychologiestudium sieht daher toll aus, sagt aber tatsächlich überhaupt nichts über die tatsächlichen Kompetenzen eines Trainers aus.

Als spiritueller Trainer muss man daher alternative Wege gehen, da es keine staatliche Ausbildung gibt. In der Regel absolviert man daher eine Reihe von Wochenendkursen, und die kosten sehr viel Geld. Für eine übliche Trainerausbildung muss man in der Regel drei bis vier Stufen durchlaufen. Der Zeitaufwand pro Stufe beträgt zwischen 100 und 200 Stunden. Nach der ersten Stufe ist man dann zum Beispiel ein sogenannter *Practitioner*, nach der zweiten dann *Master*, nach der dritten *Trainer* und nach der letzten Stufe *Trainers-Trainer.*

Insgesamt muss man als Trainer also 400 bis 800 Stunden rechnen, bis man den höchsten Ausbildungsstand erreicht hat. Und das sind schon die größeren Ausbildungen! Es gibt viele, bei denen man gerade einmal zwei oder drei Wochenendseminare absolviert und sich dann Trainer nennen kann. Aber bleiben wir einmal bei unserer 800-Stunden-Ausbildung.

Da diese Ausbildung in Wochenendkursen absolviert werden muss, kann sie leicht 3 bis 4 Jahre dauern. In dieser Zeit wird man je nach Ausbildung 10.000 bis 50.000 Euro los – eine noch längere Ausbildung könnte sich also schon rein finanziell kaum jemand leisten. Doch verglichen mit einem Vollzeitstudium ist das noch nicht einmal *ein halbes Jahr* Ausbildungszeit!

Die meisten Trainer haben noch einmal den gleichen oder sogar doppelten Zeitaufwand für Übungen aufgewendet, um das im Seminar Erlernte dann auch tatsächlich gut genug zu beherrschen, um es in Seminaren an ihre eigenen Teilnehmer weitergeben zu können. Das heißt, wir sind bei unserer Rechnung bei 2400 Stunden, was natürlich längst nicht ausreicht, um neuronale Expertenstrukturen zu erreichen, denn dafür würden wie gesagt mindestens 10.000 Stunden benötigt.

Es gibt daher tatsächlich nicht viele Trainer, die als echte Experten auf den Gebieten Glück, Erfolg, Gesundheit, Liebe usw. gelten, denn 10.000 Stunden Zeitaufwand für die eigene Kompetenz kann sich einfach kaum jemand leisten. Wie gesagt verdient man als Trainer ja kein Geld, wenn man seine Zeit mit dem Ausbau seiner Kompetenz verbringt.

Aus wirtschaftlichen Gründen müssen Trainer in ihrem Beruf daher anders vorgehen. Und das heißt in der Praxis, dass sie nach ihrer Ausbildung 60 Prozent ihrer Arbeitszeit in die eigene Bekanntheit und 30 Prozent in ihre Image-Pflege investieren müssen, sodass nur zehn Prozent für die tatsächliche Arbeit als Trainer übrig bleiben. Das heißt, mehr als 200 Stunden tatsächliche Trainer-Tätigkeit pro Jahr bekommen nur wenige in der Praxis hin. Um auf diesem üblichen Weg echte Expertenstrukturen zu erreichen, müsste man also ca. 40 Jahre rechnen!

Die Kompetenzunterschiede von Trainern, Seminarleitern und Autoren gegenüber ihren Teilnehmern und Lesern sind also in der Praxis nicht sehr groß, was natürlich vielen Laien das Gefühl vermittelt, selbst sehr viel Ahnung von der Materie zu haben. Sie glauben eben, dass es sich bei den besagten Trainern, Seminarleitern und Autoren um echte Experten handelt, und da diese Experten auch nicht viel mehr wissen als man selbst, hält man sich logischerweise dann auch selbst sehr schnell für einen Experten.

Und daraus entsteht dann die Lernblockade, von der ich in diesem Kapitel spreche. Echte Experten wären natürlich in der Lage, ungute Halbwahrheiten in der Praxis von nützlichen zu unterscheiden. Doch es gibt eben kaum Experten in unserem Berufszweig. Deshalb werden überall die gleichen Halbwahrheiten postuliert, wobei einfach jeder von jedem abschreibt. Als Laie bekommt man dann schnell das Gefühl, dass es sich bei diesen gängigen Halbwahrheiten um tatsächliche Wahrheiten handeln muss, denn schließlich wird in unzähligen Büchern das Gleiche geschrieben.

Das ist der Grund, warum ich dieses Buch geschrieben habe, denn ich hatte das Glück, dass ich 80 Prozent meiner gesamten Arbeitszeit für den Ausbau meiner Kompetenz verwenden konnte. Ich bin nämlich hauptberuflich Entwickler neuer, innovativer Konzepte und Methoden. Trainer und Autor bin ich nur nebenberuflich. Meine Arbeitszeit manage ich daher völlig anders, als es für einen Trainer üblich ist. Ich verwende seit über 30 Jahren jährlich etwa 2000 Stunden für die Weiterentwicklung meiner Kompetenz sowie meiner Methoden und Konzepte. Als Trainer und Autor arbeitete ich maximal 500 Stunden pro Jahr.

Möglich wurde dies, weil ich das Glück hatte, dass gleich mehrere meiner Bücher vor 20 Jahren zu Bestsellern wurden. Ich musste daher nie Marketing betreiben, weil meine Bücher das für mich übernahmen. Die Teilnehmer kamen also in meine Seminare, ohne dass ich nennenswert Werbung machen musste. Das war ein großes Glück, für das ich allen meinen Lesern und Seminarteilnehmern sehr, sehr dankbar bin.

Ich habe mich in den letzten drei Jahrzehnten hauptsächlich auf die zehn Prozent konzentriert, die für den wirtschaftlichen Erfolg eines Trainers am wenigsten wichtig sind – aus Trainer-Sicht eine sehr unsinnige Verhaltensweise! Doch für einen Konzeptentwickler sind es eben die *entscheidenden* zehn Prozent!

Ich habe mich so lange weitergebildet, bis es irgendwann kein neues Wissen mehr für mich gab, das ich in meinem Fachbereich hätte erwerben können. Doch das war noch lange nicht das Ende meiner Entwicklung zum *Fachidioten*! ☺ Wenn man auf der Welt keine Informationen in Büchern oder Seminaren mehr finden kann, dann heißt das nicht, dass kein Wissen mehr vorhanden ist. Das ist es sehr wohl. Es hat nur noch niemand entdeckt! Und genau dieses Wissen hat mich immer am allermeisten gereizt. Das Entwickeln neuer Konzepte und Methoden ist daher meine tatsächliche Profession.

Insgesamt habe ich bis heute etwa 20.000 Stunden in den Ausbau meiner Kompetenz als Glückstrainer investiert. Als Begründer des

Glückstrainer-Berufes und Glückstrainer-Ausbilder gelte ich hier seit vielen Jahren als Experte für das schöne Thema Lebensglück. Das Gleiche gilt für den Bereich Erfolg. Hier kann ich ebenfalls etwa 20.000 Stunden als Erfolgstrainer verbuchen, womit meine Trainerkarriere vor 37 Jahren auch begonnen hat. Dieser Bereich schließt auch das Thema *Realitätsgestaltung* mit ein, über das ich vor etwas mehr als 20 Jahren meine ersten Bücher geschrieben habe. Weiterhin habe ich jeweils mehr als 10.000 Stunden für die Themen Gesundheitsbildung, Liebe und Partnerschaft aufgewendet, sodass ich auch hier als Experte gelte. Und diese Expertenstrukturen ermöglichen es mir nun, nützliche Halbwahrheiten sehr schnell von nachteiligen zu unterscheiden.

Ich weiß aus Erfahrung, dass es sich erst einmal viel schöner anfühlt, wenn man davon ausgeht, dass man selbst Experte für die Themen Glück, Erfolg, Gesundheit und Liebe ist. So ging es mir nach meiner ersten Ausbildung damals auch. Doch dieses zweifelhafte Glück ist immer nur sehr kurzfristig, denn die Nachteile dieses Glaubens sind in der Praxis sehr viel gravierender: zum einen wie gesagt die viel zu hohen Anforderungen an sich selbst, die zu Identitätskrisen führen können, wenn das Kartenhaus wieder einmal einstürzt, zum anderen die Lernblockade, die dadurch entsteht, dass man bereits zu wissen glaubt, was wirklich richtig und gut ist. *Wenn ein Glas bereits voll ist, dann kann man halt nichts mehr eingießen*. Und so stellt die Expertenblockade in der Praxis die größte Lernblockade dar, die einem auf dem Weg ins eigene Glück im Weg stehen kann.

Man ist wie gesagt kein Loser, nur weil man in einem bestimmten Lebensbereich kein Experte ist – genauso wenig, wie man ein Loser ist, weil man nicht permanent glücklich ist. Die Akzeptanz, dass man in den Bereichen Glück, Erfolg, Gesundheit und Liebe möglicherweise doch noch sehr viel lernen könnte, kann einen von vielen Problemen befreien – allen voran von Selbstzweifeln. Denn die entstehen hauptsächlich, weil man von sich selbst viel zu viel erwartet.

Du kannst diese Blockade mit einer einfachen Maßnahme hier und jetzt ablegen, indem du deinen bisher angenommenen Expertenstatus einfach einmal gepflegt anzweifelst. Du wirst danach feststellen, dass es eine Wohltat sein kann, sich selbst als Laien zu empfinden. Das tun wir übrigens alle in Tausenden von beruflichen Fachbereichen. Unser Leben wäre wirklich die Hölle, wenn wir überall so tun müssten, als wären wir Experten für alles und jedes. Glücklicherweise tun das die meisten Menschen nur, wenn es um die Themen Glück, Erfolg, Gesundheit, Liebe, Spiritualität, Partnerschaft oder Kindererziehung geht. Und genau in diesen Lebensbereichen haben sie dann auch die meisten Probleme. Daran ist die Expertenblockade wie gesagt alles andere als unschuldig.

Ich hoffe, ich konnte dir genügend Argumente dafür liefern, dass es sich diesbezüglich absolut auszahlt, über den eigenen Schatten zu springen, indem du deinen eigenen Expertenstatus anzweifelst. Hier noch einmal die drei Fragen, mit denen du das beschleunigen kannst:

1. Kann ich wirklich definitiv wissen, dass meine alte Sichtweise wahr ist?
2. Warum kann ich das nicht definitiv wissen?
3. Was spricht dafür, dass es auch anders sein könnte?

Halbwahrheit Nr. 11: Für jeden Menschen ist etwas anderes richtig

Ob eine Halbwahrheit nützlich oder schädlich ist, hängt natürlich davon ab, welche Ziele man im Leben verfolgt. Gut ist etwas, das uns unserem Ziel näherbringt, und schlecht ist, was uns an der Zielerreichung hindert. Wenn man zum Beispiel das Ziel hat, eine Familie zu gründen, dann wäre es gut, wenn man einen Partner findet, der ebenfalls Kinder will. Will man jedoch auf keinen Fall Kinder bekommen, dann wäre es sicherlich nicht so toll, wenn man einen Partner hat, der unbedingt Kinder will. Menschen sind eben unterschiedlich. Jeder hat andere Ziele im Leben. Deshalb kann man nie pauschal sagen, dass eine Halbwahrheit grundsätzlich gut oder schlecht ist.

Das klingt wieder einmal logisch, stimmt jedoch nur zur Hälfte! Es gibt natürlich Ziele, in denen wir uns voneinander unterscheiden, aber es gibt auch Ziele, die alle Menschen aufgrund ihrer Grundinstinkte gleichermaßen verfolgen. Wir wollen zum Beispiel alle instinktiv überleben. Dazu gehört, dass wir genug zu essen und zu trinken haben. Dazu gehört auch, dass wir einen warmen und trockenen Platz zum Schlafen haben. Oder dass wir vor Raubtieren geschützt sind. Ebenso vor Krankheiten oder Verletzungen. Freiheit ist ebenfalls allen Menschen instinktiv wichtig und einiges andere mehr.

Falls du mehr über die instinktiven Ziele erfahren möchtest, die bei allen Menschen gleich sind, dann findest du in meinen Büchern *Mary, Robin und das Positive Fühlen, Glücksmomente* und *Die Glückstrainer* sehr ausführliche Informationen dazu. Ich habe diese instinktiven Ziele *Grundmotive* genannt. Insgesamt gibt es sieben dieser Grundmotive, die bei jedem Menschen gleich sind. Absolut alles, was wir im Leben sonst noch anstreben, geht ursprünglich aus diesen sieben Grundmotiven hervor.

Um diese sieben Grundmotive zu finden, habe ich in den Jahren 2000 bis 2002 sehr intensive Feldforschung mit vielen Tausend Menschen betrieben. Es war eine Praxisstudie, die ich zusammen mit meinen

Seminarteilnehmern durchgeführt habe. Dazu hinterfragten die Teilnehmer alle ihre persönlichen Ziele, die ihnen im Leben wichtig waren, mit der Frage: „Wozu möchte ich das erreichen?" Und die Antwort auf diese Frage wurde dann abermals mit der gleichen Frage hinterfragt – und die Antwort darauf ebenfalls usw.

Nach drei Jahren kristallisierten sich schließlich sehr eindeutig die besagten sieben Grundmotive heraus. Auf diese sieben Motive baute ich dann das Glückstrainer-Beratungskonzept auf. Seither wurden Abertausende von Menschen mit diesem Konzept beraten. Und es gab bei allen diesen Beratungen bis heute keinen einzigen Klienten, der Ziele im Leben hatte, die *nicht* aus den sieben Grundmotiven hervorgingen – und das, obwohl einfach immer nur neutral die Frage gestellt wird, wozu man ein bestimmtes Ziel eigentlich genau erreichen will.

Ich halte unsere Praxisstudie, die wir damals durchgeführt haben, für sehr viel aussagekräftiger als jede psychologische Studie, bei der man über Fragebögen herauszufinden versucht, welche Grundbedürfnisse der Mensch hat. Es gibt viele dieser Studien, die zu sehr unterschiedlichen Ergebnissen kommen. Doch in der Praxis gibt es immer nur Teilübereinstimmungen mit den Ergebnissen dieser Studien. Ich glaube daher, dass wir mit den sieben Grundmotiven deutlich näher an der Wahrheit sind als die gängigen statistischen Erhebungen, wie sie in der Psychologie meistens vorgenommen werden. Wir hatten bei unserer Praxisstudie auch sehr viel bessere Voraussetzungen. Zum einen waren es viele Tausend Menschen (bei Sozialstudien sind es in der Regel sehr viel weniger), zum anderen sind diese vielen Menschen sehr viel tiefer in ihre Selbstreflexion gegangen, als das über einen einfachen psychologischen Fragebogen je möglich wäre.

Aber ob wir mit unseren sieben Grundmotiven jetzt näher an der Wahrheit liegen als andere, ist für die Halbwahrheit dieses Kapitels ohnehin unerheblich. Wichtig ist nämlich nur, dass es offensichtlich Ziele oder Bedürfnisse gibt, bei denen wir Menschen alle gleich oder uns zumindest sehr ähnlich sind. Welche das nun tatsächlich sind, ist eigentlich gar nicht so wichtig. Klar ist nur, dass die Halbwahrheit nicht stimmen kann, dass für jeden Menschen etwas anderes gut und richtig ist. Es gibt definitiv auch Halbwahrheiten, die für *alle* Menschen schädlich oder nützlich sind.

Dieses Buch habe ich für Menschen geschrieben, denen genau wie mir die Werte *Gesundheit, Glück* und *Erfolg* sehr wichtig sind. Diese drei Ziele werden von fast allen Menschen verfolgt, daher schlage ich vor, dass wir sie als Bewertungsgrundlage verwenden, um nachteilige Halbwahrheiten von nützlichen zu unterscheiden.

Ich bewerte also eine Halbwahrheit als nachteilig, wenn sie uns krank oder unglücklich macht oder eine Erfolgsblockade darstellt. Als nützlich bewerte ich sie, wenn sie unsere Gesundheit, unser Glück und unseren Erfolg im Leben fördert. Wenn du also lieber krank, unglücklich und erfolglos sein wolltest, dann wäre dieses Buch tatsächlich nichts für dich. Wenn dir dein Lebensglück, deine Gesundheit und dein Erfolg jedoch am Herzen liegen, dann wird dir dieses Buch deinen Lebensweg sehr viel leichter, heller, freier und belebender machen können.

Um Halbwahrheiten in Bezug auf ihre Nützlichkeit noch besser bewerten zu können, können wir noch ein wenig mehr in die Tiefe gehen, denn unser Glück, unser Erfolg und unsere Gesundheit hängen von einigen wenigen Hauptfaktoren ab, wie gleich mehrere wissenschaftliche Studien bestätigen konnten. Einen der negativen Hauptfaktoren habe ich in diesem Buch bereits erwähnt – die *Machtlosigkeit*!

Machtlosigkeit ist weder unserem Lebensglück noch unserem Erfolg oder unserer Gesundheit zuträglich. Daher kann man schon einmal sagen: *Je weniger Machtlosigkeit eine Halbwahrheit postuliert, desto besser!* Ein weiterer wichtiger Faktor ist die *Angst*. Sehr viele Halbwahrheiten schüren Ängste. Und natürlich tragen Ängste nicht gerade dazu bei, dass wir uns glücklich fühlen. Auch ist Angst weder gesund, noch fördert sie unseren Erfolg. *Wer aus Angst handelt, tut fast immer das Falsche.* Ich schlage vor, dass wir uns das Phänomen der

Angst einmal ein wenig genauer anschauen, um zu erkennen, warum Entscheidungen aus Angst fast immer falsch sind.

Schauen wir uns dazu zunächst einmal unser Gehirn ein wenig genauer an, wobei es hier genügt, wenn wir uns mit einem stark vereinfachten Modell unseres Gehirns befassen. Ein wirklich exaktes Verständnis aller neurobiologischen Zusammenhänge existiert derzeit sowieso noch nicht. Nach Expertenmeinung ist unser Gehirn nämlich erst zu etwa 30 Prozent erforscht. Ich erhebe daher keinerlei Anspruch auf Korrektheit und Vollständigkeit bei dem besagten vereinfachten Modell. Ich möchte jedoch betonen, dass sich dieses Verständnismodell unseres Gehirns in der Praxis als überaus nützlich erwiesen hat.

Gemäß diesem Modell vollzog sich die Evolution des menschlichen Gehirns ganz grob in drei Entwicklungsstufen. Anfänglich entwickelte sich das sogenannte *Reptiliengehirn*, das aus dem Stammhirn und dem Kleinhirn besteht. Dieses Gehirn beheimatet unsere Grundinstinkte und einige wenige Emotionen wie Verlangen und Angst. Erst viele Millionen Jahre später, mit dem Aufkommen der ersten Säugetiere, entwickelte sich ein zusätzliches Gehirn, das Neurobiologen *limbisches System* oder auch *Emotionalgehirn* nennen. Das Reptiliengehirn wurde dabei unverändert beibehalten. Es kam einfach nur ein weiteres Gehirn hinzu, das sehr viel komplexere Emotionen ermöglichte wie Liebe, Mitgefühl oder Zuneigung, die für die Brutpflege und das Rudelverhalten von Säugetieren einfach unabdingbar waren.

Das menschliche Großhirn, so wie wir es heute kennen, entwickelte sich erst vor etwa 200.000 Jahren und steckt damit entwicklungsgeschichtlich noch in den Kinderschuhen. Erneut wurden Reptiliengehirn und Emotionalgehirn unverändert beibehalten und ein weiteres zusätzliches Gehirn hinzugefügt, das eine bessere Anpassung an schwierige Lebensumstände ermöglichen sollte. Unserem Großhirn haben wir es zu verdanken, dass wir in der Lage sind, in der Wüste, in der Antarktis, auf dem Meeresboden, im Weltraum und sogar in unseren Großstädten zu überleben. ☺ Ein Gorilla hätte große Schwierigkeiten, morgens mit der U-Bahn zur Arbeit zu fahren, sich an den PC zu setzen und am Abend einkaufen zu gehen – obwohl er das gleiche Emotionalgehirn und Reptiliengehirn hat wie wir Menschen. Sein Großhirn ist jedoch längst nicht so weit entwickelt wie unseres.

Aufgabe des Großhirns ist es, komplexe Lebensumstände zu erfassen und zu beurteilen, welche die anderen beiden Gehirne nicht beurteilen können. Aus diesem Grund reagieren sowohl das Reptiliengehirn als auch das Emotionalgehirn augenblicklich auf die Beurteilungen des Großhirns. Doch dabei schleichen sich leider gelegentlich Missverständnisse ein. Großhirn, Reptiliengehirn und Emotionalgehirn haben nämlich völlig verschiedene Beurteilungsmaßstäbe. Unserem Emotionalgehirn und dem Reptiliengehirn geht es hauptsächlich ums Überleben. Was dem Überleben zuträglich ist, ist gut, was ihm abträglich ist, ist schlecht. Das ist ein ganz einfacher Beurteilungsmaßstab. Und anders können diese beiden Gehirne, die in ihrem Aufbau weitestgehend identisch sind mit dem aller anderen Säugetiere, die Beurteilungen des Großhirns auch nicht verstehen. Und das kann zu allerlei Missverständnissen führen, denn das Großhirn kann sich seinen Beurteilungsmaßstab *frei wählen*!

Ein Beispiel, bei dem das deutlich wird, sind Prüfungen. Viele Menschen beurteilen es als Gefahr, dass sie bei einer Prüfung durchfallen könnten. Das Emotionalgehirn bezieht diese Gefahrenbeurteilung jedoch wie immer direkt aufs Überleben. Es reagiert auf diese Beurteilung so, wie es seit Jahrmillionen als Reaktion auf Gefahren vorgesehen ist: mental, indem wir nach ersten Gefahrenanzeichen Ausschau halten, emotional, indem wir Angstgefühle bekommen, und körperlich, indem wir uns flucht- oder kampfbereit machen. *Das Herz rast, das Hirn schaltet ab.*

Natürlich wäre es sehr viel besser, wenn wir in einer Prüfung einen kühlen Kopf bewahren und damit im Vollbesitz unserer geistigen Kräfte sein könnten. Doch dieses Wissen nützt uns nichts, wenn wir fälschlicherweise die aktuelle Prüfungssituation als Gefahr beurteilen. Erkennt unser Großhirn jedoch, dass es hier gar keine echte Lebensgefahr gibt, sondern es sich nur um eine wichtige Aufgabe handelt, die wir gerne bewältigen wollen, reagiert das Emotionalgehirn augenblicklich auf diese neue Beurteilung: Es schaltet die Angstgefühle ab und unsere mentalen Fähigkeiten wieder frei, damit wir unsere Aufgabe bewältigen können.

Das Emotionalgehirn kennt nur *eine* Gefahrendefinition: *Wenn unser Überleben akut und ernsthaft gefährdet ist, dann ist es eine Gefahr.* Unserem Großhirn sind hier jedoch deutlich weniger Grenzen gesetzt. Wir können es beispielsweise als Gefahr ansehen, einen fatalen Fehler zu machen, oder die Gefahr empfinden, dass der Partner fremdgehen gehen könnte, die Gefahr, verlassen zu werden, die Gefahr, dass man sein Geld oder seinen Job verlieren könnte, die Gefahr, jemanden zu verärgern, die Gefahr, einen schlechten Eindruck zu machen usw.

Das alles sind natürlich keine echten, akuten Lebensgefahren, und dennoch bringt uns unser Emotionalgehirn nach solch einer Gefahrenbeurteilung jedes Mal sofort in einen Überlebensmodus, in dem die Angst regiert. Und dann können wir nicht mehr klar denken, haben völlig verschobene Prioritäten bei unseren Entscheidungen und handeln ohne Herz und Verstand, denn in diesem Überlebensmodus kennt unser Gehirn nur Kampf, Flucht oder Totstellen. Das sind Millionen Jahre alte Überlebensmechanismen, die sich bei echten Lebensgefahren in der Wildnis absolut bewährt haben. Doch wenn es gar keine echte Lebensgefahr gibt, dann sind diese Überlebensmechanismen natürlich völlig unangemessen und damit auch in Bezug auf unser Glück, unseren Erfolg und unsere Gesundheit eine pure Katastrophe.

An welche Halbwahrheiten man glaubt, bestimmt also, ob man ein Mensch ist, der sich ständig Sorgen um alles und jeden macht und sich sehr schnell unsicher fühlt, oder ob man ein optimistischer, lebenslustiger und selbstsicherer Mensch ist. *Ändert ein Mensch seine Halbwahrheiten, ändert er damit sein gesamtes Leben!* Denn die meisten Halbwahrheiten beinhalten Gefahrenbeurteilungen – die einen mehr, die anderen weniger. In Bezug auf unser empfundenes Lebensglück, unseren Erfolg und unsere Gesundheit bedeutet dies, dass es sinnvoll ist, sich Halbwahrheiten auszusuchen, die möglichst wenige Ängste schüren.

Angst und Machtlosigkeit sind jedoch nicht die einzigen Faktoren, die unser Glück, unseren Erfolg im Leben und unsere Gesundheit torpedieren können. Ein anderer wichtiger Faktor sind *Anforderungen*. Manche Weltanschauungen stellen so hohe Anforderungen an uns selbst, dass wir diese kaum erfüllen können. Im Christentum hat man dafür eine einfache Lösung gefunden – die *Beichte*! Da es kaum möglich ist, alle Anforderungen aus der christlichen Religion zu erfüllen, kann man einfach seine Sünden beichten, und sie werden einem vergeben. Im Hinduismus sieht das hingegen sehr viel unangenehmer aus. Dort gibt es keine Beichte. Man kann dort auch keine höhere Macht um die Auflösung des eigenen Karmas bitten. Das Karma wird als ein Naturgesetz gesehen, das mehr mit einem unwillkürlichen Mechanismus zu tun hat als mit einer höheren Macht, die individuelle Entscheidungen trifft.

Die einfache Regel zur Bewertung von Halbwahrheiten unter diesem Gesichtspunkt lautet daher: *Je geringer die Anforderungen sind, die man erfüllen muss, desto besser!* Am besten wäre natürlich eine Weltanschauung, bei der man gar nichts falsch machen kann. Mit solch einer Weltanschauung könnte man ein überaus leichtes und glückliches Leben führen. Die meisten Weltanschauungen beinhalten jedoch einen ganzen Katalog an Dingen, die man tun oder lassen soll. Sie beinhalten mit anderen Worten eine große Vielzahl von *Verboten* und *Geboten*.

Ich schlage vor, dass wir uns auch die Auswirkungen von Verboten und Geboten auf unser Gehirn ein wenig genauer anschauen. Für unser Emotionalgehirn und das Reptiliengehirn gibt es nur einen Grund, warum wir etwas tun müssen oder nicht tun dürfen: Für diese beiden Gehirne geht es, wie ich bereits erläutert habe, immer ums Überleben. Beurteilt unser Großhirn jetzt etwas als „Muss", das in

Wirklichkeit gar keine Überlebensnotwendigkeit ist, bringt uns unser urzeitliches Gehirn natürlich sofort wieder in einen falschen Modus. Es denkt ja, es ginge ums Überleben. Und das kann unangenehme Auswirkungen haben.

Schauen wir uns dazu wieder einmal ein praktisches Beispiel an. Stell dir vor, *Ernst* ist auf Partnersuche. Er war jetzt eine Weile Single und hat keine Lust mehr dazu. In seinem jugendlichen Leichtsinn kommt er auf die Idee, eine Partnerin *müsse* jetzt her – und zwar so schnell wie möglich! Stellen wir uns also einmal vor, Ernst hat wirklich das Gefühl, jetzt unbedingt eine Partnerin finden zu *müssen*. Welche emotionale Wirkung hätte Ernst auf die Frauen, die ihm begegnen? Würde er mit dieser starken Notwendigkeit eher attraktiv oder eher abschreckend wirken?

Die Frauen würden spüren, dass hier etwas nicht stimmt, was ja auch tatsächlich der Fall ist. Niemand *muss* in unserer heutigen Zeit noch einen Lebenspartner finden, um überleben zu können. Doch Ernst würde sich natürlich genauso verhalten, als hinge sein Leben davon ab, möglichst schnell eine Partnerin zu finden. Menschen, die dies als Notwendigkeit in sich spüren, weil sie in das gleiche Fettnäpfchen getappt sind, haben in der Regel eine bedürftige oder anderweitig abschreckende Wirkung, denn das gesamte Umfeld spürt instinktiv, dass hier etwas nicht stimmt.

Schauen wir uns noch ein weiteres Beispiel an. Stell dir vor, Ernst hat das Gefühl entwickelt, jetzt unbedingt einen neuen Job bei einer bestimmten Firma kriegen zu *müssen*, weil er zum Beispiel mehr Geld braucht. Stell dir weiterhin vor, du wärst der Chef dieser Firma, der entscheiden soll, wer eingestellt wird. Es gibt viele Bewerber. Vor Ernst war zum Beispiel jemand da, der momentan noch in einem festen Anstellungsverhältnis arbeitet und der den neuen Job nicht wirklich braucht, um seinen Lebensunterhalt zu bestreiten. Dieser Mann hat sich nur bei dir beworben, weil du genau den Job anzubieten hast, den er immer schon machen wollte. Dafür schlägt sein Herz.

Er braucht diesen Job also nicht wegen des Geldes, aber er würde ihn unheimlich gerne machen, weil es einfach genau sein Ding ist.

Wen von diesen beiden würdest du einstellen? Denjenigen, der unbedingt das Geld braucht und offensichtlich nur deswegen den Job will, oder denjenigen, der tatsächlich von der Aufgabe begeistert ist, die du anzubieten hast? Ich denke, die Antwort ist einfach!

Menschen, die glauben, etwas Bestimmtes tun, haben oder sein zu *müssen*, haben immer eine sonderbare Ausstrahlung, denn sie sind in einem völlig unangemessenen Überlebensmodus. Wenn es tatsächlich ums Überleben geht, dann ist dieser Modus sinnvoll und gut. Aber bei den meisten Dingen, die wir schnell mal als *Muss* definieren, geht es absolut nicht ums Überleben!

Kennst du vielleicht das Gefühl, perfekt sein zu müssen, außerdem noch unabhängig, lebensfroh, glücklich, erfolgreich, schlank, intelligent, eine gute Mutter oder ein guter Vater, ein guter Mensch usw.? Geht es dabei wirklich ums Überleben? Stirbt man, wenn man das alles *nicht* ist? Sicherlich nicht! Und dennoch verhalten sich viele Menschen so, weil sie durch ihre Beurteilung, das alles sein, haben oder tun zu müssen, ihr Emotionalgehirn und ihr Reptiliengehirn in die Irre geführt haben. Jedes Mal, wenn sie solch einer falschen Notwendigkeit nachjagen, erleben sie also in ihrem Alltag Nachteile.

Gefühlte Notwendigkeiten verleihen jedem Menschen eine fragwürdige Ausstrahlung. Doch das ist längst nicht alles, was sie bewirken! Wissenschaftler konnten nachweisen, dass unsere geistige Leistungsfähigkeit durch das Empfinden einer Notwendigkeit sehr stark reduziert werden kann – zwar nicht so gravierend wie bei starken Ängsten, denn die können zu einem völligen Blackout und damit zum vollständigen Verlust unserer Leistungsfähigkeit führen, doch unsere Notwendigkeiten schaffen immerhin eine Reduktion auf unter 50 Prozent unserer normalen, alltäglichen Fähigkeiten.

Der direkte emotionale Gegenspieler der Notwendigkeit ist übrigens der *Spaß*. Auch hier haben Wissenschaftler eine sehr interessante Feststellung in Bezug auf unsere geistige Leistungsfähigkeit gemacht.

Wenn wir nämlich Spaß haben, erhöht unser Emotionalgehirn die Leistungsfähigkeit des Großhirns auf sage und schreibe 200 Prozent unserer normalen Möglichkeiten. Das bedeutet nicht nur, dass wir damit alle Aufgaben in unserem Alltag deutlich schneller bewältigen können, es hat auch zur Folge, dass wir mit dieser gigantischen Leistungsfähigkeit auf geniale Lösungen kommen, die uns mit unseren normalen 100 Prozent niemals eingefallen wären – und mit der halbierten Leistungsfähigkeit, die aus einer starken Notwendigkeit resultiert, natürlich sowieso nicht!

Unsere Leistungsfähigkeit und unsere Wirkung auf andere Menschen sind natürlich ganz klare Erfolgsfaktoren – ganz egal, ob es dabei um unseren beruflichen Erfolg, unseren Erfolg beim anderen Geschlecht, um das Zubereiten einer wohlschmeckenden Mahlzeit oder um einen sportlichen Erfolg geht. Wir brauchen unsere Leistungsfähigkeit immer, wenn wir erfolgreich sein wollen.

Und überall dort, wo eine überzeugende, mitreißende, sympathische, attraktive, liebevolle Wirkung auf andere Menschen gefragt ist, da tut uns die Leichtigkeit, die im Spaß, aber auch in vielen anderen positiven Lebensgefühlen beinhaltet ist, sehr gute Dienste. Doch all diese Gefühle können wir uns nicht zugänglich machen, wenn wir glauben, eine Notwendigkeit erfüllen zu müssen. *Denn dann ist Schluss mit lustig!* Wenn es ums Überleben geht, und davon geht unser Emotionalgehirn wie gesagt fälschlicherweise aus, wenn wir etwas als Muss beurteilen, dann sind Spaß und Freude keine angemessenen Gefühle mehr. *Dann regiert der Ernst des Lebens.*

Verbote und Gebote, die aus unseren Halbwahrheiten resultieren, können also schnell zu Notwendigkeiten werden, wenn wir unsere Halbwahrheiten wirklich ernst nehmen, und damit sowohl unser Glück als auch unseren Erfolg torpedieren. Und natürlich haben diese Not-Modi, in die uns unser Emotionalgehirn dann aufgrund unserer Notwendigkeitsbeurteilung irrtümlich bringt, auch eine schädliche Wirkung auf unsere Gesundheit.

Ich möchte auch das einmal ein wenig genauer beleuchten: Begeben wir uns dazu für einen Moment an den Ursprung unserer physischen Existenz. Wir beginnen unser Leben nach der Befruchtung der Eizelle als Einzeller! (Seltsames Gefühl, oder?)

Diese sogenannte Stammzelle beinhaltet unsere vollständige DNS (englisch DNA). Das ist ein unglaublich langes, zu einem Knäuel aufgewickeltes Molekül. Abgewickelt würde es eine Länge von ungefähr zwei Metern aufweisen. Auf diesem zwei Meter langen Molekül sind wie auf einer Computerfestplatte alle Informationen gespeichert, die uns als Mensch auf der körperlichen Ebene ausmachen. Nach der Befruchtung teilt sich die Stammzelle, wobei sie jedes Mal eine vollständige Kopie des DNS-Moleküls herstellt. Und jede aus der Stammzelle entstandene Zelle teilt sich erneut unter der Herstellung einer weiteren Kopie. In jeder einzelnen Körperzelle ist dadurch immer die komplette DNS enthalten.

Mit der Zeit spezialisieren sich dann einige Zellen auf bestimmte Funktionen. Manche werden zu einer Leber- oder Nierenzelle, andere zu Muskel- oder Gehirnzellen usw. Was eine Leberzelle jedoch von einer Gehirn- oder Muskelzelle unterscheidet, ist nicht die DNS. Dieses zwei Meter lange Molekühl ist wie gesagt in jeder einzelnen Zelle unseres Körpers identisch. Doch woher weiß dann eine Leberzelle, dass sie wie eine Leberzelle aussehen und funktionieren soll und nicht wie eine Herz- oder Nierenzelle?

Stell dir einmal die DNS in deinen Zellen als ein zwei Meter langes Stromkabel vor. So wie ein Stromkabel eine Isolierung hat, so besitzt auch unsere DNS eine Isolierschicht. Fast das komplette Molekül ist damit bedeckt – bis auf einen winzig kleinen Teil, der quasi blank liegt. Und genau dieser Teil wird von unserer Zelle abgelesen. Die Informationen, die hier stehen, sagen der Zelle, wie sie aussehen und wie sie funktionieren soll. Was eine Nierenzelle von einer Gehirnzelle unterscheidet, ist also einfach nur eine andere blanke Stelle auf der DNS.

Doch dieser kleine Teil der DNS, der blank liegt, ist auch innerhalb eines Zellentyps nicht immer der gleiche. Im Gegenteil, er wird ständig verschoben, um den unterschiedlichen Anforderungen des Lebens gerecht werden zu können. In der Genetik nennt man diesen Vorgang *Zellregulation*.

Wenn zum Beispiel die Entgiftungsfunktion unserer Niere angeregt werden soll, dann müssen unsere Nierenzellen in ihrer Funktion verändert werden. Die blanke Stelle auf der DNS der Nierenzellen wird dazu ein klein wenig verschoben, um Informationen freizulegen, die der Zelle sagen, wie sie bis auf Weiteres funktionieren soll, um die erhöhte Entgiftungsfunktion des Organs zu gewährleisten. Damit das geschehen kann, muss die Nierenzelle gesagt bekommen, welchen Teil sie auf der DNS jetzt blank legen und damit ablesen soll. Das geschieht durch bestimmte Neurotransmitter – chemische Botenstoffe, die über das Blut an der Außenseite der Zellen an dafür vorgesehene Rezeptoren andocken und so die Zelle informieren.

Natürlich müssen diese Neurotransmitter irgendwo herkommen. Entweder müssen sie von außen in Form eines Medikamentes (beispielsweise Hormonpräparate) zugeführt werden, oder unser Körper muss sie selbst produzieren. Es gibt Zellen in unserem Körper, die so etwas können. Doch diese Zellen tun das nicht aus Jux und Tollerei. Sie tun es nur, wenn ihre Zellfunktion entsprechend reguliert wird, was erneut durch dafür vorgesehene Neurotransmitter geschieht, die wiederum andere Zellen produzieren.

Und so geht das endlos weiter. Unser Körper besteht je nach Körpergröße aus 50 bis 100 Billionen Körperzellen. Diese unvorstellbar große Anzahl an Zellen muss permanent und sehr präzise reguliert und aufeinander abgestimmt werden, damit die einzelnen Zellverbände, die sich zu Organen zusammengeschlossen haben, ihre spezifischen Aufgaben sinnvoll und zum Wohl des gesamten Organismus ausführen können. Würde das nicht geschehen, wären wir nur ein gigantischer Haufen zusammenklebender Zellen.

Zusammenfassung: Jede Veränderung einer Körperfunktion wird durch eine sehr präzise Zellregulation verursacht. Neurotransmitter sagen der Zelle, welchen Bereich sie auf ihrer DNS ablesen soll, und das sagt ihr, wie sie funktionieren soll. Die Neurotransmitter werden von anderen Körperzellen produziert, die wiederum durch andere Neurotransmitter zu dieser Produktion reguliert wurden. Unser gesamtes Körpergeschehen ist damit eine gigantische Kettenreaktion von Zellregulationen.

Doch jede Kettenreaktion hat einen Ursprung. Und dieser liegt in unseren Nervensystemen. Die Aufgaben aller Nervensysteme bestehen darin, Veränderungen wahrzunehmen, diese zu beurteilen und auf eine angemessene Art und Weise darauf zu reagieren. Der menschliche Körper besitzt eine Vielzahl verschiedener Nervensysteme, die alle miteinander vernetzt sind. Das komplexeste Nervensystem ist unser Gehirn.

Schauen wir uns einen solchen Vorgang einmal genauer an. Nehmen wir an, wir beurteilen irgendeinen Umstand in unserem Leben bewusst oder unbewusst als Überlebensnotwendigkeit. Sofort erhöht unser Zentrales Nervensystem die Aktivierung von Stresskaskaden, um unsere körperliche Leistungsfähigkeit zu steigern, damit der potenziell gefährliche Missstand, der im Moment noch vorherrscht, bis wir unsere Notwendigkeit erfüllt haben, so schnell wie möglich in Ordnung gebracht werden kann.

Für den Fall, dass du es ganz genau wissen willst: Missstandsbeurteilungen aktivieren das Argin-Vasopressin (AVP), das Renin-Angiotensin-II-Aldosteron-System (RAAS), die Hypothalamus-Hypophyse-Schilddrüsen-Achse (HPT-Achse), die Wachstumshormonachse, die Symphatetic-Adreno-Medullary-Achse (SAM-Achse) und die Hypothalamic-Pituitary-Adrenocortical-Achse (HPA-Achse).

Alle Stresskaskaden sorgen für eine veränderte Zellregulation. Im Rahmen von Missstandsbeurteilungen nimmt die HPA-Achse eine herausragende Rolle ein, weshalb wir uns dieses System einmal genauer anschauen. Der Hypothalamus bildet nach einer grundsätzlichen Missstandsbeurteilung das Corticotropin-ausschüttende Hormon, das zum einen die Hypophyse dazu anregt, das Adrenocorticotrope Hormon (ACTH) zu synthetisieren, und zum anderen direkt auf den Organismus einwirkt. Das ACTH gelangt über die Blutbahn zur Nebennierenrinde, wo die Bildung von Corticosteroiden angeregt wird. Der bedeutendste Vertreter dieser Art ist das Cortisol, das genau wie das Adrenalin und das Noradrenalin ein Aufputschmittel darstellt, jedoch eher eine Langzeitwirkung besitzt. Und genau hier liegt das Problem für unsere Gesundheit: in dieser Langzeitwirkung und der stressbedingten Hochdosis! Ein gewisses Niveau an Cortisol ist für uns absolut lebenswichtig. Aber wenn dieses Niveau über lange Zeit viel zu hoch ist, gibt es gesundheitliche Probleme.

Unsere Missstandsbeurteilungen sorgen dafür, dass jede einzelne Zelle in unserem Körper so reguliert wird, dass wir das Maximum an körperlicher Leistung erbringen können. Dabei wird „bewusst" in Kauf genommen, dass die so veränderten Organfunktionen langfristig ungesund sind.

Bei einem Tier in freier Wildbahn geschieht das recht selten und immer nur für sehr begrenzte Zeit, denn es gibt nicht allzu oft einen tatsächlich lebensgefährlichen und länger andauernden Missstand im Leben eines Tieres. Daher hat sein Körper auch kein nennenswertes Problem damit, die Schäden, die durch die ungesunden Organfunktionen entstanden sind, später wieder zu reparieren. Beim Menschen sieht es leider anders aus. Zwar haben wir noch viel seltener als die Tiere einen echten lebensgefährlichen Missstand in unserem Leben, doch wir beurteilen so viele Lebensumstände fälschlicherweise als Missstände (die uns in Wirklichkeit schlicht und ergreifend einfach nur nicht gefallen), dass wir unser Leben fast ausschließlich mit nachteilig veränderten Organfunktionen führen.

Neurowissenschaftliche Statistiken sprechen hier eine sehr deutliche Sprache. 98,8 Prozent aller Krankheiten beim Menschen sind demzufolge funktionell und nicht genetisch bedingt. Bei nur 1,2 Prozent aller Krankheiten liegt die Ursache in einer fehlerhaften DNS. Hier stehen also tatsächlich falsche Informationen im DNS-Molekül. Erwähnenswert ist hierbei, dass nur ein kleiner Teil der genetisch bedingten Krankheiten dann tatsächlich ausbricht, denn in den meisten Fällen werden die Fehler durch die Regulation anderer Körperzellen kompensiert. Diese Ausgleichsregulation ist Bestandteil unserer Selbstheilungskräfte, die bestens funktionieren, wenn wir sie nicht durch negative Beurteilungen davon abhalten!

Zusammenfassend lässt sich festhalten, dass fast alle unsere Erkrankungen (98,8 Prozent) durch Fehlregulationen entstehen. Und die meisten dieser Fehlregulationen werden durch die subjektive Wahrnehmung eines angeblichen Missstands, einer scheinbaren Notwendigkeit, einer Machtlosigkeit oder einer Gefahrenbeurteilung ausgelöst. Unsere Beurteilungen wirken demnach tatsächlich bis in den Kern (DNS) jeder einzelnen Körperzelle hinein!

Sind wir dann erkrankt, versucht man mit Medikamenten und anderen Behandlungsmaßnahmen die Fehlregulationen unserer Organe wieder in den Griff zu bekommen. Diese Behandlungen können Leben retten. Dennoch sollten sie nicht darüber hinwegtäuschen, dass sie uns allein keine Gesundheit herbeizaubern können. Die meisten Behandlungen üben lediglich eine Reizwirkung auf unsere körpereigenen Regulationssysteme aus. Sie geben damit einen Anstoß zur Neuregulation, die der Körper sonst oft einfach nicht mehr vornimmt, weil er sich bereits an die falsche Körperfunktion gewöhnt und sie damit akzeptiert hat.

Was uns dann heilt, ist nicht die Behandlung selbst, sondern die dadurch angestoßene Neuregulation. Medikamente und andere therapeutische Maßnahmen sind in ihrer Wirkung viel zu grob, als dass sie 50 bis 100 Billionen Körperzellen präzise regulieren und aufeinander abstimmen könnten. Dazu sind nur unsere körpereigenen Selbstheilungskräfte in der Lage, die sich über viele Millionen Jahre Evolution perfektioniert haben. Behandlungsmaßnahmen können hier also nur einen Neuregulationsprozess anstoßen. Das ist ihr Sinn und Zweck und ihr großer Wert für unsere Gesundheit.

Wie gut eine Behandlung dann in der Praxis anschlägt, ist voll und ganz davon abhängig, wie gut die dadurch ausgelöste Neuregulation unserer Körperzellen funktioniert. Verzerren wir diese Funktion weiterhin durch negative Beurteilungen in die krankhafte Richtung, müssen die Medikamente dagegen ankämpfen. Korrigieren wir hingegen die falschen negativen Beurteilungen, ziehen wir mit den Medikamenten am selben Strang und erhöhen die Erfolgschancen einer medizinischen Behandlung ganz gewaltig. Eine sorgfältig gewählte Halbwahrheit kann also durchaus einen sehr starken Effekt auf unsere Gesundheit ausüben, indem sie unsere Notwendigkeits-, Missstands-, Machtlosigkeits- und Gefahrenbeurteilungen reduziert.

Zusammenfassend möchte ich festhalten, dass es aus den besagten Gründen sehr wohl auch Halbwahrheiten gibt, die sich bei *jedem* Menschen positiv bzw. negativ auswirken. Das Rad muss also nicht für jeden komplett neu erfunden werden. Es gibt zwar individuelle Unterschiede zwischen den Menschen, aber es gibt auch viele Gemeinsamkeiten.

Falls du bislang der Meinung warst, dass jeder Mensch hier seinen eigenen Weg finden muss, dann kannst du dir das Leben mit einem begründeten Zweifel deutlich einfacher machen. Hier noch einmal die drei Fragen, mit denen du deinen Zweifel erzeugen kannst:

1. Kann ich wirklich definitiv wissen, dass meine alte Sichtweise wahr ist?
2. Warum kann ich das nicht definitiv wissen?
3. Was spricht dafür, dass es auch anders sein könnte?

Bevor wir uns mit weiteren Halbwahrheiten beschäftigen, möchte ich noch ein paar Worte zum Thema Notwendigkeiten sagen. Denn viele Menschen verteidigen ihre Notwendigkeiten, weil sie sich damit motivieren wollen. Sie wollen zum Beispiel mal wieder ins Fitnessstudio gehen. Deshalb stellen sie sich vor dem Spiegel *ins Profil* und fangen an, sich zu bemängeln. Das tun sie so lange, bis das Gefühl, *jetzt wirklich etwas tun zu müssen*, stark genug ist. Kurzfristig funktioniert das dann auch, wodurch man denkt, dass diese Motivationsmaßnahme tatsächlich sinnvoll ist.

Man hat jedoch keinen Spaß daran, wenn man etwas für die Figur tun *muss*, denn aufgrund der Notwendigkeit schaltet das Emotionalgehirn den Spaß ab, wie ich bereits erläutert habe. Man tut es zwar jetzt, aber nur, weil man sich selbst unter Druck gesetzt hat. Dauert dieser Druck zu lange an, reagiert man in der Regel mit den folgenden beiden Gegenmaßnahmen: Man weicht dem Druck aus und findet Ausreden, warum man gerade nicht ins Studio gehen kann. Oder man fängt an, sich gegen sich selbst zu wehren. Die Ausweicher gehen dann noch eine Weile ins Studio, aber trainieren nicht mehr wirklich. Stattdessen trinken sie einen Eiweiß-Shake oder sie gehen gleich in die Sauna. Nach einer Weile ist man dann immerhin noch *angemeldet*! Das ist ja auch schon mal was. ☺

Die Notwendigkeit als Motivationsmaßnahme funktioniert also nur sehr kurzfristig. Langfristig wird die Sache immer unangenehmer, und man weicht dem Druck, den man sich selbst gemacht hat, immer mehr aus. Es gibt deutlich bessere Motivationsmaßnahmen als eine künstlich herbeigeführte Notwendigkeit, die unser Emotionalgehirn dazu veranlasst, uns in einen Not-Modus zu bringen. Im weiteren Verlauf dieses Buches werde ich dir ein paar sinnvollere Motivationsmaßnahmen aufzeigen.

Halbwahrheit Nr. 12: Du darfst deine Gefühle nicht unterdrücken

Wir kommen zu einer Halbwahrheit, die von sehr vielen Menschen verteidigt wird, weil es sich bei vielen Menschen hierbei nicht um einen einfachen Glaubenssatz, sondern um eine Überzeugung handelt. Sollte das bei dir ebenfalls der Fall sein, dann greife bitte wie gesagt nicht gleich zur *Bücherverbrennung*!

Sehr viele Menschen haben gelernt, dass man seine Gefühle nicht unterdrücken dürfe, weil man sonst krank würde. Viele sind sogar davon überzeugt, dass man sie jederzeit ungebremst ausleben *müsse*. Und so lassen sie ihre Wut, ihren Frust oder ihre Aggressionen ungezügelt an ihrem sozialen Umfeld aus. Und wenn sie sich gerade spontan zu einem anderen Mann oder einer anderen Frau hingezogen fühlen, dann *müssen* sie auch diesem Gefühl nachgeben!

Es gibt nicht viele Menschen, die diese Halbwahrheit so extrem ernst nehmen, aber wie bereits erwähnt, kann man an solchen extremen Menschen immer sehr gut erkennen, welche Auswirkungen bestimmte Halbwahrheiten tendenziell haben. Bei Menschen, die sie nicht so ernst nehmen, sind die negativen Konsequenzen die gleichen – nur eben etwas abgemildert.

In meinen Seminaren hatte ich schon sehr viele Menschen, die es für falsch hielten, ihre Gefühle zu *regulieren*. Sie verwechselten die Gefühlsregulation mit der Unterdrückung von Gefühlen. Das ist jedoch längst nicht das Gleiche!

Unter *Gefühlsregulation* versteht man die sinnvolle und angemessene Korrektur unpassender oder schädlicher Gefühle – also genau das, was in jeder Therapie gemacht wird. Wenn ein Kriegsveteran beispielsweise unter einer posttraumatischen Belastungsstörung leidet und deshalb weder schlafen noch irgendeiner geregelten Tätigkeit nachgehen kann, dann ist es absolut sinnvoll, seine ins Krankhafte veränderten Emotionen wieder zu regulieren. Dazu gehört es beispielsweise auch, dass die schlimmen Emotionen so weit wie möglich abgeschwächt werden. Das heißt nicht, dass diese Emotionen unterdrückt werden müssen – im Gegenteil: Erst durch das Herunterregeln ihrer Intensität ist der Patient in der Lage, diese überwältigenden negativen Emotionen überhaupt zu bearbeiten. Wenn sie nämlich zu stark sind, ist das gar nicht mehr möglich, weil das Gehirn völlig überlastet ist. Und dann schalten die Emotionen sowohl den Verstand als auch die Intuition aus.

Ein Mensch, der seine Gefühle überhaupt nicht reguliert, steigert sich in alle Emotionen ungebremst hinein. Und manche Menschen treiben es dabei so weit, dass sie sich ähnlich wie bei der posttraumatischen Belastungsstörung völlig ins Aus schießen.

So gut wie alle schlimmen emotionalen Abstürze finden ihre Ursache darin, dass man sich in sehr schlimme Emotionen wie emotionale Verletzungen oder Ängste und Sorgen hineingesteigert hat. Das passiert natürlich so gut wie immer ungewollt! Oft sind es starke Vermeidungsmotivationen, die für die Eskalation der eigenen Gefühle verantwortlich sind. Viele Menschen, die sich regelmäßig ungewollt in solche schlimmen emotionalen Zustände hineinsteigern, tun dies, weil sie gelernt haben, dass man seine Emotionen bloß nicht unterdrücken dürfe. Damit *unterdrückt* man jedoch in Wirklichkeit die *natürliche Gefühlsregulation* und wird dann von den schlimmen Gefühlen ungebremst überrollt.

Gefühlsregulation ist sehr, sehr wichtig für unsere Gesundheit, unser Glück und unseren Erfolg im Leben. Menschen mit einer schlechten Gefühlsregulation sind daher in der Regel krank und unglücklich. Unsere Gefühlsregulation ist eine natürliche Fähigkeit, die jeder Mensch und jedes Tier jeden Tag durchläuft, und zwar Tag und Nacht – also rund um die Uhr, sieben Tage die Woche! Und diesen natürlichen Prozess unterdrücken viele Menschen und tun dabei genau das, was sie eigentlich nicht tun wollen – nämlich *natürliche Gefühlsprozesse zu unterdrücken.*

Der Clou bei dieser Halbwahrheit ist jedoch, dass jüngste Forschungen eindeutig belegen konnten, dass das Unterdrücken von Gefühlen überhaupt nicht krank macht! Das ist tatsächlich nur ein Irrglaube, der längst widerlegt ist. Doch bis sich solche *unerhörten* Erkenntnisse aus der Wissenschaft bis in das Alltagsverständnis der Normalbürger verbreitet haben, kann es viele Jahrzehnte dauern. Viele Menschen glauben deshalb immer noch, dass ein Wutanfall sie von ihrer Wut befreit, dass Tränen sie von ihrer Trauer erlösen usw. Diese Vorstellung hat sich wie gesagt in den Neurowissenschaften mittlerweile schlicht als falsch erwiesen. Sie baute auf einer Auffassung aus dem vorletzten Jahrhundert auf, nach der das Gehirn als „Dampfkessel" gesehen wurde, in dem sich negative Gefühle als Druck aufstauen können und abgelassen werden müssen, um eine gefährliche Überreaktion wie beispielsweise das sprichwörtliche *Platzen vor Wut* zu vermeiden.

Carol Tavris konnte in ihrer Studie mit dem Titel „Anger, the Misunderstood Emotion" nachweisen, dass nicht der Akt der Unterdrückung oder Verdrängung die Krankheiten auslöst, sondern eindeutig die *gefühlte Wut* selbst. Je häufiger und intensiver die Wut empfunden wird, desto schädlicher ist es für die Gesundheit. Es geht also um die *Menge an Wutgefühl*, die man erzeugt. Das erstaunlichste Ergebnis dieser Studie: Am gesündesten waren die Menschen, die ihre Wut nicht zuließen, also unterdrückten – und zwar die Emotion Wut selbst. Damit ist also nicht gemeint, die Wut nicht über die Lippen kommen zu lassen und sie innerlich trotzdem intensiv zu fühlen. Es gibt Menschen, die sich die Emotion der Wut einfach selbst nicht gestatten. Wenn Wut aufkommt, schwächen sie diese sofort ab.

Jahrzehntelang ging man in der Psychologie davon aus, dass es ungesund sei, seine Wut nicht zuzulassen. Doch genau das Gegenteil bewahrheitete sich in dieser Studie. Je weniger Wut gefühlt wurde, egal aus welchem Grund, desto gesünder waren die Probanden. Manche Probanden wurden ihre Wut ganz schnell los, indem sie sich verbal Luft machten, bei anderen wurde die Wut dadurch nur noch stärker.

Hier ist also jeder anders. Jeder hat seine eigene Art, seine Emotionen zu regulieren.

Am schlimmsten waren jedenfalls die Menschen dran, die ihre Wut regelrecht trainierten, weil sie gelernt hatten, man müsse sie auf jeden Fall rauslassen. Sie hatten aber zugleich Angst oder Hemmungen, das zu tun, also verstärkten sie ihre Wut so lange, bis sie sich überwinden konnten. Auf diese Weise empfanden sie eine sehr viel größere Menge an Wut, als es ohne diese Halbwahrheit der Fall gewesen wäre, und hatten dann auch die meisten Krankheiten.

Negative Gefühle nicht zuzulassen ist also tatsächlich ein gesunder Prozess, so schräg sich das auch für viele Menschen anhören mag, weil man jahrzehntelang das Gegenteil gehört hat. Gefühle *hat* man ja gar nicht wirklich – Gefühle *erzeugt* man! Daher kann man Gefühle auch nicht *rauslassen*. Man kann sie nur erzeugen, verstärken, abschwächen oder eben gar nicht erst erzeugen.

Was vielfach immer noch in vielen Therapieformen gemacht wird, ist also nachweislich völlig falsch! Unser Gehirn und unser Körper sind keine Dampfkessel, aus denen zu starke Gefühle als Überdruck abgelassen werden können. Wir *müssen* uns nicht ausweinen, unsere Wut rauslassen oder sonst irgendwie Dampf ablassen. Es ist sehr viel sinnvoller, seine Gefühle zu regulieren. Und wenn es gar nicht anders geht, dann ist sogar das Unterdrücken von Gefühlen eine Option, die nachweislich *keine* gesundheitsschädlichen Wirkungen hat – zumindest wenn man tatsächlich die *Gefühle* als solche unterdrückt und nicht nur ihren Ausdruck. Doch das ist in der Praxis gar nicht so einfach! Die meisten Menschen, die versuchen, ihre Gefühle zu unterdrücken, steigern sich dabei sogar ungewollt noch mehr hinein. Das ist eine übliche Folge ihrer Aversionsmotivation (Aversion = Abneigung).

Auch unsere Gefühle sind von der Ausrichtung unserer Aufmerksamkeit und unseren Wahrnehmungsfiltern abhängig – also unseren Denk-, Gefühls-, Identitäts- und Verhaltensmustern. Wenn wir unsere Aufmerksamkeit auf eine bestimmte Emotion lenken, dann verstärken wir sie damit automatisch. Und die Aversionsmotivation, diese schlechten Gefühle loswerden zu wollen, lenkt die Aufmerksamkeit umso stärker auf das, was wir *nicht* wollen. Deshalb stimmt die Aussage, dass eine *fehlgeschlagene* Unterdrückung von Emotionen krank macht. Das ist der wahre Ursprung dieser Halbwahrheit. Es ist jedoch *nicht* die Unterdrückung selbst, die das verursacht, sondern das ungewollte Hineinsteigern in die Gefühle, das erst durch den fehlgeschlagenen Versuch der Gefühlsunterdrückung ausgelöst wird.

Der einzige Zusammenhang mit unserer Gesundheit, der sehr eindeutig wissenschaftlich belegt werden konnte, betrifft die *Menge* an negativen Gefühlen, die man erzeugt. Und dabei ist es egal, warum man sie erzeugt. Es ist also egal, ob man den Gefühlen Aufmerksamkeit gibt, weil man sie will oder weil man sie *nicht* will. Wenn man ihnen Aufmerksamkeit gibt, verstärkt man sie automatisch, und das verursacht den negativen gesundheitlichen Effekt. Dieser Umstand führt immer wieder zu falschen Schlussfolgerungen – insbesondere dann, wenn die Gefühle auch noch zusätzlich *personifiziert* werden!

Schauen wir uns auch diesen Sachverhalt einmal ein wenig genauer an. Wenn man Gefühle personifiziert, behandelt man sie automatisch wie eigenständige Lebewesen, die einen eigenen Willen haben. Wenn also eine Gefühlsunterdrückung fehlschlägt und das Gefühl dadurch stärker statt schwächer wird, dann sieht es erst einmal so aus, als ob das Gefühl sich gegen die Unterdrückung massiv zur Wehr setzen wollte. Niemand lässt sich gerne unterdrücken. Da wehrt sich natürlich jeder! Wieso sollte das bei einem Gefühl anders sein?! Ganz einfach – weil es gar kein *Jemand* ist, sondern ein *Etwas*!

Die meisten Menschen wissen jedoch nichts von dem Effekt, den eine Personifizierung auslösen kann. Daher spinnen sie ihre Theorien endlos und scheinbar logisch weiter: Wenn das Gefühl sich also dagegen wehrt, aufgelöst zu werden, dann *will* es zum Beispiel offensichtlich wahrgenommen werden. Wie jeder *Mensch* wollen unsere Gefühle ja auch nur glücklich und gesund sein. Und damit ist es doch logisch, dass ein Gefühl sich immer massiver wehrt, wenn wir es trotzdem weiter unterdrücken. Es will doch nur, dass wir uns mit ihm beschäftigen und ihm helfen, wieder gesund – also *ganz* zu werden. Negative Gefühle wollen also nicht negativ bleiben. Sie wollen in Freude, Friede, Dankbarkeit, Liebe usw. transformiert werden, und offensichtlich brauchen sie uns dazu, sonst würden sie es ja selbst tun. Die Gefühle wollen also, dass wir sie wahrnehmen und uns mit ihnen beschäftigen, um sie dann endlich von ihrem Leid zu erlösen. Deshalb melden sie sich immer wieder, und wenn wir nicht hinhören, dann *schreien* sie halt immer lauter.

Ich kenne eine ganze Menge spiritueller Menschen, die tatsächlich genau so denken! Das ist natürlich völlig weltfremd, doch aufgrund der Personifizierung scheint es logisch zu sein.

Richtig problematisch wird dieser Unfug aber erst, wenn man sowohl die Halbwahrheit verinnerlicht hat, dass Gefühle in unserem Körper gespeichert sind, und sie dann zusätzlich noch personifiziert. Denn dann trägt man ja nicht nur negative Emotionen in seinem Körper, sondern *negative Wesen,* die einen eigenen Willen haben – und zwar einen *negativen*! Und dann kommt man natürlich schnell auf die Idee, dass es doch kein Wunder ist, wenn man davon krank wird. Viele Menschen kommen dann auch auf die irrige Idee, dass ihre eigenen negativen Gefühle sie mit Schmerz und Leid dazu zwingen wollen, diese Gefühle endlich anzunehmen. Aus diesem Grund erzeugen dann ihre schlechten Gefühle irgendwann sogar Krankheiten, wenn ihre Menschen partout nicht hören wollen! Denn wer nicht hören will, muss eben fühlen!

Das hört sich vermutlich wie die *Kinder-Logik* eines Zweitklässlers an, aber es sind tatsächlich erwachsene Menschen, die mit solchen Anschauungen in meine Seminare kommen. Und es sind nicht gerade wenige! Offensichtlich verwirrt diese unsinnige Personifizierung nicht nur das limbische System, das dann mit Ignoranz, Ablehnung, Drohung und Gewalt reagiert, sondern ebenso den menschlichen Verstand.

Stell dir einmal *Ernst* in dieser Situation vor! Er will ja immer Nägel mit Köpfen machen. Nachdem er also gelernt hat, dass seine Gefühle einen eigenen Willen haben und von ihm erlöst werden *müssen*, weil sie sonst immer stärkere Register ziehen bis hin zu schlimmen Krankheiten, *muss* sich Ernst also fortan um *alle* schlechten Gefühle kümmern, die er in seinem Leben je hatte. Denn die sind ja *alle* in seinem Körper gespeichert! Und wenn er sie nicht annimmt und sie ins Positive transformiert, dann erzeugen sie Krankheiten.

Und da Ernst immer bei allem Nägel mit Köpfen macht, kommt er auch auf die Idee, dass dies dann wohl mit seinen Gedanken genauso sein könnte. Und das sieht Ernst ja auch, wenn er sich das Leben anderer Menschen anschaut. Da gibt es zum Beispiel so viele Menschen, die ihre Männlichkeit oder ihre Weiblichkeit nicht annehmen wollen, dass es doch kein Wunder ist, wenn sich Prostata-Krebs bei den Männern und Brustkrebs bei den Frauen entwickelt, oder?! Sowohl die Körperzellen der Prostata als auch die Zellen der Brust spüren doch, dass man sie in Wirklichkeit gar nicht haben will. Deshalb sind sie beleidigt! Ist doch völlig logisch. *Zumindest nach dieser Kinder-Logik.*

Doch solange Ernst nichts davon weiß, dass seine gesamte Logik auf einer unsinnigen Personifizierung aufbaut, merkt er das nicht. Für ihn hört sich alles logisch an. Er ist der Meinung, dass sich seine negativen Gefühle und Gedanken Zeit seines Lebens immer stärker in seinem Körper angesammelt haben und es nun einfach zu viel geworden ist. Er spürt ja bereits all diese negativen Energien, die sich nur nach Liebe und Transformation sehnen, als Druck, Enge, Schwere oder Schmerz im Körper. Und wenn er sie jetzt nicht alle erlöst, dann entwickeln sie sich zu Krankheiten. Da ist Ernst sicher, denn der Körper kann ja gar nicht anders. Der Körper, so glaubt Ernst, versucht diese Gefühle zu verdauen, schafft es aber nicht. Er holt sich an dem Frust und der Wut, die runtergeschluckt wird, mindestens eine Magenverstimmung, wenn nicht sogar ein Magengeschwür, denn für das Verdauen von Emotionen ist der Verdauungstrakt nun mal einfach nicht gemacht!

Und wenn man die Wut unterdrückt, weil einem die Eltern früher verboten haben, so aufmüpfig zu sein oder gar seine Wut zu verbalisieren, dann ist es doch logisch, dass sich Schilddrüsen-Probleme entwickeln, denn dort staut sich ja diese gesamte Wut. Das Kehlkopf-Chakra ist schließlich für den Selbstausdruck verantwortlich, und wenn man das nicht tut, dann staut sich die Energie eben genau dort an – und deshalb rein physisch in der Schilddrüse, denn die Schilddrüse wird dem Kehlkopf-Chakra zugeordnet.

Das ist natürlich alles *Quatsch mit Soße*, aber es ist eben scheinbar logisch, wenn man von der falschen Grundannahme ausgeht, dass Gefühle im Körper gespeichert werden, und sie zudem auch noch personifiziert.

Schauen wir uns also einmal an, was unser lieber Ernst aus dieser Anschauung machen würde. Du weißt ja, Ernst nimmt seine Halbwahrheiten immer sehr, sehr *ernst*. Was meinst du? Wie glücklich ist Ernst mit diesen Halbwahrheiten? Er muss sich ja jetzt mit allen seinen negativen Gedanken und Gefühlen befassen, die er in seinem Leben jemals gefühlt und gedacht hat, denn die wollen ja alle transformiert werden. Tut er das nicht, wird er krank. Er *muss* es also tun. Also wird sich Ernst den lieben langen Tag nur mit Negativem befassen, und das macht alles andere als glücklich und gesund. Dazu kommt noch, dass er auf einen Schlag wieder zehnmal so viele Probleme hat wie zuvor, da ja 90 Prozent aller seiner Probleme ansonsten nie wieder aktiviert worden wären. Diese 90 Prozent hätten auch keine Krankheiten verursacht, wenn er sie in Ruhe gelassen hätte. Es waren nur einfache Muster in seinem Gehirn – also neuronale Vernetzungen von Gehirnzellen. Und wenn diese neuronalen Muster gar nicht genutzt werden, dann sind sie einfach nur da, tun aber nichts!

Es ist, als hätte man ein Programm auf seinem Computer, das man nicht mehr braucht und das man auch nie wieder aufruft. Es ist dann einfach nur auf der Festplatte gespeichert und stört niemanden, solange es noch genügend freien Speicherplatz gibt. Doch in unserem Gehirn gibt es unfassbar viel Speicherplatz! Dennoch löst unser Gehirn selbstständig immer mal wieder alte Muster auf, wenn es merkt, dass diese schon ewig nicht mehr genutzt wurden und deshalb wohl nicht mehr gebraucht werden. 90 Prozent unserer Problemmuster lösen sich also tatsächlich mit der Zeit in Wohlgefallen auf, aber gerade weil wir sie eben *nicht* mehr aktivieren. Die Kinder-Logik von Ernst würde daher genau das Gegenteil von dem bewirken, was Ernst beabsichtigt hat.

Genau das beobachte ich seit einiger Zeit in der Praxis. Viele meiner Teilnehmer kommen neuerdings mit dieser Kinder-Logik in meine Seminare. Da ich früher nie etwas von diesem Unsinn gehört habe, vermute ich, dass es seit einigen Jahren eine neue, prominente Quelle für diese Halbwahrheit geben muss. Sobald meine Teilnehmer anfangen, an dieser schrägen Denkweise zu zweifeln, lösen sich 90 Prozent ihrer Problemmuster wieder ganz von allein in Wohlgefallen auf – und zwar einfach nur deshalb, weil sie wieder damit aufhören, diese 90 Prozent immer wieder aufs Neue zu reaktivieren.

Ich hoffe, ich konnte dir in diesem Kapitel genügend begründeten Zweifel an der Halbwahrheit liefern, dass Gefühle in unserem Körper gespeichert sind und wahrgenommen werden müssen, damit du in alle diese scheinbar logischen Fettnäpfchen nicht mehr hineintappst. Falls nicht, findest du vermutlich im nächsten Kapitel die erforderlichen Inspirationen dazu. Überspringe das folgende Kapitel bitte nicht, denn es werden sehr bedeutende Zusammenhänge erläutert.

Hier noch einmal die drei Fragen, mit denen du deinen begründeten Zweifel erzeugen kannst:

1. Kann ich wirklich definitiv wissen, dass meine alte Sichtweise wahr ist?
2. Warum kann ich das nicht definitiv wissen?
3. Was spricht dafür, dass es auch anders sein könnte?

Halbwahrheit Nr. 13: Man muss sich energetisch erden

Viele Menschen glauben, sich immer mal wieder energetisch erden zu müssen. Denn tut man das nicht, kann das Kopfschmerzen, Schlafprobleme, Nervosität, Depressionen und viele andere Krankheitssymptome auslösen – *so heißt es*!

In meine Seminare kommen immer wieder Menschen, die nach einer erfolgreichen Umsetzung, die ihren emotionalen und körperlichen Zustand zunächst erheblich verbessert, plötzlich aus heiterem Himmel ungute Symptome bekommen. Ich habe die Gründe für dieses Phänomen bei den betroffenen Teilnehmern ausführlich untersucht. Natürlich gibt es mehrere mögliche Gründe, wenn so etwas passiert. Weit vorne dabei ist hier der Glaube, sich erden zu müssen. Menschen, die nicht an diese esoterische Halbwahrheit glauben, haben diese unguten Symptome, die ich eben angesprochen habe, so gut wie gar nicht. Das haben fast nur diejenigen, die glauben, sich erden zu müssen. Und das kann nur eines bedeuten: Wenn man nicht daran glaubt, sich erden zu müssen, dann hat man auch keine Probleme damit. Der Glaube ans Erdenmüssen erschafft die Symptome offensichtlich erst. Hier wirkt demnach wieder einmal der Nocebo-Effekt.

Ich habe nach dem Ursprung dieses Glaubens ans Erdenmüssen geforscht. Da er in der Esoterik häufig vorkommt, wollte ich wissen, wie er entstanden ist. Ich stieß an der Basis auf eine Problemursache, die in der Praxis sehr viele unsinnige esoterische Halbwahrheiten hervorbringt – auf *Metaphern*. Menschen verwenden nun einmal gerne Bildersprache, um bestimmte Zusammenhänge auszudrücken. Doch oft kommt es vor, dass eine Metapher dann so sehr weitergesponnen wird, dass am Ende völliger Blödsinn dabei herauskommt. Und so war es auch hier. Es gibt zahlreiche Metaphern, die sich auf das Erden beziehen. Um nur einige Beispiele zu nennen: *Bleib auf dem Boden! Verlier nicht die Bodenhaftung! Heb nicht ab! Bleib auf der Erde! Steh mit beiden Beinen fest auf dem Boden! Ich hatte einen Höhenflug. Ich war völlig high.*

Es gibt wie gesagt sehr viele dieser Metaphern. Sie alle haben die gleiche Kernaussage – und zwar, dass man realistisch und nicht weltfremd sein sollte, was ja eine durchaus sinnvolle Empfehlung ist. Die wahre Bedeutung einer Metapher kann jedoch sehr schnell in Vergessenheit geraten, denn die jeweiligen Bilder verinnerlichen sich in unserem Gehirn sehr viel schneller und nachhaltiger als der tatsächliche Zusammenhang, der mit den Bildern ausgedrückt werden soll. Zusammenhänge sind abstrakt, und abstrakte Dinge kann sich unser Gehirn nicht so gut merken. Also bleiben manchmal nur die Bilder im Kopf. Und daran orientiert man sich dann. Das führt oft zu falschen Notwendigkeiten, Ängsten und gefühlter Machtlosigkeit.

Wenn man vergessen hat, dass es nur darum geht, realistisch zu bleiben und nicht weltfremd zu werden, und nur noch in der Bildersprache lebt, dann hat man nur noch im Kopf, dass man vermeiden soll, abzuheben, bzw. erreichen soll, am Boden zu bleiben. Und dann ist es innerhalb dieses Bildes natürlich gut, wenn man sich mit der Erde verwurzelt, indem man seine energetischen Wurzeln in die Erde treibt und sich dadurch festkrallt oder Ähnliches. Mit der Zeit entsteht dann ein ganzes Konstrukt aus solchen Metaphern. Und alle lösen Symptome aus, wenn man sich gemäß diesen Konstrukten nicht richtig verhält. Dann kann es zum Beispiel ein „Zuviel" an Energie geben oder auch ein „Zuwenig". Die Energie kann sich dann „stauen", sie kann „stagnieren" oder „fließen", sich „erhitzen" oder zu stark „abkühlen", sie kann zu „nass" oder zu „trocken" werden und vieles mehr. Oder man stellt sich erdige, luftige, feurige und wässrige Energie vor und hat das Gefühl, dass man alle diese Energien in Harmonie bringen muss.

Diese Metaphern haben jedoch nicht immer nur Nachteile. Die Traditionelle Chinesische Medizin hat zum Beispiel über Jahrtausende ein sehr nützliches energetisches Metaphernmodell des Menschen aufgebaut. Da unser Körper immer sehr stark auf Metaphern reagiert, kann die TCM damit sehr viel Gutes bewirken. Aber die Metaphern haben natürlich auch Nachteile. Verstößt man nämlich gegen solch eine Metapher, gibt es Probleme. So haben die Chinesen Krankheiten, die es bei uns gar nicht gibt.

Die abgefahrenste Krankheit, von der ich je gehört habe, nennt sich „Koro". Diese Krankheit beruht tatsächlich auf einer noch abgefahreneren Halbwahrheit als die Kinder-Logik, die ich im letzten Kapitel beschrieben habe. Koro ist in Asien eine anerkannte Krankheit, von der auch ganz seriöse Tageszeitungen berichten. Aber es ist in Wirklichkeit eine reine Metapherkrankheit, die es sonst nirgendwo auf der Welt gibt. Angeblich sind auch schon viele Menschen an Koro gestorben – genauer gesagt Männer, denn Koro befällt nur Männer!

Wie man sich mit Koro infiziert (*kein Witz!*): Wenn ein Mann einer Schildkröte begegnet und diese Schildkröte den Hals einzieht, dann kann es sein, dass dieser Mann an Koro erkrankt. Sein Penis könnte so wie der Kopf der Schildkröte in den Körper hineingezogen werden und völlig verschwinden. Die Folge wäre der sichere Tod!

Der Grund, warum man an Koro sterben kann, liegt im Glauben der Chinesen begründet. Die männliche Potenz wird mit Lebenskraft assoziiert. Ist die Potenz verschwunden, hat man auch keine Lebenskraft mehr und muss sterben. Und wie gesagt, angeblich sollen auch schon Männer an Koro gestorben sein, wenn die Krankheit nicht richtig oder zu spät behandelt wurde.

Vor einigen Jahren ereignete sich dann in China der Koro-Super-GAU! Eine seriöse Tageszeitung berichtete landesweit davon, dass geimpftes Schweinefleisch im Verdacht stehe, man könne davon Koro bekommen. Das löste eine Koro-Epidemie aus! Überall in China standen Hunderte von Männern brav Schlange vor der Notaufnahme der Krankenhäuser, hatten eine Hand in der Hose und zogen panisch ihren Penis lang, damit er nicht im Körper verschwinden konnte. Das muss für Menschen aus unserer Kultur urkomisch ausgesehen haben.

Man begegnete der Massenhysterie mit einer breit angelegten Aufklärungskampagne. Jedoch wurde nicht etwa darüber aufgeklärt, dass diese Krankheit eine reine Nocebo-Krankheit ist (*krank durch den Glauben*), sondern dass Koro glücklicherweise doch nur durch Schildkröten übertragen werden könne, die den Kopf einziehen!

Aber wir müssen natürlich gar nicht so weit schauen, um solche Nocebo-Krankheiten zu finden. Viele fernöstliche und westliche Metaphern, die durch die Esoterikwelle vor Jahrzehnten zu uns herübergeschwappt sind, lösen Krankheiten oder unangenehme Körpersymptome aus, die in ihrem Kern auf den gleichen Funktionsmechanismen beruhen wie Koro. Es kommt uns nur nicht so abgedreht vor, weil wir diese Metaphersichtweisen als mögliche Wahrheit akzeptiert haben. Das Erdenmüssen, das ich eingangs erwähnt habe, ist also nur eine von vielen unechten Notwendigkeiten, die in ihrem Ursprung auf Metaphern aufgebaut sind. Da gibt es noch viele andere, wie zum Beispiel das Phänomen der Besessenheit, mit dem wir uns im nächsten Kapitel befassen werden.

Aber bleiben wir zunächst noch bei unserem begründeten Zweifel in Sachen *Erdenmüssen*. Falls du bislang daran geglaubt hast und es dir gut getan hat, dann kannst du dich natürlich immer noch nach Herzenslust erden, aber du *musst* es dann nicht mehr. Hier noch einmal die drei Fragen:

1. Kann ich wirklich definitiv wissen, dass meine alte Sichtweise wahr ist?
2. Warum kann ich das nicht definitiv wissen?
3. Was spricht dafür, dass es auch anders sein könnte?

Halbwahrheit Nr. 14: besessen von einem bösen Geist oder Dämon

Ich möchte dir zu diesem Thema eine Filmdokumentation von *Quarks & Co* mit dem Titel *Der Nocebo-Effekt* wärmstens empfehlen. Du findest diese Doku auf YouTube. Hier wird neben Koro auch über weitere interessante Metapherkrankheiten berichtet, die sich für die Ohren eines Menschen aus unserem Kulturkreis womöglich völlig bescheuert anhören. Doch in der Weltanschauung der Kulturen, bei denen diese Krankheiten entstanden sind, hört sich das alles wieder einmal völlig logisch an.

Die Quechua sprechenden Indios in den Anden Südamerikas sind zum Beispiel ein sehr naturverbundenes Volk. Die Erde ist für sie Quelle des Lebens und hat große Macht. Und sie muss stets geehrt werden! Mit diesem Glauben verbunden ist ein Leiden, das bei den Indios weit verbreitet ist: Diese Menschen glauben, dass sich ihre Seele, ausgelöst durch einen starken Schreck, vom Körper trennen kann. Bei einem Sturz fährt die Seele dann in die Erde und ist dort gefangen.

Für die Indios ist dies eine Katastrophe. Sie glauben, dass sie sofort schlimm krank werden, wenn ihre Seele nicht mit dem Körper verbunden ist. Es entstehen Fieber und starke Schmerzen. Doch die Seele des Kranken kann mithilfe eines Schamanen gerettet werden. Dieser muss durch Opfer die Erde freundlich stimmen, damit sie die Seele des erkrankten Menschen wieder freigibt. Sobald der Patient nach einigen Ritualen wieder glauben kann, dass seine Seele wieder zu ihm zurückgekommen ist, verschwinden die Symptome und der Patient wird wieder gesund.

Die körperlichen Symptome dieser Krankheit erscheinen also tatsächlich, wenn diese Menschen erschrecken und dann hinfallen. Doch diese Krankheit gibt es *nur* bei diesen Indios in Südamerika und nirgendwo anders auf der Welt! Das ist der springende Punkt. Es ist offensichtlich der Weltanschauung dieser Menschen geschuldet, dass sich solch eine psychosomatische Erkrankung entwickelt.

Wenn in unserem Kulturkreis jemand erschrickt, ist der Schreck in wenigen Minuten wieder vergessen. Da löst sich keine Seele vom Körper. Im Glaubenssystem der Indios müssten wir alle schon mehrmals gestorben sein, wenn wir erschrocken und hingefallen sind und dann kein Schamane mit der Erde über die Freilassung unserer Seele verhandelt hat. Doch natürlich passiert das nicht! Krank wird man nur, wenn man diese Weltanschauung für wahr hält. Es ist also eine reine Nocebo-Erkrankung, aber als solche alles andere als ungefährlich, denn Nocebo bedeutet nicht, dass man sich das alles nur einbildet. Der Körper erzeugt durch den negativen Glauben oder die daraus resultierende Angst tatsächliche körperliche Symptome, die nachweislich bis zum Tod führen können – nach dem Motto: „Jetzt hat der Simulant es aber übertrieben!"

Nicht weniger gefährlich ist eine Metapherkrankheit bei den Ureinwohnern einer Inselgruppe vor Australien. Diese Aborigines glauben, dass die Grenze zwischen Land und Wasser eine ganz besondere Grenze ist, die nur unter ganz bestimmten Bedingungen überschritten werden darf. Bevor diese Menschen beispielsweise mit dem Meer in Berührung kommen, müssen eventuelle Spuren von Nahrung am Körper oder an der Kleidung abgewaschen sein. Sonst dringt das Totemtier, das die Grenze zwischen dem Land und dem Wasser bewacht, in den Bauch ein und quält den Betroffenen. Ihm wird übel, und er bekommt heftigste Bauchschmerzen. Die Aborigines glauben, dass der Erkrankte sterben muss, wenn es nicht gelingt, den Geist des Totemtiers aus seinem Körper zu vertreiben.

Die Stammesangehörigen tanzen und singen stundenlang, um dem Betroffenen zu helfen. Ihm wird dann ein Seil um den Bauch gebunden, dessen anderes Ende ins Meer gelegt wird, sodass der Geist des Totemtiers durch diesen Strick wieder zurück ins Wasser gelangen kann. Sobald das geschehen ist, ist der Kranke geheilt.

Nach dem Glaubenssystem der Aborigines müsste es an allen Urlaubsstränden dieser Welt von Erkrankten nur so wimmeln! Doch das passiert natürlich nicht, denn die Symptome einer Besessenheit durch den Geist eines Totemtiers gibt es nur in den Regionen der Welt, in denen die Menschen an so etwas glauben.

Und das führt uns auf direktem Wege in unsere christliche Kultur. Denn einige konservative Christen glauben noch heute an die Möglichkeit, von einem Geist besessen zu sein. Es ist zwar kein Totemtier, das die Grenze zwischen Wasser und Land bewacht, sondern ein Dämon, ein Verstorbener, ein Geistwesen oder sogar der Teufel höchstpersönlich, aber vom Prinzip her ist es genau das Gleiche. Wer an so etwas glaubt oder wenigstens Angst davor hat, dass er eventuell besessen sein könnte, erzeugt sofort eine Nocebo-Erkrankung.

Den meisten Menschen in unserer Kultur fällt es leicht, Koro, das Einfahren unserer Seele in die Erde, weil wir erschrocken sind, oder die Besessenheit durch ein Totemtier, weil wir die Grenze zwischen Wasser und Land unvorbereitet überschritten haben, als Unsinn zu empfinden. Aber wenn es dann um Geister, Dämonen und Ähnliches geht, dann ist auch hierzulande so mancher nicht mehr so ganz sicher. Wir neigen hier aus Sicherheitsgründen dazu, davon auszugehen, dass es ja möglicherweise doch wahr sein *könnte*. Doch dabei vergessen wir eines: *den Nocebo-Effekt!*

Die Gefahr, sich über den Nocebo-Effekt eine ernsthafte Erkrankung zu manifestieren, ist in der Praxis sehr viel größer als das unwahrscheinliche Risiko, dass es tatsächlich Geister oder Dämonen gibt, die uns besetzen wollen. Man kann natürlich nicht beweisen, dass es diese Geister nicht gibt. Aber man kann auch nicht beweisen, dass es sie gibt. Was man jedoch beweisen kann, ist, dass Menschen, die daran glauben, krank werden. Und bei manchen führt diese Krankheit bis zum Tod.

Wenn man sich die Sache daher genau anschaut, dann sollte man aus Sicherheitsgründen unbedingt davon ausgehen, dass es diese Besessenheit durch Geister oder Dämonen *nicht* gibt. Hundertprozentige

Sicherheit gibt es natürlich nicht. Manchmal müssen wir einfach mit dem kleineren Übel vorlieb nehmen. Und das größere Übel ist hier ganz sicher der Glaube, von einem bösen Geist besessen zu sein.

Einer der bekanntesten Fälle, die dies bestätigen, ist der tragische Tod der Studentin Anneliese Michel aus Klingenberg. Die 23-jährige Pädagogikstudentin starb 1976 nach 67 exorzistischen Sitzungen. Priester hatten bei ihr eine *dämonische Besessenheit* festgestellt. Anneliese Michel war in einem streng konservativ-katholischen Elternhaus aufgewachsen. Ihre Frömmigkeit war bestimmt von der Angst vor einem baldigen Weltuntergang, dem Fegefeuer und der Hölle. In ihrer Weltanschauung war der Glaube an den Teufel, an Dämonen und natürlich auch an die Möglichkeit der Besessenheit etwas völlig Selbstverständliches.

Schon als Kind war Anneliese Michel sehr kränklich. Aufgrund einer Lungenerkrankung verbrachte sie als Jugendliche viele Monate in einer Klinik. Aufgrund dieser Erkrankung fühlte sie sich dann von Gott verlassen, denn offensichtlich erhörte Gott ihre vielen Gebete um Genesung nicht. Mit 17 Jahren erkrankte sie dann an einer Temporallappenepilepsie, wodurch sie Stimmen hörte, die ständig den Satz wiederholten: „Du bist verdammt!" Ab 1973 traten häufig epileptische Anfälle auf, die mit psychomotorischen Ausfällen und optischen sowie Geruchshalluzinationen in Form von Teufelsfratzen und Ähnlichem einhergingen.

Auf einer Wallfahrt zeigte sich bei Anneliese dann eine Aversion gegen Religiöses. So wehrte sie sich dagegen, Weihwasser zu trinken und am Gottesdienst teilzunehmen. Die Leiterin der Wallfahrt vermutete als Erste eine Besessenheit und sprach mit den Eltern von Anneliese. Hilfe suchten diese bei Kaplan Alt, der nach eigener Aussage im Besitz verschiedener übersinnlicher Fähigkeiten wie Telepathie und Vorauswissen war. Nachdem er Briefe von Anneliese und ihrer Mutter gelesen hatte, berichtete er von seltsamen Dingen. So spürte er einen kalten Luftzug, und ein Brandgeruch zog ihm in die

Nase. Eine negative Kraft umgab ihn, und er wusste, dass er es mit dem Teufel zu tun hatte!

1975 gab es dann bei Anneliese Michel deutliche Anzeichen für eine beginnende Psychose. Sie wälzte sich in Kohlenstaub, stopfte sich Fliegen in den Mund und steckte ihren Kopf in die Toilette. Anneliese selbst und auch die hilflosen Eltern vertrauten den kirchlichen Fachleuten mehr als den Ärzten, von denen sie sich nicht verstanden fühlten. Nach einem Besuch bei Anneliese erstellte der Jesuit Pater Rodewyk, der als bekannter Exorzist galt, ein Gutachten für den Bischof mit der Bitte, den sogenannten *Großen Exorzismus* zu genehmigen. Darauf gab Bischof Stangl, der zunächst zögerlich reagiert hatte, dem Drängen nach und beauftragte Pater Arnold Renz, den Exorzismus durchzuführen.

In den Exorzismussitzungen „meldeten" sich eine Reihe von Dämonen, die sich als Luzifer, Judas, Kain, Nero, Hitler und Fleischmann zu erkennen geben. Die Inhalte der Dämonenaussagen ließen deutliche Zusammenhänge zur Lebensgeschichte von Anneliese erkennen. Während dieser Sitzungen fühlte sie sich zunehmend berufen, im Sinne einer Sühnebesessenheit für die jungen Menschen und deren Sünden zu sterben. Zum Zeitpunkt ihres Todes wog sie aufgrund einer Nahrungsverweigerung nur noch 31 Kilogramm. Zwei Jahre später wurden die Exorzisten (Pater Arnold Renz und Kaplan Ernst Alt) sowie die Eltern von Anneliese Michel vom Landgericht in Aschaffenburg wegen unterlassener Hilfeleistung mit Todesfolge zu Gefängnisstrafen mit Bewährung verurteilt.

Der Tod von Anneliese Michel war ein Schock für die katholische Kirche in Deutschland. Eine gemischte Kommission aus Theologen, Psychiatern und Psychologen diskutierte im Auftrag der deutschen Bischofskonferenz 1979 zu Besessenheit und Exorzismus und kam zu folgenden Ergebnissen:

Die Lehre von der Existenz dämonischer Mächte gehört zum Glaubensgut der Kirche, muss aber neu überdacht werden. Es gibt keine Kriterien, aufgrund derer dämonische Besessenheit mit Gewissheit festge-

stellt werden kann. Das Erfragen der Namen der Dämonen und die imprekative Form des Exorzismus (Befehl an Satan selbst) können die Entstehung von Multiplen Persönlichkeiten hervorrufen. Eine enge Zusammenarbeit zwischen Seelsorger, Arzt und Psychotherapeut wird gefordert.

Die Psychologie sieht das Phänomen der Besessenheit als eine psychische Störung an. Inzwischen hat die Diagnose *Trance- und Besessenheitszustände* Einzug gehalten in die *Internationale Klassifikation psychischer Störungen* der Weltgesundheitsorganisation. Sie wird dort den *dissoziativen Störungen* zugeordnet und kann mit Erfolg behandelt werden.

Die Symptome einer Besessenheit lassen sich also sowohl psychologisch als auch spirituell erklären und behandeln. Was hier tatsächlich wahr ist, vermag kein Mensch mit Bestimmtheit zu beweisen. *Und wie immer, wenn wir die Wahrheit nicht erfassen können, stellt sich die Frage der Nützlichkeit.* Von welcher Annahme sollte man sicherheitshalber ausgehen? Und diese Frage ist sehr leicht zu beantworten! Der Glaube, von einem Geist, einem Dämon oder einer Fremdenergie besessen zu sein, birgt eine sehr hohe Nocebo-Gefahr in sich. Auf der ganzen Welt gibt es Krankheiten, die eindeutig auf diesem Nocebo-Effekt beruhen. Und viele dieser Krankheiten können sogar zum Tod führen.

Doch obwohl dies weitläufig bekannt ist, erzählen immer noch viele Heilpraktiker, Heiler, Priester ihren Patienten, sie seien besessen. Sie raten dann zum Beispiel dazu, in Salzwasser zu baden, irgendwelche Räucherstäbchen anzuzünden oder sich einem Heilungsritual zu unterziehen – also ganz ähnlichen Dingen, die auch bei Koro, dem Einfahren der eigenen Seele in die Erde durch Erschrecken oder dem Einfahren eines Totemtiers helfen sollen.

Ich halte es für nicht sehr wahrscheinlich, dass es die Besessenheit durch Geister oder andere Wesenheiten tatsächlich gibt. Mir sind in den letzten 30 Jahren sehr viele Menschen begegnet, die an so etwas glaubten, aber ausnahmslos jedes Mal besserten sich ihre Symptome sehr schnell, wenn sie anfingen, an ihrer vermeintlichen Wahrheit zu zweifeln. Der Zweifel genügte also wieder einmal. Und das hätte nicht passieren dürfen, wenn es diese Menschen wirklich durch andere Wesenheiten besessen gewesen wären.

Lass dir daher von niemandem erzählen, dass du von einem Geist, einem Dämon oder was auch immer besessen bist – auch nicht, wenn das spirituell hoch entwickelte Menschen behaupten. Die Aborigines, die glauben, dass sie die Grenze zwischen Land und Wasser nicht einfach so überschreiten dürfen, sind ebenfalls spirituell hoch entwickelte Menschen. Das heißt also noch gar nichts. Es bedeutet nur, dass man sehr stark an eine spirituelle Weltanschauung glaubt. *Doch ob diese dann der tatsächlichen Wahrheit entspricht, steht auf einem völlig anderen Blatt.*

Entscheide einfach selbst, welche Gefahr wohl größer ist: die Gefahr, tatsächlich von einem Geist besessen zu sein, oder die Gefahr, dass du durch diesen Glauben oder die Angst davor eine ernsthafte Nocebo-Erkrankung auslöst.

Triff diese Entscheidung jedoch nicht aus dem Bauch heraus! Denn in deinem Gefühl ist deine Angst vor einer Besessenheit möglicherweise noch sehr stark verinnerlicht. Diese Angst wird erst schwächer mit zunehmendem Zweifel. Lass daher deine Vernunft entscheiden, denn sie ist in diesem Fall ausnahmsweise einmal deinem Bauchgefühl überlegen. Denn in deinem Bauchgefühl regiert eine unrealistische Angst, und Angst ist selten ein guter Ratgeber.

Hier noch einmal die drei Fragen, mit denen du deinen Zweifel begründen kannst:

1. Kann ich wirklich definitiv wissen, dass meine alte Sichtweise wahr ist?
2. Warum kann ich das nicht definitiv wissen?
3. Was spricht dafür, dass es auch anders sein könnte?

Halbwahrheit Nr. 15: die Zuordnung von Krankheiten zu bestimmten Denkweisen

Ich möchte noch einmal auf den Nocebo-Effekt zurückkommen, der ernsthafte körperliche oder geistige Erkrankungen auslösen kann. Wenn man zum Beispiel nur fest genug glaubt, dass ungelöste finanzielle Probleme auf kurz oder lang immer Schmerzen im rechten Zeigefinger auslösen, dann hat man gute Chancen, bei einem finanziellen Engpass auch einen schmerzenden rechten Zeigefinger zu bekommen – und zwar in einer Weise, bei der man sich diesen Schmerz nicht einfach nur einbildet. Der Nocebo-Effekt kann für einen echten, physischen Krankheitsbefund sorgen. Nun ist das bei einem schmerzenden Zeigefinger sicherlich noch nicht so schlimm. Aber viele Menschen glauben auch, dass unerlöster Liebeskummer zu einem Herzinfarkt führen kann. Immerhin ist einem hier ja das *Herz gebrochen* worden!

Und in der Tat stellen Wissenschaftler bei manchen Menschen nach einem heftigen Liebeskummer physische Risse im Herzmuskelgewebe fest! Das hört sich unfassbar an, ist aber tatsächliche Realität. Im medizinischen Sprachgebrauch wird dies als „Broken-Heart-Syndrom" bezeichnet oder auf Deutsch „Stress-Kardiomyopathie". Die Psyche hat hier definitiv einen extrem großen Einfluss auf den Körper. Es ist jedoch noch ungeklärt, ob das Broken-Heart-Syndrom einem reinen Nocebo-Effekt zu verdanken ist oder ob es auch noch andere Gründe gibt. Klar ist nur, dass der Nocebo-Effekt in der Lage wäre, solche physiologischen Probleme zu verursachen – genauso wie er dafür sorgen kann, dass man stirbt, weil man glaubt, vergiftet worden zu sein, oder weil die Abkürzung TS fälschlicherweise mit „terminale Situation" übersetzt wurde. *Der Nocebo-Effekt sollte auf keinen Fall unterschätzt werden!*

Doch genau dieser Effekt wird völlig außer Acht gelassen, wenn man glaubt, dass bestimmte Denkweisen oder bestimmte emotionale Probleme immer ganz bestimmte Krankheiten auslösen würden. Denn wenn man das glaubt, dann passiert es auch! Zumindest häufig genug, um hier etwas mehr Vorsicht walten zu lassen.

Du wirst tonnenweise Studien finden, die belegen, dass Menschen, die über einen längeren Zeitraum an seelischen Problemen litten, wie zum Beispiel Angst, Depression oder auch „nur" Stress, wesentlich früher das Zeitliche segnen mussten, insbesondere aufgrund von Herz-Kreislauf-Erkrankungen oder Krebs. Aber gleichzeitig ist es auch wissenschaftlich hochgradig gesichert, dass sehr viele Menschen an Herz-Kreislauf-Erkrankungen oder Krebs versterben, die *keine* übermäßigen seelischen Probleme hatten. Offenbar sind unsere seelischen Probleme längst nicht unsere einzigen Krankheitsursachen. Genau davon gehen die vielen esoterischen Listen jedoch aus, in denen alle möglichen Krankheiten auf eine sehr oberflächliche Art und Weise bestimmten seelischen Problemen zugeordnet werden.

Ich habe von meinen Seminarteilnehmern schon die seltsamsten Zuordnungen von bestimmten Denkweisen oder emotionalen Problemen zu bestimmten Krankheitssymptomen zu hören bekommen. So soll man zum Beispiel weitsichtig sein, weil man etwas Naheliegendes nicht sehen will. Im Gegenzug wird man kurzsichtig, wenn man nicht über seinen Tellerrand hinausschauen will. Oder man bekommt grauen Star, weil man die Wahrheit nicht sehen will. Eine Allergie bekomme man, weil man sich nicht gut genug abgrenzen könne, und Asthma, weil man seine Habgier nicht im Griff habe und immer nur haben, haben, haben wolle, ohne etwas dafür zu geben. Und das spiegele sich dann *natürlich* auch in der eigenen Atmung wider. Der Körper wolle dann auch immer nur einatmen, aber er wolle eben nichts mehr hergeben, deswegen habe man dann Probleme mit dem Ausatmen. Und wenn man sich den *Kopf zerbricht*, muss man sich ja nicht wundern, wenn man dann Kopfschmerzen bekommt, oder?!

Das klingt wieder einmal alles irgendwie logisch – und zwar genauso logisch wie die Tatsache, dass man das Handtuch, mit dem man sich nach dem Duschen abtrocknet, niemals waschen muss. Wieso? Ist doch logisch! *Nach* dem Duschen ist man ja *sauber*. Also kann das

Handtuch ja nicht schmutzig werden, wenn man sich damit abtrocknet. Und deshalb muss man es auch nie waschen.

Bei der Handtuch-Geschichte erkennt man natürlich sofort, dass diese Logik falsch sein muss. Doch bei den Zuordnungen von persönlichen Verhaltensweisen oder Charaktereigenschaften zu bestimmten Krankheitssymptomen ist die Logik nicht weniger unsinnig! Es wird zum Beispiel einfach davon ausgegangen, dass der Körper die gleichen Charaktereigenschaften hat wie der Mensch. Wenn der Mensch immer nur haben und nichts wieder hergeben will, dann heißt das doch noch lange nicht, dass sich dann der Körper automatisch genauso verhält und er dann eben immer mehr Luft haben, aber die Luft nicht mehr hergeben will. Jeder Asthmatiker müsste dann auch mächtig unter Verstopfung leiden. Auch hätte jeder Asthmatiker Nierenprobleme, weil er ja auch das Wasser nicht wieder hergeben will. Und natürlich müsste dann auch jeder Asthmatiker fettleibig sein, denn er will ja immer nur haben und nichts wieder hergeben.

Mir sind schon sehr viele Menschen mit Asthma begegnet. Und die waren nicht mehr und nicht weniger habgierig als Menschen ohne Asthma. Und die besagten Funktionsstörungen von Darm und Niere, die ein Asthmatiker nach dieser scheinbaren Logik ja ebenfalls haben müsste, sind bei Asthmatikern auch nicht häufiger als bei anderen Menschen. Und mit der Fettleibigkeit sieht es genauso aus.

Diese Zuordnungen bestimmter Eigenschaften, persönlicher Verhaltensweisen oder emotionaler Probleme zu bestimmten Krankheitssymptomen, wie sie in der Esoterik oft vorgenommen werden, sind alle mehr oder weniger auf solchen scheinbar logischen Zusammenhängen aufgebaut – wie zum Beispiel auch die Allergie, die man entwickelt, weil man sich angeblich nicht gut genug emotional abgrenzen kann, oder der Krebs, den man bekommt, wenn man Probleme in sich hineinfrisst oder weil ein innerer Konflikt oder ein Trauma uns von innen heraus auffrisst.

Wie gesagt, man kann aus allem einen scheinbar logischen Zusammenhang herstellen. Doch wenn man sich das dann einmal ein wenig genauer anschaut, dann gibt es bei allen diesen Zuordnungen unsinnige logische Schritte in der Herleitung – genauso wie bei meiner Handtuch-Logik.

Natürlich unterscheiden sich die vielen Kataloge, in denen von menschlichen Verhaltensweisen und Eigenschaften auf physische Erkrankungen geschlossen wird, ganz erheblich voneinander. Jeder Autor hat hier seine eigene scheinbare Logik aufgebaut. Ich vermute, dass die meisten dieser Kataloge autobiografisch aufgebaut wurden. Das heißt, die Autoren hatten selbst bestimmte Erkrankungen und ordneten sie bei sich selbst nach einer scheinbaren Logik bestimmten Eigenschaften zu. Deshalb gibt es so viele verschiedene Kataloge.

Natürlich findet man auch Listen, die ganz offensichtlich von anderen Autoren abgeschrieben wurden. Und das kann dann noch mehr verwirren, denn wenn bestimmte Zusammenhänge identisch in mehreren Büchern stehen, dann *muss* ja etwas dran sein! Das muss es natürlich nicht, wenn man berücksichtigt, dass es völlig normal ist, wenn Autoren voneinander abschreiben. Nur weil es zehn Bücher gibt, in denen genau das Gleiche steht, ist es deshalb also noch lange nicht wahrer.

Insbesondere in der Alternativmedizin wird gern gesagt: *Wer heilt, hat recht!* Letztendlich geht es ja um das tatsächliche Ergebnis und nicht um schöne Reden, oder?! Doch schauen wir uns das einmal ein wenig genauer an. Es gibt natürlich Leser solcher Bücher, die dadurch tatsächlich gesund geworden sind. Haben die jeweiligen Autoren also doch recht, wenn offensichtlich Menschen wegen ihrer Thesen gesund wurden?

Nun, diese Menschen gibt es bei *jedem* Autor – und zwar unabhängig davon, welche Zuordnungen von Eigenschaften oder Verhaltensweisen zu bestimmten Krankheiten der Autor scheinbar logisch verknüpft hat. Und dafür gibt es einen einfachen Grund – nämlich den gleichen wie bei dem Schauspieler, der den Heiler spielte, der seinen Klienten mit dem Knüppel auf den Kopf schlug, um sie von ihrem Dämon zu befreien. Die tatsächliche Ursache der Genesung ist also der Placebo-Effekt. Diese Listen können also durchaus auch positive Effekte haben. Aber den wenigen Fällen, in denen es eine Heilwirkung durch den Placebo-Effekt gibt, stehen unzählige Fälle gegenüber, in denen es nicht nur keine Heilwirkung gibt, sondern durch den Nocebo-Effekt sogar erst Krankheiten erschaffen oder unnötig verschlimmert werden! Und fatalerweise „beweisen" auch diese Fälle scheinbar, dass der jeweilige Autor recht hatte.

Schauen wir uns die Angelegenheit daher wieder einmal ein wenig genauer an, um einen begründeten Zweifel an diesen esoterischen Listen zu finden. Aus der medizinischen Forschung wissen wir zum Beispiel, dass der Körper bei jedem Menschen individuell unterschiedlich auf seelische Probleme reagiert. Für die Einzelperson ergibt das aufgrund ihrer Eigenheiten dann immer einen Sinn. Das heißt, es gibt tatsächlich immer einen bestimmten Grund, warum sich ein Problem genau in einem bestimmten Körperbereich niederschlägt. Aber meistens passiert dies nur, weil dieser Körperbereich eine Schwachstelle darstellt, die immer als Erstes leidet, wenn man durch ein Problem geschwächt ist. Oder es gibt – wie oben beschrieben – in der Psyche dieses Menschen eine Kopplung zwischen seelischer Ursache und körperlichem Symptom, wie etwa den Glauben an einen solchen Zusammenhang. Auch das ist aber individuell verschieden und nicht naturgegeben.

Finanzielle Probleme etwa sind für unser System Missstände. Missstände sind Umstände, die nicht in Ordnung sind und so nicht bleiben können. Unser Emotionalgehirn betrachtet Missstände also als lebensbedrohlich. Aus diesem Grund werden alle Kräfte mobilisiert, um diese Missstände so schnell wie möglich abzustellen. Und das hat gravierende Auswirkungen auf unser Immunsystem. Das wird nämlich geschwächt, weil die Energie für das Abstellen der Missstände gebraucht wird.

Unser Immunsystem ist ein wahres Wunderwerk. Aufgrund dieses Abwehrsystems sind die meisten bakteriellen oder viralen Infekte in kürzester Zeit ausgeheilt. Selbst wenn beispielsweise die DNS beschädigt ist und Krebszellen entstehen, muss sich unser Körper nicht sofort darum kümmern. Da kann man auch noch ein paar Wochen warten, denn so ein paar Krebszellen bringen einen nicht um. Jeden Tag vernichtet unser Körper mühelos und ohne unser Zutun durchschnittlich drei Mal irgendwelche Krebszellen. Das ist also etwas ganz Normales für unser Immunsystem. Es ist also nicht schlimm, wenn unser Immunsystem für ein paar Wochen geschwächt ist. Doch wenn ein (aus Sicht des Emotionalgehirns) elementarer Missstand monatelang oder sogar jahrelang anhält, dann wird unser Immunsystem viel zu lange geschwächt. Und dann kann sich der Krebs natürlich ausbreiten, weil die entstandenen Krebszellen nicht mehr vernichtet werden.

Das Thema Krebs sollte hier nur ein Beispiel sein. Es gibt hunderttausend Möglichkeiten, wie psychische und körperliche Prozesse zusammenspielen. Den Krebs habe ich als Beispiel genannt, weil die Entartung der DNS in jeder Zelle des Körpers vorkommen kann. Bei dem einen passiert es in der Lunge, weil Feinstaub die DNS mechanisch schädigt, bei dem anderen in den Knochen, weil hier bestimmte Giftstoffe zugange sind, bei dem Nächsten passiert es, weil ein Virus Probleme bereitet oder weil es eine Mutation bei der Zellteilung gab, die den Krebs auslöste.

Ob und wo der Krebs dann ausgelöst wird, hat also in Wirklichkeit mit dem finanziellen Missstand überhaupt nichts zu tun. Das hätte auch ein familiärer oder was auch immer für ein Missstand sein können. Auch ist der Missstand nur ein Beispiel, der Erkrankungen auslösen kann, aber nicht muss.

Lange Rede, kurzer Sinn: Es gibt für die Einzelperson immer bestimmte Zusammenhänge zwischen ihrer Psyche und ihrem Körper. *Aber diese sind bei jedem anders*, weil jeder Mensch ein ultrakomplexes Wesen ist, dessen Körper aus 50 bis 100 Billionen Zellen besteht. Es gibt und gab keine zwei Exemplare unter allen Menschen, die jemals auf dieser Welt gelebt haben, bei denen diese vielen Billionen Zellen exakt auf die gleiche Art und Weise zusammenarbeiteten. Und daher ist es mehr als unwahrscheinlich, dass es eine so einfache, allgemeingültige Zuordnung von Denkgewohnheiten oder emotionalen Problemen zu Krankheiten tatsächlich geben kann. Diese Wahrscheinlichkeit ist viel zu klein, als dass man das Risiko einer ernsthaften Nocebo-Erkrankung aufgrund des Glaubens an solche Zusammenhänge riskieren sollte. Denn die Gefahr eines Nocebo-Effektes ist im Gegensatz zu diesen Zuordnungskatalogen keine Fantasie.

Hier noch einmal die drei Fragen für deinen begründeten Zweifel:

1. Kann ich wirklich definitiv wissen, dass meine alte Sichtweise wahr ist?
2. Warum kann ich das nicht definitiv wissen?
3. Was spricht dafür, dass es auch anders sein könnte?

Falls du Menschen kennst, die diesen Weg mit der Deutung ihrer Krankheiten eingeschlagen haben, und diese Menschen dir am Herzen liegen, dann lass sie bitte wissen, dass sie damit auf dem Holzweg sind. Wie immer wird dies auch dir selbst zugutekommen, denn dieser Austausch wird die Wirkung deines begründeten Zweifels noch einmal erheblich verstärken.

Halbwahrheit Nr. 16: Du musst alte Muster noch einmal durchleiden, bevor du sie loslassen kannst

Wie bereits erwähnt, gibt es viele Therapieformen, in denen das Unterdrücken von Emotionen immer noch als etwas Schlechtes angesehen wird. Bei manchen Methoden wird es sogar gefördert, dass man sich so sehr in die schlimmen Emotionen hineinsteigert, bis man fast zusammenbricht. Dafür bekommt man dann Lob, denn das sei eine unumstößliche Notwendigkeit, wenn man diese Gefühle wirklich loswerden wolle. Man müsse sie dann so lange durchleiden, bis sie sich von selbst auflösen.

Der Witz bei der Sache ist, dass diese Therapieformen sogar positive Effekte bringen – und zwar gerade deshalb, weil man sich in die Emotionen *künstlich* hineinsteigert und dann irgendwann die *natürliche Gefühlsregulation* einsetzt. Das Gehirn erkennt, dass die Emotionen außer Rand und Band sind, und verstärkt die Regulation. Im Grunde genommen schützt es sich damit gegen den Terror des Hineinsteigerns.

Was hier hilft, ist jedoch keinesfalls das Hineinsteigern selbst, sondern die dadurch ausgelöste Not-Regulation. Und das wird oft von den Anwendern nicht erkannt, deshalb machen viele Therapieformen weiter wie bisher, obwohl es seit Langem detaillierte wissenschaftliche Belege gibt, dass zu starke negative Emotionen krank machen, die (echte) Unterdrückung negativer Emotionen hingegen nicht.

Es gibt eben viele Wege, wie man eine Gefühlsregulation auslösen kann. Sich selbst in die negativen Gefühle bis zum Zusammenbruch hineinzusteigern ist nur eine davon – und zwar die wohl *leidvollste, ungesundeste* und *mühsamste*, die es gibt! Es geht sehr viel leichter und schneller, die Gefühle mit angemesseneren Methoden zu regulieren. In den letzten Jahrzehnten hat sich im Coaching-Bereich hier sehr, sehr viel getan. Ich gebe dir einmal ein Beispiel dazu:

Als ich vor etwas mehr als 30 Jahren meine NLP-Ausbildung absolvierte, schärfte mir mein Trainer sehr deutlich ein, dass Coaching-Arbeit zu 99 Prozent aus Vorbereitung und nur zu einem Prozent aus tatsächlicher persönlicher Veränderung bestehe. Man arbeitet also stundenlang mit einem Klienten, und plötzlich passiert es: Der Klient verändert sich innerhalb weniger Minuten! Und in diesem Moment dürfe man den Klienten auf keinen Fall weiter „zuquatschen", denn sonst mache man alles wieder kaputt, was man mit ihm zuvor mühevoll erarbeitet habe.

Nun war ich in meinem Kurs damals natürlich nicht der einzige Teilnehmer, der sofort auf die Idee kam, diese 99 Prozent Vorbereitung am liebsten weglassen zu wollen und sich nur auf das eine Prozent Veränderung zu konzentrieren. Die meisten gaben diesen unverschämten Gedanken jedoch sehr schnell wieder auf. Mich hingegen ließ er 30 Jahre lang nicht mehr los!

Wie du dir vermutlich bereits denken kannst, habe ich diese Möglichkeit mittlerweile gefunden. Anfang 2011 gelang es mir nach fast 20-jähriger Forschungs- und Entwicklungszeit, den energetischen Sprachcode der menschlichen Intuition zu entschlüsseln und daraus eine Möglichkeit zu entwickeln, mit der man alle seine Muster auf direktem Wege verändern kann. Was mir bei dieser Entwicklung half, war meine Fähigkeit, die menschliche Aura zu sehen, die ich bereits bei Halbwahrheit Nr. 7 erwähnt habe. Zu Anfang war ich noch unsicher, ob meine subjektive Wahrnehmung der menschlichen Aura richtig war, doch mittlerweile wurde sie durch mehrere Tausend Anwender meiner Methode in der Praxis bestätigt.

Ich schaute mir beispielsweise die Aura meiner Klienten an, die gerade in einem Einzelcoaching an ihren Glaubenssätzen arbeiteten. Das Erste, was ich feststellte, war, dass Glaubenssätze bei allen Menschen eine übereinstimmende Position in der Aura haben. Sie befinden sich im bereits erwähnten Mentalkörper, der ca. 20 bis 30 cm über unserer Haut beginnt und etwa eine Armlänge darüber hinausreicht.

Hier tummeln sich rings um uns herum zahllose verschiedene Gedankenformen – also räumlich begrenzte energetische „Objekte" oder „Energiewolken", die ich im Folgenden kurz als „Energien" bezeichne. Diese Energien waren offensichtlich mit mentalen Mustern wie Beurteilungen, Glaubenssätzen, Zielen, Ängsten, Notwendigkeiten, Motiven, Anforderungen usw. korreliert, denn sie bewegten sich, wenn das jeweilige Thema bearbeitet wurde. Das Interessante dabei war jedoch, dass alle diese Gedankenformen eine Verbindung zu einem ganz bestimmten Ausschnitt dieser energetischen Hülle des Mentalkörpers hatten. Dieser offensichtlich sehr bedeutende Ausschnitt befindet sich direkt 20 bis 30 cm vor uns auf der senkrechten Mittelachse vom Boden bis eine Armlänge über den Kopf hinaus.

Alle Gedankenformen waren mit Energien auf diesem Ausschnitt verbunden, weshalb ich mir diesen Ausschnitt dann einmal etwas genauer anschaute. Ich fand dann heraus, dass es sich bei den Energien auf dieser Achse ausnahmslos um *Annahmen* handelte. Ein Glaubenssatz ist beispielsweise eine Annahme darüber, dass etwas *wahr* ist. Eine Beurteilung ist eine Annahme darüber, ob etwas *gut* oder *schlecht*, *einfach* oder *schwierig*, *lohnend* oder *sinnlos* ist usw. Eine Anforderung ist eine Annahme darüber, wie das Leben sein *sollte*. Ängste basieren auf der Annahme einer Gefahr und Ziele auf der Annahme, dass es lohnend ist, dieses Ziel zu erreichen. Bedürfnisse sind Annahmen darüber, was wir zu brauchen glauben usw. Und so könnte ich das endlos weiter ausführen. Alle unsere Gedankenformen beruhen ursächlich auf *Annahmen*.

Oft halten wir diese Annahmen für richtig, doch oft erkennen wir auch zu einem späteren Zeitpunkt, dass wir uns diesbezüglich getäuscht haben. Wir haben vielleicht etwas als schlecht beurteilt, das sich im Nachhinein als gut herausgestellt hat, oder umgekehrt. Oder wir haben etwas als Wahrheit angesehen und dann erkannt, dass wir einem Denkfehler unterlegen waren.

Der Clou ist, dass man diese Annahmen recht einfach verändern kann, sobald einem klar ist, dass man hier nur eine Annahme getroffen hat, von der man gar nicht wirklich weiß, ob sie wahr ist. Wir können uns dann einfach für eine andere Annahme entscheiden.

Aber noch genialer ist folgender Umstand: Alle unsere mentalen Muster bauen ja auf Annahmen auf. Oder anders ausgedrückt! Annahmen sind die Wurzel jedes mentalen Musters. Und das ist von sehr, sehr großem Wert in der Veränderungsarbeit. Normalerweise müssen wir die Ursachen problematischer Muster sehr mühsam suchen. Diese Suche dauert im Coaching oder in der Therapie oft Wochen oder sogar Monate. Und bei dieser Suche fokussieren wir unsere Aufmerksamkeit natürlich sehr stark auf die negativen Muster, was sie in unserem Gefühl und unserem Verhalten natürlich sofort stärker manifestiert.

Und diese Suche fällt jetzt einfach weg! Denn wir wissen ja, wo die Ursachen unserer Probleme liegen. Sie befinden sich als Annahme direkt vor uns auf der Mittelachse 20 bis 30 cm vor unserem Körper. Energetisch müssen wir sie daher gar nicht suchen gehen. Wir können einfach nachschauen oder nachspüren, wo die jeweilige Annahme auf dieser Achse sitzt, und sie auf direktem Weg verändern.

Die meisten Menschen benötigen gerade einmal zwei Stunden Übung, um ihre Annahmen in ihrer eigenen Aura spüren oder sehen zu können. Man benötigt dazu keine vollständige visuelle Wahrnehmung der Aura, wie ich sie von mir selbst beschrieben habe. Es genügt ein intuitives Spüren oder auch ein inneres Bild. Die Intuition liegt hier in den allermeisten Fällen richtig, selbst bei einer eher vagen Wahrnehmung. Und innerhalb dieser Wahrnehmung führt man dann auch die Veränderung der Annahme durch, die ich im Folgenden noch genauer beschreiben werde.

Bei Glaubenssätzen funktioniert diese Veränderung allerdings nicht ganz so einfach wie bei den anderen Annahmen. Glaubenssätze sind nämlich Annahmen, die durch *Hinweise auf Richtigkeit* untermauert sind. Wir haben zum Beispiel bestimmte Dinge selbst erlebt, die uns das Gefühl geben, dass unsere Annahme wirklich stimmt. Vielleicht bestätigen uns dies auch viele andere Menschen, die Ähnliches erlebt haben. Auch das würden wir als Hinweis auf die Richtigkeit unserer Annahme werten. Weiterhin würde es uns auch das Gefühl von Wahrheit geben, wenn uns unsere Annahme völlig logisch erscheint oder wenn es sogar wissenschaftliche Studien gibt, die unsere Annahme bestätigen.

Wenn man die Aura eines bestimmten Menschen betrachtet, der gerade an einem Glaubenssatz arbeitet, dann sieht man, dass in seinem Mentalkörper auf der Zentralachse direkt vor ihm eine Annahme als Gedankenenergie sitzt. Das sieht wie gesagt ein wenig wie eine kleine Energiewolke aus. Doch diese Annahme allein macht noch keinen Glaubenssatz. Dieser besteht wie gesagt aus der eigentlichen Annahme – also der Aussage des Glaubenssatzes – und den um die Annahme herum gruppierten Bestätigungen, die ebenfalls wie kleine Energiewölkchen aussehen. Hat dieser Mensch einen „festen" Glauben, dann sind diese Bestätigungen tatsächlich sehr fest um die Annahme herum gruppiert. Die Annahme ist damit fest „eingespannt". Sie kann sich weder nach rechts oder links noch nach vorne, hinten, oben oder unten bewegen. Sie sitzt fest, als sei sie einbetoniert.

In einer herkömmlichen Coaching-Situation würde man zum Beispiel folgendermaßen vorgehen, um einen solchen festen negativen Glaubenssatz zu verändern: Man würde erst einmal Fakten suchen, die einen begründeten Zweifel an der Wahrheit dieses einschränkenden Glaubenssatzes aufwerfen. Der Coach versucht also, an dem Glaubenssatz zu „rütteln".

Und das meine ich wieder ganz wörtlich! Denn wenn man das in der Aura beobachtet, dann sieht man, wie die eigentliche Annahme als Kern des Glaubenssatzes anfängt, sich durch die guten Argumente des Coachs hin und her zu bewegen. Die Annahme lockert sich von ihren vermeintlichen Bestätigungen, die zuvor ohne die Zweifel-Impulse des Coachs noch ganz fest mit der Annahme verbunden waren. Das Ganze wird so lange vom Coach fortgeführt, bis der Glaubenssatz komplett gelockert ist und der Klient gar nicht mehr weiß, was er jetzt eigentlich glauben soll.

Und dann ist der Weg frei für einen nützlicheren Alternativ-Glaubenssatz. Der Coach entwickelt also mit dem Klienten einen wünschenswerten Glaubenssatz, der den ursprünglichen, einschränkenden Glaubenssatz ersetzen soll. Mit anderen Worten: *Es wird eine neue Annahme kreiert.*

Ist dies geschehen, versucht der Coach Hinweise zu finden, warum dieser neue Glaube wahr sein könnte. In der Aura kann man dabei beobachten, wie diese Hinweise sich um die neue Annahme herum gruppieren und immer fester werden. Aus der neuen Annahme wird auf diese Weise ein neuer fester Glaubenssatz. Das Ganze dauert natürlich eine ganze Weile. Je nach Kompetenz des Coachs und der angewendeten Methode liegt die Zeitspanne zwischen einer Stunde und mehreren Wochen. Viele Worte und viel Gedankenschmalz sind dafür erforderlich.

Doch wenn man dabei zuschaut, dann sieht man in der Aura genau das, was mir vor 30 Jahren so deutlich eingeschärft wurde: 99 Prozent der gesamten Prozedur ist tatsächlich Vorbereitung – vielleicht sogar 99,9 Prozent. Das Anzweifeln des alten Glaubenssatzes mit begründeten Zweifeln, das Kreieren einer neuen Annahme, das Bestätigen der neuen Annahme mit neuen Hinweisen – all das waren nur Vorbereitungen.

Unabhängig davon, welche Methode dabei vom Coach verwendet wird, sieht man in der Aura Folgendes: Die Annahme als kleine Energiewolke fängt an, beweglicher zu werden oder sogar zu wackeln. Und dann plötzlich kommt der Moment der Veränderung: Die Energiewolke steigt plötzlich innerhalb weniger Sekunden ein Stück in der Aura *nach oben* auf und koppelt sich dort oben erneut mit den Energien der gesuchten Hinweise. Das Ganze dauert wie gesagt nur wenige Sekunden.

Und jetzt kommt das Beste an der ganzen Sache, was jeder zu Anfang für völlig unmöglich hielt: 95 Prozent aller Menschen schaffen es nicht nur innerhalb von zwei Stunden, die Fähigkeit zu entwickeln, ihre Glaubenssätze als Energiefelder in ihrer Aura wahrzunehmen, sondern sie können das Energieobjekt, das den Kern eines Glaubenssatzes darstellt, innerhalb ihrer intuitiven Wahrnehmung „greifen", es ein wenig hin und her rütteln, um die Annahme von den Bestätigungen zu lockern, und die Annahme dann als Energie in der Aura aufsteigen lassen, wodurch sie sich inhaltlich komplett ins Positive verändert, und dort oben wieder fixieren. Das Ganze dauert nur wenige Sekunden – und keine Stunden oder sogar Wochen – und hält dann in der Regel ein Leben lang!

Das Ergebnis ist oft sogar noch besser als beim konventionellen Coaching, da der neue, intuitiv entwickelte Glaubenssatz, der bei diesem Prozess manchmal wie aus dem Nichts im Bewusstsein auftaucht, qualitativ häufig deutlich hochwertiger ist als der über den Verstand erzeugte. Auf diese Weise lassen sich sehr viele Umsetzungen in der Veränderungsarbeit auf weniger als ein Prozent des normalerweise erforderlichen Aufwands reduzieren!

Die Veränderung von Glaubenssätzen ist hier lediglich ein Beispiel von vielen. Mit etwas mehr Vorbereitung lassen sich beispielsweise auch tief sitzende emotionale Muster in ähnlicher Weise verändern – und zwar *ohne* die negativen Gefühle erneut durchleiden zu müssen!

Das hört sich vermutlich fast zu schön an, um wahr zu sein, aber genau auf diese Art und Weise bearbeiten in meiner Akademie Tausende von Menschen mit sehr großem Erfolg ihre Denk-, Gefühls- und Identitätsmuster. Es funktioniert also in der Praxis tatsächlich. Aber man benötigt wie gesagt ein wenig Übung, um die Fähigkeit zu entwickeln, seine eigenen Muster als Energie wahrzunehmen. Auch schaffen es leider ungefähr fünf Prozent der Bevölkerung nicht, weil ihre intuitiven Fähigkeiten zu wenig trainiert sind.

Aber diese fünf Prozent könnten natürlich trotzdem den Standard-Weg mit einem Coach gehen, der ihnen hilft, ihren alten Glauben anzuzweifeln und durch einen neuen zu ersetzen. Das wäre auf jeden Fall schon einmal deutlich angenehmer und gesünder als der mühsame Weg, alle seine negativen Muster noch einmal gründlich durchleiden zu müssen. Das ist wirklich absolut nicht erforderlich!

Hier ein paar Zahlen für die 95 Prozent, die ihre Muster mit ihren intuitiven Fähigkeiten sehr viel schneller korrigieren können, um den begründeten Zweifel am Durchleidenmüssen noch mehr zu stärken: Der menschliche Verstand kann pro Sekunde etwa 40 Informationsverarbeitungsschritte bewältigen. Wenn man seine mentalen Muster also bewusst über den Verstand verändern will, dann hat man dafür maximal 40 Verarbeitungsschritte pro Sekunde zur Verfügung. Unsere Intuition kann jedoch *400 Milliarden* Informationen pro Sekunde verarbeiten. Und mit diesem gigantischen Potenzial kann man neuerdings arbeiten!

Anmerkung: Das Wort „Intuition" wird von vielen Menschen für die übersinnliche Wahrnehmung verwendet. Ich verwende den Begriff hier im wissenschaftlichen Sinne. In den Neurowissenschaften versteht man unter der Intuition analog zum Verstand ein neuronales System in unserem Gehirn.

Man muss also alte Muster nicht mehr durchleiden, bis sie sich scheinbar von selbst auflösen. Es gibt viele Methoden, mit denen dies sehr viel schneller, einfacher und sogar noch gründlicher geht.

Hier noch einmal die drei Fragen für deinen begründeten Zweifel:

1. Kann ich wirklich definitiv wissen, dass meine alte Sichtweise wahr ist?

2. Warum kann ich das nicht definitiv wissen?

3. Was spricht dafür, dass es auch anders sein könnte?

Falls du Menschen kennst, die sich mit dieser Halbwahrheit das Leben so richtig schwer machen, ein Buch nach dem anderen lesen und ein Seminare nach dem anderen absolvieren, wo sie dann immer ihre schlimmen Gefühle erneut durchleiden, dann lass sie bitte nicht *dumm sterben*. Sie werden es dir sicherlich hoch anrechnen, wenn du ihnen diese Last von den Schultern nimmst.

Halbwahrheit Nr. 17: Du kannst mit mentalen Methoden alle deine Gefühle in Ordnung bringen

Die meisten Menschen gehen davon aus, dass man auf mentalem Wege alle Problemmuster, die man in sich trägt, in Ordnung bringen kann. In meinen Seminaren begegnen mir daher immer sehr viele Menschen, die sich selbst als Versager sehen, weil sie es nach jahrzehntelanger Arbeit an sich selbst und unzähligen Coachings, Seminaren oder Therapien immer noch nicht hinbekommen haben, einige scheinbar tief sitzende Probleme zu lösen. Viele Menschen gehen dabei sehr hart mit sich selbst ins Gericht und landen schließlich in der Selbstverurteilung.

Was die meisten Menschen nicht wissen: Unser Verstand kommt gar nicht an alle Muster in unserem Gehirn heran! Mentale Techniken und Methoden erreichen nur die mentale Ebene, die ich grob unserer Großhirnrinde zuordnen würde. Muster im limbischen System (Zentrum emotionaler Intelligenz) oder Muster im Frontallappen (Sitz der Persönlichkeit) bleiben von mentalen Methoden jedoch fast völlig unberührt. Dazu wären ganz andere Vorgehensweisen und vor allem *intuitive Fähigkeiten* erforderlich.

Ich schlage vor, dass wir uns den Unterschied zwischen *Methoden* und *intuitiven Fähigkeiten* einmal ein wenig genauer anschauen, damit du einen begründeten Zweifel aufbauen kannst, der dich dann von deiner Selbstverurteilung erlösen kann.

Methoden und Techniken sind lediglich systematische Vorgehensweisen. Das heißt, wir gehen in einer bestimmten Reihenfolge Schritt für Schritt vor, um eine Aufgabe zu bewältigen. Dieses methodische, systematische Vorgehen kann bereits sehr gute Erfolge bringen. Wenn du zum Beispiel ein schmackhaftes Essen zubereiten möchtest, dann ist es bei den meisten Gerichten wichtig, sich an eine ganz bestimmte Reihenfolge bei der Zubereitung zu halten. Geht man in einer völlig verkehrten Reihenfolge vor, wird am Ende statt eines tollen Essens womöglich ein ekelhafter Matsch herauskommen.

Die meisten Kochrezepte kann fast jeder sofort nachkochen, wenn er wenigstens ein klein wenig vom Kochen versteht. Wer jedoch noch nie gekocht hat, wird unmöglich eine gelungene Crème brûlée hinbekommen – selbst wenn ganz, ganz genau beschrieben ist, was man dazu zu tun hat. Man muss dafür einfach ganz bestimmte Fähigkeiten entwickelt haben, wie zum Beispiel der Speise anzusehen, wann genau der nächste Kochschritt ansteht usw. Will sagen: Wenn ein Meisterkoch ein sehr schwieriges Rezept aus einem Kochbuch nachkocht, wird es um Klassen besser schmecken, als wenn ein Laie das tut, der noch nie gekocht hat.

Methoden (methodisches Vorgehen) haben also ihre Grenzen. Und so wie es schwierige Koch-Gerichte gibt, die man ohne die erforderlichen Fachkenntnisse und Fähigkeiten auch mit dem besten Kochbuch der Welt nicht hinbekommt, so gibt es auch im Bereich Lebenshilfe Probleme, für die man erst die erforderlichen Kenntnisse und Fähigkeiten erwerben muss, damit man sie lösen kann. Und das gilt nicht nur für den Coach, sondern auch für den Klienten sowie für Menschen, die sich selbst helfen wollen.

Ein methodisches Vorgehen auf mentaler Ebene bringt daher überhaupt nichts, wenn die Ursache eines Problems im limbischen System liegt. Doch selbst wenn man eine Methode verwendet, mit der man im limbischen System arbeiten kann, sind die Auswirkungen manchmal so unfassbar komplex, wenn man dort etwas verändert, dass unser Gehirn damit ohne das erforderliche Training und die damit verbundenen Fähigkeiten einfach maßlos überfordert ist und deshalb die Veränderung blockiert oder innerhalb weniger Tage wieder rückgängig macht.

Das ist der Grund, warum wir in meiner Web-Akademie, die in 52 Wochenlektionen unterteilt ist, erst ab Woche 22 mit diesen Mustern arbeiten. Wir kommen mit meiner Methode zwar direkt an das limbische System heran, doch das allein nützt uns noch gar nichts. Denn wenn in den 21 Wochen davor nicht genügend auf der mentalen Ebene trainiert wurde, dann blockiert das Gehirn diese Umsetzung sofort!

Ich bringe dazu einmal ein Beispiel, damit du dir das besser vorstellen kannst: Die meisten Eltern trösten ihre Kinder mit besonders viel Liebe, wenn sie sich wehgetan haben, krank sind oder sonst irgendwie leiden. Und natürlich funktioniert das auch. Das Leiden wird sofort erträglicher, wenn man sich geliebt fühlt. So weit ist das auch alles in Ordnung, solange die Eltern dem Kind auch dann ihre Liebe schenken, wenn es ihm gut geht.

Doch es gibt leider in unserer Kultur sehr viele Eltern, die zeitlich so sehr eingespannt sind, dass sie ihren Kindern nur dann in nennenswertem Ausmaß Liebe geben, wenn es ihnen *nicht* gut geht. Wenn es den Kindern gut geht, ist ja alles in Ordnung. Dann muss man sich ja nicht um sie kümmern! Leider ist dies in unserer Kultur keine Ausnahme.

Im limbischen System entsteht dadurch eine Kopplung von Liebe an Leid. Mit dieser Kopplung meine ich *nicht* den mentalen Glaubenssatz „Wenn ich mehr Liebe haben will, dann muss ich leiden". Das limbische System hat eine völlig andere Funktionsweise als unser Verstand. Da gibt es keine Wenn-dann-Überlegungen. Dort gibt es *überhaupt keine* Überlegungen, sondern nur *Verschmelzungen*! Das bedeutet, dass Liebe mit Leid zu einem Paket verschmilzt – was zur Folge hat, dass man beides immer zugleich empfindet. Oder anders ausgedrückt: Man kann das eine dann gar nicht mehr ohne das andere empfinden!

Das Gleiche passiert auch oft mit Angst oder Unterwerfung. Auch das kann mit Liebe gekoppelt sein. Wenn Liebe an Unterwerfung gekoppelt ist, was durch strenge Eltern sehr schnell passieren kann, dann kann man sich *nicht* mehr in einen Partner verlieben, der einen *nicht* dominiert. Diese Kopplung kommt zustande, wenn die Eltern das Kind mit Liebesentzug bestrafen, wenn es aufmüpfig ist, und mit Liebe belohnen, wenn es tut, was die Eltern sagen. Das tun natürlich fast alle Eltern mehr oder weniger. Aber manche Eltern übertreiben es damit ganz gewaltig! Und dann entsteht eine Kopplung von Liebe an Unterwerfung im limbischen System. Man kann dann das eine nicht mehr ohne das andere empfinden.

Eine Frau (es kann natürlich genauso gut einem Mann passieren), bei der diese Kopplung zustande gekommen ist, sucht sich daher *immer* einen *Scheißkerl*, der sie unterdrückt. Denn in einen *anständigen Mann* kann sie sich einfach nicht verlieben. Ihre Kopplung verhindert das. Natürlich weiß sie sofort vom Kopf her, dass sie sich immer in die Falschen verliebt. Sie versucht es dann auch mal mit einem lieben Mann, aber diese Beziehung ist von vornherein zum Scheitern verurteilt, weil sie diesen *Waschlappen* (nicht meine Meinung, sondern das Empfinden dieser Frau) einfach nicht lieben kann. Sie braucht einen *richtigen Kerl*!

Ein befreundeter Arzt drückte diesen Sachverhalt mir gegenüber einmal folgendermaßen aus: *„Ich versorge Tausende von Patienten, und es ist tatsächlich so. Eine Frau, die sich nach unendlichem Leid von einem Alkoholiker scheiden lässt, findet den nächsten Alki wie ein Präzisionsinstrument. Das ist echt unglaublich!"*

Aber kommen wir noch einmal zum Verständnis der Sachlage zurück, wieso man diese Kopplungen im limbischen System mit Methoden und mentalen Techniken nicht einfach auflösen kann. Stellen wir uns dazu einmal einen Menschen vor, bei dem Angst und Glück im limbischen System verschmolzen sind. Dieser Mensch hat vielleicht in seiner Kindheit mehrfach erlebt, dass immer genau dann etwas Schlimmes passiert ist, wenn er über ein bestimmtes Maß hinaus glücklich war. Bei einer unglücklichen Verkettung von Umständen passiert das leider einigen Menschen. Diese entwickeln dann eine sogenannte Glücksblockade, das heißt, sie haben Angst vorm Glücklichsein. Bei manchen Menschen erreicht diese Angst das Stadium einer Panik.

Wenn ein Mensch solch eine panische Angst vor dem Glücklichsein hat, dann wird er sein gesamtes Leben danach ausrichten, Glück zu vermeiden. Er sucht sich dazu keinesfalls einen Partner, mit dem er glücklich sein kann. Ganz im Gegenteil, er geht auf Nummer sicher und sucht sich jemanden, mit dem er zwangsläufig unglücklich sein wird. Auch sucht sich dieser Mensch keinen Job, der ihn erfüllt. Er sucht sich einen Scheißjob, bei dem sichergestellt ist, dass nichts Schlimmes passiert (weil er ja mit diesem Job nicht glücklich ist). Dieser Mensch achtet auch nicht auf seine Gesundheit. Er wird dafür sorgen, dass er immer etwas hat, das ihn körperlich oder seelisch belastet und damit am Glücklichsein hindert. Dass er dann unglücklich ist, wird ihn natürlich noch zusätzlich belasten, denn ganz tief in seiner Seele sehnt er sich ja trotzdem nach Glück.

Um abzusichern, dass er unglücklich ist, würde dieser Mensch die Probleme anziehen wie das Licht die Motten. Er würde negative Glaubenssätze sofort verinnerlichen, positive jedoch unbewusst nicht annehmen wollen. Er würde ständig negativ denken, sich selbst fertigmachen, sich Sorgen machen usw.

Würde dieser Mensch nun die Verschmelzung von Glück mit Angst plötzlich auflösen, dann wäre von jetzt auf gleich sein gesamtes Leben *falsch*! Sein Job passt nicht mehr, sein Partner ebenfalls nicht, sein gesamtes Denken und Fühlen passt nicht mehr. Seine Identität passt nicht mehr!

Theoretisch wären damit so gut wie alle seine Probleme im Leben auf einen Schlag gelöst, aber das ist leider nur die Theorie. In der Praxis muss sein Gehirn jetzt so gut wie jedes Denkmuster verändern, jedes Gefühlsmuster und jedes Identitätsmuster. Das sind Hunderttausende von Mustern! Und das schafft unser Gehirn nur, wenn es gelernt hat, diese Muster auf der unbewussten Ebene – genauer gesagt mit der Intuition und den zur Verfügung stehenden 400 Milliarden Verarbeitungsschritten pro Sekunde – zu korrigieren.

Jeder Mensch besitzt von Natur aus ein gewisses Fähigkeitspotenzial, seine Muster zu ändern – aber eben längst nicht in dem Ausmaß, wie es in diesem Fall erforderlich wäre! Dieser Mensch würde daher in eine tiefe Lebenskrise stürzen, wenn man ihm einfach seine Glücksblockade auflöst. Und genau deshalb lässt unser Gehirn solch eine gewaltige Veränderung nicht zu, wenn es nicht über die erforderlichen Fähigkeiten verfügt. Das merkt man sofort, wenn man versucht, ein Muster im limbischen System ohne die erforderlichen Fähigkeiten aufzulösen. Es passiert dann nichts Schlimmes – es geht dann einfach nicht! Das Gehirn verhindert einfach die Umsetzung. Sind die erforderlichen Fähigkeiten jedoch gut genug trainiert, dann erfordert die Veränderung eines solchen Musters nur noch wenige Minuten.

Aus diesem Grund trainieren meine Teilnehmer in den ersten 21 Wochen der Akademie das Verändern mentaler Muster sehr ausgiebig. Das gelingt nur mit der Intuition schnell genug, um später dann mit den Kopplungen im limbischen System arbeiten zu können. Der Verstand ist dazu viel zu langsam. Die meisten Coaching-, Therapie- oder auch Selfcoaching-Methoden setzen jedoch beim Verstand an. Man geht dabei Schritt für Schritt durch einen mehr oder weniger ausgeklügelten Denkprozess. Mit guten *Denk*-Methoden kann man beispielsweise einen belastenden Glaubenssatz innerhalb von einer Stunde in einen positiven Glaubenssatz umwandeln. Wenn man jedoch mit dem limbischen System arbeiten will, dann muss man das in *zwei Sekunden* hinbekommen, sonst reicht es nicht!

Das mit den zwei Sekunden war kein Scherz! Unser Verstand, mit dem man bei fast allen Coaching-Methoden arbeitet, kann wie gesagt etwa 40 Verarbeitungsschritte pro Sekunde bewältigen. Unsere Intuition, die wir bei meiner Methode fast ausschließlich nutzen, hingegen 400 Milliarden! Aber dieses unfassbare Potenzial muss man sich erst einmal systematisch nutzbar machen. Die meisten Menschen nutzen dieses Potenzial nur alle Schaltjahre einmal. Sie sagen dann, sie hätten einen Geistesblitz gehabt.

Erst wenn man gelernt hat, diese Geistesblitze wann immer man möchte innerhalb von Sekunden auszulösen, ist man in der Lage, Emotionalenergien (so bezeichne ich die Kopplungen im limbischen System) zu bearbeiten. Und genau das trainieren meine Teilnehmer 21 Wochen lang, bevor sie anfangen, im limbischen System zu arbeiten. Dabei genügt es bei Weitem nicht, zu verstehen, wie man Muster verändern kann – genauso wenig, wie es genügen würde, zu verstehen, wie man Klavier spielt. Wenn man ein schwieriges Musikstück vom Blatt abspielen will, dann muss man dafür üben – mit anderen Worten *trainieren*. Und so ist es mit allem, was wir lernen.

Du kannst also durchaus deine Muster im limbischen System in Ordnung bringen. Aber keine Methode der Welt kann dir da helfen, wenn du das erforderliche Training nicht absolviert hast. Dann geht es einfach nicht. Wenn man das nicht weiß, weil diese Information selbst den meisten professionellen Coaches und Therapeuten unbekannt ist, kann man natürlich schnell auf die Idee kommen, dass man bestimmte Probleme doch schon längst gelöst haben müsste. Viele Menschen verurteilen sich wie gesagt deshalb als Versager. Doch in Wirklichkeit haben sie nicht versagt. Sie haben nur etwas versucht, das gar nicht möglich war – etwas, das keiner schaffen kann. Und das ist sicherlich kein Grund, sich selbst zu verurteilen!

Falls du das bisher ab und an getan hast, hoffe ich, dass dir diese Informationen zukünftig helfen werden, liebevoller und respektvoller mit dir selbst umzugehen. Und falls du Freunde und Bekannte hast, die diesbezüglich viel zu hart mit sich ins Gericht gehen, dann lass ihnen bitte diese wichtige Information zukommen. Sie werden es dir danken, denn Selbstverurteilung ist ein wirklich großes Übel!

Hier noch einmal die drei Fragen für deinen begründeten Zweifel:

1. Kann ich wirklich definitiv wissen, dass meine alte Sichtweise wahr ist?
2. Warum kann ich das nicht definitiv wissen?
3. Was spricht dafür, dass es auch anders sein könnte?

Halbwahrheit Nr. 18: Mein Unterbewusstsein will nicht glücklich sein

Viele Menschen treffen aufgrund bestimmter Phänomene die ungute Annahme, dass ihr Unterbewusstsein offensichtlich nicht glücklich sein will. In der Regel kommt diese Annahme auf, wenn sie nach einem sehr glücklichen Moment plötzlich einen völlig unvorhergesehenen emotionalen Absturz erleben, für den es keine erkennbare Veranlassung gibt. Man fühlt sich ganz plötzlich ohne jeden Annlass grottenschlecht!

Einige sehen das als Beweis für die Richtigkeit des sogenannten *Polaritätsgesetzes*, auf das wir in diesem Buch noch zu sprechen kommen werden, andere treffen die Annahme, dass da ein Saboteur in ihrer Psyche oder gar ein fremdes Wesen sein Unwesen treiben muss. Das sind natürlich alles sehr ungute Annahmen, die leider dann auch sehr schnell ungute Nocebo-Effekte auslösen. Das heißt, das eigene Gehirn verhält sich dann fortan entsprechend diesen negativen Annahmen.

Auch hier genügt wieder einmal ein einfacher begründeter Zweifel, um diese negativen Annahmen wieder zu entmachten. Schauen wir uns die Sachlage also wieder einmal ein wenig genauer an. Dieses Phänomen des scheinbar unbegründeten, plötzlichen emotionalen Absturzes ist nämlich seit Langem sehr gut bekannt. Man kennt es unter dem Begriff *Glücksbremse* oder *Freudebremse*.

Es gibt viele Ursachen für eine emotionale Glücksbremse. Wenn Kinder sich zum Beispiel freuen, sind sie natürlich auch einmal etwas lauter. Wenn ihre Lebhaftigkeit ein Niveau erreicht, das ihren Eltern zu sehr auf den Nerv geht, dann schimpfen diese für gewöhnlich. Wenn das häufiger beim gleichen Niveau passiert, wird im limbischen System des Kindes ein bestimmtes Maß an Freude automatisch mit dem Gefühl von Ablehnung oder Liebesentzug gekoppelt. Manchmal kommt es auch vor, dass Kinder dem Neid, der Missgunst oder der Eifersucht anderer Kinder (oft auch der eigenen Geschwister) ausgesetzt sind, wenn es ihnen besonders gut geht. Bis zu einem gewissen Niveau wird ihr Glück dabei noch toleriert, aber wenn diese Grenze überschritten wird, dann können Kinder sehr gemein werden. Auch das kann zu einer Glücksbremse führen.

Andere Menschen wiederum erfahren in ihrer Kindheit oder auch später im Erwachsenenleben, dass man sie sofort in Ruhe lässt, wenn es ihnen nicht so gut geht, und dass man andererseits sofort Forderungen an sie stellt, wenn sie gut drauf sind und belastbar erscheinen. Das kann ebenfalls zu solch einer Glücksbremse führen. Eine andere Möglichkeit einer Glücksbremse ist die Angst vor Enttäuschung. Es sieht alles super aus und Freude oder gar Euphorie steigt auf. Wenn man aber oft genug erlebt hat, dass es nach solch einer Anfangseuphorie eine derbe Enttäuschung gab, dann will man sich irgendwann lieber nicht mehr zu sehr oder zu früh freuen.

Es gibt also viele Gründe, warum sich solch eine emotionale Glücksbremse entwickeln kann. Sie alle haben einen einfachen Mechanismus: Immer wenn ein bestimmtes Niveau an Glück überschritten wird, sorgt man unbewusst automatisch dafür, dass es einen emotional sofort wieder runterzieht.

Doch obwohl der Mechanismus sehr einfach ist, stellt seine Korrektur uns vor eine große Herausforderung. Denn wie bei der im vorigen Kapitel erwähnten Glücksblockade haben wir es auch hier mit einer emotionalen Kopplung und nicht mit einem Denkmuster zu tun. Auch dieser programmierte Mechanismus kann daher über den Verstand nicht verändert werden.

Schauen wir uns die Funktionsweise des Emotionalgedächtnisses einmal ein wenig genauer anhand eines alltäglichen Beispiels an: Wenn wir als Kind auf einen Lichtschalter drücken und das Licht geht an, dann muss unser Verstand gar nicht groß nachdenken. Wenn das zeitgleich passiert, dann bringt unser limbisches System die beiden Dinge in Verbindung. Wir erkennen also, ohne nachdenken zu müssen, dass der Lichtschalter etwas mit dem Licht zu tun hat.

Damit dieser Zusammenhang jedoch im Emotionalgedächtnis des limbischen Systems abgespeichert wird, braucht es noch etwas anderes – und zwar *Wiederholung*! Deshalb bleiben Kinder, nachdem sie den Lichtschalter entdeckt haben, auch davor stehen und drücken fünf bis zehn Mal drauf: Licht an, Licht aus! Wenn sie das oft genug gemacht haben, dann entsteht eine Kopplung im Emotionalgedächtnis: *Lichtschalter drücken = Licht an oder aus*

So etwas passiert tausend Mal am Tag im Leben eines Kindes. Ohne diese Art des Lernens, das nicht über den Verstand läuft, wären wir gar nicht lebensfähig. Die Wiederholung soll dabei sicherstellen, dass nur echte, sinnvolle Zusammenhänge gespeichert werden und keine Dinge, die nur zufällig zusammen auftreten. Doch genau hier unterlaufen diesem nützlichen Mechanismus leider gelegentlich Fehler – so auch bei der Glücksbremse. Und dann wird es in der Regel schwierig, denn die meisten Menschen vermuten einen logischen Sinn hinter ihrer Glücksbremse und gehen deshalb auf Sinnsuche. Doch es gibt in Wirklichkeit keinen logischen Sinn! Man hatte lediglich das Pech, dass zwei Dinge wiederholt zeitgleich passiert sind, die das limbische System dann miteinander gekoppelt hat.

Leider sind solche emotionalen Kopplungen schwer zu finden, weil sie wie gesagt mit Logik wenig zu tun haben. Erschwerend kommt noch hinzu, dass die wenigsten Therapeuten Konditionierungen beim Menschen wirklich ernst nehmen. Dieses Phänomen ist zwar schon seit 1905 durch Iwan Petrowitsch Pawlow und seine Experimente mit Hunden bekannt, aber in der Psychotherapie des Menschen gehen die meisten Therapeuten davon aus, dass der Mensch von höheren Gehirnfunktionen gesteuert wird und die Konditionierungen von untergeordneter Bedeutung sind.

Die Mechanismen des limbischen Systems sind also längst noch nicht in die gängigen Therapiemethoden und Coaching-Formate integriert worden. Dort sucht man fast immer nach einem Sinn oder einem Motiv hinter jedem Problem. Doch wenn es keinen logischen Grund gibt, ist man natürlich sofort in einer Sackgasse. In der Regel wird dann ein vermeintlicher Sinn konstruiert, der sich logisch anhört, aber in Wirklichkeit mit dem tatsächlichen Problem nichts zu tun hat und deshalb das Problem auch nicht löst. Man verwechselt also *emotionale Muster* in der Therapie oder Coaching-Arbeit sehr häufig mit Glaubenssätzen oder anderen *mentalen Mustern* und sucht dann einen Sinn, wo es keinen gibt.

Solltest du daher an deiner Glücksbremse ankommen, dann registriere das einfach nur. Du weißt jetzt, was grundsätzlich dahintersteckt. *Damit musst du nicht mehr nach einer Logik suchen, wo es keine Logik gibt.* Du musst auch nicht nach der Ursache dieser Kopplung suchen, denn diese Erkenntnis bewirkt bei Konditionierungen leider überhaupt nichts. Dadurch wird sich nichts auflösen!

Bei mentalen Mustern führen Erkenntnisse dazu, dass man sein Denken verändern kann. Damit sind dann auch die mentalen Muster verändert. Auf die emotionalen Muster im limbischen System hat unser Großhirn jedoch überhaupt keinen Zugriff, was die Gehirnforschung unzweifelhaft herausgefunden hat. Erkenntnisse oder Veränderungen deines Denkens verändern hier also rein gar nichts, weil das Problem nicht im Denken liegt!

Dieser Umstand kann sogar manchmal von Vorteil sein. Erinnerst du dich an die Allergiebehandlung mit der Lavendel-Erdbeer-Milch, die ich bei Halbwahrheit Nr. 7 beschrieben habe? Auch dort findet eine eigentlich „sinnlose" Kopplung im limbischen System statt, nur diesmal eine nützliche, nämlich zwischen dem eigentümlichen Geschmack und der Unterdrückung der Allergie. Sobald dies geschehen ist, reagiert das Immunsystem des Allergikers auf den Geschmack des Getränks. Der Patient kann darüber denken, was er will. Sein Wille und sein Glaube haben einfach so gut wie keinen Einfluss auf diese Konditionierung. Und das ist immer so bei Konditionierungen.

Diese Zusammenhänge zu erkennen kann sehr wertvoll sein, um nachteilige Halbwahrheiten bereits im Vorfeld zu vermeiden oder bereits vorhandene aufzulösen. Wenn man nämlich nicht weiß, dass weder unser Glaube noch unser Wille oder generell unser Denken einen Einfluss auf die Konditionierungen in unserem Emotionalgehirn haben, sucht man nach einer logischen Erklärung, warum sich manche Muster scheinbar einer Veränderung entziehen oder warum man wie im Fall der Glücksbremse manchmal plötzlich scheinbar ohne jeden Grund einen emotionalen Absturz erlebt. Dabei kann man wie gesagt schnell auf die Idee kommen, das eigene Unterbewusstsein sei gegen einen selbst gerichtet oder wolle einen sabotieren, man sei von einem bösen Wesen besessen, oder das Polaritätsgesetz habe zugeschlagen.

Wir lösen diese Konditionierungen in meiner Akademie wie gesagt sehr erfolgreich auf. Und das gelingt mit dem erforderlichen Training schnell und zuverlässig, was eindrucksvoll bestätigt, dass hier garantiert kein böser Geist, kein Polaritätsgesetz oder was auch immer am Werk war. Es war einfach nur eine Konditionierung – nicht mehr und nicht weniger!

Konditionierungen können wie gesagt mit den erforderlichen Fähigkeiten bearbeitet werden. Die Fähigkeiten des Coachs sind dabei jedoch zweitrangig. Der Klient selbst benötigt diese intuitiven Fähigkeiten, und die können nur durch Training erworben werden. Ich spreche auch hier aus Erfahrung. Ich habe einige Jahre lang alle gängigen Coaching- und Therapiemethoden ausprobiert, um Muster im limbischen System im Einzelcoaching bei meinen Probanden aufzulösen. Es war jedoch nicht möglich, ohne dass der Proband zuvor die erforderlichen Fähigkeiten erworben hatte. Bei manchen ließ sich zwar die Konditionierung kurzfristig verändern, aber letztendlich kehrte das Gehirn wieder zu seiner alten Programmierung zurück, weil es die vielen nicht mehr zusammenpassenden mentalen Muster nicht selbstständig korrigieren konnte. Das psychische Immunsystem machte also die Umsetzung rückgängig, da es sonst einfach zu viele Diskrepanzen zwischen Denken und Fühlen gab. Und das ist problematischer als die Glücksbremse zu behalten!

Daher kann ich dir nur den Rat geben: Wenn du eine solche Glücksbremse hast, dann versuche ihr einfach so wenig Aufmerksamkeit wie möglich zu geben. Akzeptiere, dass du sie hast, und bleibe mit deinen Glücksgefühlen einfach im *grünen Bereich*. Das ist besser als sich ständig selbst deswegen fertigzumachen. Du kannst dieses Muster ja ändern, wenn du bereit bist, den erforderlichen Trainingsaufwand zu betreiben, aber wenn nicht, dann ist das auch keine Katastrophe. Dann musst du einfach nur den emotionalen Ball etwas flacher halten.

Es gibt auch nur sehr wenige Menschen, die eine solch extreme Glücksbremse haben, wie ich sie in diesem Kapitel beschrieben habe. Die meisten Menschen haben zwar ein bestimmtes Glücksniveau, bei dem dann gebremst wird, aber diese Schwelle ist bei fast allen Menschen trotzdem so hoch, dass sie ein zufriedenes Leben führen können. Und wie gesagt, wer mehr will, kann das ja tun. Und wem der Aufwand zu hoch ist, der hält halt einfach den Ball flach.

Wenn du also merkst, dass etwas in dir ist, das dein Glück noch nicht uneingeschränkt zulässt, dann kämpfe nicht dagegen an. Da ist kein innerer Saboteur, kein Ego, kein böser Geist und auch kein Unterbewusstsein, das dir schaden will. Es ist einfach nur eine Konditionierung.

Hier noch einmal die drei Fragen für deinen begründeten Zweifel:

1. Kann ich wirklich definitiv wissen, dass meine alte Sichtweise wahr ist?
2. Warum kann ich das nicht definitiv wissen?
3. Was spricht dafür, dass es auch anders sein könnte?

Halbwahrheit Nr. 19: Wenn ich das geschafft habe, bin ich für immer glücklich

In Bezug auf das Thema Glück gibt es einen weit verbreiteten Irrtum: Die meisten Menschen gehen davon aus, dass man einen *Zustand des permanenten Lebensglücks* erreichen kann, indem man zum Beispiel den richtigen Partner findet, seine innere Berufung lebt, sich selbst liebt, seine Probleme löst, viel Geld hat, sich zur Erleuchtung weiterentwickelt usw. Das sind alles Dinge, die uns das Leben zweifellos schöner machen können, aber sie können uns dennoch nicht ein für alle Mal glücklich machen. Denn dauerhaftes Glück ist kein *Zustand*, den man erreichen kann – es ist ein fortwährender *Prozess*!

Der Grund, warum Glück kein Zustand, sondern ein Prozess ist, liegt im Sinn und Zweck unserer Gefühle begründet. Wir haben unsere Gefühle ja nicht aus Jux und Tollerei – weder die glücklichen noch die unglücklichen. Alle unsere Gefühle dienen einem ganz bestimmten Zweck. Gefühle sind Werkzeuge des Emotionalgehirns und erfüllen als solche eine wichtige Aufgabe: Sie sollen unser Überleben sichern!

Um nachvollziehen zu können, wie das Emotionalgehirn dabei vorgeht, versetze dich bitte einmal in seine Position. Du bist also jetzt das Emotionalgehirn. Deine Aufgabe ist es jetzt, das Überleben *deines Menschen* zu sichern. Um das zu bewerkstelligen, steht dir nur ein einziges Werkzeug zur Verfügung: Du kannst Gefühle erzeugen. Nicht mehr und nicht weniger!

Du hast also die Aufgabe, deinen Menschen mit guten und schlechten Emotionen so zu leiten, dass er die Dinge tut, die seinem Überleben zuträglich sind, und die Dinge lässt, die sein Überleben gefährden. Was tust du jetzt genau, um diese Aufgabe zu erfüllen? Wie lange erhältst du zum Beispiel die schlechten Gefühle aufrecht, wenn ein Lebensumstand eine echte Gefahr für das Überleben deines Menschen bedeuten könnte? Gehen wir einmal davon aus, es besteht Grund zur Annahme, dass er seinen Job verlieren könnte, wenn er nicht gravierend etwas an seiner Arbeitsbereitschaft ändert. Oder seine Beziehung ist ernsthaft in Gefahr, wenn er sich nicht darum kümmert, dass alles wieder ins Lot kommt. Glaubst du, in solchen Momenten genügt es, wenn du deinem Menschen mal kurz ein schlechtes Gefühlchen machst und ihn danach sofort wieder glücklich sein lässt? Wird er dadurch seine Bereitschaft in ausreichendem Ausmaß erhöhen, sich mehr in seinen Job reinzuhängen oder sich zu ändern, um seine Beziehung zu retten? Sicherlich nicht! Wenn du wirklich sichergehen willst, dass dein Mensch etwas ändert, dann erhältst du die schlechten Gefühle so lange aufrecht, bis er es getan hat! Und genauso geht unser Emotionalgehirn tatsächlich vor.

Bei den glücklichen Gefühlen sieht das jedoch ganz anders aus. Die hat die Natur nämlich dazu bestimmt, uns zu motivieren und uns in die richtige Richtung zu lenken. Versetz dich auch hier einmal in die Rolle deines Emotionalgehirns. Sagen wir einmal, dein Mensch hat gerade eine Gehaltserhöhung bekommen. Das ist aus deiner Sicht natürlich eine Sicherung seiner Existenz und damit gut. Würde er jedoch noch einmal eine Gehaltserhöhung bekommen, wäre seine Existenz noch besser gesichert. Was tust du also, um deinen Menschen zu einer weiteren Gehaltserhöhung zu motivieren? Welche Gefühle machst du ihm in Bezug auf den gerade erreichten Erfolg?

Ich bin sicher, du wirst das tun, was alle Emotionalgehirne tun: Du machst ihm das Gefühl der Freude und zeigst ihm damit erst einmal, wie schön es ist, wenn man eine Gehaltserhöhung bekommt. Er bekommt also erst einmal eine emotionale Belohnung, weil er etwas richtig gemacht hat. Doch wie lange erhältst du diese Belohnung aufrecht? Was würde dein Mensch tun, wenn du seine Freude über Jahrzehnte konstant aufrechterhalten würdest? Würde er sich irgendwann erneut um eine Gehaltserhöhung bemühen und damit seine Existenz noch weiter absichern? Wir wissen aus verschiedenen Sozialstudien, dass er das nicht tun würde, denn das Einzige, was sein Großhirn interessiert, sind glückliche Gefühle. Hat er, was er will, krümmt er keinen Finger mehr!

Das ist der Grund, warum unser Emotionalgehirn uns immer nur kurzfristig mit schönen Gefühlen belohnt. Die Freude über eine deftige Gehaltserhöhung hält gerade einmal drei Wochen an, wie in mehreren Sozialstudien eindeutig belegt werden konnte – und auch das nur, wenn in der Zwischenzeit keine Lebensumstände auftauchen, die wir bewusst oder unbewusst aus einem anderen Grund als Problem beurteilen. Denn dann ist sofort Schluss mit der Belohnung. Dann gilt es erneut, das Großhirn mit schlechten Gefühlen dazu zu bewegen, den Missstand abzustellen.

Die Evolution scheint dem Unglück offensichtlich erhebliche Vorteile gegenüber dem Glück verschafft zu haben. Das Unglück kommt quasi von allein und verschwindet erst wieder, wenn wir etwas dagegen getan haben. Das Glück hingegen verschwindet ganz schnell von allein wieder und erscheint nur vorübergehend als Belohnung für unsere Bemühungen.

Kennt man diese neurologischen Zusammenhänge, dann wird sofort klar, dass Glück kein Lebenszustand ist, den man ein für alle Mal erreichen kann. Glück ist ein *fortwährender Prozess*! Wir können dazu natürlich unsere negativen Muster bearbeiten, die für unsere unglücklichen Gefühle verantwortlich sind, und so unser Unglück immer mehr reduzieren. Doch das allein wird uns noch nicht glücklich machen, denn Glück ist *nicht* das Gegenteil von Unglück. Wenn wir unsere negativen Energien verändern, sind wir lediglich *weniger unglücklich*!

Glück und Unglück sind getrennte biochemische und neuronale Systeme. Wenn man seine unglücklichen Gefühle bis auf Null reduziert, dann hat man *keine schlechten* Gefühle mehr. Man hat dann *neutrale* Gefühle. Man hat jedoch nicht automatisch *gute* Gefühle, nur weil man keine *schlechten* hat. Der Weg ist zwar frei für die guten Gefühle, dennoch wollen sie extra ausgelöst werden. Hat man dazu zu wenig Motivation, bleibt es bei den neutralen Gefühlen.

Wirklich glücklicher werden wir erst dann, wenn wir in unserem Alltag immer wieder für echte positive Muster sorgen, zum Beispiel indem wir die Energie von bereits Positivem noch mehr erhöhen. Die schlechte Nachricht dabei ist, dass solch eine Energieerhöhung nicht ewig anhält. Die gute Nachricht ist, dass es nur zehn Minuten täglich benötigt, um auf diese Weise auf einem anhaltend hohen Glücksniveau zu bleiben. Doch wenn man das nicht weiß, dann tut man es natürlich auch nicht. Dann verstärkt man nicht seine Glück bringenden Muster. Und wenn man auch noch glaubt, dass man anhaltendes Lebensglück über bestimmte äußere Umstände wie eine Partnerbeziehung, Geld, Erfolg usw. erreichen kann, dann tut man es schon gar nicht. Dabei wäre es so einfach, ein glückliches Leben zu führen, wenn man jeden Tag ein klein wenig dafür tun würde!

Die meisten Menschen gehen ganz selbstverständlich davon aus, dass sie irgendwann alles getan haben werden, damit sie dann endgültig glücklich sind. Das ist jedoch aus neurobiologischen Gründen einfach nicht möglich. Wenn man das nicht weiß, kann es in allen Lebensbereichen erhebliche Probleme geben. Wenn man beispielsweise glaubt, der richtige Partner würde einen bis ans Lebensende glücklich machen, dann ist das zwar ein sehr romantischer Gedanke, aber er führt unweigerlich dazu, dass man früher oder später daran zweifelt, den richtigen Partner gefunden zu haben. Denn nichts und niemand kann uns dauerhaft glücklich machen außer wir uns selbst – und zwar, indem wir immer wieder etwas für unser Glück tun. Wenn man das akzeptiert, ist es ein Leichtes, genügend Motivation zu schaffen und damit aus Mühsamkeit Spaß zu machen. Wenn sich etwas *nicht lohnt*, reagiert unser Emotionalgehirn mit dem Gefühl der *Mühsamkeit*. Beurteilen wir die gleiche Angelegenheit jedoch als *lohnend*, wandelt sich die Mühsamkeit sofort in *Spaß* um. Wir werden uns im nächsten Kapitel eingehender damit befassen.

Es kann daher sehr viel Spaß machen, etwas für sein Glück zu tun, wenn man erkannt hat, dass sich das absolut lohnt. Und dazu ist es wichtig, sich von der Halbwahrheit zu verabschieden, dass man durch das Erreichen bestimmter Ziele für alle Zeiten glücklich werden kann. Ich hoffe, ich konnte mit diesem Kapitel begründete Zweifel bei dir auslösen, damit diese Halbwahrheit sich auflösen kann.

Wie immer empfehle ich dir dazu auch wieder den Austausch mit deinen Freunden und Bekannten.

Hier noch einmal die drei Fragen für deinen begründeten Zweifel:

1. Kann ich wirklich definitiv wissen, dass meine alte Sichtweise wahr ist?
2. Warum kann ich das nicht definitiv wissen?
3. Was spricht dafür, dass es auch anders sein könnte?

Halbwahrheit Nr. 20: Das ist doch alles nur Zufall

Gleich mehrere Sozialstudien zeigen auf, dass Menschen, die an den Einfluss einer regulierenden höheren Macht auf die Ereignisse in ihrem Leben glauben, in signifikantem Ausmaß glücklicher, erfolgreicher, gesünder und vitaler sind als Menschen, die das nicht tun. Der entscheidende Faktor ist hier wohl, wie viel Angst, Notwendigkeit, Machtlosigkeit und Sinnlosigkeit in der jeweiligen Weltanschauung verborgen liegen. Je geringer diese Faktoren ausfallen, desto glücklicher, erfolgreicher und gesünder sind wir.

Am schlechtesten schneiden diesbezüglich die Menschen ab, die glauben, alles sei vom Schicksal bereits vorherbestimmt und man habe überhaupt keine Willensfreiheit. Das ist natürlich Machtlosigkeit pur, und Machtlosigkeit macht unglücklich und sabotiert jeden Erfolg. Eine ähnlich negative Auswirkung hat der hinduistische Glaube an das Karma. Im Gegensatz zum Buddhismus ist man nach dem hinduistischen Glauben seinem Karma aus den früheren Leben auf Gedeih und Verderb ausgeliefert. Daraus entstand das indische Kastensystem. Wird man in der untersten Kaste geboren, hat man keinerlei Chance, jemals aus dieser Misere wieder herauszukommen, denn jeder gläubige Hindu geht davon aus, dass man es aufgrund seiner Handlungen in früheren Leben verdient hat, jetzt zu leiden. Man hat es sich also selbst zuzuschreiben. Niemand wird einem deshalb dort heraushelfen.

Da es in unserem Kulturkreis so gut wie keine Hindus gibt, möchte ich auf diese Weltanschauung nicht näher eingehen. Es gibt jedoch auch nicht mehr sehr viele tatsächlich praktizierende Christen in unserer Kultur. Bei den anderen großen Religionen sieht es ähnlich aus, weshalb ich sie in diesem Buch auch nur oberflächlich betrachten möchte.

In unserem Kulturkreis hat sich in den letzten Jahrhunderten immer mehr die Weltanschauung der Naturwissenschaft durchgesetzt. Und so glauben die meisten Menschen auf der Welt heute mehr oder weniger an den sogenannten *Zufall*, wie er in der Evolutionstheorie postuliert wird. In der Evolutionstheorie geht man davon aus, das Leben habe sich rein zufällig entwickelt und werde auch genauso zufällig wieder enden. Ein sinnvoller Einfluss auf die Ereignisse und Umstände in unserem Leben ist nach dieser Weltanschauung nur über das richtige Handeln möglich. Einen tatsächlichen Sinn im Leben gäbe es nicht.

Diese Sichtweise empfinden die meisten Menschen als sehr unbefriedigend, denn sie strotzt nur so vor *Sinnlosigkeit*! Und Sinnlosigkeit wirkt sich nicht weniger negativ auf unser Glück, unseren Erfolg und unsere Gesundheit aus als *Machtlosigkeit*. Ich schlage vor, dass wir uns auch das wieder einmal ein wenig genauer anschauen.

Neurologisch gesehen ist es eine einfache Beurteilung, die darüber entscheidet, ob wir an etwas Spaß haben oder es uns als mühsam erscheint, ob wir etwas toll finden oder es uns langweilt, ob uns etwas interessiert und fasziniert oder es uns anödet. Besagte Beurteilung entscheidet darüber, ob wir ein Leben voller Lebensfreude führen oder uns angeödet durchs Leben schleppen. Es ist tatsächlich eine einfache Beurteilung, die den Grad unserer Lebensfreude und unserer Lebenslust festlegt. Es geht um die Beurteilung, ob sich etwas für uns *lohnt*!

Sobald wir erkennen, dass sich etwas für uns lohnen würde, aktiviert unser Gehirn bestimmte Neurotransmitter, die uns motivieren, etwas für unser Ziel tun zu wollen. Diese Neurotransmitter lassen uns Lust, Motivation und Spaß empfinden. Beurteilen wir hingegen etwas als nicht lohnend, dann will unser Energiesparsystem unsere Energie dafür nicht vergeuden. Es aktiviert das Gefühl der Mühsamkeit und Demotivation. Die Beurteilung, ob sich etwas lohnt, entscheidet daher darüber, ob wir an etwas Spaß haben oder ob es uns mühsam erscheint.

Nichts lohnt sich jedoch einfach so aus sich heraus. Diese Beurteilung ist immer von einem Ziel abhängig, das wir erreichen wollen. Nun besteht das höchste Ziel im Leben, wie bereits bei Halbwahrheit Nr. 2 erwähnt, per Definition darin, den Sinn des Lebens zu erfüllen. Wenn das Leben jedoch gar keinen Sinn hat, dann fällt dieses höchste aller Ziele, das unser Leben mit Spaß, Sinn und Motivation erfüllen könnte, einfach weg! Und das hat natürlich sehr große Auswirkungen auf unser Lebensglück und unseren Erfolg.

Seit die meisten Menschen die großen Weltreligionen in Zweifel gezogen haben, sind deshalb sehr viele von ihnen auf spiritueller Sinnsuche. Sie wollen ihrem Leben wieder einen Sinn geben, denn die Sinnlosigkeit, die aus dem Glauben an den Zufall resultiert, ist wie gesagt in höchstem Maße unbefriedigend.

Auch auf die Gefahr hin, dass ich mich wiederhole: Niemand auf dieser Welt weiß tatsächlich, warum wir hier sind und welchen Sinn dieses Leben wirklich hat. Weder der Zufall noch die Existenz einer höheren Macht lassen sich bislang wissenschaftlich beweisen. Deshalb sind sich selbst die Naturwissenschaftler diesbezüglich nicht einig. Einige glauben an einen blinden, unberechenbaren Zufall, andere ausschließlich an starre (deterministische) Naturgesetze, wiederum andere ziehen eine höhere Macht durchaus in Erwägung.

Wenn also der Zufall auch nur eine unbewiesene Theorie ist, dann stellt sich natürlich sofort die Frage: Warum um alles in der Welt sollten wir an eine Weltanschauung glauben, die uns das Glücklichsein schwerer macht, als es sein muss, die unsere Gesundheit unnötig belastet, unsere Leistungsfähigkeit schwächt, uns eine schlechte emotionale Wirkung verleiht und uns zu guter Letzt auch noch Kraft und Energie raubt? Warum also sollten wir an den *Zufall* glauben?!

Doch welche Alternativen haben wir? Die großen Religionen haben mehr oder weniger ausgedient. Zu viele Widersprüche sind mittlerweile zutage getreten. Es herrscht daher ein gewisses Sinn-Vakuum in unserer Welt, was der Esoterik in den letzten Jahrzehnten großen Vorschub geleistet hat.

Es gibt jedoch eine noch nicht sehr weit verbreitete Weltanschauung, mit der sich in den letzten Jahrzehnten immer mehr Menschen beschäftigen. Mittlerweile haben sich auch einige Wissenschaftler für diese Weltanschauung entschieden – wie gesagt glauben längst nicht alle Wissenschaftler an den Zufall! Natürlich wird diese Weltanschauung nicht wahrer, nur weil sich auch Wissenschaftler damit befassen, aber es ist ein Hinweis darauf, dass es kein offenkundiger Unsinn ist! Jedenfalls fördert diese Weltanschauung in der Praxis in Bezug auf Glück, Erfolg und Gesundheit bemerkenswert positive Resultate zutage, weshalb ich sie gerne einmal dem Glauben an den Zufall gegenüberstellen möchte.

Es geht dabei um die Möglichkeit, dass unser Bewusstsein einen metaphysischen Einfluss auf die Ereignisse in unserer Realität ausüben könnte. Die Naturwissenschaft bietet für eine solche Interpretation durchaus Raum, seit die starren Gesetze der Mechanik durch die Regeln der Quantenmechanik ersetzt wurden, die sich dadurch auszeichnen, dass Ereignisse im subatomaren Bereich nicht exakt vorausgesagt werden können – also entweder dem Zufall oder einem anderen, noch nicht näher ergründeten Einfluss unterliegen.

In den letzten Jahrzehnten sind mehrere Erklärungsmodelle aufgetaucht, wie dieser Einfluss auf unsere persönliche Realität funktionieren könnte. Die meisten dieser Modelle widersprechen sich allerdings in ihren Regeln noch so sehr, dass man als Anwender schnell verunsichert sein kann, was man nun tatsächlich glauben soll. Die einen sagen zum Beispiel, man müsse seine Wünsche loslassen, dann würden sie sich realisieren, die anderen sagen, man solle so lange seine Aufmerksamkeit auf seine Wünsche konzentrieren und die Wunscherfüllung visualisieren, bis sie sich verwirklicht hätten. Das Problem ist, dass beides in der Praxis ab und an zu funktionieren scheint, obwohl es sich ganz elementar widerspricht!

In anderen Modellen geht man davon aus, dass unsere Glaubenssätze die Realität gestalten, bei wieder anderen werden unsere Gefühle dafür verantwortlich gemacht. Und wieder funktionieren beide Modelle – nicht immer, aber dennoch oft genug, um erkennen zu können, dass an diesen Theorien etwas dran sein könnte.

Oder man soll absichtslos wünschen, bei anderen Modellen geht es hingegen darum, seine Absichten ganz präzise zu formulieren. Und du ahnst es schon: Wieder scheint beides in der Praxis mehr oder weniger gut zu funktionieren!

Bei den meisten Menschen funktionieren diese einfachen Modelle nur mit Kleinigkeiten wie beispielsweise der Manifestation freier Parkplätze in Gegenden, in denen es schwer ist, einen Parkplatz zu finden. Auch funktionieren sie längst nicht immer, weshalb diese Modelle noch sehr weit von der Wirklichkeit entfernt zu sein scheinen. Doch in ihrer Summe betrachtet stellen diese kleinen Erfolge auf jeden Fall bemerkenswerte Hinweise dar, dass wir tatsächlich einen metaphysischen Einfluss auf die Ereignisse in unserer Realität haben könnten. Es gibt natürlich wieder einmal keine *Beweise*, aber es gibt *Hinweise*!

Bei einigen wenigen Menschen ereignen sich nach der Anwendung dieser einfachen Modelle regelrechte Wunder, was der gesamten Glaubensrichtung immer wieder Aufschwung verleiht. Denn natürlich werden diese wundersamen Manifestationen in allen möglichen Büchern und Filmdokumentationen gesammelt und einem staunenden Publikum präsentiert. In der Summe ereignen sich diese großen Erfolge jedoch bei weniger als einem Prozent aller Anwender, weshalb diese Halbwahrheiten wie gesagt noch sehr weit von der Wirklichkeit entfernt sein müssen. *Wäre es anders, wäre unsere Welt sicherlich schon überfüllt mit glücklich verliebten, kerngesunden Milliardären*, denn mittlerweile praktizieren diese Weltanschauung auf der ganzen Welt bereits Abermillionen von Menschen.

Es gibt momentan viele Theorien, mit denen versucht wird, die sogenannte *Matrix* zu erklären, die auf die eine oder andere Weise fester Bestandteil fast aller Realitätsgestaltungsmodelle ist. Bei der Matrix handelt es sich – im gängigen Sprachgebrauch dieser Weltanschauung – um eine höhere Ebene der Existenz, zu der wir weder mit unseren fünf Sinnen noch mit technischen Geräten Zugang haben. Daher kann hier nichts bewiesen und auch nichts widerlegt werden. Wissen können wir hier also in Wirklichkeit wieder einmal gar nichts, wir können lediglich Theorien aufstellen und diese mit unserer Praxiserfahrung abgleichen.

Leider ist das vielen Menschen nicht bewusst, die sich mit den verschiedenen Modellen befassen. Sie halten diese Modelle für wahr, und die theoretischen Regeln ihrer Modelle sehen sie als *Naturgesetze*. So spricht man zum Beispiel vom *Gesetz der Anziehung*, vom *Resonanzgesetz* oder vom *Polaritätsgesetz*. Diese Formulierungen erwecken den Anschein, als handele es sich hierbei nicht um theoretische Modelle, sondern um echte Naturgesetze.

Der springende Punkt ist, dass diese angeblichen Naturgesetze fast immer nur dann funktionieren, wenn es um Kleinigkeiten geht, und bei den wirklich wichtigen Zielen im Leben so gut wie immer versagen. Deshalb führen diese Halbwahrheiten nach einer gewissen Zeit bei den meisten ernsthaften Anwendern zu Frust und Enttäuschung. Daran ändert auch der Umstand nichts, dass die Anwendung vieler gängiger Realitätsgestaltungsmodelle nur sehr wenig Aufwand erfordert. Ein sehr einfaches Modell behauptet zum Beispiel, man müsse dem *Universum* einfach nur klipp und klar sagen, was man will, und damit quasi das Erwünschte *bestellen*, dann würde auch genau das geliefert, was man bestellt hat. Und in der Tat, bei freien Parkplätzen funktioniert das zuweilen ganz gut. Aber wenn es um wichtige Themen wie Gesundheit, Liebe, Glück, Erfolg, Geld usw. geht, dann versagt dieses einfache Modell so gut wie immer.

Als ich vor etwas mehr als 30 Jahren anfing, mich mit der Realitätsgestaltung zu befassen, probierte ich sehr ehrgeizig alle Modelle aus, die der Esoterikmarkt damals zu bieten hatte. Ich hatte viele Freunde und Bekannte, die auf dem gleichen Weg waren. Doch irgendwann holte uns alle der Frust ein, weil es eben viel zu selten bei wirklich wichtigen Dingen funktionierte. Nun reagiert jeder Mensch anders auf Frust. Die meisten werfen dann irgendwann das Handtuch, andere hingegen klemmen sich dann erst recht dahinter. Ich bin jemand aus der zweiten Fraktion. Ich kann es kaum ertragen, wenn ich spüre, dass an einer Sache wirklich etwas dran sein könnte, es aber nicht so funktioniert, wie es das eigentlich tun sollte. Das weckt sofort den Forschergeist in mir, und der lässt mir keine Ruhe mehr, bis ich das Rätsel gelöst habe.

Ich fing daher an, das Phänomen der Realitätsgestaltung ausgiebig in der Praxis zu erforschen. Wann immer ich neue Theorien über die Realitätsgestaltung fand, machte ich damit einen ausgiebigen Praxistest. Zunächst probierte ich es immer für mich selbst aus. Dann beteiligten sich begeisterte Freunde und Bekannte an meinen Experimenten. Und schließlich bot ich auch meinen Seminarteilnehmern diese Möglichkeit an.

Da dieses Thema extrem großen Anklang bei meinen Teilnehmern fand, schrieb ich vor etwa 20 Jahren unter meinem Markennamen *Ella Kensington* einige Bücher zu diesem Thema, von denen auch ein paar zu Bestsellern wurden – wie beispielsweise *Mary* oder *Die 7 Botschaften unserer Seele*. Dieser große Erfolg auf dem Buch- und Seminarmarkt, gepaart mit meiner Begeisterung für das Thema, führte dazu, dass ich bald nur noch Realitätsgestaltungs-Seminare anbot. Und natürlich verstärkte dieser Erfolg erneut meine Motivation, dem Phänomen der Realitätsgestaltung wirklich auf den Grund zu gehen. Ich tauchte also noch tiefer in die Thematik ein und suchte Tag und Nacht nach Hinweisen, Ideen und Widersprüchen. Und jedes Mal unterzog ich alle neuen Ideen einem ausgiebigen Praxistest.

Der Umstand, dass es mir als Trainer möglich war, mich hauptberuflich mit dieser Forschung zu befassen, und die Tatsache, dass ich jedes Jahr über 1000 Seminarteilnehmer hatte, die sich an diesem Praxistest beteiligen wollten, ermöglichten es mir, innerhalb der letzten 20 Jahre ein Realitätsgestaltungsmodell zu entwickeln, das sehr viel näher an der Wahrheit liegen muss als die oben genannten einfachen Modelle. Denn es bringt in der Praxis um ein Vielfaches bessere Ergebnisse als alle anderen derzeit bekannten Methoden.

Mein Modell erfordert zwar einen deutlich höheren Aufwand als die einfachen Methoden, aber dafür klappt es dann auch bei fast allen

Anwendern – und zwar nicht nur mit Kleinigkeiten, sondern bei den wirklich wichtigen Zielen im Leben. Ich habe daher in der Praxis einen echten Durchbruch in der Realitätsgestaltung erreicht. Doch vollständig wahr ist mein Modell natürlich auch nicht, es liegt nur deutlich näher an der Wahrheit als die oben genannten einfachen Halbwahrheiten – und damit nahe genug, damit kein Frust und keine Enttäuschung aufkommen. Ich lehre dieses Modell seit Oktober 2013 in meiner Web-Akademie. Mehrere Tausend Teilnehmer haben es bereits auf Herz und Nieren getestet. Viele von ihnen berichten in den sozialen Medien sehr begeistert über ihre Erfolge.

Der Clou ist jedoch, dass dieses Modell als Weltanschauung gar nicht unbedingt praktisch angewandt werden muss, um dem Leben wieder einen höheren Sinn zu geben und die Machtlosigkeit auf ein Minimum zu reduzieren. Als Maßnahme gegen die Machtlosigkeit genügt es nämlich, wenn man weiß, dass man die gewünschten Ziele manifestieren *könnte*, wenn man bereit wäre, den Aufwand zu betreiben, der dafür erforderlich ist. Man könnte also, wenn man wollte. Und das bedeutet: Es gibt keine Machtlosigkeit!

Der Umstand, dass man diese Weltanschauung also gar nicht wirklich praktizieren muss, um davon zu profitieren, hat mich dazu veranlasst, sie in dieses Buch mit aufzunehmen und sie dir als Alternative zum Glauben an den Zufall vorzustellen. Schauen wir uns mein Modell also einmal ein wenig genauer an. Es ist übrigens an die Quantenphilosophie angelehnt.

In einer populären Interpretation der Quantenmechanik – der Viele-Welten-Deutung – geht man davon aus, dass *alle möglichen Realitäten parallel* existieren. Keine davon ist wahrer als die anderen. Du würdest in diesem Modell ebenfalls in zahllosen Varianten existieren, von denen sich jede für die einzig wahre hält. Einen echten Einfluss auf die Realität hättest du nicht, weil immer alle Möglichkeiten parallel stattfinden.

Einige Physiker, denen dieses Modell unbefriedigend erschien, haben es dahingehend abgewandelt, dass all diese möglichen Realitäten zusammen eine Art Informationsfeld bilden, in dem alle theoretischen Möglichkeiten zunächst nur als Potenzial und nicht als Realität existieren. Man kann das gut vergleichen mit den vielen Radiosendern auf der Welt, die alle ihre Programme als Wellen aussenden. Würde man alle Programme gleichzeitig empfangen, so würde man nur ein undefinierbares Rauschen hören. Um ein bestimmtes Radioprogramm hören zu können, muss der Empfänger daher einen einzelnen Sender *herausfiltern* und alle anderen ausblenden.

Wie nun aus diesem „Möglichkeitsraum" – den wir mit der Matrix gleichsetzen können – eine tatsächliche Realität herausgefiltert wird, ist wiederum umstritten. Einige Physiker nehmen an, dass es das *beobachtende Bewusstsein* ist, das durch eben diesen Akt der Beobachtung oder *Wahrnehmung* aus der virtuellen eine tatsächliche Realität macht. Und da meine praktischen Erfahrungen mit der Realitätsgestaltung zu diesem Modell passen, habe ich es mir bis auf Weiteres zu eigen gemacht und es anhand meiner Beobachtungen erweitert.

Unsere Wahrnehmung filtert also bei diesem Modell eine bestimmte Realität aus dem virtuellen Möglichkeitsraum heraus, die dadurch materiell manifestiert wird. Der Akt der Manifestation ist also der Moment der Wahrnehmung. Nur geht es dabei nicht um die Wahrnehmung mit unseren fünf physischen Sinnen, also Sehen, Hören, Fühlen, Schmecken und Riechen, sondern um die intuitive Wahrnehmung und damit um unseren sechsten Sinn.

Unsere intuitive Wahrnehmung funktioniert nach diesem Modell jedoch nicht ganz so wie eine Radioantenne, sondern eher wie eine Satellitenschüssel. Die Schüssel muss im Gegensatz zu einem einfachen Radioempfänger genau auf einen bestimmten Punkt am Himmel ausgerichtet werden. Das heißt, es gibt zwei Faktoren, die dafür verantwortlich sind, welche Realität wir empfangen:

1. Die Ausrichtung unserer Aufmerksamkeit

2. Unsere Wahrnehmungsfilter

Die einfachen Realitätsgestaltungsmodelle können nach dieser Weltanschauung deshalb ihre Erfolge feiern, weil sie in der Regel einen der beiden Faktoren zumindest teilweise erfüllen. Bei den meisten Methoden, wie beispielsweise den *Bestellungen beim Universum*, dem *Wünschen*, dem *Visualisieren des Erwünschten*, dem *Positiven Denken* oder dem *Affirmieren* wird lediglich die Aufmerksamkeit auf die gewünschte Realität ausgerichtet. Das bringt schon erste Ergebnisse – es sei denn, die Wahrnehmungsfilter lassen das nicht zu. Dann kann es auch durchaus sein, dass man sich *mehr Geld* bestellt und *mehr Rechnungen* geliefert bekommt.

Die Ausrichtung unserer Wahrnehmung allein genügt in der Praxis nur äußerst selten, wenn es um wirklich wichtige Dinge im Leben geht. Man kann sich damit wie gesagt vor allem kleine, aber manchmal durchaus verblüffende Dinge manifestieren, weil diese Dinge nicht so wichtig sind, als dass man sich tatsächlich die Mühe machen würde, ernsthaft über die Realisierung nachzudenken. Anders sieht es aus, wenn es um etwas sehr Wichtiges geht, wie unsere Liebesbeziehung, unsere Gesundheit oder unsere Existenzsicherung. Da führt kein Weg an unseren Wahrnehmungsfiltern vorbei. Allein an das zu *denken*, was wir gerne haben wollen, reicht da bei fast allen Menschen nicht aus. Das genügt dann nur bei ganz, ganz wenigen.

Bleiben wir einmal beim Beispiel Geld, um den Sachverhalt genauer zu beleuchten, warum es mit den ganz einfachen Methoden bei einigen wenigen Anwendern gelingt, bei den meisten jedoch nicht.

Unsere Wahrnehmung wird unter anderem von unseren Glaubenssätzen beeinflusst. Wenn wir zum Beispiel glauben, dass es sehr schwer ist, an mehr Geld heranzukommen, dann können wir die leichten Möglichkeiten einfach nicht wahrnehmen. Dieser *schwere* Glaubenssatz fungiert dann als Wahrnehmungsfilter, der alle *leichten* Möglichkeiten in der Matrix wegfiltert. Durch diesen Filter hindurch können wir also nur die *schweren* Möglichkeiten wahrnehmen.

Doch stellen wir uns einmal einen Menschen vor, der einen ganz *leichten* Glaubenssatz in Bezug auf Geld hat – beispielsweise die Einstellung, das Geld läge auf der Straße. Dieser Mensch hätte einen ganz anderen Wahrnehmungsfilter. Der würde nämlich alle *schweren* Möglichkeiten in der Matrix ausblenden, sodass für diesen Menschen nur die *leichten* Möglichkeiten übrig bleiben. Diese Einstellung ist beim Durchschnittsbürger selten zu finden, aber befragt man Menschen, die auf eine sehr leichte Art und Weise zu Geld gekommen sind, dann berichtet ein bemerkenswert großer Prozentsatz dieser Menschen davon, dass sie immer schon eine positive Einstellung zum *leichten* Geldverdienen hatten – also nicht erst, *nachdem* sie reich wurden, sondern davor!

Dass dies jedoch nicht immer funktioniert, liegt daran, dass unsere Glaubenssätze nicht unsere einzigen Wahrnehmungsfilter sind. Wenn man das nicht weiß, kann es leider ganz schnell passieren, dass man sich in eine Art Glaubenszwang verrennt. Man will unbedingt seine Herzenswünsche erfüllt bekommen, und wenn das noch nicht geklappt hat, dann gibt es dafür nur eine Erklärung: *Man hat nicht stark genug geglaubt!* Schließlich hat Jesus bereits vor 2000 Jahren gesagt, *der Glaube versetze Berge*!

Das mag unter Umständen sogar stimmen, aber der Glaube ist trotzdem nur *ein* Wahrnehmungsfilter von insgesamt vieren, die für unsere Realitätswahrnehmung tatsächlich verantwortlich sind. Berücksichtigt man alle vier, steigt die Erfolgsquote in der Praxis in unfassbarem Ausmaß! Schauen wir uns daher auch kurz die anderen drei Wahrnehmungsfilter an.

Um diese leichter verständlich zu machen, möchte ich dir das mit den Wahrnehmungsfiltern etwas bildhafter erklären. Stell dir bitte einmal vor, du hättest ein Fernrohr in der Hand, durch das du in die Welt hinausschaust. Es ist jedoch kein normales Fernrohr, bei dem du nur die Schärfe einstellen kannst. Dieses Fernrohr hat zusätzlich noch vier Filter, die einen Teil der Welt „heraussieben" und dir so immer nur einen Teil der Realität zeigen. Der Glaube ist, wie bereits erwähnt, einer dieser Filter.

Wenn du einen *schweren* Filter einsetzt, dann siehst du durch dein Fernrohr auch nur eine *schwere* Realität. Alle Leichtigkeit wird also herausgefiltert und bleibt für dich unsichtbar – obwohl sie natürlich in der Matrix als Möglichkeit vorhanden wäre. Ist dein Glaube also *schwer*, dann kannst du auch nur *schwere* Möglichkeiten bei deinem Blick durch dein Fernrohr sehen. Wäre dein Glaube *leicht*, dann würdest du auch eine *leichte* Realität durch dein Fernrohr wahrnehmen – allerdings nur dann, wenn die anderen drei Wahrnehmungsfilter ebenfalls alle leicht wären! Denn die vier Filter liegen in deinem Fernrohr alle hintereinander.

Der nächste Wahrnehmungsfilter liegt im limbischen System unseres Gehirns – dem Zentrum emotionaler Intelligenz. Hier werden, wie bereits erläutert, *sinnlos* alle gleichzeitigen Sinneseindrücke und ihre Verarbeitung in unserem Gehirn miteinander gekoppelt. Sinnlos heißt, dass hier nicht überlegt wird, ob diese Dinge wirklich logisch etwas miteinander zu tun haben und ob das jetzt gut ist, sie zu koppeln, oder nicht. Wenn sie wiederholt gleichzeitig stattfinden, werden sie einfach miteinander verbunden. Das ist ein viele Millionen Jahre alter neurologischer Mechanismus, der bei allen Menschen und allen höheren Tieren gleich funktioniert.

Bleiben wir einmal zur Veranschaulichung bei unserem Beispiel Geld. Wenn ein Kind wiederholt von seinen Eltern hört: „Dafür haben wir zu wenig Geld", wenn es sich etwas wünscht, dann wird dieses Mangelbewusstsein irgendwann automatisch an Geld gekoppelt. Mit anderen Worten, es wird ein Routine-Denkmuster. Sobald dieses Routine-Muster etabliert ist, empfindet dieses Kind auch später als Erwachsener automatisch jedes Mal ein Mangelgefühl, wenn es an Geld denkt.

Wir haben uns im Laufe unseres Lebens sehr viele gute und schlechte emotionale Kopplungen (Konditionierungen) angeeignet. Die Mangelgefühle sind nur ein Beispiel von vielen. Aber bleiben wir einmal bei unserem Fernrohr, über das man die Realitätsgestaltung leichter verstehen kann. Wenn ein Mensch Angst und/oder Mangelgefühle in seinem Emotionalgehirn an das Thema Geld gekoppelt hat, dann ist dies einer seiner Wahrnehmungsfilter zum Thema Geld. Wenn dieser Mensch mit seinem Fernrohr daher in Richtung Geld schaut, dann könnte er mit diesem Filter die leichten Möglichkeiten, die das Leben ihm zum Geldverdienen bietet, nicht sehen. Seine Angst und sein Mangelgefühl filtern diese Möglichkeiten einfach weg.

Was aber passiert, wenn dieser Mensch auf der mentalen Ebene daran glaubt, dass das Geldverdienen leicht ist, weil er in einem Seminar solch einen Glaubenssatz mit einer effektiven mentalen Methode geschaffen hat? Er schaut ja immer durch alle vier Wahrnehmungsfilter gleichzeitig hindurch. Dieser Mensch würde also gleichzeitig durch einen leichten mentalen Filter schauen und durch einen schweren emotionalen Filter. Was würde er dann sehen?

Dieser Fall ist schon bei sehr vielen Menschen eingetreten. Was in der Praxis dabei passiert, ist absolut eindeutig: Selbst wenn nur ein einziger Filter von allen vieren schwer ist, kann man die leichten Möglichkeiten durch das Fernrohr trotzdem nicht sehen. Drei Daunenfedern und eine Bowlingkugel sind zusammen leider immer noch schwer.

Wenn man also tolle Glaubenssätze in Bezug auf Geld hat, dann weiß man vom Kopf her genau, dass es *in Wirklichkeit* leichte Möglichkeiten zum Geldverdienen geben müsste, aber solange eine negative Konditionierung zum Thema im limbischen System vorhanden ist, kann man diese tollen Möglichkeiten trotzdem nicht wahrnehmen – zumindest nicht auf der intuitiven Ebene, die unsere Realitätsauswahl bestimmt.

Der dritte Filter unseres Fernrohrs ist unsere *Identität* – also unser Sein. Was damit gemeint ist, habe ich bei Halbwahrheit Nr. 7 etwas genauer beschrieben. Denken, Fühlen und Identifizieren sind die drei Elementarprozesse in unserem Gehirn. Elementarprozesse bedeutet, dass man sie nicht mehr in noch kleinere Prozessschritte unterteilen kann.

Stell dir einmal vor, es käme ein Außerirdischer auf die Erde, der über keinerlei Gefühle verfügt. Wie wolltest du ihm erklären, was Gefühle sind, damit er das richtig *nachempfinden* kann?! Genauso schwer fällt es uns, das Denken zu beschreiben, ohne dazu das Wort „denken“ zu verwenden. Und mit unserer Identität ist es genauso. Es ist unser *Ich*. Neurologisch betrachtet befinden wir uns hier, wie schon erwähnt, im Frontallappen unseres Großhirns, dem Sitz unserer Persönlichkeit. Das ist ein völlig anderes Gehirnareal als diejenigen, die wir zum Denken oder zum Fühlen verwenden. Es ist daher ein großer Unterschied, ob jemand beispielsweise *glaubt*, er sei ein toller Typ, oder ob er sich tatsächlich damit *identifiziert*, einer zu sein! Aber bleiben wir auch hier einmal zum Veranschaulichen dieser Ebene unseres Geistes beim Thema Geld.

Was, meinst du, passiert in der Realitätsgestaltung, wenn jemand sich damit identifiziert, ein Pechvogel oder ein Versager zu sein? Mit dieser Identifikation baut er natürlich wieder einmal einen schweren Wahrnehmungsfilter in sein Fernrohr ein. Wenn er dann Richtung Geld schaut, wird er wieder einmal nur schwere Möglichkeiten sehen können – und zwar auch dann, wenn er auf der mentalen Ebene ganz stark daran glaubt, das Geld läge auf der Straße. Kann ja sein, dass es da liegt, aber ein Pechvogel ist dann trotzdem immer genau da, wo das Geld gerade *nicht* liegt!

Der vierte Wahrnehmungsfilter unseres Fernrohrs ist das *Kollektiv*, in dem wir leben. Das heißt, wir lassen uns von den Menschen in unserem persönlichen Umfeld in unserer Wahrnehmung beeinflussen.

Stell dir vor, du kommst auf eine große Wiese, auf der tausend Menschen versammelt sind. Und sie alle schauen nach unten auf ihre Schuhe, weil sie überprüfen wollen, ob sie in Kacke getreten sind. Was meinst du, was du tust, sobald du das realisierst?! Logisch, du schaust auch sofort auf deine Schuhe, um zu sehen, ob du in Kacke getreten bist.

In Bezug auf unser Beispiel Geld heißt dies Folgendes: Wenn du von Menschen umgeben bist, die immer nur auf die Kacke schauen, wenn es ums Geld geht, dann schaust du ohne nachzudenken ebenfalls dorthin. Man kann sich natürlich davon lösen und sich individuell anders entscheiden. Aber wenn man das nicht tut, rennt man automatisch der Herde hinterher.

Es ist also wirklich egal, welcher der vier Wahrnehmungsfilter unsere Wahrnehmung beeinträchtigt. Das Endergebnis wird nicht vollständig positiv sein können, solange mindestens einer unserer vier Filter negativ geprägt ist. Wir schauen also durch unser Fernrohr mit seinen vier Filtern in die Matrix hinein. In dem Moment, wo wir unsere Aufmerksamkeit auf ein bestimmtes Thema ausrichten, nehmen wir in der Matrix durch unsere Wahrnehmungsfilter eine bestimmte Variante der Realität wahr. Anwender von Realitätsgestaltungsmethoden bezeichnen diesen Moment im Allgemeinen als „Manifestation“. Es ist allerdings wichtig, zu verstehen, dass wir nach diesem Modell eigentlich gar keine Realität „gestalten“ (und sie auch nicht „anziehen“, wie andere Modelle es nennen). *Wir wählen sie aus!* Ich möchte diesen Satz noch einmal herausstellen, weil er sehr, sehr wichtig ist:

Wir gestalten keine Realität – wir wählen sie aus!

Ich habe die Auswirkungen dieser Weltanschauung jetzt viele Jahre lang in der Praxis gemeinsam mit einigen Tausend Anwendern in Bezug auf ihr Glücks-, Erfolgs- und Gesundheitspotenzial überprüft. Es ist absolut bemerkenswert, was man damit tatsächlich bewerkstelligen kann. Es klappt zwar nur, wenn man sich tatsächlich die Arbeit macht, alle vier Wahrnehmungsfilter zu *putzen*, aber es klappt!

Der Clou ist jedoch wie gesagt, dass diese Weltanschauung auch dann sehr positive Auswirkungen auf unser Glück, unsere Gesundheit und unseren Erfolg in allen Lebensbereichen mit sich bringt, wenn man das *Putzen* gar nicht tatsächlich praktiziert. Es genügt bereits, zu wissen, dass man es tun *könnte*, um die Machtlosigkeit, die andere Weltanschauungen mit sich bringen, auf ein Minimum zu reduzieren.

Das heißt, selbst dann, wenn dieses Modell Quatsch mit Soße wäre, würde uns dieser Glaube trotzdem glücklicher und erfolgreicher machen als der Glaube an den Zufall, an ein vorgegebenes Schicksal oder an irgendeine andere Weltanschauung. Denn je weniger Machtlosigkeit man empfindet, desto besser fühlt man sich, hat mehr Energie, ist privat und beruflich erfolgreicher, attraktiver, überzeugender, motivierter und sogar gesünder! Wie gesagt: Das ist völlig unabhängig davon, ob der Glaube an die Fähigkeit, seine Realität auswählen zu können, tatsächlich stimmt. Daher kann man mit dieser Weltanschauung einfach nicht viel falsch machen. Selbst wenn sie nicht stimmt, macht sie uns glücklicher und erfolgreicher als jede andere.

Falls du also bisher an eine Weltanschauung geglaubt hast, die deutlich mehr Machtlosigkeit beinhaltete, dann kannst du mit den folgenden drei Fragen davon loslassen:

1. Kann ich wirklich definitiv wissen, dass meine alte Sichtweise wahr ist?
2. Warum kann ich das nicht definitiv wissen?
3. Was spricht dafür, dass es auch anders sein könnte?

Nun wäre es natürlich noch schön, wenn wir diese Weltanschauung so erweitern könnten, dass sie nicht nur ein Minimum an Machtlosigkeit, sondern auch noch ein Maximum an Sinn enthalten würde. Außerdem sollte sie so wenige Ängste wie möglich auslösen und möglichst wenige Einschränkungen unserer Freiheit beinhalten – also möglichst wenige Zwänge und Notwendigkeiten. Auch sollte sie uns nicht mit zu hohen Anforderungen überfordern, die man nur sehr schwer oder sogar überhaupt nicht erfüllen kann. Und natürlich wäre es nett, wenn es keine nennenswerten Widersprüche innerhalb dieses Weltbildes gäbe, denn es ist fast unmöglich, willentlich an etwas zu glauben, von dem das Gegenteil bereits bewiesen ist. Unsere Weltanschauung sollte also möglichst widerspruchsfrei sein. Würden wir solch eine Anschauung finden, wären wir natürlich fein raus. Aber gibt es denn überhaupt solch eine wundersame Weltanschauung?

Halbwahrheit Nr. 21: Das Leben hat keinen vernünftigen Sinn

Ich habe viele Jahre lang vergeblich nach solch einer Weltanschauung gesucht. Vor etwas mehr als 20 Jahren traf ich dann eine Entscheidung, die mein gesamtes, bis dahin eher schweres und einengendes Leben ganz systematisch nach und nach ins Licht und zur Leichtigkeit gewendet hat. Ich habe mich nämlich entschieden, meinem Leben selbst einen Sinn zu geben und mich nicht länger an den vielen nachteiligen spirituellen Halbwahrheiten zu orientieren.

Natürlich möchte ich nicht behaupten, dass der Sinn des Lebens, den ich dabei gefunden habe, der tatsächlichen Wahrheit entspricht. Mein Sinn des Lebens ist jedoch wieder einmal überaus nützlich, wenn du ein glückliches, gesundes und erfülltes Leben führen möchtest. Und natürlich habe ich auch Hinweise darauf gefunden, dass meine Weltanschauung nahe an der Wahrheit liegen könnte. Es sind selbstverständlich keine *Beweise*, denn die gibt es ja für keine Weltanschauung, aber es sind starke *Hinweise*, die es mir leicht machen, an diesen nützlichen Sinn des Lebens zu glauben – und zwar so lange, bis das Gegenteil bewiesen ist!

Lass mich dir dazu ein paar wahre Geschichten erzählen, aus denen diese Hinweise hervorgehen. Beispiel 1: Ein Bekannter von mir, nennen wir ihn *Gerhard*, fuhr nach der Arbeit mit dem Auto nach Hause. Er fuhr den gleichen Weg wie immer. Die einzige Ampel auf seinem Heimweg war grün. Plötzlich machte er, ohne sich selbst verstehen zu können, eine scheinbar völlig unsinnige Vollbremsung und verursachte einen heftigen Auffahrunfall mit den beiden Autos hinter ihm. Zwei Sekunden später raste ein LKW mit 80 Sachen über die rote Ampel der Hauptstraße, die Gerhard und seine zwei Hintermänner überqueren wollten. Der Fahrer des LKW war am Steuer eingeschlafen. Hätte Gerhard nicht gebremst, wären wahrscheinlich alle drei Autofahrer tot gewesen.

Doch Gerhard hatte den LKW weder sehen noch hören können! Er hatte die Musik laut aufgedreht, und die Kreuzung war nicht einsehbar. Er sagte später, dass er wie ferngesteuert auf die Bremse getreten habe und dass er in diesem Moment nichts dagegen hätte tun können. Er konnte nur zuschauen, wie es passierte.

Beispiel 2: Eine Bekannte wollte mit dem Zug von Hannover nach Hamburg fahren. Als sie in den Zug einsteigen wollte, bekam sie plötzlich aus heiterem Himmeln ein unfassbar schlechtes Gefühl und wollte auf keinen Fall mehr einsteigen. Am liebsten hätte sie alle Leute wieder aus diesem Zug herausgeholt, doch sie dachte, dass jeder sie für verrückt halten würde. Dieser Zug verunglückte dann wenig später in Eschede. Es war das bislang schwerste Zugunglück in der BRD.

Ich vermute, du kennst ebenfalls einige solcher Geschichten, denn solche Dinge passieren gar nicht so selten. Wer, glaubst du, ist dafür verantwortlich, dass diese Dinge passieren? Haben diese Menschen einfach nur die Zukunft vorausgesehen? Wenn ja, wer genau hat dann bei Gerhard auf die Bremse getreten, als der Sattelschlepper über die Kreuzung raste? Er fühlte sich wie ferngesteuert! Genauso habe ich selbst das auch mehrere Male in meinem Leben erlebt, als ich in Lebensgefahr war. Was glaubst du, wer uns hier ferngesteuert hat?

Du kennst bestimmt auch Geschichten über Menschen, die eine Nahtoderfahrung erlebt haben. Diese Menschen berichten mit hoher Übereinstimmung, dass sie zurückgeschickt wurden, weil ihre Zeit noch nicht gekommen sei. Wer bestimmt, wann ihre Zeit gekommen ist?

Niemand von uns kann solche Dinge bewusst kontrollieren – dennoch passieren sie. In allen Kulturen unserer Welt wird daher gemutmaßt, dass es eine höhere Macht geben könnte, die das alles tut. Wie diese Macht heißt, ob es eine fremde Macht ist oder ob wir diese Macht selbst sind, das ist alles eine Frage des Glaubens. Hier gibt es keine Beweise. Klar scheint nur zu sein: *Wenn es diese höhere Macht tatsächlich gibt, dann tut sie all diese Dinge nicht aus Jux und Tollerei.* Dafür passiert das alles viel zu systematisch. Diese höhere Macht scheint also etwas damit zu bezwecken. Aber sie tut es offensichtlich nicht, um uns generell vor Leid zu beschützen.

Du kannst dich sicherlich an den Fallbericht von Derek Adams erinnern, der glaubte, sich mit einem Medikament vergiftet zu haben, in Wirklichkeit jedoch nur ein harmloses Placebo eingenommen hatte. Oder an die Frau, die starb, weil sie die Abkürzung TS fälschlicherweise als „terminale Situation" verstanden hatte. Wir können an solchen Nocebo-Effekten sterben. Wollte diese höhere Macht uns vor Leid bewahren, dann wäre es sicherlich ein Leichtes für sie, uns vor den tödlichen Folgen des Nocebo-Effektes zu bewahren.

Wenn man sich anschaut, wozu diese höhere Macht offenbar fähig ist, dann wird klar, dass sie das Leid auf dieser Welt beenden könnte, wenn sie das wollte. Doch sie tut es nicht. Und dafür gibt es nur eine Erklärung: *Sie will es nicht!* Und da sie dennoch immer wieder in unser Leben eingreift, ist andererseits auch klar, dass ihr nicht alles egal sein kann. Sie will also offenkundig etwas anderes. Doch was könnte das sein, was sie tatsächlich will? Genau diese Frage habe ich mir vor vielen Jahren gestellt. Mir war klar, dass die Antwort vermutlich so normal für uns ist, dass wir sie vor lauter Offensichtlichkeit nicht sehen. *Das Letzte, was ein Fisch in seinem Leben realisiert, ist das Wasser, in dem er schwimmt!*

Ich stieß dann mehr aus Zufall (zumindest erschien es mir damals so) bei einer außerkörperlichen Erfahrung auf eine mögliche Antwort. Es gibt viele Wirklichkeiten, die man bei außerkörperlichen Reisen besuchen kann. Die starken Übereinstimmungen der Erfahrungen von Tausenden von Menschen legen nahe, dass es sich hierbei nicht um bloße Fantasiereisen handelt. Aber beweisen kann man natürlich auch das nicht.

Wenn man andere Wirklichkeiten bereist, stellt man fest, dass sie alle unterschiedlichen „Naturgesetzen" (oder vielmehr *Regeln*) folgen. Durch das Erleben dieser anderen Wirklichkeiten bekommt man eine andere Perspektive. Es fallen einem dann Dinge an unserer Realität auf, die man sonst nie sehen würde, weil sie hier einfach zu selbstverständlich sind.

Was für mich bei meinen außerkörperlichen Reisen durch andere Wirklichkeiten sehr offensichtlich wurde, war, dass wir in unserer Wirklichkeit *sterblich* sind. Das ist längst nicht in allen Welten der Fall. Es ist genauer gesagt sogar die größte Besonderheit unserer Wirklichkeit. Es ist zwar genau betrachtet nur die *Illusion* der Sterblichkeit, denn sterben können wir nach meiner Auffassung nicht wirklich, aber in unserer Wirklichkeit ist unser gesamtes Erleben auf dieser Illusion aufgebaut. Es könnte also durchaus sein, dass wir alle hier in dieser Wirklichkeit sind, um die Illusion von Sterblichkeit und Begrenztheit zu erfahren. Und es könnte sein, dass es die Aufgabe dieser höheren Macht ist, uns diese Erfahrung zu ermöglichen.

In vielen spirituellen Weltanschauungen wird die menschliche Seele als ein im Ursprung allwissendes und allmächtiges Wesen angesehen. Demnach sind wir kein Körper, der eine Seele hat, sondern eine Seele, die sich eines Körpers bedient und während dieser Zeit ihre wahre Natur vergisst. Die meisten spirituellen Richtungen sehen in diesem Körper eine Beschränkung unserer tatsächlichen Macht als Seele, manche sehen sogar eine Bestrafung im menschlichen Dasein. Beides sind keine Weltanschauungen, die wirklich Glück, Erfolg und Gesundheit fördern.

Die meisten spirituellen Weltanschauungen postulieren, dass wir aus irgendeinem Grund aus der Einheit, der Vollkommenheit, der Allwissenheit, der Allmacht oder der allumfassenden Liebe – kurzum, dem „Paradies" – herausgefallen sind (im Christentum ist zum Beispiel der Sündenfall dafür verantwortlich) und uns nun bemühen müssen, aus der Getrenntheit wieder zur Einheit zurückzufinden, was im Buddhismus und Hinduismus viele Hundert, ja sogar Tausende Leben benötigen kann.

Dieses Glaubenssystem ist sehr widersprüchlich – egal welche Weltanschauung man sich anschaut. Wenn wir tatsächlich einst vollkommene Wesen waren, dann ist es mehr als unlogisch, dass uns solch ein unvollkommener Fehler passiert sein soll. Vollkommene Wesen machen keine Fehler! Ebenso unlogisch ist die Vorstellung, dass der *liebe* Gott uns aus dem Paradies verbannt hat, weil wir vom Baum der Erkenntnis gegessen haben. Nach dem christlichen Glauben sind wir Gottes Geschöpfe, und Gott ist vollkommen. Auch ihm würde also kein Fehler unterlaufen, wenn er Menschen erschafft. Wie kann es also sein, dass Menschen sich *falsch* verhalten?! Sie verhalten sich entsprechend ihrer Natur. Sie verhalten sich mit anderen Worten so, wie Gott sie geschaffen hat. Wenn daher jemand die Schuld daran trägt, dass Menschen Fehler machen, dann liegt es an ihrem Schöpfer!

Für strenggläubige Christen sind diese Schlussfolgerungen natürlich Blasphemie! Ihnen ist es seit zwei Jahrtausenden verboten, über solche Widersprüche im christlichen Glauben überhaupt nur nachzudenken. Vor wenigen Jahrhunderten stand auf solche Gedanken, wurden sie denn öffentlich geäußert, noch die Todesstrafe! Doch auf ewig kann man den Menschen ihren gesunden Menschenverstand einfach nicht verbieten. Und so haben sich die Menschen in unserer heutigen Zeit ihre Meinungsfreiheit in vielen Ländern wieder zurückerobert.

Ich möchte noch einen unerhörten Gedanken wagen, der sich diametral von allen gängigen Weltanschauungen unterscheidet, aber dennoch dem Ganzen einen echten Sinn geben könnte. Statt das menschliche Dasein als Begrenzung unserer Allmacht anzusehen, könnte es genau andersherum sein! Für ein allwissendes und allmächtiges Wesen ergibt sich nämlich automatisch eine letzte Begrenzung: Ein allwissendes Wesen kann nämlich keine *neuen Erfahrungen* machen. Es weiß ja schon alles, wie soll es da etwas *Neues* erfahren?! Es kann sicherlich alles Erdenkliche erleben, aber es kann nichts Neues erfahren. Das ist seine Begrenzung!

Um neue Erfahrungen machen zu können, muss sich ein allwissendes Wesen daher eines Tricks bedienen: Es muss *vergessen*! Wenn es sich selbst neu erfahren will, dann muss es vergessen, wer es in Wirklichkeit ist. Und wenn es die Existenz neu erfahren will, dann muss es alles andere ebenfalls vergessen. Das Menschsein könnte daher aus dieser Betrachtungsweise heraus keine Beschränkung sein, sondern die Lösung für die Beschränkung allwissender Wesen, nichts Neues erfahren zu können.

Dieses Leben könnte daher ganz einfach den Sinn haben, uns eine Welt der Sterblichkeit erfahren zu lassen. Damit werden gleich zwei Beschränkungen im Erleben eines allwissenden und unsterblichen Wesens aufgehoben: das Erleben von Neuem und das Erleben von Sterblichkeit. Beides kann ein unsterbliches und allwissendes Wesen normalerweise nicht erfahren.

Möglicherweise sind wir alle genau aus diesem Grund hier. Beweisbar ist das wie gesagt alles nicht. Doch wenn man diesen Sinn des Lebens zugrunde legt, dann ergibt alles, was wir erleben, einen Sinn. Auch die eingangs in diesem Kapitel genannten Begebenheiten, bei denen offenbar eine höhere Macht ihre Finger im Spiel hatte, ergäben dann einen Sinn, und es wäre auch klar, warum diese höhere Macht genau das tut, was sie tut. Weichen wir nämlich zu stark von unserem vorgesehenen Lebensweg ab, dann wird diese Abweichung von einer höheren Macht korrigiert.

Wir könnten gemäß dieser Weltanschauung sehr vieles in unserer Realität beeinflussen, und dennoch wäre auch einiges determiniert (vorherbestimmt). Wir haben damit ein gewisses „Schicksal". Dieses Schicksal bestimmt jedoch nicht unsere Zukunft. Es bestimmt nur die Ausgangsbasis unseres Lebens – also wer unsere Eltern sind, wo wir aufwachsen usw. Und dieses Schicksal könnten wir durchaus als Seele selbst gewählt haben! Das bedeutet daher nicht, dass wir keine Willensfreiheit haben – im Gegenteil! Wir wären unseres eigenen Glückes Schmied.

Grundsätzlich sind wir Menschen nach dieser Anschauung hier, um uns selbst als sterbliche Wesen zu erfahren. Genauer gesagt wollen wir erfahren, wie es ist, nicht unsterblich, allwissend und allmächtig zu sein, denn das ist wie gesagt für ein unsterbliches, allwissendes und allmächtiges Wesen eine völlig neue Selbsterfahrung. Erfahrungen macht man aber nur, wenn man etwas unternimmt und nicht das ganze Leben lang gegen die Wand starrt. Und dafür sorgen die Aufgaben, die wir vom Leben „vorgesetzt" bekommen. Es müssen also keine tatsächlichen Lernaufgaben sein, die wir zu bewältigen haben. Es kann sehr gut sein, dass es lediglich Aufgaben sind, die wir auf höherer Ebene selbst gewählt haben und die dafür sorgen sollen, dass wir auf der irdischen Ebene bestimmte Erfahrungen machen.

Diese Aufgaben bestehen grundsätzlich aus guten Gelegenheiten oder Problemen. Wir machen es uns dann zur Aufgabe, diese Probleme zu lösen oder die guten Gelegenheiten zu nutzen. Und durch diese Aufgaben machen wir Erfahrungen. Es gibt für jede Aufgabe leidvolle und glückliche Wege. Wir können hier tatsächlich frei wählen. Auf diesen beiden grundsätzlichen Wegen suchen wir von Geburt an den Weg nach oben. Evolution ist also ebenfalls eine feste Vorgabe dieses Spiels. Wir wollen instinktiv nach oben auf höhere Existenzebenen des Lebens.

Es ist, als lebten wir im Inneren eines Computerspiels, bei dem es darum geht, über mehrere Level die Prinzessin zu retten, den Drachen zu besiegen, den Schatz in der Kammer des Schreckens zu erbeuten usw. Wenn wir dabei einen gravierenden Fehler machen, verlieren wir unser Leben und müssen von vorne beginnen. Dieses Spiel des Lebens wird interaktiv ständig an unser Denken und unsere Gefühle angepasst. Das würde dann erklären, weshalb unser Gehirn die Realität auswählt. Ausgangspunkt des Spiels ist jedoch unser Schicksal, zu dem wir uns für dieses Leben entschieden haben – also das Leben, in das wir geboren wurden, die Eltern, die wir bekommen haben, den Körper, den wir als Avatar im Spiel verwenden usw.

Ich habe unseren Körper in dieser Weltanschauung als *Avatar* bezeichnet. So bezeichnet man im Hinduismus eine körperlich inkarnierte Gottheit, aber auch die Spielfigur, die man in einem Computerspiel oder einer virtuellen digitalen Realität verwendet. Genau wie in einem Spiel haben wir die Möglichkeit, diese Spielfigur in gewissen Grenzen nach unseren Wünschen zu formen. Vieles ist jedoch auch vorgegeben. Diese Vorgaben habe ich als selbst gewähltes Schicksal bezeichnet. Doch unser Avatar besteht natürlich nicht nur aus einem Körper. Er hat eine Persönlichkeit, einen Emotionalkörper und einen Mentalkörper. Diese drei Körper zusammen mit unserem physischen Körper bilden das sogenannte Unterbewusstsein. Unser Unterbewusstsein ist also ein Musterspeicher, in dem gewohnte Denkmuster, Gefühlsmuster, Verhaltensmuster, Identitätsmuster und Kollektivmuster abgespeichert sind, die dann in Routine-Programmen automatisch ablaufen.

Im Gegensatz zu multiplen Persönlichkeiten identifizieren sich gesunde Menschen nur mit *einer* Persönlichkeit. Wir glauben in diesem Spiel, dass wir diese eine Persönlichkeit *sind*, denn es ist die scheinbare Konstante, die bei allem gleich bleibt, was wir erleben. Doch multiple Persönlichkeiten zeigen auf, dass wir unsere Persönlichkeit auch wechseln können. Sie ist keine Konstante. Es ist ebenfalls nur eine Rolle, in die wir hineinschlüpfen.

Wir *sind* also weder unser Denken noch unser Fühlen noch unsere Identität noch unser physischer Körper. All das ist nur ein Avatar, eine Spielfigur, die wir für das Spiel des Lebens verwenden. Der Mensch, für den wir uns halten, ist nur ein Avatar. Doch wenn wir nicht dieser Avatar sind, wer sind wir dann in Wirklichkeit? Diese Frage kann man in Worten nicht mehr so einfach beantworten. Aber man kann trotzdem erfahren, wer man wirklich ist – und zwar indem man alles wegnimmt, was man *nicht* ist, was, wie bereits vor einigen Kapiteln erwähnt, eine gängige Meditationspraxis darstellt. Das, was dann übrig bleibt, das ist man tatsächlich.

Nun ist dies keine Frage des Wissens oder des Glaubens. Viele Menschen *glauben* daran, dass sie eine Seele sind, die einen Menschen hat, und nicht umgekehrt. Dennoch können die meisten Menschen sich nicht tatsächlich als diese Seele *wahrnehmen*. Sie glauben nur fest daran, dass es so ist. Das tatsächliche Erfahren des eigenen Selbst ist jedoch sehr gut möglich, wenn man das nicht nur über die mentale Ebene versucht, sondern alle vier Wahrnehmungsfilter auf ein hohes Energieniveau bringt. Ich spreche hier wieder aus der Praxis, denn genau diese Erfahrung der reinen Bewusstheit ist fester Bestandteil meines Seminarprogramms. Danach sehen meine Teilnehmer die Welt mit anderen Augen, denn durch diese Erfahrung erkennt man, dass man die vollständige Willensfreiheit über seine Existenz besitzt. Auch das kann niemand beweisen, aber man kann es erleben, und dieses eigene Erleben ist sehr überzeugend!

Wenn man sich durch diese Erfahrung damit identifiziert, tatsächlich eine unsterbliche und allwissende Seele zu sein, die hier ist, um sich selbst in einer Welt der Sterblichkeit neu zu erfahren, dann erkennt man, dass man tatsächlich über vollständige Willensfreiheit verfügt. Nichts ist dann tatsächlich vorgegeben. Wir wählen auf dieser Ebene sowohl unser Schicksal selbst aus als auch das, was wir aus unserem Schicksal machen. Wir sind dann wie gesagt wirklich unseres eigenen Glückes Schmied.

Ich persönlich glaube an diesen Sinn des Lebens, auch wenn ich ihn selbstverständlich nicht beweisen kann. Ich habe es nur genauso wie viele andere Menschen in der Meditation auf einer höheren Existenzebene erfahren und danach erlebt, wie überaus positiv und befreiend sich dieser Sinn des Lebens auf mein Leben ausgewirkt hat. Alles wurde auf einmal viel heller, weil in allem Liebe ist, und alles wurde leichter, weil es in Wirklichkeit nur ums Erfahren geht. Ich muss ja gar nichts Schwieriges hinbekommen, um diesen Sinn des Lebens zu erfüllen. Wenn es nur ums Erfahren geht, dann *kann* ich gar nicht versagen!

Diesen Lebenssinn zu erfüllen ist also ganz leicht. Alles wird dadurch leichter, weiter und freier, weil ich gar nichts Bestimmtes mehr tun oder lassen muss. Es ist einfach alles richtig – sogar dann, wenn es unangenehm ist. Alles wird auch belebender und motivierender, denn alles ergibt Sinn. Außerdem liebe ich es, neue Erfahrungen zu machen. Auch verurteile ich das Leben nicht mehr wegen unangenehmer Erfahrungen. Die gehören einfach zu dieser Welt der Sterblichkeit dazu.

Ich kann hier auf die Schnelle gar nicht aufzählen, um wie viel leichter, heller, freier und belebender dieser Sinn des Lebens meine alltägliche Lebenserfahrung gemacht hat. Diese Weltanschauung beinhaltet keine nennenswerten Ängste, keine Notwendigkeiten, keinen Missstand, keine Machtlosigkeit und keine Sinnlosigkeit. Ob sie tatsächlich wahr ist, kann ich wie gesagt nicht sagen, aber dass sie sich in der Praxis äußerst positiv auf unser Lebensglück, unsere Gesundheit und unseren Erfolg im Leben auswirkt, das können sowohl ich als auch einige Tausend meiner Seminarteilnehmer bestätigen.

Diese Weltanschauung reduziert einfach die Missverständnisse zwischen Emotional- und Großhirn auf ein Minimum. Und das hat sehr gravierende Auswirkungen, denn diese Missverständnisse geben uns das Gefühl, in einer sehr viel düstereren und schwereren Scheinwelt zu leben, als dies tatsächlich der Fall ist. Wir könnten so unglaublich viel glücklicher sein, würden wir die Welt ohne diese Missverständnisse betrachten. Die ganze Negativität befindet sich nämlich in Wirklichkeit lediglich in unserem Kopf.

Um das noch besser nachvollziehen zu können, möchte ich dich zu einem kleinen Gedankenexperiment einladen. Stell dir dazu einmal vor, einer der reichsten Männer der Welt möchte in die Glücksforschung einsteigen, um Studien durchzuführen, die sich die Glücksforschung bisher aus finanziellen Gründen niemals leisten konnte. Für seine erste Studie wählt er willkürlich zehn Leute aus dem Telefonbuch aus und macht ihnen folgendes Angebot: Er schenkt jedem seiner zehn Probanden 1000 Euro für jede Minute, die sie in den nächsten sieben Tagen mit glücklichen Gefühlen verbringen. Und stell dir vor, du gehörtest zu diesen zehn Probanden!

Du musst in diesen sieben Tagen dein Leben jedoch ganz normal weiterführen, also weiter arbeiten gehen usw. Das ist eine von zwei Bedingungen, ansonsten ist es unserem Milliardär egal, wie du deine glücklichen Gefühle erzeugst. Die Gefühle müssen jedoch eine Intensität erreichen, bei der du selbst sagen würdest: „Ja, ich fühle mich gerade richtig gut.“ Das ist die zweite Bedingung.

Unser leider nur erdachter Milliardär bietet dir also für jede Glücksminute 1000 Euro an. Bei etwa sieben Stunden Schlaf wären das ziemlich genau eine Million Euro pro Tag, die du dir mit glücklichen Gefühlen verdienen könntest. Schöner hat noch nie jemand sein Geld verdient! Wie viele der möglichen sieben Millionen würdest du am Ende dieser Woche mit nach Hause nehmen? Die ganzen *zehn* Millionen, oder?! ☺ Denn so viel würdest du bekommen, wenn du die Nächte noch mit dazunehmen würdest. Oder würdest du tatsächlich jede Nacht sieben Stunden schlafen, wenn dich jede Stunde Schlaf 60.000 Euro kostet?! Ein paar Stunden müsstest du vermutlich schlafen, aber sobald du wieder aufwachst, würdest du dich sofort wieder um deine glücklichen Gefühle kümmern und damit viel Geld verdienen.

Und was wäre mit deinen schlechten Gefühlen in dieser Woche? Dir würden ja mit jeder Minute, die du mit schlechten Gefühlen verbringst, 1000 Euro durch die Lappen gehen. Wie viele Minuten wärst du in dieser Woche unzufrieden mit deinem Leben, wenn dich jede unzufriedene Minute 1000 Euro kosten würde? Wie oft wärst du wegen irgendetwas oder irgendjemandem genervt, wenn dich das jedes Mal 1000 Euro pro Minute kosten würde? Wie oft würdest du dich über etwas oder jemanden ärgern? Wie viele Minuten würdest du damit verbringen, irgendetwas „scheiße“ zu finden? Was für Situationen oder Umstände in deinem Leben gäbe es überhaupt noch in dieser Woche, die es dir wert wären, dir deswegen schlechte Gefühle zu machen, wenn dich jede Minute mit schlechten Gefühlen 1000 Euro kostet?! Du würdest jede unschöne Situation – die man ja nicht ganz ausschließen kann – so schnell wie möglich vergessen oder als gar nicht so schlimm bewerten und dich dann sofort wieder schönen Dingen und Gedanken zuwenden.

Weißt du, was das bedeutet? Wenn dir dein Glück im Alltag genauso wichtig wäre wie in dieser Woche, dann könntest du dich auf der

Stelle fast rund um die Uhr in sehr hohem Ausmaß glücklich fühlen – und zwar ohne dass sich an deinen Lebensumständen auch nur irgendetwas verändern müsste! In der Milliardär-Woche wäre ja äußerlich ebenfalls alles gleich geblieben. Zugegeben: Die Aussicht auf das Geld hätte deine Grundstimmung sicher erheblich verbessert. Dennoch hättest du auch unabhängig davon sehr viel mehr Glück erzeugt als im normalen Leben. Doch was hält dich eigentlich davon ab, tatsächlich so glücklich zu sein?!

Ich vermute, du ahnst es schon: Deine gewohnten Denk-, Gefühls-, Identitäts- und Kollektivmuster sind dafür verantwortlich. In dieser Woche hättest du deine Aufmerksamkeit aufgrund der 1000 Euro, die du für jede Glücksminute bekommst, ganz bewusst auf alles Schöne in deinem Leben ausgerichtet. Du hättest dich also ganz bewusst mit allem befasst, was gute Gefühle macht. In deinem normalen Alltag steuern jedoch deine unbewussten Muster deine Aufmerksamkeit, und die hängen zum großen Teil auch von deinen Halbwahrheiten ab.

Bei unserem lieben *Ernst* ist das sehr schön zu sehen. Für ihn ist es ja das Allerwichtigste auf der Welt, dass er seine Lernaufgaben bewältigt. Er hat also eine sehr starke Motivation, sich mit seinen Problemen auseinanderzusetzen. Aber er hat nur sehr wenig Motivation, gezielt nach Schönem zu suchen, wodurch er sich glücklich fühlen könnte. Das wäre für Ernst nur Zeitverschwendung. Ab und an wird sicherlich auch er das Leben ein wenig genießen, aber nicht so sehr, wie wir das in dieser Woche mit unserem erdachten Milliardär getan hätten.

Wie glücklich wir uns in der Praxis tatsächlich fühlen, ist also davon abhängig, was uns wirklich *wichtig* ist, und das ist abhängig von unseren Halbwahrheiten. Der Sinn des Lebens steht dabei natürlich ganz weit oben. Der *nützliche* Sinn des Lebens, den ich dir in diesem Kapitel vorgestellt habe, gibt dir die Freiheit, dich mit den schönen Dingen des Lebens zu befassen, denn er beinhaltet einfach so gut wie keine Gefahren, Notwendigkeiten, Missstände, Macht- oder Sinnlosigkeiten, die dich bei den meisten Weltanschauungen den größten Teil des Tages mit Negativem beschäftigen.

Parallel dazu bewirkt die Weltanschauung, dass du die Realität mit deiner Aufmerksamkeit und deinen Wahrnehmungsfiltern auswählst, zusätzlich noch eine erhebliche Steigerung deines Lebensglücks, da du dabei ja genau diejenigen Muster optimierst, die auch für dein Glück, deinen Erfolg und deine Gesundheit verantwortlich sind – und zwar völlig unabhängig davon, ob die Sache mit der Realitätsauswahl überhaupt stimmt oder nicht.

Das ist der springende Punkt bei dieser *nützlichen* Weltanschauung: *Egal ob sie stimmt oder nicht, sie macht dich auf jeden Fall glücklicher!*

Hier noch einmal die drei Fragen für deinen begründeten Zweifel an deiner alten Weltanschauung:

1. Kann ich wirklich definitiv wissen, dass meine alte Sichtweise wahr ist?

2. Warum kann ich das nicht definitiv wissen?

3. Was spricht dafür, dass es auch anders sein könnte?

Damit die Vorteile dieser Weltanschauung auch tatsächlich in deinem Leben zum Tragen kommen, schlage ich vor, dass wir uns nachfolgend einmal mit den *üblichen* Halbwahrheiten aus dem Bereich der Realitätsgestaltung beschäftigen, die Zweifel an dieser nützlichen Weltanschauung wecken könnten, weil sie in der Praxis einfach längst nicht so gut funktionieren, wie es von vielen Autoren behauptet wird. Diese Zweifel können wir ganz leicht zerstreuen, wenn wir uns diese Halbwahrheiten einmal ein wenig genauer anschauen.

Halbwahrheit Nr. 22: Alles ist möglich

Wir sind sehr wahrscheinlich als Seele eins mit Allem-was-ist und theoretisch allmächtig und allwissend, doch davon machen wir als Mensch nach meiner Weltanschauung willentlich keinen Gebrauch, da wir sowohl Neues als auch die Sterblichkeit und die Begrenztheit erfahren wollen. Denn auch die Begrenztheit ist etwas, das ein allmächtiges Wesen nicht erfahren kann, wenn es in seiner Allmacht bleibt. Das geht nur über unseren menschlichen Avatar. Daher sind unsere Möglichkeiten als Mensch absichtlich begrenzt, was keine tatsächliche Einschränkung darstellt, sondern den Sinn dieser Lebensform als Mensch.

Es kann daher nicht jeder Mann auf dieser Welt Angelina Jolie und jede Frau Brad Pitt heiraten. (Was natürlich auch nicht jeder will. Das soll nur ein Beispiel sein, um diesen Sachverhalt zu verdeutlichen.) Genauso wenig können alle Menschen auf der Welt gleichzeitig Präsident der Vereinigten Staaten von Amerika sein. Das kann immer nur einer.

Auch sind an sehr vielen Ereignissen viele Millionen oder sogar Milliarden von Menschen beteiligt. Wir wählen unsere Realität also nicht isoliert von den anderen Menschen aus. Wir leben in einer kollektiv gestalteten Realität. An manchen Ereignissen sind sehr wenige Menschen beteiligt und an manchen sehr viele. Je mehr daran beteiligt sind, desto geringer wirkt sich unser Eigenanteil aus.

Bei unserer eigenen Gesundheit oder unseren Gefühlen ist der Eigenanteil sehr groß. Hier bestimmen wir fast vollständig selbst. Und dennoch zeigen Untersuchungen zum Placebo-Effekt sehr schön auf, dass auch andere Menschen hier einen ganz erheblichen Einfluss auf unsere Gesundheit haben können. Das funktioniert auch prächtig mit Tieren. Es gibt wissenschaftliche Untersuchungen, die belegen, dass beispielsweise Pferde oder Hunde eine ganz offensichtliche Reaktion auf ein Placebo zeigen – aber nur, wenn ihr *Besitzer* glaubt, es sei ein echtes Medikament! Dann wirken diese scheinbaren Medikamente ganz spezifisch!

Wenn der Mensch zum Beispiel davon ausgeht, das „Medikament" lindere den Schmerz, dann wird das beim Tier auch genau so sein. Wenn der Mensch davon ausgeht, das „Medikament" helfe bei der Verdauung, dann wird auch dies eintreffen. Das passiert sowohl bei der Übertragung von Mensch zu Tier als auch von Mensch zu Mensch. Es klappt nicht immer, aber so häufig, dass Wissenschaftler von einem statistisch signifikanten und damit eindeutig nicht zufälligen Ergebnis sprechen.

Wir gestalten also offensichtlich auch die Realität von anderen Menschen und sogar Tieren mit. Das tut jeder bei jedem, und dennoch haben wir selbst natürlich bei vielen Themen den absoluten Löwenanteil an dem, was mit uns geschieht. Bei anderen Ereignissen wirken jedoch sehr viele mit, wie beispielsweise beim Wetter, beim Straßenverkehr oder auch bei einem Krieg. Wäre hier ein einzelner Mensch in der Lage, die Realität sehr vieler Menschen zu gestalten, dann hätte vermutlich jeder von uns längst alle Kriege auf dieser Welt abgestellt. Aber das ist einfach nicht möglich, denn wir haben zwar einen sehr großen Einfluss auf unser eigenes Leben, aber eben nicht auf das Leben aller anderen.

Wir haben also auf dieser menschlichen Existenzebene keine unbegrenzte Macht. Das würden nur sehr viele Menschen gerne glauben, weil es sich gut anfühlt, so machtvoll zu sein. Aber dieser Glaube zieht auch automatisch Frust und Enttäuschung oder sogar Selbstverurteilung nach sich. Wenn Millionen von Menschen sterben müssen, weil *ich* es nicht schaffe, den Krieg abzustellen, dann ist das natürlich alles andere als ein schönes Gefühl.

Der Grund, warum viele spirituelle Menschen glauben, dass sie auf dieser Existenzebene als Menschen allmächtig sind, liegt darin begründet, dass sie die Matrix nur aus ihrer eigenen, individuellen Perspektive betrachten, und da heißt es ja in vielen esoterischen Quellen, dass wir Schöpfer unserer *eigenen* Realität sind. Die Matrix ist jedoch sehr viel größer. Um sie zu verstehen, sollte man daher deutlich komplexer denken. Der springende Punkt dabei ist, dass nicht jeder von uns individuell seine Realität auswählt, sondern dass wir das alle kollektiv, also gemeinsam tun – und zwar nicht nur über unsere Glaubenssätze, denn die sind nur eine Ebene unseres Selbst, sondern über alle vier Realitätsebenen – Mentalkörper, Emotionalkörper, Identitätskörper und unserem *persönlichen Möglichkeitsraum*.

Dieser persönliche Möglichkeitsraum besteht aus den äußeren Ebenen unserer Aura. Hier sind unsere kollektiven Muster abgespeichert, die wir uns mit anderen Menschen teilen. Unser persönlicher Möglichkeitsraum überschneidet sich also mit den persönlichen Möglichkeitsräumen anderer Menschen. Und genau diese Überschneidungen legen fest, welche Möglichkeiten wir gemeinsam manifestieren können. Wenn also Brad Pitt nicht in unserem persönlichen Möglichkeitsraum ist, dann wird es auch diesbezüglich keine gemeinsame Realität geben.

Über unseren persönlichen Möglichkeitsraum hinaus gibt es auch einen allgemeinen Möglichkeitsraum für alle Lebewesen. Um die Begrifflichkeiten besser auseinanderhalten zu können, bezeichne ich diesen allgemeinen Möglichkeitsraum als Matrix.

Ich möchte das noch einmal zusammenfassen:

Es gibt eine kollektive Matrix. Diese Matrix ist eine nichtphysische, multidimensionale Wirklichkeit. Dort gibt es alle Möglichkeiten, wie sich unsere kollektive Realität tatsächlich manifestieren kann. Und unter allen diesen Möglichkeiten wählen wir dann alle gemeinsam mit unserer Wahrnehmung eine einzige aus, die dann tatsächlich für uns alle als physische Wirklichkeit manifestiert wird – wobei an manchen Ereignissen und Umständen nur sehr wenige Wesen (nicht nur Menschen, sondern alle Lebewesen – auch Tiere usw. bestimmen gemeinsam unsere Realität) beteiligt sind und an anderen sehr viele oder tatsächlich auch alle!

Schauen wir uns dazu noch ein paar Beispiele an, um das besser verstehen zu können: Wenn du dir eine Beziehung mit deinem „Seelenpartner" manifestieren wolltest, dann sind in der Regel nur sehr wenige Menschen an dieser Realitätsauswahl beteiligt. Manchmal sogar nur zwei Menschen – dein Partner und du. Wenn du dir hingegen einen bestimmten Job manifestieren möchtest, dann kann es sein, dass gleich mehrere Hundert Menschen an diesem Ereignis beteiligt sind: die Firma, die den Job ausgeschrieben hat, alle, die sich beworben haben, usw. Wenn du ein Loch in die Wolken zaubern wolltest, damit die Sonne mal wieder durchkommt, dann wären alle Menschen beteiligt, die dieses lokale Wetterphänomen wahrnehmen. Wenn du hingegen immerwährenden Sommer rund um den Globus gestalten wolltest, dann wären an diesem Ereignis sieben Milliarden Menschen, alle Tiere und alle Pflanzen beteiligt. Aber selbst dann, wenn wirklich *alle* auf der Erde an einem Strang ziehen würden und sich immerwährenden Sonnenschein fokussieren würden, so könnten *wir* das trotzdem nicht manifestieren. Denn unsere kollektive Matrix beinhaltet diese Möglichkeit einfach nicht.

An dieser Stelle müssen wir also anfangen, *noch größer* zu denken! Wir haben uns bis jetzt in unserer Betrachtung nur auf die Erde beschränkt. Wie jedoch die Erde als Planet grundsätzlich funktioniert, bestimmen nicht nur die Bewohner der Erde. Im gesamten Universum gelten die gleichen grundlegenden physikalischen Prinzipien. Und auch die wurden von *uns allen* als kollektive Realität ausgewählt. Mit *uns allen* meine ich jedoch jetzt alle Lebewesen unseres Universums. Und mit allen Lebewesen meine ich letztendlich das Urbewusstsein, das allen Lebewesen innewohnt. Denn alles, was existiert, ist ein einziges, großes Bewusstsein.

Eine tatsächlich *objektive* Wirklichkeit gibt es daher nicht. Sogar unser ganzes Universum ist nur eine kollektive Realitätsauswahl. Es gibt unendlich viele mögliche Universen, doch wir wählen *alle* nur eine einzige gemeinsame Realität als Universum aus, die dann physisch manifestiert wird. Und da wir unsere Wahrnehmung auf diese gemeinsam ausgewählte Wirklichkeit beschränken, erscheint sie für uns in unserer jetzigen Bewusstseinsform als scheinbar unveränderliche Realität. Das ist das, was wir als „Wirklichkeit" bezeichnen.

Diese umfassende Realitätsauswahl bestimmt dann die Wirklichkeit in unserem gesamten Universum. Die gleichen Prinzipien gelten dann für jeden Stern und auf jedem Planeten. Wir leben also nur deshalb in einer scheinbar objektiven Realität, weil wir das Universum aus unserer menschlichen Perspektive betrachten. Das Universum, das wir mit all seinen „Naturgesetzen" ausgewählt haben, gibt den Rahmen der Möglichkeiten vor, innerhalb dessen wir weiter auswählen können. Eine *reine* individuelle Auswahl gibt es dabei jedoch nicht. Das geht nur in manchen anderen Wirklichkeiten, die man zum Beispiel bei außerkörperlichen Erfahrungen bereisen kann. Wir leben hier in einer kollektiv gestalteten Umwelt. Der Einzelne kann immer nur die Möglichkeiten auswählen, die das Kollektiv bereitstellt.

Deshalb gibt es scheinbare physikalische Naturgesetze. Das ist einfach nur der kollektiv ausgewählte Rahmen, innerhalb dessen wir hier Realität erfahren können. Diesen Rahmen können wir also nicht verlassen, solange wir die Existenzform als Mensch wählen. Aber dieser Rahmen ist auch sehr groß! Er schließt zum Beispiel sogenannte Wunder mit ein. Das sind spontane Wahrnehmungsumstellungen, die eine sofortige – mit herkömmlichem Wissen oft unerklärliche – Veränderung der Realität nach sich ziehen. Aber auch bei den Wundern bewegen wir uns im kollektiv vorgegebenen Rahmen unseres Universums. Solche Ereignisse zeigen lediglich, dass nicht alle unsere gewählten Regeln so starr sind, wie man sich ‚Naturgesetze" gern vorstellt.

Schauen wir uns dazu einmal unseren physischen Körper als Beispiel an. Wir haben diesen Körper kollektiv in seinen grundsätzlichen Eigenschaften ausgewählt. Diese Auswahl geschah im Rahmen der physikalischen Möglichkeiten, die wir für unser Universum ausgewählt haben. Unser physischer Körper folgt also den gleichen physikalischen Naturgesetzen wie der Rest des Universums.

Rein physikalisch funktionieren unsere Körper also alle nach den gleichen Prinzipien wie jede auf Kohlenstoff basierende Lebensform – also auch Pflanzen und Tiere. Aber wir sind in dieser Matrix eben nicht nur physische Materie. Wir haben auch energetische Körper wie den Mental-, den Emotional-, den Identitätskörper und unseren persönlichen Möglichkeitsraum. Hinzu kommen noch einige andere Ebenen unserer Aura, die wir in meiner Akademie übrigens nicht explizit behandeln, da sie sich automatisch mit verändern, wenn wir auf den vier Ebenen arbeiten, die ich eben genannt habe. Wir müssen unsere Umsetzung daher nicht komplizierter machen als nötig. Daher betrachten wir zum Beispiel den Ätherkörper oder den Kausalkörper nicht, um nur zwei weitere zu nennen. Es ist einfach nicht erforderlich, da sich diese Körper automatisch anpassen.

Unser physischer Körper und unsere nichtphysischen Körper sind also kollektiv ausgewählt worden und funktionieren daher alle nach den gleichen Prinzipen. Und das sind nicht nur physikalische Prinzipien. (Wie gesagt kenne ich die *wahren* Prinzipien nicht. Die kennt niemand auf unserer Welt. Es ist nur sehr wahrscheinlich, dass es welche gibt.)

Nehmen wir als Beispiel die Bachblüten. Wenn sehr viele Menschen an die Macht der Bachblüten glauben, dann gestalten sie damit eine kollektive Realität – jedoch keine, an die sich alle sieben Milliarden Menschen auf der Welt halten *müssen*! Wer sich keine großen Gedanken um die Bachblüten macht und sie einfach anwendet, der schließt sich für gewöhnlich einfach der bereits vorhandenen kollektiven Realität zum Thema Bachblüten an. Denn wenn sehr viele Menschen eine positive Erwartungshaltung gegenüber den Bachblüten oder einem Medikament haben, dann lenken diese vielen Menschen die Wahrnehmung des Individuums automatisch auf die kollektive Erwartungshaltung, und so wird eine Realität ausgewählt, in der die Bachblüten wirken. Wenn jedoch ein Mensch bewusst oder unbewusst von den Bachblüten nichts hält, dann haben sie auch keine oder nur eine stark abgeschwächte Wirkung, denn das Individuum wird vom Kollektiv nur auf die Realität *aufmerksam* gemacht, dass Bachblüten wirken. Dem Individuum wird dieser Glaube jedoch nicht *aufgezwungen*.

Jeder Mensch kann sich also weigern, auf die Erwartungshaltung des Kollektivs zu schauen – genauso wie er sich auch auf der Wiese weigern kann, auf seine Schuhe zu schauen, obwohl dort tausend Menschen ihre Schuhe an der Wiese abwischen, weil sie in Kacke getreten sind. Der Einzelne wählt sich also seine eigene Realität aus. Schließt er sich dem Kollektiv an, schaut er in die gleiche Richtung. Schließt er sich nicht an, schaut er in eine andere.

Wenn der Einzelne also nicht an die Bachblüten glaubt, die Wirkung jedoch offenlässt (sich also überraschen lässt), dann dominiert die Erwartungshaltung des Kollektivs. Das Individuum muss also nicht zwangsläufig an die Wirkung glauben. Glaubt der Einzelne jedoch, dass die Bachblüten bei ihm *nicht* funktionieren oder dass sie generell nicht funktionieren, dann wählt er eine andere Realität und sie bewirken auch nichts oder nur sehr wenig. Das nennt man dann, wie bereits erläutert, Nocebo-Effekt – der unerwünschte Bruder des Placebo-Effekts.

Ich habe hier der Einfachheit halber nur vom Glauben gesprochen. Das Gleiche gilt natürlich auch für die Konditionierungen, die Identitätsmuster und die Kollektivmuster. Wenn sich zum Beispiel jemand damit identifiziert, ein sehr kranker Mensch zu sein, dem nicht mehr zu helfen ist, dann werden die Bachblüten auch nicht viel bewirken können. Die Bachblüten sollten natürlich nur ein Beispiel darstellen. Für Fußreflexzonenmassage, Akupunktur, chemische oder natürliche Medikamente, Operationen usw. gilt genau das Gleiche. Unterschiede gibt es nur in der Größe des Kollektivs, das sich die jeweilige „Wahrheit“ zu eigen gemacht hat. In einigen Fällen ist es nur eine kleine Gruppe, in anderen sind es alle Bewohner unseres Universums.

Die eben beschriebenen Funktionsprinzipien (keine Wahrheit, sondern nur ein theoretisches Modell) unserer kollektiven Matrix gelten jedoch nicht nur für Menschen. Wenn ein Tier mit Bachblüten behandelt wird, gelten die gleichen Regeln. Wenn viele Menschen die

Erwartungshaltung haben, dass ein bestimmtes Medikament dem Tier hilft, dann wird sich das Tier in der Regel dieser Wahrnehmung anschließen. Glaubt der Besitzer des Tieres jedoch daran, dass beispielsweise Homöopathie seinem Tier nicht helfen wird, dann wird sich das Tier in aller Regel der Wahrnehmung seines Besitzers anschließen – zumindest dann, wenn das Tier eine starke Bindung zu diesem Menschen hat.

Auch Tiere wählen also ihre Realität aus. Alle Wesen tun das! Aber sie können natürlich nur Realitäten auswählen, die im allgemeinen Möglichkeitsraum – also in der Matrix – aufgrund unserer kollektiven Realitätsauswahl tatsächlich vorhanden sind. Viele Medikamente wirken daher bei manchen Menschen und Tieren und bei anderen nicht – dann nämlich, wenn beide Möglichkeiten in der Matrix vorhanden sind. Das sieht anders aus, wenn es sich zum Beispiel um einen Stoff handelt, auf den jedes Lebewesen gleich reagiert, wie beispielsweise *Arsen*. Arsen ist für jeden Menschen giftig. Aber wer bestimmt das überhaupt?

Nun, hier sind wir auf einer Ebene, auf der die physikalischen und chemischen Regeln gelten, die von *allen* Lebewesen des Universums ausgewählt wurden. Das nennen wir dann Wirklichkeit. Hier gibt es also einen einheitlichen Einfluss von Arsen auf alle Menschen. Und dennoch bietet sich auch hier ein gewisser Spielraum!

Gehen wir einmal davon aus, dass es einen Menschen gibt, der Arsen für gesund hält. Er glaubt ganz fest daran! Daher wird er diese Realität auch im Rahmen der vorhandenen Möglichkeiten auswählen. Das heißt jedoch nicht, dass Arsen dann für ihn tatsächlich gesund *ist*, aber die Gesundheitsschäden werden unter Umständen kleiner sein als bei Menschen, die sich über Arsen gar keine Gedanken machen. Vielleicht kann ein Mensch in seltenen Fällen die chemische Wirkung sogar per Placebo-Effekt komplett kompensieren – von derartigen „Wundern“ wird durchaus berichtet. Wohingegen die Menschen, die an eine schädliche Wirkung von Arsen glauben, das Gegenteil erfahren. Ihnen schadet das Arsen dann unter Umständen mehr als den Menschen, die sich keine Gedanken darum machen.

Wir haben also immer einen gewissen individuellen Spielraum bei unserer Realitätsauswahl. Aber den Rahmen der Möglichkeiten legt die kollektive Vor-Auswahl der Realität fest. An diesen Rahmen sind wir gebunden, solange wir in dieser kollektiven Wirklichkeit leben. Wenn wir sterben oder eine außerkörperliche Erfahrung erleben, verlassen wir diesen Rahmen für gewöhnlich.

Du kannst also, solange du in dieser Wirklichkeit lebst, immer nur unter den Möglichkeiten wählen, die das Kollektiv dir ermöglicht. Das Kollektiv trifft also eine Vor-Auswahl zu deinen persönlichen Möglichkeiten als Mensch. Du kannst mit anderen Worten immer nur das wählen, was *menschenmöglich* ist. Du kannst zum Beispiel – zumindest nach allen mir bekannten Erfahrungen – keine Realität auswählen, in der dir der Kopf nachwächst, nachdem man ihn dir abgeschlagen hat. Dieses Beispiel ist ein wenig krass, aber ich glaube, du verstehst, was ich damit meine.

Das Kollektiv hat ausgewählt, wie unsere physischen Körper grundsätzlich funktionieren, bevor wir überhaupt Menschen geworden sind. Als Individuum bewegen wir uns dann mit unseren Glaubenssätzen, Konditionierungen, Identitätsmustern usw. in diesem vorgegebenen Möglichkeitsraum, den das Kollektiv uns vorausgewählt hat. Und dieser Möglichkeitsraum beinhaltet eben nicht die Möglichkeit, dass unsere Köpfe nachwachsen können. Hier können wir so fest glauben, wie wir wollen – der Kopf wird uns trotzdem nicht nachwachsen!

Und so verhält es sich mit allem anderen auch. Wir wählen also unsere Realität im Speziellen individuell aus – aber eben nur aus den Möglichkeiten, die das Kollektiv zuvor ausgewählt hat. Doch wir als Individuum sind nicht in der Lage, mit hundertprozentiger Gewissheit zu sagen, was von *allen* Lebewesen des Universums ausgewählt wurde und was nur von einem kleineren Kollektiv, das innerhalb der Möglichkeiten des großen Kollektivs eine Auswahl getroffen hat. In

Kurzform heißt das: *Niemand weiß, was tatsächlich wahr ist und was genau möglich ist.* Wir können nur *wahr*-nehmen und in der Praxis die Grenzen der Möglichkeiten austesten. Und da wir nicht wissen können, was tatsächlich wahr ist (also von *allen* Lebewesen des Universums ausgewählt wurde), ist es schlau, hier einfach nützliche Annahmen zu treffen.

Es ist daher beispielsweise sinnvoll, davon auszugehen, dass ein bestimmtes Medikament oder eine Behandlung einem hilft. Damit nutzt man – unabhängig davon, ob das Mittel auch „objektiv", also kollektiv wirkt – den Placebo-Effekt, was nichts anderes als eine positive Realitätsauswahl darstellt. Geht man vom Negativen aus, löst man hingegen einen Nocebo-Effekt aus, der einem dann tatsächlich schadet.

Kommen wir abschließend noch einmal zu der esoterischen Halbwahrheit zurück, dass absolut alles möglich ist. Theoretisch ist für das *Kollektiv* alles möglich, aber für das Individuum eben nicht, weil es zum Kollektiv gehört und deshalb nur im Rahmen der von diesem vorausgewählten Möglichkeiten Realität auswählen kann. Diese Sichtweise erspart dem Einzelnen nicht nur Schuldgefühle, weil er die Kriege oder das Leid auf dieser Welt nicht einfach so unabhängig von den anderen abstellen kann, zum anderen bietet diese Sichtweise aber auch ein großes gesundheitliches Sicherheitspotenzial! Ich schlage vor, dass wir uns auch das noch einmal abschließend gemeinsam anschauen.

Die Methode, die ich in meiner Akademie lehre, ist keine Heilmethode für Krankheiten. Wir können uns jedoch damit Gesundheit „gestalten" (das heißt, als Realität auswählen). Das bedeutet allerdings nicht zwangsläufig, dass wir damit bestimmen können, dass unser Körper seine Selbstheilungskräfte aktiviert und sich selbst heilt. Es kann genauso gut bedeuten, dass wir uns eine geeignete medizinische Behandlungsmethode gestalten. Wie die Matrix unsere Gesundheit genau manifestieren wird, ist uns nicht wichtig. Wichtig ist nur, dass es geschieht!

Wenn wir also davon ausgehen, dass wir in einer kollektiv gestalteten Welt leben, in der wir allein nicht über unbegrenzte Macht verfügen und damit auch nicht bestimmen können, dass unsere Selbstheilungskräfte alles in Ordnung bringen, sondern unter Umständen die richtige Behandlungsmethode gestaltet wird, dann sind wir auf jeden Fall auf der sicheren Seite. Wir würden keine möglicherweise notwendige medizinische Behandlung versäumen, abbrechen oder verzögen, da wir nicht wissen, ob wir sie nicht doch brauchen. Mehr noch – wenn wir davon ausgehen, dass wir uns die richtige Behandlungsmethode gestaltet haben, wären wir wachsam für Behandlungsmöglichkeiten, die das Leben uns anbietet. Wir würden optimistisch danach Ausschau halten und keine Zeit mit Warten verschwenden.

Und wenn wir uns dann für eine Behandlungsmethode entschieden hätten, würden wir automatisch davon ausgehen, dass dies die richtige für uns ist. Wir würden daran glauben und damit auf jeden Fall schon einmal einen starken Placebo-Effekt auslösen, der nötigenfalls sogar allein dafür sorgen könnte, dass wir gesund werden. Wir hätten also alle Trümpfe auf unserer Seite.

Ein Mensch, der ganz konventionell glaubt, nur durch richtiges Handeln etwas auf dieser Welt bewirken zu können, wird dagegen bezüglich seiner Behandlung nicht so sicher sein. Er wird viel eher skeptisch sein, ob er wirklich den richtigen Arzt gefunden und die richtige Behandlungsmethode ausgewählt hat. Damit wird der Placebo-Effekt aufgrund der geringeren Erwartungshaltung automatisch schwächer ausfallen, was natürlich eine verpasste Chance wäre.

Auch nicht besser dran wäre auf der anderen Seite jemand, der glaubt, als Individuum unbegrenzte Macht zu haben, seine Realität zu gestalten. Er würde unter Umständen sinnvolle Behandlungsmethoden ignorieren, weil er ja glaubt, sich einfach „gesunddenken" zu können. Und wenn er dann doch nicht gesund wird, kann ihn das in eine Krise stürzen, weil er bei seiner Realitätsgestaltung „versagt" hat – was sich nochmals negativ auf seine Gesundheit auswirken würde.

Der Mittelweg, also von einer kollektiven Realitätsgestaltung auszugehen, wo der Einzelne keine unbegrenzte, aber doch eine gewisse Macht hat, sein Leben zu bestimmen, bringt also extrem viele Vorteile, zugleich aber auch ein Höchstmaß an Sicherheit. Unsere Gesundheit ist dabei nur ein Beispiel von vielen. Das gleiche Prinzip gilt in jedem anderen Lebensbereich genauso.

Ich hoffe, ich konnte genügend begründete Zweifel in dir wecken, damit du von deiner alten Wahrheit loslassen kannst. Denn der Glaube an die Allmacht des Individuums zieht einfach viel zu viele unerwartete Probleme nach sich. Wenn du dich also davon befreien willst, dann nutze wieder die drei Fragen dazu und tausche dich mit Freunden und Bekannten darüber aus.

Hier noch einmal die drei Fragen:

1. Kann ich wirklich definitiv wissen, dass meine alte Sichtweise wahr ist?
2. Warum kann ich das nicht definitiv wissen?
3. Was spricht dafür, dass es auch anders sein könnte?

Halbwahrheit Nr. 23: das Gesetz der Anziehung

Falls du dich schon eine Weile mit dem Thema Realitätsgestaltung befasst hast, bist du bestimmt schon einmal auf das sogenannte *Gesetz der Anziehung* gestoßen. Das ist eine Halbwahrheit, die in der letzten Zeit von sehr vielen Autoren postuliert wird. Das Gesetz der Anziehung (englisch: *law of attraction*), auch *Resonanzgesetz* genannt, geht davon aus, dass Gleiches Gleiches anzieht. Es wird von einer gesetzmäßigen Analogie zwischen den eigenen Gefühlen und Gedanken in unserem Inneren und den Ereignissen in unserer äußeren Realität ausgegangen.

Einige Autoren sehen den Ursprung dieses Gesetzes im Buch der Okkultistin Helena Petrovna Blavatsky aus dem Jahr 1877. Größere Bekanntheit erreichte das Gesetz der Anziehung jedoch erst 2006 durch den Film *The Secret* und das gleichnamige Buch der Drehbuchautorin und Produzentin Rhonda Byrne. Nach dem Welterfolg von *The Secret* schossen viele Buch-, Seminar- und Coaching-Angebote zum Thema „Gesetz der Anziehung" wie Pilze aus dem Boden. Die meisten Anbieter berufen sich mittlerweile dabei auf die sogenannten *hermetischen Prinzipien*, die bis in die Antike zurückreichen und den abendländischen Okkultismus stark geprägt haben.

In der Regel wird das Gesetz der Anziehung folgendermaßen erläutert: *Man kann aus einem schlechten Gefühl heraus nicht das manifestieren, was man sich wünscht. Man muss vorher in einen besseren Gefühlszustand kommen, um für die gewünschten Ergebnisse einen positiven Anziehungspunkt zu haben.*

Empfohlen werden dazu meistens die Gefühle Freude, Dankbarkeit oder Liebe. Diese Vorgehensweise scheint zu Anfang erst einmal ganz interessante Ergebnisse zu liefern. Deshalb erkennen die meisten Anwender erst nach mehreren Jahren oder sogar Jahrzehnten, dass ihr Leben vor dem Gesetz der Anziehung seltsamerweise irgendwie leichter und einfacher gewesen ist. Und dafür gibt es natürlich triftige Gründe! Diese Halbwahrheit, die ich vor 20 Jahren selbst noch in meinen Büchern postuliert habe, sorgt gleich für mehrere scheinbare Notwendigkeiten, die dann auch als solche in der eigenen Realitätsgestaltung widergespiegelt werden. (Ich habe meine Bücher übrigens vor mehr als zehn Jahren alle umgeschrieben, nachdem mir das bewusst wurde.)

Zum Beispiel merkt man als Anhänger dieser Halbwahrheit irgendwann, dass *negative* Emotionen selbstverständlich ebenfalls Ereignisse anziehen – und zwar logischerweise *negative*! Das passiert natürlich auch bei Menschen, die nicht an diese Halbwahrheit glauben, denn das sogenannte Gesetz der Anziehung ist ja nicht komplett falsch. Es ist zur Hälfte wahr – eben eine Halbwahrheit. Doch bei den Menschen, die dieses Gesetz für die unumstößliche Wahrheit halten, gibt es hundert Mal mehr negative Widerspiegelungen als bei Menschen, die das nicht tun. Und aus diesen negativen Erfahrungen entsteht dann schnell die scheinbare Notwendigkeit, permanent gut drauf sein zu *müssen*.

Viele Anhänger dieses „Gesetzes" bekommen dann auch irgendwann Angst vor ihren schlechten Gefühlen, was sie dann schnell in einen Teufelskreis bringt. Viele haben beispielsweise dann Angst vor ihrer Angst, denn Ängste ziehen ja angeblich negative Realität an – gemäß dem Gesetz der Anziehung. Die Angst vor der Angst macht die Angst jedoch natürlich immer stärker. Und auch das merkt man natürlich dann als Anwender und bekommt nach und nach immer mehr Panik vor den eigenen Gefühlen.

Ich hatte unzählige Teilnehmer in meinen Seminaren, deren Leben aufgrund dieses angeblichen „Gesetzes" nach und nach immer problematischer und unglücklicher wurde. So gut wie allen Anhängern dieses „Gesetzes", die diese Halbwahrheit wirklich ernsthaft praktizieren, geht es nach einigen Jahren schlechter als jemals zuvor. Sie entwickeln nach und nach einen immer stärker werdenden Zwang, immer und überall gute Gefühle haben zu *müssen* und keine schlechten Gefühle mehr haben zu *dürfen*.

Wenn man anfängt, so zu denken und zu fühlen, dann ist die Kacke schnell am Dampfen. Wir wollen uns das Leben mit dem Glauben an die Matrix jedoch schöner und nicht noch problematischer machen! Falls du daher bereits in das Fettnäpfchen dieser Halbwahrheit getreten bist, dann möchte ich dir Argumente für einen begründeten Zweifel anbieten, mit denen du dich leicht wieder aus dieser Zwickmühle befreien kannst.

Bewusste Realitätsgestaltung ist nämlich kein *Muss*! Der überwiegende Teil der Menschheit tut das auch nicht. Im deutschsprachigen Raum gibt es einige Millionen Anhänger dieser Halbwahrheit. Das ist natürlich schon eine beachtliche Anzahl, aber der überwiegende Prozentsatz der Bevölkerung hat noch nie etwas davon gehört oder hält dieses angebliche Gesetz für Unsinn. Und diese *Ignoranten* überleben auch!

Unser Leben hängt also schon einmal nicht davon ab, ob wir gute oder schlechte Gefühle haben. Daher sind positive Gefühle auch kein echtes Muss! Denn ein echtes Muss ist es immer nur dann, wenn unser Überleben tatsächlich davon abhängt. So sieht es unser Emotionalgehirn. Beurteilen wir etwas trotzdem als Muss, obwohl es mit unserem Überleben gar nichts zu tun hat, bewirken wir, wie bereits erläutert, ein Missverständnis zwischen Großhirn und Emotionalgehirn, das sehr viele negative Konsequenzen nach sich zieht. Doch auch daran sterben wir natürlich nicht! Es wird nur unangenehmer, als es sein müsste.

Was ebenfalls als begründeter Zweifel dienen kann, ist die Tatsache, dass die gläubigen Anhänger dieser Halbwahrheit in der Praxis *wesentlich* schlimmere negative Ereignisse „anziehen" als Menschen, die nichts von diesem angeblichen Gesetz wissen. Hier scheint der Glaube sich offensichtlich deutlich stärker auszuwirken als diese ominöse Gesetzmäßigkeit selbst.

Ich habe ja früher nach genau den gleichen Prinzipien gearbeitet wie die Autoren, die dieses Gesetz der Anziehung heute immer noch postulieren. Damals suchte ich auf der ganzen Welt die effektivsten

Werkzeuge, wie man am besten in positive emotionale Zustände kommen konnte, um möglichst viele positive Ereignisse „anzuziehen". Das *Positive Fühlen*, das ich in meinem Buch *Robin und das Positive Fühlen* beschreibe, war das Endergebnis dieser Forschung und Entwicklung. Mit dieser Technik war es möglich, innerhalb von Sekunden in sehr positive Gefühlszustände zu kommen. Das ging weit schneller und effektiver als alle anderen Methoden, die es bis dahin auf der Welt gab. Auch gelang es mir, wie vielen anderen Anwendern des Positiven Fühlens, fast permanent in positiven Gefühlszuständen zu sein. Und das hätte gemäß dem Resonanzprinzip zur Folge haben *müssen*, dass wir permanent eine unfassbar schöne Realität hätten anziehen müssen.

Doch in diesem Ausmaß geschah es leider nicht! Die guten Gefühle hatten zwar offensichtlich einen Einfluss auf die Ereignisse, aber es waren in Wirklichkeit wieder einmal nur Kleinigkeiten, die sich tatsächlich positiv manifestierten. Zunächst überprüfte ich also, ob es vielleicht direkt mit dem Positiven Fühlen zu tun hatte, doch ich erkannte schnell, dass es völlig egal war, mit welcher Methode oder Nicht-Methode man sich in seine positiven Gefühlszustände brachte. Es zeigte sich überall das gleiche Bild: *Es funktionierte nur mit Kleinigkeiten.*

Hinzu kam noch, dass kaum jemand seine positiven Gefühle aufrechterhalten konnte, wenn es um wirklich wichtige Dinge ging. Wenn zum Beispiel Existenzängste aufkamen, die Partnerbeziehung zu zerbrechen drohte, schlimme Krankheiten nicht verschwinden wollten und Ähnliches, dann konnte wirklich niemand die positiven Gefühlszustände aufrechterhalten.

Selbst dann, wenn unsere Gefühle also einen wirklich großen Einfluss auf die Ereignisse in unserer persönlichen Realität hätten, was ja wie gesagt gar nicht der Fall ist, so gelänge es in der Praxis trotzdem so gut wie niemandem, seine positiven Gefühlen in solchen Momenten aufrechtzuerhalten. Unsere Gefühlszustände sind also für unsere Realitätsauswahl längst nicht so bedeutend, wie es von den Anhängern dieser Halbwahrheit behauptet wird. In Wirklichkeit lohnt es sich daher noch nicht einmal, sich den Stress überhaupt anzutun!

Vermutlich liegt der Ursprung dieser Halbwahrheit in dem Phänomen, dass unsere Gefühle mit den Ereignissen in unserem Leben oft eins zu eins übereinstimmen. Doch dafür gibt es eine einfache Erklärung: Unsere Gefühle haben nämlich die gleichen Ursachen wie unsere Realitätsauswahl – eben die besagten vier Wahrnehmungsfilter, die aus unseren Mustern bestehen, und die Ausrichtung unserer Aufmerksamkeit. Nur werden unsere Gefühle schneller erzeugt als die Ereignisse manifestiert, was natürlich oberflächlich betrachtet den Eindruck erwecken kann, als seien die Gefühle die Verursacher der Ereignisse gewesen, weil sie ja zuerst da waren. *Hier wird das Ursache-Wirkung-Prinzip einfach nur falsch ausgelegt.*

Wenn du also Angst davor hast, dass deine schlechten Gefühle negative Ereignisse anziehen könnten, weil du das vielleicht auch schon mehrfach so erlebt hast, dann zweifele doch einfach einmal daran, dass tatsächlich das Gesetz der Anziehung dafür verantwortlich war. Das Schöne beim Zweifeln ist ja bekanntlich, dass man keine Beweise benötigt. Es genügen bereits Hinweise auf einen begründeten Zweifel. Denn wenn es wirklich wahr wäre, dass unsere Gefühle die Ereignisse anziehen, dann dürfte sich an den Manifestationen in unserem Leben ja durch den Zweifel nichts ändern, denn Wahrheit bleibt Wahrheit – egal ob man daran zweifelt oder nicht.

Der Zweifel dürfte also an den Auswirkungen dieses angeblichen Naturgesetzes nichts ändern. Das tut er aber in der Praxis nachweislich, wie mehrere Tausend meiner Seminarteilnehmer eindeutig bestätigen können. Und das bedeutet, dass es keine Wahrheit sein kann, sondern nur eine Halbwahrheit, die du mit dem Zweifel immer mehr loslassen kannst. Und damit wirst du auch diesen Zwang los, immer gute Gefühle haben zu *müssen* und keine schlechten Gefühle haben zu *dürfen*.

Nur zur Sicherheit: Wenn man schon einmal diese unechte Notwendigkeit entwickelt hat, immer gute Gefühle haben zu müssen und keine schlechten haben zu dürfen, dann kann es schnell passieren, dass man zwar vom Gesetz der Anziehung loslässt, aber die Notwendigkeit, die darin enthalten war, einfach auf eine andere Weltanschauung überträgt. Und so neigen diese Menschen auch dazu, eine Notwendigkeit in meine hier vorgeschlagene Weltanschauung hineinzuinterpretieren. Sie kommen also auf die Idee, dass sie jetzt statt ihrer permanenten Gefühlskontrolle ihre Wahrnehmungsfilter in Ordnung bringen *müssen*.

Doch das ist selbstverständlich nicht der Fall! Wir *können* das tun, wenn wir das *wollen*, aber das *müssen* wir nicht. Sieben Milliarden Menschen auf der Welt tun das wie gesagt auch nicht. Es ist toll, wenn man es kann, denn dadurch kann man sich das Leben deutlich leichter, heller, freier und lebendiger gestalten. Aber wenn man es nicht tut, dann passieren auch keine Katastrophen. Es passiert einfach nur das ganz normale Leben – mehr nicht! So wie es bei allen anderen sieben Milliarden Menschen auf der Welt eben auch ist.

Nur weil wir also die Realität positiver gestalten können, müssen wir das noch lange nicht tun! Wir müssten es nur, wenn unser Überleben davon abhinge. Und das tut es eindeutig nicht! Lediglich unsere Lebensqualität wird davon beeinflusst. Es geht also nicht ums Überleben, sondern darum, es schön haben zu wollen. Und das muss man ja nicht. Niemand *muss* es schön haben! Das ist etwas, das wir *wollen* und *können*, wenn wir dazu bereit sind, den erforderlichen Aufwand zu betreiben, aber wir müssen es wie gesagt sicherlich nicht.

Hier noch einmal die drei Fragen für deinen begründeten Zweifel:

1. Kann ich wirklich definitiv wissen, dass meine alte Sichtweise wahr ist?
2. Warum kann ich das nicht definitiv wissen?
3. Was spricht dafür, dass es auch anders sein könnte?

Falls du Menschen kennst, die sich mit dieser Halbwahrheit erheblichen Stress machen, dann sprich mit ihnen. Wie du weißt, kommt dieser Austausch auch dir selbst zugute.

Halbwahrheit Nr. 24: das Spiegelprinzip

Eine weitere esoterische Halbwahrheit, die in der Praxis immer wieder für große Probleme sorgen kann, ist das sogenannte *Spiegelprinzip*, das genau wie das Gesetz der Anziehung den hermetischen Prinzipien zugeordnet wird. Das Spiegelprinzip heißt in der Hermetik *Gesetz der Analogie*, das man auch mit den Worten *Wie innen, so außen* beschreiben könnte. In der Grundaussage dieses „Gesetzes" sind sich noch fast alle einig: *Die Matrix ist ein Spiegel unseres Selbst.* Doch danach gehen die Meinungen stark auseinander. Manche Menschen beziehen diese Grundaussage fast ausschließlich auf die emotionale Ebene, wie wir im letzten Kapitel gesehen haben, andere konzentrieren sich dabei ausschließlich auf die mentale Ebene – insbesondere auf Glaubenssätze und Überzeugungen. Ihrer Meinung nach ist die Matrix lediglich ein Spiegel unseres Glaubens, was für sie den Schluss nahelegt, man könne alles erreichen, wenn man nur stark genug an die eigene Macht glaubt.

Wer dies schon einmal ein paar Jahre lang versucht hat, weiß, dass es einfach nicht stimmt! Unser Glaube ist genauso wenig wie unsere Gefühle der alleinige Faktor bei unserer Realitätsgestaltung, wie ich bereits bei Halbwahrheit Nr. 20 ausführlich erläutert habe. Wenn wir an unseren Glaubenssätzen etwas verändern, dann bringt es manchmal Teilerfolge. Der Glaube ist also durchaus ein Faktor, der die Realität beeinflussen kann, aber ganz offensichtlich ist es nicht der einzige, denn es gelingt bei Weitem nicht immer.

Am problematischsten ist diese Auslegung des Spiegelprinzips, wenn dabei das Gefühl aufkommt, seine Glaubenssätze korrigieren zu *müssen*. Man will ja eine positive Realität gestalten und eine negative vermeiden. Und wenn negative Glaubenssätze eine negative Realität gestalten, dann *muss* man die doch ändern, oder etwa nicht?! Das klingt wieder einmal logisch – wenn es denn stimmen würde, dass unsere Glaubenssätze eine so große Macht über unsere Realitätsgestaltung haben, was aber nicht der Fall ist.

Schauen wir uns einmal an, was dir die Realität aufgrund des Spiegelprinzips widerspiegeln würde, wenn diese Auslegung des Spiegelprinzips tatsächlich vollständig zutreffend wäre. Die Realität müsste dir dann nämlich auch eben diese Notwendigkeit widerspiegeln! *Du glaubst ja, deine Glaubenssätze ändern zu müssen, was natürlich ebenfalls ein Glaubenssatz ist.*

Wenn deine Glaubenssätze die alleinige Macht über deine Realitätsgestaltung hätten, dann würdest du mit der Notwendigkeit, deine Glaubenssätze ändern zu müssen, deines Lebens nicht mehr froh, denn die Matrix müsste dir natürlich auch diesen Glaubenssatz widerspiegeln. Und was meinst du, bei welchen Ereignissen du das Gefühl hättest, deine Glaubenssätze tatsächlich ändern zu *müssen*? Bei schönen Dingen oder bei Problemen?!

Ich denke, die Antwort liegt auf der Hand. Die Matrix müsste dir als Spiegel deiner Notwendigkeit Ereignisse präsentieren, die dir sprichwörtlich die Pistole auf die Brust setzen. Das würden dann auch keine kleinen Probleme sein, denn bei Kleinigkeiten hättest du sicherlich nicht das Gefühl, deine Überzeugungen unbedingt ändern zu *müssen*. Dafür braucht es schon *echte* Probleme!

Das Spiegelprinzip als Wahrheit anzusehen, kann also sehr schnell den *unguten Glaubenssatz* entstehen lassen, alle *unguten Glaubenssätze* ändern zu *müssen*. Und schon bist du in einem sehr üblen Teufelskreis gefangen, aus dem es nur ein Entkommen gibt: *den begründeten Zweifel an diesem angeblichen Naturgesetz!*

Genauso sieht es auch mit der Halbwahrheit aus dem letzten Kapitel aus, bei dem es darum ging, negative Gefühle ändern zu *müssen*, weil sie sonst in negativen Ereignissen widergespiegelt werden. Auch diese Auslegung des Spiegelprinzips bringt dich sofort in einen sehr unguten Teufelskreis.

Eine weitere Auslegung des Spiegelprinzips, über die wir noch nicht gesprochen haben, bezieht sich auf unsere Persönlichkeit. Viele spirituelle Menschen sehen jeden anderen Menschen, auf den sie eine wie auch immer geartete Resonanz verspüren, als Spiegel ihrer eigenen

Persönlichkeit. Wenn uns zum Beispiel nach dieser Lehre eine bestimmte Eigenschaft bei einem anderen Menschen stört, dann hätte das angeblich zu bedeuten, dass wir diese Eigenschaft ebenfalls in uns tragen, auch (und gerade) wenn sie unter Umständen verdrängt sei. Das ist ehrlich gesagt *grober Unfug*!

Wenn wir es verabscheuen, dass ein Serienmörder andere Menschen zu Tode quält, dann heißt das nicht, dass wir selbst die Veranlagung zum Serienmörder in uns tragen!

Das ist also wirklich Quatsch mit Soße! Wenn jemand etwas tut, das wir ablehnen, dann ist das so, weil es entweder der menschlichen Natur zuwider ist oder weil wir gelernt haben, dass man solche Dinge eben nicht tun sollte. Gelegentlich *kann* das zwar damit einhergehen, dass jemand eine Verhaltensweise oder Eigenschaft aufzeigt, die wir auch selbst in uns tragen und auch bei uns selbst ablehnen, aber das *muss* nicht so sein!

Doch genau das glauben viele Menschen – und verhalten sich dann auch entsprechend. Wenn sie zum Beispiel kritisiert werden, gehen sie sofort davon aus, dass der Kritiker in Wirklichkeit seinen eigenen Kram auf sie projiziert, und nehmen die Kritik deshalb gar nicht ernst. Stattdessen werfen sie dem Kritiker vor, er hätte in Wirklichkeit selbst dieses Problem. Ich kenne viele Menschen, die auf diese Weise ihre partnerschaftlichen und freundschaftlichen Beziehungen zerstört haben. Diese Auslegung des Spiegelprinzips ist daher ebenfalls mit Vorsicht zu genießen!

Viele Menschen verwechseln auch in Bezug auf das Spiegelprinzip die Persönlichkeit mit dem Selbst. Unser Selbst besteht aus mehreren Ebenen. Unsere Persönlichkeit ist nur eine davon. Unser Selbst besteht, wie bereits erläutert, aus dem physischen Körper, dem Mentalkörper (der unter anderem unsere Glaubenssätze, Ängste, Zweifel, Motive, Anforderungen, Beurteilungskriterien, Beurteilungen usw. beinhaltet), dem Emotionalkörper (Konditionierungen, Prägungen, Schwellenmuster, Emotionalmuster), dem Identitätskörper (Persönlichkeitsmerkmale, Simulations- und Rollenmuster), dem persönlichen Möglichkeitsraum mit den kollektiven Mustern anderer Menschen, mit denen wir aufgewachsen sind, und noch einigen weiteren Ebenen, wie beispielsweise dem Ätherkörper und dem Kausalkörper.

Die Matrix ist in der Tat eine Art Spiegel, jedoch ein Spiegel aller dieser Ebenen gleichzeitig! Wenn man alle vier Hauptebenen verbessert und damit seine Wahrnehmungsfilter durchlässiger für das Positive macht, dann gestalten sich nicht nur Teilerfolge – dann gelingt auch die Manifestation großer Lebensziele. Allerdings immer nur im Rahmen der tatsächlichen Möglichkeiten als Mensch! Es ist, wie bereits erläutert, nicht *alles* möglich, wie es in der Esoterik gerne behauptet wird, und was natürlich wieder Zweifel an der Realitätsgestaltung wecken kann, denn die Praxis spiegelt diese angebliche Allmacht im Alltag eben nicht wider.

Die meisten Menschen gehen beim Spiegelprinzip jedoch davon aus, dass sie an *allem* selbst schuld sind, was ihnen widerfährt (siehe dazu auch das nächste Kapitel). Man bekommt ja nur widergespiegelt, was man in sich trägt! Der Vorteil ist, dass man mit diesem Glauben nicht in Schuldzuweisungen anderen Menschen gegenüber verfällt. Der Nachteil ist, dass man sich für alles und jedes verantwortlich fühlt und damit auch schuldig an Dingen, für die man gar nichts kann.

Neben diesen Schuldgefühlen kann das Spiegelprinzip auch allerlei Notwendigkeiten, Ängste und Machtlosigkeiten auslösen und damit unserem Glück, unserem Erfolg und unserer Gesundheit mächtig im Weg stehen. Es wäre daher wieder einmal vor Vorteil, wenn wir einen begründeten Zweifel an dieser Halbwahrheit finden könnten. Schauen wir uns dazu einmal ein Beispiel aus der Praxis an.

Viele Menschen glauben beispielsweise, man *müsse* es erst einmal schaffen, sich selbst bedingungslos zu lieben, bevor man erwarten könne, von einem Partner geliebt zu werden. (Zu dieser Halbwahrheit wird es noch ein eigenes Kapitel geben.) Sie berufen sich bei dieser Aussage in der Regel darauf, dass die Matrix ein Spiegel sei. Ich verwende diese Metapher ebenfalls manchmal, weil sie viele Phänomene in der Realitätsgestaltung mit wenigen Worten erklärt. Aber es ist in Wirklichkeit trotzdem nur eine *Metapher*! Die Matrix ist selbstverständlich kein echter Spiegel. Hier wird eine Metapher viel zu wörtlich genommen. Die Spiegel-Metapher beschreibt mit einem anschaulichen Bild das Gleiche wie mein Fernrohr mit den vier Wahrnehmungsfiltern. Und natürlich gibt es auch dieses Fernrohr nicht tatsächlich. Auch das ist eine Metapher, die es uns leichter macht, komplexe Sachverhalte vereinfacht darzustellen – genau wie die Metapher *Wie innen, so außen*, die in der Hermetik jedoch wieder einmal als Naturgesetz dargestellt wird.

Man kann sich an solchen vereinfachten Metaphern ganz gut orientieren. Aber man kann es damit auch ganz schnell übertreiben und dann Schlussfolgerungen aus einer Metapher ableiten, die so einfach überhaupt nichts mehr mit der Realität zu tun haben, sondern nur noch in der Fantasiewelt der Metapher einen Sinn ergeben. Das beste Beispiel dafür sind die *Bestellungen beim Universum*. Hier wird das gesamte Universum als *Bestellservice* angesehen, der nur darauf wartet, unsere Wünsche zu erfüllen. Jedem gesunden Menschenverstand ist sofort klar, dass dies nur eine Metapher sein kann, dennoch leitet man von dieser Metapher ab, was man für die Manifestation eines gewünschten Ereignisses genau zu tun hat. Man muss zum Beispiel nach dem Bestellvorgang seine Bestellung *loslassen*, denn sonst kann sie ja gar nicht ins Universum aufsteigen. Auch muss man sehr präzise formulieren, was man genau haben will, denn sonst weiß das Universum nicht so richtig, was es jetzt *liefern* soll. Alle diese Vorgaben bauen auf der Metapher auf, das Universum sei ein Bestellservice, so wie Neckermann oder Otto. Mit der Realität hat das natürlich nicht mehr viel zu tun.

Die sogenannten hermetischen Prinzipien sind ebenfalls nur Metaphern, die komplexe Sachverhalte auf einfache Weise beschreiben sollen. Die hermetischen Prinzipien sind *gute* Metaphern, aber sie werden sofort problematisch, wenn man vergisst, dass es nur Metaphern sind, und sie dann als Wahrheiten annimmt. Dann wird *übergeneralisiert*, wobei in der Regel dann auch viele falsche Notwendigkeiten, Ängste, Machtlosigkeiten, Sinnlosigkeiten, Verbote und andere unsinnige Richtlinien abgeleitet werden. Im Rahmen der Metapher scheinen diese Richtlinien dann logisch zu sein, aber sie sind eben letztendlich doch falsch, weil sie nur in der Fantasiewelt der Metapher ihre Gültigkeit haben.

Da niemand die tatsächliche Wahrheit über die Matrix kennt und ich mir dessen bewusst bin, dass *alles*, was wir über das Leben zu verstehen glauben, letztendlich nur Metaphern darstellt, habe ich nach einer Metapher gesucht, die in der Praxis möglichst wenige Ängste, Machtlosigkeiten usw. auslöst. Und da liegt mein Fernrohr mit den vier Wahrnehmungsfiltern ganz weit vorn. Aber dennoch ist auch das wie gesagt nur eine Metapher.

Falls du Menschen kennst, die sich mit dem Spiegelprinzip das Leben schwer machen, dann nutze wieder die Gelegenheit, dich mit ihnen auszutauschen. Falls es dir zu schwierig oder zu anstrengend erscheint, die in diesem Buch genannten Sachverhalte selbst zu erklären, dann leihe deinen Freunden doch einfach dieses Buch. Dann musst du nichts erklären, kannst dich aber trotzdem mit ihnen austauschen.

Hier noch einmal die drei Fragen für deinen begründeten Zweifel:

1. Kann ich wirklich definitiv wissen, dass meine alte Sichtweise wahr ist?

2. Warum kann ich das nicht definitiv wissen?

3. Was spricht dafür, dass es auch anders sein könnte?

Halbwahrheit Nr. 25: Du bist an allem selbst schuld

Mir sind auf meinen Seminaren schon sehr viele Menschen begegnet, die andere rücksichtslos verletzten und dann hinterher auch noch vorwurfsvoll fragten, warum sich diese denn immer noch *so etwas* gestalten würden. Sie argumentierten dann, dass jeder für seine Realität selbst verantwortlich sei – und zwar zu 100 Prozent!

Ich versuche es noch einmal etwas drastischer auszudrücken, damit klar wird, was ich hier genau meine. Stell dir vor, dir haut jemand völlig ohne jeden Grund auf die Nase und bricht dir das Nasenbein. Und dann fragt er dich vorwurfsvoll, wieso du dir so einen Blödsinn gestaltest: „Brauchst du das noch, oder was?!"

Was würdest du davon halten? Genau diese Menschen gibt es tatsächlich! Sie hauen dir zwar nicht tatsächlich auf die Nase, aber sie trampeln ohne Rücksicht auf deinen Gefühlen herum und kritisieren *dich* dann noch dafür. *Sie* trifft ja keine Schuld, wenn *du* dich verletzt fühlst. Das hast du dir dann ja wohl selbst gestaltet!

Natürlich kann man sich seine Logik so drehen, dass sich das wieder einmal stimmig anhört. Aber man vergisst dabei eine Kleinigkeit – nämlich die Eigenverantwortung, die jeder für sein Verhalten übernehmen sollte. Wenn ich jemandem etwas an den Kopf werfe, von dem ich annehmen muss, dass es ihn verletzen könnte, dann bin ich für mein eigenes Verhalten natürlich selbst verantwortlich. Daran ändert auch die Tatsache nichts, dass jeder für seine Gefühle selbst verantwortlich ist und ich dem anderen Menschen ja keine Gefühle *machen* kann. Natürlich *müsste* der andere sich gar nicht verletzt fühlen, wenn er besser mit seinen Gefühlen umgehen könnte. Doch wenn er das eben nicht kann, dann bin ich trotzdem für mein verletzendes Verhalten verantwortlich! Ich bin nicht für *seine* Gefühle verantwortlich, aber für *mein* Verhalten sehr wohl!

Natürlich trete ich immer wieder einmal unbeabsichtigt in ein Fettnäpfchen, und manchmal geht es auch einfach nicht anders. Aber wenn ich auf den Gefühlen anderer Menschen leichtfertig herumtrample und dann sage, dass ja jeder für seine Gefühle selbst verantwortlich ist, dann ist das für mich keine Eigenverantwortung. Ich gebe dann meinen Opfern die Schuld für meine eigene Tat! Das ist fahrlässige emotionale Verletzung von Menschen, die es noch nicht besser können.

Ich möchte dir daher einen Rat geben: Zieh dir den Schuh nicht an, wenn jemand dich fahrlässig verletzt und sich dann aus der Verantwortung für sein Verhalten ziehen will, indem er dir sagt, dass *er* ja nichts dafür könne, wenn *du* schlechte Gefühle hast. Freilich ist er für deine Gefühle nicht verantwortlich, aber er ist für sein Verhalten verantwortlich. Ich habe in dieser Hinsicht schon so viele üble Machenschaften von Menschen erlebt, die sich selbst als spirituell hoch entwickelt dargestellt haben, dass es mir ein großes Bedürfnis ist, diesen Sachverhalt einmal deutlich anzusprechen.

Die Tatsache, dass wir selbst für unsere Realität und unsere Gefühle verantwortlich sind, entbindet niemanden von seiner eigenen Verantwortung, was sein Verhalten anderen Menschen gegenüber betrifft. Wenn jemand einen anderen Menschen tötet und dann sagt: „Was kann ich denn dafür, wenn dieses *Opfer* sich das so gestaltet hat?!“, dann ist das aus meiner Sicht eine Perversion unserer Weltanschauung.

Halbwahrheit Nr. 26: das Prinzip der Polarität

Auch das sogenannte *Polaritätsgesetz* gehört zu den hermetischen Prinzipien, die von einigen Menschen auch *Schicksalsgesetze* genannt werden. Die Hermetik ist eine antike Geheimlehre, die auf die sagenumwobene Gestalt des Hermes Trismegistos zurückgehen soll. Dieser ist eine in der ägyptischen Mystik entstandene Verschmelzung des griechischen Gottes Hermes und des ägyptischen Gottes Thot. Er ist also eine erfundene Kunstfigur, gilt aber trotzdem als Verfasser der hermetischen Schriften und als Urvater der Alchemie. Die Hermetik beeinflusste das naturwissenschaftliche Weltbild bis in das 17. Jahrhundert hinein und prägte den abendländischen Okkultismus.

Einige Quellen behaupten, die hermetischen Schriften seien irgendwann zwischen dem ersten und vierten Jahrhundert nach Christus entstanden, andere meinen, sie seien bereits über 4000 Jahre alt. Das hohe Ansehen der hermetischen Schriften in der Esoterik beruht nicht zuletzt auf dem Glauben, es handele sich dabei um Zeugnisse uralten Wissens.

Das antike Denkmodell der Polarität, das heute immer noch von einigen namhaften spirituellen Größen postuliert wird, zieht eine große Vielzahl unechter Notwendigkeiten nach sich – allen voran den Glauben an eine negative Realitätsgestaltung, die genau deshalb eintritt, weil man sich auf das *Positive* fokussiert. Das Polaritätsgesetz wird dabei so ausgelegt, dass nichts ohne seinen Gegenpol existieren könne und deshalb ein Ungleichgewicht zur positiven Seite durch entsprechend viel Negatives wieder ausgeglichen werden müsse.

Dummerweise entwickeln sich solche Glaubenssätze schnell zu selbsterfüllenden Prophezeiungen, denn der Glaubenssatz beeinflusst natürlich durchaus die Realität. Menschen, die an dieses Gesetz glauben, erfahren also durch den Fokus auf das Positive tatsächlich manchmal eine negative Realitätsgestaltung. Menschen, die von diesem angeblichen Gesetz noch nie etwas gehört haben, erfahren hingegen eine positive Realität, wenn sie sich auf das Positive ausrichten.

Dieser ungute Glaube an das Polaritätsprinzip bringt jedoch nicht nur eine negative Realitätsgestaltung hervor, sondern auch psychische, emotionale und gesundheitliche Probleme, die überhaupt nicht sein müssten. Ich schlage daher vor, dass wir uns von dieser unechten Notwendigkeit auf die gleiche Weise befreien, wie wir das schon einige Male in diesem Buch mit anderen Halbwahrheiten getan haben.

Die hermetischen Prinzipien beeinflussten, wie bereits erwähnt, das naturwissenschaftliche Weltbild bis in das 17. Jahrhundert hinein. Wir sprechen hier also von antiken Sichtweisen der Wirklichkeit, die bereits vor fast 400 Jahren von der Wissenschaft verworfen wurden! Dennoch haben das nicht alle Menschen getan, denn die hermetischen Prinzipien tragen auch eine Teilwahrheit in sich und erklären scheinbar einige Phänomene in unserer Welt, welche die Wissenschaft bis heute nicht erklären kann. Um die hermetischen Prinzipien als Halbwahrheiten zu erkennen, ist es erforderlich, sehr genau hinzuschauen, denn oberflächlich betrachtet sieht es so aus, als könnten diese Prinzipien tatsächlich stimmen.

Wir haben uns bereits das Resonanzgesetz und das Spiegelprinzip genauer zu Gemüte geführt und triftige Gründe für einen begründeten Zweifel gefunden. Das Gleiche werden wir jetzt mit dem sogenannten *Prinzip der Polarität* tun. Der wichtigste Punkt dazu ist erst einmal: *Das Polaritätsprinzip ist kein Naturgesetz*. Es ist ein antikes Denkmodell, mit dem man im alten Griechenland versuchte, eine Regel für bestimmte Vorkommnisse zu finden. Die antiken Griechen waren Philosophen, die an alle möglichen Götter glaubten. Sie suchten nach logischen Prinzipien, welche diese Vorkommnisse in ihrer spirituellen und weltlichen Weltsicht erklären konnten.

Wenn man anfängt, an dieses antike Denkmodell der Polarität zu glauben und es als Naturgesetz bezeichnet, dann gibt es wie gesagt eine selbsterfüllende Prophezeiung. Dieser Glaube beeinflusst nun einmal, wie jeder andere auch, unsere Realitätsgestaltung. Doch wäre es ein tatsächliches Naturgesetz, dann dürften alle diese Widerspiegelungen nicht sofort verschwinden, wenn man anfängt, an der Polarität zu zweifeln. Doch genau das passiert in der Praxis – und zwar mit absoluter Zuverlässigkeit!

Ich habe daher mit meinen Akademie-Teilnehmern nie über den Wahrheitsgehalt dieses angeblichen „Gesetzes" diskutieren müssen. Ich habe ihnen einfach nur gesagt, sie sollten einmal probeweise an diesem Gesetz zweifeln und dann schauen, wie sich ihr Leben danach verändert. Auf diese Weise haben sich dann alle selbst davon überzeugt, dass dieses angebliche Gesetz Quatsch mit Soße ist, und jede Diskussion darüber wurde überflüssig. Aber schauen wir uns das trotzdem einmal ein wenig genauer an, denn mit einem echten, begründeten Zweifel ist das alles natürlich noch einmal einfacher.

Die alten griechischen Philosophen waren die Begründer der Logik. Sie taten nichts anders, als die Welt durch Logik zu beschreiben. Doch jede Logik baut auf sogenannten Grundannahmen auf, die man nicht beweisen kann. So ist beispielsweise die Aussage „Jeder Gegenstand ist mit sich selbst identisch" eine von vier Annahmen, auf denen die antike Logik aufbaute.

Die Quantenmechanik hat jedoch im letzten Jahrhundert den Beweis erbracht, dass diese Annahme des gesunden Menschenverstandes tatsächlich falsch ist, so seltsam das auch klingen mag. Richtiger müsste es heißen: „Jeder Gegenstand ist *meistens* mit sich selbst identisch" – aber eben nicht immer!

Es gibt wie gesagt vier dieser Grundannahmen, die der Logik im alten Griechenland zugrunde gelegt wurden. Sie sind alle nur zur Hälfte wahr. Damals hatte man einfach noch nicht die gleichen Möglichkeiten wie heute. Man konnte nur mit seinen eigenen Augen die Phänomene der Natur beobachten und seine Rückschlüsse ziehen. Doch unsere Augen sehen die Welt nur sehr oberflächlich, daher waren sehr viele dieser Rückschlüsse schlicht und ergreifend falsch!

Heute haben wir technische Möglichkeiten, die uns einen Blick in die Geheimnisse der Realität ermöglichen, von denen man im alten Griechenland nur träumen konnte. Wir wissen noch längst nicht alles, aber wir wissen tausend Mal mehr als die Menschen der Antike.

Die Wissenschaft ist heute so weit, dass wir eines mit großer Bestimmtheit sagen können: *Niemand weiß, was wirklich wahr ist.* Es ist alles nur Glaube! Das ist der derzeitige Glaubenssatz der Wissenschaft. Ob er wahr ist, vermag wieder einmal niemand zu beweisen, aber es sieht in der Praxis sehr, sehr stark danach aus. Über Wahrheit brauchen wir daher wieder einmal nicht zu diskutieren. Daher möchte ich vorschlagen, dass wir jetzt einmal über Nützlichkeit sprechen!

Meine Sicht der Matrix, wie ich sie in diesem Buch vorgestellt habe, ist wie gesagt ebenfalls nur ein Denkmodell. Stellen wir einmal dieses Denkmodell dem sogenannten Polaritätsgesetz gegenüber und erklären mit beiden Modellen die gleichen Vorkommnisse.

Es kommt zum Beispiel häufig vor, dass Menschen ihre Gesundheit positiv gestalten wollen und dann erst recht immer kränker werden. Oder sie wollen sich Wohlstand gestalten und bekommen danach immer größere finanzielle Probleme. Sie wollen ihre Partnerschaft sichern, und es entstehen plötzlich zuvor nie dagewesene Beziehungsprobleme. Diese Vorkommnisse könnte man ewig weiterführen. Du kennst das vielleicht aus deinem eigenen Leben.

Nun könnte man natürlich eine völlig oberflächliche Kausalität herstellen, indem man sagt: „Wenn man sich auf das Positive konzentriert, dann geschieht immer das Negative!“ Bei manchen Menschen ist dieser Glaube tatsächlich entstanden, und zwar ohne dass sie es bewusst gemerkt haben. Sie haben dadurch eine starke Glücks- und Erfolgsblockade und machen sich das Leben damit unsagbar schwer. Sie trauen sich nicht, positive Gedanken zu denken, positive Gefühle zu haben, das Positive zu genießen, sich auf etwas Erwünschtes oder ein Ziel zu fokussieren usw. Denn sobald sie sich mit dem Positiven befassen, passiert ja immer auch etwas Negatives! Dieser Aberglaube ist übrigens die beste Voraussetzung für eine Depression, denn man verhindert gute Gefühle, und Depressionen entstehen häufig durch den Mangel an glücklichen Gefühlen.

Ich habe diesen Irrglauben schon mit Tausenden von Menschen aufgelöst. Die Folge war ausnahmslos jedes Mal, dass die negativen Widerspiegelungen sofort verschwanden. Diese Menschen konnten sich dann auf das Positive konzentrieren und es passierte dann auch nur das Positive!

Die meisten Menschen, denen ich begegnet bin, glaubten jedoch nicht so stark an das Polaritätsgesetz, dass immer gleich das Gegenteil passierte. Sie glaubten nur: „Wenn man sich auf etwas Positives konzentriert, geschieht immer *auch* das dazugehörige Negative!" So sieht es ja auch oberflächlich betrachtet manchmal aus. Doch es passiert nicht bei *jedem* Menschen immer automatisch auch das Negative, wenn er sich auf das Positive konzentriert. Bei mir ist es zum Beispiel ganz und gar nicht so!

Schauen wir uns also einmal an, wie diese scheinbaren Polaritätsmanifestationen in meinem Matrix-Modell zustande kommen. Wenn sich Menschen beispielsweise mehr Geld wünschen, dann aktivieren sie in ihrem Gehirn automatisch alle Muster, die mit dem Thema Geld zu tun haben. Sie aktivieren also zum Beispiel alle Glaubenssätze zum Thema Geld in der Großhirnrinde, alle dazugehörigen Konditionierungen in ihrem limbischen System, alle entsprechenden Identitätsmuster in ihrem Frontallappen usw.

Der Wunsch nach mehr Geld richtet die Aufmerksamkeit zwar auf mehr Geld aus, was ja grundsätzlich eine gute Sache ist, da die Ausrichtung unserer Aufmerksamkeit ja der erste von zwei Faktoren ist, die für unsere Realitätsauswahl verantwortlich sind. Aber der Wunsch aktiviert auch alle Wahrnehmungsfilter. Und wenn es dort negative Glaubenssätze, Konditionierungen, Identitäts- oder Kollektivmuster gibt, dann wird man durch diese negativen Filter hindurch auch eine negative Realität auswählen. Man wünscht sich also mehr Geld und bekommt stattdessen mehr Rechnungen!

Sich etwas einfach nur zu wünschen, funktioniert deshalb auch nur äußerst selten als Realitätsgestaltungsmethode. Es funktioniert nur dann, wenn der Erfüllung des Wunsches kein einziges Muster entgegenwirkt. Und das ist zum Beispiel beim Thema Geld nur sehr, sehr selten der Fall. Wenn du wissen möchtest, ob bei dir selbst der bloße Wunsch genügt, dann kannst du dir einfach einmal anschauen, was du im Hier und Jetzt mit dem Thema *Geld* tatsächlich emotional verbindest. Es geht hier also nicht um den Wunsch, mehr Geld zu haben, sondern um deine tatsächlichen Gefühle, wenn du an den Status quo deiner finanziellen Situation oder auch an deine Existenzsicherung denkst. Die meisten Menschen erkennen dabei sehr schnell negative Glaubenssätze oder auch negative emotionale Kopplungen von Geld an Mangel, Unsicherheit, schlechtes Gewissen und Ähnliches.

Die meisten Menschen, die sich mehr Geld wünschen, tun das deshalb, weil sie momentan *zu wenig* Geld haben oder es zumindest so empfinden. Sie empfinden mit anderen Worten in Wirklichkeit *Mangel*, wenn sie an Geld denken. Und dieser Mangel wird automatisch aktiviert, sobald sie an ihren Wunsch denken. Daher ist es dann kein Wunder, dass sich sowohl der Wunsch manifestiert als auch der Mangel. Mit der Wunschmanifestation meinte ich jedoch nicht, dass man dann bekommt, was man sich wünscht. Durch einen Wunsch gestalten sich die Lebensumstände nur so, dass sie erneut den Wunsch nach mehr Geld wecken! Das ist alles. Wünsche werden von der Matrix nicht einfach erfüllt, sie werden *gespiegelt*! (*Nur eine Metapher!*)

Man kann sich tatsächlich mehr Geld manifestieren, was viele Teilnehmer meiner Akademie auch erfolgreich tun, jedoch nicht, indem man auf den Balkon geht und sich einfach nur mehr Geld wünscht. Man kann sich finanziellen Wohlstand manifestieren, wenn man alle Wahrnehmungsfilter – also alle mentalen, emotionalen, kollektiven und Identitätsmuster in Richtung Fülle und Wohlstand optimiert und dann noch die erforderlichen weltlichen Schritte unternimmt, denn das Geld wird nicht vom Himmel fallen! Das ist eine Menge Arbeit, aber wenn man bereit ist, diesen Aufwand auf sich zu nehmen, dann funktioniert die positive Realitätsauswahl auch beim Thema Geld.

Was in der Praxis bei meinen Teilnehmern dabei jedoch sehr gut zu erkennen ist: Wenn man alle betroffenen Muster ins Positive verändert, die bei dem Gedanken an (beispielweise) Geld automatisch aktiviert werden, dann gibt es *keine* polaren Manifestationen mehr dazu. Die müsste es aber geben, wenn das Polaritätsprinzip tatsächlich wahr wäre.

So sieht es also in der Praxis tatsächlich aus. Solange es bei den vier Wahrnehmungsfiltern positive *und* negative Energien gibt, werden selbstverständlich auch positive und negative manifestiert. Sind aber alle negativen Filter ins Positive verändert, gibt es nur noch positive Manifestationen. Sind alle Energien nur negativ, gestaltet sich auch nur das Negative. Das funktioniert in der Praxis ganz hervorragend und wie gesagt absolut zuverlässig.

Würde das Polaritätsgesetz stimmen, dann könnte man sich einfach einmal gepflegt auf Angst, Machtlosigkeit oder Mangel konzentrieren, und damit müsste sich dann automatisch eine wenigstens zum Teil positive Realität gestalten. Ich wünsche jedem viel Spaß, der Lust hat, das einmal auszuprobieren!

Mein Modell erklärt auch die Realitätsgestaltung von Menschen, die am Aberglauben des Polaritätsgesetzes festhängen. Sie bekommen zwar ihren Glauben widergespiegelt, aber gleichzeitig auch ihre Konditionierungen und Identitätsmuster. Das bedeutet: Wenn jemand an die Polarität glaubt, aber positive Konditionierungen auf emotionaler Ebene hat, dann werden diese positiven Kopplungen trotzdem manifestiert und nicht nur der negative Glaube. Die negativen Auswirkungen des Glaubenssatzes werden also abgeschwächt.

Eine der negativsten Auslegungen des Polaritätsgesetzes besteht in der Auffassung, man müsse für alles Positive im Leben auch immer einen negativen *Preis* zahlen. *Wenn man sich in einem Restaurant ein Essen bestellt, dann muss man sich ja auch nicht wundern, wenn am Ende die Rechnung kommt!* Das ist in Bezug auf das Restaurant sicherlich richtig, aber von solchen Metaphern eine allgemeingültige Gesetzmäßigkeit für das gesamte Universum abzuleiten, ist mehr als fragwürdig!

Ebenso fragwürdig ist es, das Polaritätsgesetz mit der Metapher untermauern zu wollen, dass zum Atmen immer das Ausatmen und das Einatmen gehören. Auch das ist zweifellos richtig, aber daraus abzuleiten, dass man deshalb auch immer Leid erleben muss, wenn man Glück erlebt hat, ist schon fast eine Pervertierung der ursprünglichen Metapher, die natürlich vielen Menschen Angst macht, sodass sie sich gar nicht mehr trauen, glücklich zu sein. Ich habe sogar Menschen kennengelernt, die aus diesem Grund regelmäßig gezielt dafür sorgten, dass sie litten, bevor eine wichtige Prüfung oder andere wichtige Ereignisse anstanden, damit sie dann aufgrund des Polaritätsgesetzes bei diesem wichtigen Ereignis Glück erlebten. Sie sorgten also für Leid, und das Polaritätsgesetz sollte das dann ausgleichen, indem es ihnen Glück, Erfolg oder Liebe liefern würde. Das ist ehrlich gesagt *Esoblödquatsch* allerersten Güte! Hier wird wieder einmal aufgrund von Metaphern mächtig übergeneralisiert. In der Fantasiewelt dieser Metapher hört sich das dann logisch an, doch mit der Realität hat das absolut nichts mehr zu tun!

Jede Logik baut, wie bereits erwähnt, auf theoretischen Grundannahmen auf. Diese Grundannahmen und die daraus abgeleitete Logik sind im Alltag oft sehr nützlich, aber wenn wir glauben, dass alles *wahr* ist, was wir nur oberflächlich sehen können, dann entstehen einfach schnell falsche logische Schlussfolgerungen. Das Polaritätsgesetz und der Glaube, für alles Positive einen Preis zahlen zu müssen, sind eine davon.

Menschen, die das glauben, verhalten sich zum Beispiel auch in Partnerbeziehungen so, als sei die Liebe ein Geschäft. Denn wenn man Liebe haben will, dann muss man gemäß dieser verschobenen Logik natürlich auch einen Preis dafür zahlen. Das bedeutet, dass sich Menschen, die tatsächlich diesem Glaubenssatz anhängen, selbst die Möglichkeit nehmen, wahre Liebe zu erfahren. Möglicherweise werden sie bedingungslos geliebt, aber da sie glauben, dass alles seinen Preis hat, können sie diese reine, bedingungslose Liebe gar nicht wahrnehmen. Und auch ihre eigene Liebe ist natürlich immer davon abhängig, welche Gegenleistung sie dafür bekommen. Das ist natürlich keine echte Liebe!

Das Polaritätsgesetz entstand möglicherweise, weil man das Phänomen, dass Wünsche und Ziele oft eine genau gegenteilige Manifestation hervorbringen, nur oberflächlich betrachtet hat. Je tiefer man in das Verständnis der Matrix eintaucht, desto näher kommt man an die Wahrheit heran, auch wenn man sie vielleicht nie vollständig erkennen wird. Aber näher dran ist schon einmal besser als weiter entfernt! *Denn besser ist immer gut!* ☺

Ich kann wie gesagt nicht wissen, ob mein Modell richtig ist, aber die Erfolge mit diesem Modell in der Praxis deuten sehr stark darauf hin, dass ich damit sehr viel näher an der Wahrheit sein muss als dieses antike Polaritätsprinzip. Ich entscheide mich daher wie immer für das Modell, das in der Praxis die besseren Ergebnisse liefert. Und mein Matrix-Modell hat sich in der Praxis als überaus nützlich erwiesen, wenn man beabsichtigt, sich ein schönes Leben zu gestalten. Auch wirkt es sich in der Liebe äußerst positiv aus, denn in meinem Modell der Welt muss man für die Liebe keinen Preis zahlen.

Wenn man hingegen dem Glauben an die Polarität anhängt, muss man sehr viele Tricks entwickeln, will man dann trotzdem ein halbwegs glücklicher Mensch werden und eine glückliche Partnerbeziehung führen. Ich halte die Entscheidung zwischen diesen beiden Modellen deshalb für eine einfache Wahl. Ich kann nicht wissen, was wahr ist. Daher halte ich mich an die Theorie, also an das Modell, das es mir leichter macht, mir ein glückliches Leben zu gestalten. Und das ist ganz sicher nicht der Glaube an die Polarität!

Die Absolventen meiner Akademie, die sich mit allen vier Ebenen der Matrix auskennen, können sehr gut bestätigen, dass sich ein Thema von dem Moment an vollständig positiv manifestiert, wenn die Wahrnehmungsfilter auf allen vier Ebenen vollständig positiv gestaltet sind. Und das dürfte nach dem Polaritätsgesetz wie gesagt einfach nicht passieren. Tut es aber!

Aus meinem Matrix-Modell heraus gibt es einen ganz einfachen Weg zu einer sehr positiven Realitätsgestaltung: *„Verändere einfach deine Muster zum Positiven, und du veränderst dein Leben zum Positiven."* Und dabei müssen keinerlei dubiose Gesetze oder Prinzipien berücksichtigt werden!

Wenn du jetzt merkst, dass du vom Polaritätsglauben weg willst, dann zweifle ihn einfach gepflegt an. Das war's! Der Rest ergibt sich dann wie gesagt von selbst. Und noch schneller geht es natürlich, wenn du Leute zum Reden findest. Und das sollte eigentlich nicht so schwierig sein, denn es gibt unzählige Menschen, die in das Fettnäpfchen dieser unguten Halbwahrheit getappt sind. Such dir jedoch Menschen aus, die diese Halbwahrheit nicht auf Biegen und Brechen verteidigen wollen. Es kann nämlich durchaus sein, dass hier einige Leute eine Überzeugung entwickelt haben, weil sie unbedingt daran glauben wollen. Aber das merkst du sehr schnell, wenn du das Thema anschneidest. Die meisten Menschen sind sehr froh, wenn du ihnen begründete Zweifel am Polaritätsgesetz lieferst.

Hier noch einmal die drei Fragen für deinen begründeten Zweifel, die du auch gerne mit deinen Freunden durchgehen kannst:

1. Kann ich wirklich definitiv wissen, dass meine alte Sichtweise wahr ist?
2. Warum kann ich das nicht definitiv wissen?
3. Was spricht dafür, dass es auch anders sein könnte?

Halbwahrheit Nr. 27: Du musst dich energetisch schützen

Viele Menschen haben eine hohe Sensitivität für ihre Energien und auch die anderer Menschen. Das kann sehr vorteilhaft sein, aber es hat auch den Nachteil, dass man dann auch die negativen Energien anderer Menschen stärker wahrnimmt. Sehr viele Hochsensible kommen dann auf die Idee, dass sie sich gegen diese negativen Energien schützen *müssen*. Doch dadurch wird es nur noch schlimmer! Und zwar aus folgendem Grund: Die Energie folgt immer der Aufmerksamkeit. Ich drehe diese Aussage einmal um, um sie besser verständlich zu machen: Ohne unsere Aufmerksamkeit auf negative Energien auszurichten, nehmen wir auch keine negativen Energien wahr. Und das ist der springende Punkt! Wir nehmen in Wirklichkeit nämlich gar keine Energien aus unserem Umfeld auf. Wir gehen damit immer nur in *Resonanz*! Das ist ein sehr großer Unterschied.

Es fühlt sich manchmal so an, als hätte jemand uns Energie „abgesaugt", weil wir uns geschwächt fühlen. Doch die tatsächliche Ursache dieser Schwächung ist die Resonanz. So wie man ein Radio auf einen bestimmten Sender einstellt, haben wir unseren „Empfänger" aktiv auf die jeweilige Energie eingestellt und nehmen sie deshalb wahr. Das fühlt sich in unserem Körper dann manchmal wie ein Absaugen oder ein Energieabfluss an. Doch Energien fließen in Wirklichkeit gar nicht. Sie pflanzen sich fort, was sich genauso anfühlen kann wie ein Fließen, deshalb sehen viele Menschen darin auch keinen Unterschied. Doch der Unterschied ist für das Schutzthema ganz gewaltig!

Schauen wir uns das zunächst einmal in der Praxis an: Wenn uns beispielsweise ein Mensch gegenübersteht, der total verzweifelt ist und nicht weiterweiß, dann kann es sein, dass wir ebenfalls in diesen Zustand der Machtlosigkeit gehen. Das tun wir beispielsweise, weil uns dieser Mensch wichtig ist und wir ihm damit unsere Anteilnahme nonverbal ausdrücken wollen, und auch um ihm zu signalisieren, dass er mit diesem Problem nicht allein dasteht. Wir gehen deshalb in seine Gefühle mit hinein.

Wir tun es auch manchmal, weil wir helfen wollen, aber leider auch keine Idee haben, wie wir sein Problem lösen sollen. Auch da versetzen wir uns in seine Situation hinein, um zu überlegen, wie wir das Problem lösen würden. Wenn wir dazu jedoch auch keine gute Lösung haben, dann bleiben wir in seinem Machtlosigkeitsgefühl – entweder um unsere Anteilnahme auszudrücken und unsere Zusammengehörigkeit zu unterstreichen, oder um weiterhin nach einer Lösung für ihn zu suchen.

Stell dir diese Situation jetzt einmal ein wenig anders vor: Diese Person steht dir auch jetzt wieder total verzweifelt und hoffnungslos gegenüber. Aber stell dir vor, dieses Mal wüsstest du ganz genau, dass du dieser Person jetzt super helfen kannst. Sie müsste auch gar nichts dafür tun. Du bräuchtest nur deine Hände für fünf Minuten aufzulegen, und das Problem wäre für alle Zeiten gegessen und dieser Mensch würde Glück und Wohlstand erleben. Welche Gefühle hättest du in dieser Situation? Du würdest Freude und Zuneigung empfinden – vielleicht sogar Liebe!

Das wäre zumindest dann so, wenn deine Methode es *nicht* erfordert, dass du erst einmal in die schweren Energien dieser Person mit hineingehst, um sie dann auflösen zu können. Wenn du das nämlich nicht müsstest, sondern einfach nur deine Hände auflegen und Liebe fließen zu lassen bräuchtest, dann würdest du auch nur Liebe in dir fühlen. Du würdest nicht mit der negativen Energie dieser Person in Resonanz gehen. Und schon gar nicht würde diese Person dir Energie absaugen. Wenn du auf diese Weise so wundervoll helfen könntest, würde dir das sogar noch Energie *geben*!

Doch das würde ja theoretisch bedeuten, dass *du* jetzt derjenige wärest, der dieser Person die Energie absaugt, oder?! Wenn du plötzlich mehr Energie hast, muss sie ja irgendwo herkommen. Doch deinem Gegenüber geht es seltsamerweise ebenfalls viel besser! Er oder sie hat jetzt ebenfalls mehr Energie. Jeder hat jetzt ein Mehr an positiver Energie. Wie kann das sein?!

Genau an dieser Stelle hakt das Modell mit dem Energiefluss gewaltig. Man behilft sich dann gern mit der Annahme, dass man diese Energien dann von einer „höheren Quelle" bekommen hat. Grundsätzlich ist dieses Verständnismodell der Welt mit dieser Zusatzenergiequelle wieder stimmig. Doch dieses Modell führt zu vielen unechten Notwendigkeiten in der Realitätsgestaltung und hat sich damit auf Dauer als nicht sehr nützlich erwiesen. Das Energiefluss-Modell verstärkt die unechte Notwendigkeit, sich sowohl gegen ein Absaugen der Energie schützen zu müssen als auch dagegen, dass einem andere Menschen ihre negativen Energien abgeben. Wenn man das zu seiner persönlichen Wahrheit macht, dann spiegelt die Matrix das auch eins zu eins wider.

Ich bin diesbezüglich ein gebranntes Kind, denn genau das habe ich vor 30 Jahren sehr intensiv erlebt. Ich hatte damals gelesen, dass man sich in der Natur wieder mit Energie aufladen könne, wenn einen andere Menschen Energie gekostet hätten. Vor allem könne man sich mit der „Schwingungsfrequenz" alter Bäume verbinden – die hätten eine Wahnsinnsenergie. Es war mir zwar ein wenig peinlich, wenn andere Leute mich sahen, aber ich ging von nun an nach jedem Klienten wenigstens für eine Viertelstunde zu meinen neuen *Freunden* und erhöhte meine Schwingungsfrequenz – bis der Winter kam und es mir zu kalt wurde!

Ich merkte jedoch schon viel früher, dass die Bäume allein mir nicht alles geben konnten. Meine „Frequenz" sackte trotzdem ständig zwischendurch ab. Ich suchte also nach Alternativen. Ich stieß damals auf sogenannte *Tachyon-Produkte*. Diese platzierte ich nach Vorschrift in meiner Wohnung und meiner Beratungspraxis und hatte auch immer ein solches Instrument in der Hosentasche. Das half zwar, aber war dennoch allein nicht ausreichend. Die Klienten, die zu mir kamen, vermachten mir weiterhin in abgeschwächter Form ihre Probleme.

Ich stieß dann auf ähnliche Produkte, die ebenfalls die Schwingungsfrequenz erhöhen und vor negativen Schwingungen und Strahlungen schützen sollten. Meine Wohnung wurde damit ausgestattet. Am Schluss lagen überall Kristalle herum. Donuts aus einem Material, das angeblich keine Polarität aufweisen sollte, waren ebenfalls zur Stelle. Räucherstäbchen brannten den ganzen Tag ab, und es lief sanfte Meditationsmusik. Als die Räucherstäbchen nicht mehr ausreichten, stieg ich auf Weihrauch um. Das stank zwar ganz erbärmlich, aber wenn's hilft?!

Ich fühlte mich in meiner Wohnung nun relativ sicher. Das Einzige, was mich störte, war, dass ich ziemlich einsam geworden war. Ich traute mich kaum noch unter die Leute. Ich spürte, dass mir ihre Energie nicht gut tat. Ich erledigte also nur noch das Nötigste. Das änderte sich schlagartig, als mich jemand fragte, wie weit mein Energiefeld denn eigentlich reiche. Ich spürte hinein und nahm wahr, dass mein Energiefeld sich über 50 Meter weit um mich herum ausbreitete.

Plötzlich wurde mir eine erschreckende Tatsache bewusst: Wenn mein Energiefeld sich so weit erstreckte, dann würden das doch die Felder der anderen Menschen ebenso tun! Dann war ich doch in meiner Wohnung vor den negativen Schwingungen meiner Umwelt gar nicht sicher! Würden die Kristalle und das ganze Zeug mich dagegen wirklich schützen können?!

Es dauerte damals lange, bis ich den Ausweg aus diesem esoterischen Dschungel gefunden hatte. Aber schauen wir uns das jetzt einmal in meinem aktuellen Modell der Welt an. Wie ist es nach diesem Modell zu erklären, dass man sich so fühlt, als hätte einem jemand Energie abgesaugt?

Wenn unser Großhirn eine Chance als lohnend beurteilt, die das Leben uns gerade bietet, dann reagiert unser limbisches System auf eine bestimmte Weise darauf. Es bringt unser gesamtes System aus Körper, Seele und Geist in einen Funktionsmodus, der zum Nutzen unserer Chancen den größtmöglichen Erfolg verspricht. Die Leistungsfähigkeit unseres Geistes wird hochgefahren, damit wir alles klar durchdenken können. Der Körper schüttet Adrenalin und Cortisol aus (beides körpereigene Aufputschmittel), um die Kraft und Energie zu haben, die zur Nutzung der Chance erforderlich ist. Das heißt, wir spüren in dem Moment, wo wir eine tolle Chance erkennen, dass unser Puls beschleunigt wird und wir mehr Kraft und Energie bekommen. Emotional steigt unser Verlangen, das haben zu wollen, was das Leben uns da gerade wie eine Möhre dem Esel vor die Nase hält. Motivation fährt hoch, gleichzeitig Spaß an der Sache und einige weitere Gefühle, die zur Nutzung dieser Chance wichtig sind. Wir bekommen also *mehr Energie*! Sie fährt richtig wie in einem Generator hoch. Sie kommt wohlgemerkt nicht von außen, sondern aus den zuvor noch „schlafenden" Energiereserven unseres Körpers.

Das Gegenteil passiert jedoch, wenn wir etwas tun sollen, in dem wir überhaupt gar keinen Sinn sehen. Wir sollen etwas tun, das sich für uns überhaupt nicht lohnt. Das kostet uns nur Kraft und ist reine Energieverschwendung, weil es nichts bringt. Wenn unser Großhirn diese Beurteilung trifft, dann reagiert das limbische System erneut so, wie es evolutionär sinnvoll gewesen wäre: Es aktiviert unser Energiesparsystem. Wir fühlen emotional sofort Unlust oder sogar Widerwillen, fühlen uns körperlich ausgelaugt, noch bevor wir überhaupt irgendetwas getan haben, und haben auch keine Energie zum klaren Denken. Wir müssen uns (bzw. den „inneren Schweinehund") dann regelrecht überwinden, um es dann dennoch zu tun.

Doch in dem Moment, in dem wir erkennen würden, dass es *doch* wichtig und sehr lohnend für uns wäre, bekämen wir sofort wieder Energie – bei der gleichen Sache! Nichts hat sich an den äußeren Umständen geändert. Wir haben lediglich eine andere *Beurteilung* getroffen.

Es gibt viele Funktionsmodi, bei denen wir besonders viel bzw. sehr wenig Energie spüren. Diese Funktionsmodi haben alle einen evolutionären Hintergrund. *Frust* soll uns beispielsweise Energie nehmen, damit wir einen Moment innehalten und uns nicht unnötig verausgaben. Der Funktionsmodus Frust wird immer dann aktiviert, wenn wir etwas mehrere Male auf die gleiche Art und Weise vergeblich versucht haben. Der Frust sorgt dann dafür, dass wir keine Lust mehr haben, es weiterhin auf die gleiche Weise zu versuchen. Frust kann also sehr nützlich sein, denn er führt dazu, von einem wenig Erfolg versprechendem Verhalten abzulassen. Aber wir geben unser Ziel nicht auf, nur weil wir frustriert sind. Wir machen nur Pause und versuchen es dann später auf eine andere Weise.

Wenn das mehrere Male passiert ist und wir jedes Mal Misserfolg geerntet haben, dann überlegt unser Gehirn, ob es vielleicht gar nicht an den Maßnahmen liegt, die wir bisher erfolglos versucht haben, sondern vielleicht am Ziel. Möglicherweise ist das Ziel ja überhaupt nicht erreichbar und wir verschwenden hier nur unsere Zeit? Dann wird kein Frust mehr ausgelöst, sondern der Funktionsmodus der *Enttäuschung*. Die Gefühle und Gedanken, die wir dabei haben, führen dazu, dass wir von unserem Ziel loslassen und keine weitere Energie mehr verschwenden. Im Enttäuschungsmodus fühlen wir uns deshalb extrem geschwächt. Unsere gesamte Energie ist dahin. Wir sind völlig fertig mit der Welt.

Es ist das gleiche Gefühl, das man hat, wenn man als Sportler damit gerechnet hat, die Goldmedaille zu gewinnen, und dann ein anderer gewinnt. Man ist möglicherweise 42 km gelaufen, um dann am Ende seiner Kräfte hinter der Ziellinie völlig fertig zusammenzubrechen. Der Gewinner hat sich jedoch genauso verausgabt. Auch er hat alles gegeben und sollte eigentlich ebenfalls völlig fertig am Boden liegen. Stattdessen läuft er noch völlig enthusiastisch eine Ehrenrunde im Stadion!

Der Funktionsmodus mit der schlimmsten Schwächung unseres Systems ist die *Resignation*. Stell dir vor, du lebtest in der Steinzeit auf der Nordseite der Alpen. Doch es gibt in dieser Gegend nicht mehr genügend zu essen. Deine Sippe muss weiterziehen. Sie muss in den Süden, und das bedeutet: über die Alpen! Wenn du jetzt zu alt und schwach wärst, um diese Reise schaffen zu können, und deine Sippe auch nicht stark genug, um dich mitnehmen zu können, ohne dabei selbst zugrunde zu gehen, dann würde dein limbisches System den *Resignationsmodus* starten. Du würdest dich zum Sterben zurückziehen, damit du keine Belastung mehr für deine Sippe bist. Du würdest automatisch so schwach werden, dass innerhalb weniger Tage deine Organe versagen und du stirbst.

Das tun übrigens viele treue Hunde, wenn ihr Herrchen gestorben ist. Sie gehen in den Resignationsmodus und sterben ebenfalls innerhalb weniger Tage. Dasselbe tun auch viele Ehepartner nach langjähriger Ehe, wenn ein Partner gestorben ist. Es dauert dann in vielen Fällen nur noch wenige Wochen, bis der andere Partner ebenfalls stirbt.

Diesen Menschen oder den Hunden wird nicht von Energievampiren die Energie abgesaugt. Sie bekommen auch keine negativen Energien von anderen Menschen. Sie gehen einfach nur in sehr nachteilige Funktionsmodi. Und genau das passiert auch, wenn wir mit anderen Menschen in Resonanz gehen, weil es ihnen schlecht geht, oder vielleicht auch, weil sie eine Gefahr für uns darstellen. Ein Opfer geht mit einem potenziellen Täter immer in Resonanz. Das heißt, das Opfer geht in eine Simulation des Täters, um dessen nächsten Schritt voraussehen und sich dadurch besser schützen zu können.

Es gibt viele Gründe, warum wir mit anderen Menschen in Resonanz gehen. Aber das ist immer unsere eigene Entscheidung, wobei diese allerdings meist auf unbewusster Ebene gefällt wird. Kein Mensch kann uns in einen bestimmten Funktionsmodus zwingen. Wir gehen in einen solchen Modus, weil es uns sinnvoll erscheint. Kein Mensch kann uns daher mit negativen Energien belasten, denn wir erzeugen alle unsere Energien selbst. Diese Funktionsmodi sind nichts anderes als bestimmte energetische Zustände, die wir selbst erzeugen. Wenn uns jetzt jemand gegenübersteht, der im Ärger-, Wut-, Frust-, Trauer-, Enttäuschungs- oder Resignationsmodus ist, dann kann sich das so anfühlen, als ob dieser Mensch unsere Energie geraubt oder uns mit negativer Energie infiziert hätte. Und daher kommt dann der falsche Eindruck auf, sich von diesem Menschen abgrenzen oder sogar vor ihm schützen zu müssen.

Doch es gibt nur zwei Faktoren, die tatsächlich für unseren energetischen Zustand verantwortlich sind – den Fokus unserer bewussten oder unbewussten Aufmerksamkeit und unsere Wahrnehmungsfilter. Und das ist die einzige Regel, die es in Bezug auf unsere Energien tatsächlich gibt. Und damit kann man sehr gut arbeiten! Unsere Aufmerksamkeit lenken wir nämlich immer auf das, was uns *wichtig* erscheint. Erscheinen uns die negativen Energien wichtig, lenken wir damit unsere Aufmerksamkeit auf die negativen Energien. Und wenn wir glauben, wir müssten uns vor den negativen Energien schützen, sorgen wir mit dieser Beurteilung dafür, dass unser Emotionalgehirn sie als extrem wichtig ansieht. Also fokussieren wir uns noch mehr auf diese Energien und nehmen sie noch stärker wahr.

Ich habe unsere Wahrnehmung ja schon einmal mit einer Satellitenschüssel verglichen. Wandeln wir diese Metapher einmal ein wenig ab, um den Sachverhalt dieses Kapitels noch deutlicher zu machen. Dazu vergleichen wir unsere Wahrnehmung jetzt einmal mit einem Richtmikrofon. Stell dir vor, du bist im Park. Dort sind hundert Menschen. Du hörst mit deinem Richtmikrofon nicht alle diese hundert Leute gleichzeitig. Du hörst immer nur diejenigen, auf die du dein Mikrofon ausrichtest. Wenn du das Gefühl hast, dass es dort Menschen gibt, die dir gefährlich werden könnten, richtest du aus Sicherheitsgründen dein Mikrofon auf sie, um sie zu belauschen und dich beim kleinsten Anzeichen einer Gefahr in Sicherheit zu bringen. Und dann nimmst du ihre Energie natürlich extrem stark wahr – und die positiven Energien der anderen Menschen kaum noch.

Dein Richtmikrofon nimmt in geringem Ausmaß auch die positiven Energien der anderen Menschen wahr. Es nimmt *alle* Energien in schwacher Intensität wahr – auch wenn du deine Aufmerksamkeit nicht darauf lenkst. Doch die Energie, auf die du dein Mikrofon ausrichtest, dominiert sehr stark!

Die negativen Energien um dich herum sind also für dich nur relevant, wenn du bewusst oder unbewusst deine Aufmerksamkeit darauf lenkst. Wenn nicht, haben sie nur einen extrem schwachen Effekt, den man in der Regel selbst als sensitiver Mensch nicht spürt.

Ich habe für mich selbst einen einfachen Trick entdeckt, mit dem ich alle positiven Energien verstärken und die negativen so weit wie möglich abschwächen kann. Dieser Trick funktioniert in der Praxis ganz hervorragend. Die Energie folgt wie gesagt der Aufmerksamkeit, und die folgt meinen Wertigkeiten. Ich schaue automatisch immer nach dem, was für mich von Bedeutung und wichtig ist. Das tut jeder automatisch. Ich möchte jedoch ein Mensch sein, der noch die Fähigkeit besitzt, das Gute in jedem Menschen zu sehen. Das ist mir sehr wichtig, denn ich trage mit meiner Wahrnehmung zur Gesamtenergie auf dieser Welt bei. Wenn ich die negativen Energien anderer Menschen wahrnehme, verstärke ich diese Art Energie mit meiner Wahrnehmung automatisch. Das will ich nicht. Ich bin nicht auf dieser Welt, um das Negative zu verstärken!

Ich suche daher in jedem Menschen und in jeder Menschengruppe die positive Energie, die sie in sich tragen. Und jeder noch so negative Mensch trägt noch Licht in sich. Daher sind die positiven Energien, die diese Menschen – offen oder versteckt – in sich tragen, für mich sehr wichtig. Und wir schauen immer automatisch nach dem, was uns wichtig ist.

Man muss sich vor negativen Energien also nicht schützen. Das ist ein Irrglaube, der den negativen Energien nur unnötig Bedeutung verleiht. Die Energie folgt immer der Aufmerksamkeit. Und damit kann man die positiven Energien herausfiltern. Wenn man also negative Energien spürt, kann man sofort anfangen, nach den positiven zu suchen, die ebenfalls da sind.

Mein „Schutz" besteht also darin, ein Mensch zu sein, der das Positive auf dieser Welt verstärkt, indem er jedes noch so verborgene Licht in der Dunkelheit findet. Allein schon der *Vorsatz*, ein solcher Mensch sein zu wollen, bietet bereits diesen positiven Schutz. Es dauert eine

Weile, bis auch die unbewussten Routinen sich an diese neue Absicht angepasst haben, aber dann muss man sich nicht mehr gegen andere Menschen abgrenzen oder gar schützen, denen es momentan vielleicht nicht so gut geht.

Wenn du Menschen kennst, die sich mit ihrem energetischen Schutz das Leben unnötig schwer machen, dann würde ich mich sehr freuen, wenn du diesen Menschen die Informationen aus diesem Kapitel zukommen lassen würdest. Falls es dir zu kompliziert ist, ihnen das alles selbst zu erklären, kannst du ihnen wie gesagt auch einfach dieses Buch leihen. Dann können sie es selbst lesen und sich anschließend mit dir darüber austauschen.

Hier noch einmal die drei Fragen für deinen begründeten Zweifel:

1. Kann ich wirklich definitiv wissen, dass meine alte Sichtweise wahr ist?
2. Warum kann ich das nicht definitiv wissen?
3. Was spricht dafür, dass es auch anders sein könnte?

Halbwahrheit Nr. 28: Du musst deine Gedanken kontrollieren

Viele Menschen glauben, dass unsere Wortwahl und unsere Körpersprache von unserem eigenen Unterbewusstsein falsch verstanden werden können, und machen sich deshalb mit einer unnötigen Gedankenkontrolle sehr viel Stress. So soll das Unterbewusstsein zum Beispiel angeblich keine *Verneinungen* verstehen. In der Hypnose-Therapie, bei der man ja direkt mit dem Unterbewusstsein arbeitet, verwendet man jedoch sehr wohl Negationen wie beispielsweise „Du spürst *keinen* Schmerz" oder „Tu dies und jenes *nicht*", und es funktioniert dort prächtig!

Das Unterbewusstsein versteht also auch Negationen. Wir haben es hierbei wieder einmal mit einer esoterischen Halbwahrheit zu tun. Schaut man sich diese Halbwahrheit einmal ein wenig tiefgründiger an, dann erkennt man, dass es in Wirklichkeit nicht auf die Formulierung, sondern hauptsächlich darauf ankommt, ob im eigenen Gehirn eine *Aversionsabsicht* oder eine *Appetenzabsicht* aktiviert wird (Appetenz = Begehren, Aversion = Abneigung).

Die Aversion richtet sich gegen das Unerwünschte, die Appetenz auf das Erwünschte. Diese beiden Absichten sind für den Fokus unserer Wahrnehmung verantwortlich. Sowohl positive als auch negative Formulierungen können sowohl zu Appetenz- als auch zu Aversionsabsichten führen. Das ist von Mensch zu Mensch unterschiedlich. Die negativen Formulierungen begünstigen beim Durchschnittsmenschen jedoch die Aversionsabsicht, sodass man eine Regel daraus gemacht hat, möglichst alles positiv zu formulieren, weil es dann eher zu einer Appetenzabsicht und damit zur Ausrichtung auf das Positive kommt.

Aber auch positive Formulierungen führen sehr häufig zu Aversionsabsichten und damit zur Ausrichtung auf Negatives. Die gut gemeinte Frage der besten Freundin an die Braut, ob sie wirklich sicher ist, dass ihr Bräutigam der Richtige für sie ist, um bis zum Ende ihres gemeinsamen Daseins glücklich zu sein, kann zum Beispiel sehr schnell dazu führen, dass die Braut ihre Aufmerksamkeit komplett auf das Negative lenkt. Wird man nämlich danach gefragt, ob man bei etwas *sicher* ist, sucht man sofort nach Gründen, die dagegen sprechen. Und diese Frage nach der Sicherheit kann man so positiv formulieren, wie man nur will – sie wird instinktiv die Aufmerksamkeit auf das Negative lenken. Wir werden uns mit diesem Punkt im nächsten Kapitel noch ein wenig genauer befassen.

Aus der Halbwahrheit, unser Unterbewusstsein verstehe keine Negationen, entstanden viele falsche Schlussfolgerungen und auch unechte Notwendigkeiten im Umgang mit dem Unterbewusstsein. Das Problem ist, dass dieser Glaubenssatz dann über den Placebo- bzw. Nocebo-Effekt entsprechende Phänomene hervorrufen kann, die scheinbar die Notwendigkeit bestätigen. Man spricht in diesem Zusammenhang auch von sogenannten *selbsterfüllenden Prophezeiungen*.

Das bedeutet, dass es tatsächlich Menschen gibt, deren Unterbewusstsein keine Verneinung mehr versteht – aber nur, weil diese Menschen ihr Unterbewusstsein mit einem entsprechenden Glaubenssatz dazu gebracht haben, sich so zu verhalten. Hat man diesen Glaubenssatz nicht, versteht das Unterbewusstsein sehr wohl Negationen.

Ein weiterer weit verbreiteter Glaube bezieht sich darauf, dass unser Unterbewusstsein unsere eigenen Worte und Gesten falsch verstehen könnte. Unsere Worte und Gesten sind jedoch, genau wie unsere Mimik, lediglich Ausdruck von Bedeutungen. *Unser Gehirn denkt nämlich in Bedeutungen und nicht in Worten!* Babys können noch nicht in Worten denken, aber das heißt nicht, dass sie noch nicht denken können! Sie denken noch ganz rudimentär in Bedeutungen.

Worte sind lediglich ein verbaler Ausdruck von Bedeutungen. Gesten und Mienen sind körperliche Ausdrücke von Bedeutungen. Doch diese Bedeutungen werden in unserem Gehirn mehrere Sekunden früher gedacht als die Worte und auch mehrere Sekunden früher, als wir dann diese Bedeutungen mit Gesten und Mienen ausdrücken. Die Bedeutungen sind also die eigentlichen Gedanken, und unsere Worte, Gesten und Mienen lediglich ein Ausdruck dieser Bedeutungen. Das Wichtigste dabei ist jedoch, dass unsere Wortwahl, genau wie die Wahl unserer Gesten und Mienen, *unbewusst* geschieht. Wenn unser Unterbewusstsein diese Worte und Gesten nicht verstehen könnte, dann könnte es sie gar nicht wählen!

Die beliebte, aber dennoch falsche Theorie, dass unser Unterbewusstsein unsere Worte falsch verstehen könnte, baut auf der falschen Annahme auf, wir würden unsere Worte *bewusst* auswählen. Doch dazu ist unser Bewusstsein nachweislich gar nicht in der Lage. In seltenen Fällen suchen wir zwar einmal bewusst nach einem passenden Wort, aber das normale, flüssige Sprechen wäre für das Bewusstsein ein viel zu komplexer Vorgang, da es viele Millionen Verarbeitungsschritte pro Sekunde in unserem Gehirn erfordert. Unser Bewusstsein kann jedoch gerade einmal ungefähr *sieben* Verarbeitungsschritte auf einmal bewältigen. Damit ist es gar nicht in der Lage, Worte bewusst zu verwenden. Wir müssen daher als Kind das Sprechen erst einmal mühsam erlernen, was einige Jahre in Anspruch nimmt. Wir entwickeln in diesen Jahren eine sogenannte *unbewusste Kompetenz*.

Und dabei hat jedes Unterbewusstsein seine eigene, individuelle Art und Weise, die gedachten Bedeutungen in Worten, Gesten und Mienen auszudrücken. Jeder Mensch hat also seine individuelle und ureigenste unbewusste Kompetenz, wenn es um den verbalen oder nonverbalen Ausdruck von Bedeutungen geht.

Diese Erkenntnis ist extrem wichtig, denn viele glauben immer noch, das Unterbewusstsein würde diese Worte und jene Worte nicht richtig verstehen. Doch das ist einfach ein dummes Gerücht, das man nicht mehr aus den Köpfen der Leute herausbekommt, weil jeder von jedem abschreibt. Und mit der Zeit schreiben es so viele, dass man denkt, es müsse wohl wahr sein, weil es ja alle behaupten – genau wie das Gerücht, dass in Spinat besonders viel Eisen enthalten sein soll, oder auch das Gerücht, dass Worte unsere Realität gestalten würden. Auch das ist Unsinn – ein Unsinn, der weitreichende Folgen haben kann! Denn genau hier liegt die Geburtsstätte der unechten Notwendigkeit, seine Gedanken kontrollieren zu müssen oder ständig für eine Art „Gedankenhygiene" zu sorgen. Und die kann einem das Leben zur Hölle machen!

Diese verdrehte Logik wird abermals davon genährt, dass hier eine nicht eigenständige Instanz unserer Persönlichkeit *personifiziert* wird – *das Unterbewusstsein*. Es gibt kein eigenständiges, zweites Bewusstsein in uns, das sein eigenes Süppchen kocht und mit dem wir kommunizieren müssen – weder mit positiven noch mit negativen Worten. Unser sogenanntes Unterbewusstsein ist einfach nur eine Ansammlung von Verhaltens-, Denk-, Gefühls-, Identitäts- und Kollektivmustern, die in unserem Gehirn und energetisch in unserer Aura abgespeichert sind.

Der Clou ist jedoch, dass wir unbewusst sogar weit *mehr* verstehen als bewusst und nicht weniger – eine Tatsache, die zum Beispiel in der Werbung ausgenutzt wird. Es gibt sogar verbotene Werbepraktiken wie beispielsweise subliminale Botschaften, die komplett am Bewusstsein vorbeigehen, aber von unserem Gehirn unbewusst sofort verstanden werden. Wir verstehen also unbewusst sehr viel mehr als bewusst.

Und deshalb *muss* man nicht auf seine Worte und Gesten achten. Das ist völlig überflüssig. Aber wenn man *glaubt*, es tun zu müssen, dann hat man eine scheinbare Notwendigkeit geschaffen, die dann Realität gestaltet. Und schon hat man das Gefühl, diese scheinbare Notwendigkeit sei durch eigene Erfahrung bestätigt. Doch hier wird nur eines bestätigt, und zwar, dass Glaubenssätze unsere Realität beeinflussen und entsprechende Erfahrungen manifestieren, die es ohne diesen Glauben gar nicht gäbe.

Wenn ich glaube, dass ich meine Gedanken und Gesten „sauber" halten *muss*, dann *muss* ich das auch – doch nur, weil ich das glaube! Menschen, die nicht daran glauben, müssen es nicht. Unser Gehirn hält sich uns zuliebe an unsere Glaubenssätze. Diesen Effekt nennt man wie gesagt Placebo (*placebo* heißt übersetzt: *Ich werde gefallen*). Wenn wir also glauben, dass unser Unterbewusstsein dies und jenes nicht versteht, dann tut uns unser Gehirn einfach diesen Gefallen. Es tut dann so, als würde es dies alles wirklich nicht verstehen. Aber bei allen Menschen, die das nicht glauben, läuft es völlig anders!

Wenn ich schreibe, dass unser *Gehirn* das so macht, dann ist dies natürlich ebenfalls nur eine Metapher. Auch unser Gehirn ist kein eigenständiges Lebewesen. Eine Personifizierung ergibt auch hier keinen Sinn. Doch ohne diese Metaphern ist es kaum möglich, sich verbal zu verständigen. Worte sind nämlich auch nur Metaphern.

Aber kommen wir wieder zum Thema dieses Kapitels zurück. Um von dem unguten Glauben an die Notwendigkeit der Gedankenkontrolle loszulassen, genügt wieder einmal ein begründeter Zweifel. Ich hoffe, ich konnte ihn mit diesem Kapitel in dir wecken. Ich wünsche dir viel Spaß beim Austausch mit deinen Freunden und Bekannten über dieses Thema. Hier noch einmal die drei Fragen für deinen begründeten Zweifel:

1. Kann ich wirklich definitiv wissen, dass meine alte Sichtweise wahr ist?
2. Warum kann ich das nicht definitiv wissen?
3. Was spricht dafür, dass es auch anders sein könnte?

Halbwahrheit Nr. 29: Wenn du etwas willst, dann wünsch es dir einfach!

Die Annahme, dass es so einfach funktioniert, ist eine populäre Halbwahrheit, die sehr große Zweifel an unserer Weltanschauung wecken kann, da sie nur selten und dann auch nur bei Kleinigkeiten funktioniert. Viele Menschen erhoffen sich davon jedoch das ganz große Glück oder den ganz großen Erfolg. Aufgrund der Tatsache, dass sich Wünsche in der Praxis nur sehr selten tatsächlich so manifestieren, wie man sich das gewünscht hat, haben viele Menschen Tricks entwickelt, mit denen man die Erfolgsquote erhöhen kann.

Der wichtigste aller Tricks besteht darin, *so zu tun, als ob* der Wunsch bereits in Erfüllung gegangen wäre, und Zweifel daran tunlichst zu vermeiden. Ein weiterer Trick ist das *absichtslose* Wünschen. In der Regel soll man sich dazu vorab in einen starken positiven emotionalen Zustand bringen. Weiterhin sind Meditationsübungen sehr beliebt, mit denen man sich in einen *veränderten Bewusstseinszustand* bringen soll, aus dem heraus sich die Wünsche angeblich leichter erfüllen lassen. Ich möchte in diesem Kapitel auf diese Tricks eingehen und sowohl ihre Vor- als auch Nachteile beleuchten.

Sinn und Zweck all dieser Tricks ist es im Grunde, sich selbst auszutricksen! Genauer gesagt versucht man damit alle negativen mentalen Muster zu umgehen, die normalerweise bei dem Gedanken an einen bestimmten Wunsch aktiviert werden könnten. Schauen wir uns dazu als Erstes einmal die *So-tun-als-ob-Methode* an. Wenn wir es schaffen, uns selbst vorzumachen, dass unser Wunsch bereits erfüllt sei, dann müssen wir nicht mehr überlegen, wie wir zum Beispiel zu unserem Geld kommen können. Dann haben wir das ja bereits erreicht! Und deshalb werden unsere Denkmuster, die wir zum Beispiel zum Geldverdienen haben, erst gar nicht aktiviert. Sie werden durch diesen Trick einfach umgangen.

Leider gelingt es fast niemandem, diese Selbsttäuschung auch dann noch aufrechtzuerhalten, wenn es um Wünsche geht, die uns wirklich wichtig sind. Viele Menschen müssen das schmerzhaft erfahren, wenn sie krank sind und sich dann einfach Gesundheit wünschen wollen. Sie reden sich dann bewusst ein, dass sie bereits gesund seien, haben aber unbewusst Angst, dass sie an ihrer Krankheit sterben könnten. Und diese Angst aktiviert dann sofort wieder alle Muster, die mit ihrer Krankheit und ihrer Genesung zu tun haben. Der Schuss geht dann mächtig nach hinten los, und die Krankheit wird schlimmer statt besser.

Genau das Gleiche erlebten auch viele meiner Teilnehmer mit dieser Methode, bevor sie zu mir kamen, wenn sie in finanziellen Schwierigkeiten waren. Sie redeten sich ein, dass sie bereits viel Geld hätten, bekamen aber dennoch eine unerwartete Rechnung nach der anderen oder erlebten sogar Kürzungen ihres Einkommens. Der Grund war auch hier der gleiche: Sie wünschten sich zwar die Auflösung ihrer finanziellen Probleme, aber ihr Gehirn hatte das Gefühl, dass es töricht sei, sich hier irgendetwas Weltfremdes einzureden.

Auch Menschen, deren Partnerbeziehung gerade auf dem Spiel steht und die sich wünschen, dass alles wieder ins Reine kommt, machen leider zumeist genau die gleiche schmerzliche Erfahrung. Es gibt natürlich triftige Gründe dafür, warum es in der Beziehung kriselt. Die verschwinden nicht einfach, nur weil man sich bedingungslose Liebe *wünscht*. Auch dieses Thema ist dann viel zu wichtig, als dass das Gehirn bereit wäre, damit zu *spielen*!

Doch genau das wäre für die So-tun-als-ob-Methode erforderlich. Man müsste damit spielen, denn auf solche schönen Visionen erwünschter Realitäten lässt sich unser Gehirn nur spielerisch ein. Wenn es jedoch um etwas wirklich Wichtiges geht – es mit anderen Worten *ernst* wird – dann ist sofort Schluss mit lustig! Dann will unser Gehirn nicht mehr spielen! Dann will es das Problem lösen. Und dafür will es realistisch bleiben.

Leider gibt es auch immer wieder Menschen, die sich selbst völlig überschätzen und diese So-tun-als-ob-Methode selbst dann mit Ehrgeiz anzuwenden versuchen, wenn ihr Leben tatsächlich aufgrund einer schlimmen Erkrankung auf dem Spiel steht. Nicht wenige Menschen sind deswegen schon gestorben, die man hätte retten können, wenn sie rechtzeitig zum Arzt gegangen wären.

Die So-tun-als-ob-Methode funktioniert im Prinzip schon – jedoch nur dann, wenn sich das eigene Gehirn auf dieses Spielchen einlässt. Wenn es jedoch um wirklich wichtige Dinge geht, dann geht der Schuss fast immer nach hinten los. Was tatsächlich zu den *wirklich wichtigen* Dingen gehört, ist natürlich von Mensch zu Mensch unterschiedlich. So kann es durchaus sein, dass sich der eine mit dieser Methode einen großen Batzen Geld manifestiert, weil er sich über Geld einfach keine Sorgen macht und deshalb tatsächlich damit *spielen* kann. Bei anderen passiert jedoch genau das Gegenteil, wenn sie die gleiche Methode anwenden.

Einige Menschen verwenden eine einfache Abwandlung dieser So-tun-als-ob-Methode. Man soll dazu einfach seine Wünsche in der Gegenwartsform formulieren. Also nicht „Ich will mehr Geld haben", sondern stattdessen lieber „Ich bin wohlhabend" oder „Ich habe genügend Geld". Die meisten Menschen, die so vorgehen, glauben daran, dass *Worte* einen direkten Einfluss auf die Realität haben. Wie ich im letzten Kapitel bereits erläutert habe, trifft dies nicht zu. Unser Gehirn denkt in Wirklichkeit in Bedeutungen. Worte sind lediglich eine Ausdrucksform dieser Bedeutungen. Es macht daher keinen wesentlichen Unterschied, ob man einen Wunsch in der Gegenwartsform formuliert oder in der Zukunftsform. Der einzige Effekt, der dabei in der Praxis zu verzeichnen ist, beruht ebenfalls auf dem So-tun-als-ob-Trick, weil die Gegenwartsformulierung tendenziell das Fokussieren des Gewünschten sowie das Ausblenden der aktuellen Realität und der Hindernisse erleichtert – sofern das Gehirn hier mitspielt.

Eine andere Methode zur Erhöhung der Erfolgsquote beim Wünschen ist wie angedeutet die *Absichtslosigkeit*. Der Grund, warum die Absichtslosigkeit gelegentlich Erfolg bringen kann, liegt darin begründet, dass unsere Absichten dafür verantwortlich sind, welche

Muster in uns aktiviert werden und welche nicht. Es gibt nämlich viele verschiedene Funktionsmodi, die unser Gehirn annehmen kann. Das heißt, unser Gehirn funktioniert im jeweiligen Modus dann auch immer ein wenig anders.

Im Sexmodus werden zum Beispiel völlig andere Motive, körperliche und geistige Fähigkeiten, Beurteilungskriterien und auch eine andere Wahrnehmung unseres eigenen Körpers und der Ereignisse in unserer Außenwelt aktiviert als zum Beispiel im Kampfmodus oder Totstellmodus. Es gibt sehr viele dieser Modi, die auf die Erfüllung einer bestimmten Aufgabe zugeschnitten sind. Das heißt, unser Gehirn versucht immer, uns in genau den Funktionsmodus zu bringen, der für die Erfüllung einer anliegenden Aufgabe am besten geeignet ist – sowohl körperlich als auch geistig. Verantwortlich für diese Modi sind also die Aufgaben, die wir gerade zu erfüllen versuchen – mit anderen Worten: unsere Absichten, die wir aktuell verfolgen.

Hier gibt es zwei grundsätzlich verschiedene Klassen von Absichten, die ich im letzten Kapitel bereits erläutert habe – Aversion und Appetenz. Aversionsabsichten lenken unsere Aufmerksamkeit auf das, was wir *nicht* wollen, Appetenzabsichten hingegen auf das Erwünschte. Appetenzabsichten sind für unsere Realitätsauswahl sehr nützlich, Aversionsabsichten hingegen sorgen dafür, dass sich zumeist das Gegenteil eines Wunsches manifestiert. Deshalb empfehlen die ganz einfachen Realitätsgestaltungsmodelle, beim Formulieren des Wunsches einfach die Worte *nicht* und *kein* zu vermeiden. Doch wie bereits erwähnt, haben Worte für unsere Realitätsgestaltung keine große Bedeutung, da sie nur der Ausdruck unseres tatsächlichen Denkens sind, und das wird sich nicht völlig umstellen, nur weil wir uns für andere Worte entscheiden. Die Bedeutung, die wir damit ausdrücken, bleibt exakt die gleiche. Wir verwenden nur andere Worte. Das bringt aber nicht viel.

Worte sind auch keine eigenständigen Lebewesen, die den Drang haben, sich zu verwirklichen, wie das manche Menschen behaupten, sondern einfach nur Worte. Sie haben weder einen eigenen Willen noch eine eigene Energie. Sie haben die Energie, die wir selbst mit ihnen verbinden, aber keine allgemeingültige, die bei jedem Menschen gleich wäre.

Schauen wir uns dazu wieder einmal das Beispiel *Geld* an. Die meisten Menschen, die sich mehr Geld wünschen, verfolgen dabei unbewusst oder bewusst auch Aversionsabsichten. Sie wollen endlich *nicht* mehr jeden Euro umdrehen müssen, oder sie wollen *keine* finanziellen Probleme mehr haben und sich *keine* Sorgen mehr um ihre finanzielle Zukunft machen, oder sie wollen *nicht* mehr jeden Tag von 9 bis 17 Uhr im Büro verbringen usw. Es gibt unzählige dieser Aversionsabsichten bei jedem Wunsch, den man in sich trägt.

Das Problem liegt hier natürlich wieder darin, dass man diese Aversionsabsichten immer mit aktiviert, wenn man an einen Wunsch denkt. Und damit wird die Aufmerksamkeit jedes Mal auf etwas Negatives ausgerichtet. Glücklicherweise ist die Ausrichtung unserer Aufmerksamkeit nur einer von zwei Faktoren, die für unsere Realitätsauswahl verantwortlich sind. Unsere Wahrnehmungsfilter haben ja ebenfalls ein Wörtchen mitzureden, weshalb dann auch nicht jedes Mal gleich Katastrophen passieren, nur weil wir uns etwas wünschen. Negative Ereignisse manifestieren sich durch einen Wunsch also erst dann, wenn man zusätzlich zu einer Aversionsabsicht auch noch die entsprechenden negativen Glaubenssätze, Konditionierungen und andere Muster in sich trägt.

Mit der Absichtslosigkeit versucht man einfach *alle* Absichten auszuschalten. Anwender, die noch nicht so tief in das Verständnis der Matrix eingetaucht sind, um die unterschiedlichen Wirkungen von Aversionsabsichten und Appetenzabsichten zu erkennen, postulieren dann einfach die vollständige Absichtslosigkeit. *Wenn man nur einen Hammer als Werkzeug hat, dann versucht man eben alles mit diesem Hammer zu machen.* Es ist in Wirklichkeit überhaupt nicht schwierig, Aversionsabsichten in Appetenzabsichten umzuwandeln, aber wenn man nicht weiß, dass es das überhaupt gibt, dann bleibt man eben bei seinem *Hammer der Absichtslosigkeit*.

Doch in der Praxis stößt man dabei sehr schnell an seine Grenzen. Bei allem, was einem nämlich wirklich wichtig ist, ist es sofort aus mit der Absichtslosigkeit. Wie soll man sich absichtslos Gesundheit wünschen, wenn man gerade erfahren hat, dass man todsterbenskrank ist?!

Vollständige Absichtslosigkeit ist ohnehin nie möglich, wenn man sich etwas wünscht, denn der Wunsch *ist* ja bereits eine Absicht! Man kann sich bei einem unwichtigen Wunsch natürlich klarmachen, dass es einem im Grunde egal ist, ob er in Erfüllung geht oder nicht, oder man geht gleich in einen Zustand der Gleichgültigkeit oder auch in einen Zustand der Euphorie, in dem man sich so glücklich fühlt, dass man im Moment wunschlos glücklich ist. Emotional spürt man in diesem Moment möglicherweise keine Absicht zur Erfüllung eines Wunsches. Dennoch soll man sich aus diesem Zustand heraus ja etwas wünschen.

Das ist natürlich ein Widerspruch, den unser Gehirn auf eine sehr einfache Art und Weise löst: Es wechselt einfach sehr schnell zwischen dem Zustand der emotionalen Erfüllung, in dem man sich gerade befindet, und dem Gedanken an den Wunsch, für dessen Erfüllung man sich *künstlich* in die Euphorie hineingesteigert hat. Dieser Wechsel geht so schnell, dass man das Gefühl hat, beides gleichzeitig zu tun. Das ist jedoch aus neurobiologischen Gründen gar nicht möglich. Jüngste Forschungen konnten nachweisen, dass die Fähigkeit zum sogenannten *Multitasking* gar nicht existiert. Auch dabei wechselt unser Gehirn nur sehr schnell zwischen zwei verschiedenen Abläufen hin und her, wobei es sehr viel von seiner Leistungsfähigkeit verliert.

Ein Computer tut beim Multitasking übrigens genau dasselbe: Auch er bearbeitet die Aufgaben abwechselnd, nur wechselt er so schnell zwischen ihnen, dass wir es in der Regel nicht bemerken – es sei denn, wir überfordern die Kapazität seines Arbeitsspeichers durch zu viele gleichzeitige Aufgaben. Dann muss er ständig die gerade benötigten Daten von der Festplatte laden (die viel langsamer ist als der

Arbeitsspeicher) und auch wieder dorthin auslagern. Dann bricht die Leistung des Computers massiv ein.

Und genau das passiert auch in unserem Gehirn beim sogenannten Multitasking. Es muss ständig etwas aus dem Langzeitgedächtnis (Festplatte) in das Kurzzeitgedächtnis (Arbeitsspeicher) laden, es wieder auslagern, etwas anderes laden usw. Das ist anstrengend und ineffektiv. Das Gehirn arbeitet sich tot, ohne viel zu leisten. Es gibt daher keine Menschen, die tatsächlich die Fähigkeit zum Multitasking besitzen. Menschen, die das von sich glauben, können sich nur nicht besonders gut auf eine Aufgabe konzentrieren und machen deshalb alles Mögliche parallel.

Und genau das Gleiche passiert bei der Absichtslosigkeit. Das Gehirn wechselt bei diesem Trick einfach sehr schnell zwischen dem Zustand der emotionalen Erfüllung und dem Gedanken an den Wunsch. Das Gute ist, dass man sich dabei nicht so stark in die negativen Muster hineinsteigert, denn das Gehirn ist durch diesen ständigen Wechsel so ausgelastet, dass es sich gar nicht auf die Aversionsabsichten konzentrieren kann. Das Phänomen, dass man sich durch einen Wunsch auf das Negative fokussiert, wird also abgemildert. Aber es wird nicht aufgehoben! Und wenn es um Dinge geht, die uns wirklich wichtig sind, dann macht unser Gehirn auch diesen schnellen Wechsel nicht mehr mit. Dann will es sich auf das konzentrieren, was jetzt wirklich wichtig ist.

Dieser Trick ist also nur eine Notlösung, die in vielen Realitätsgestaltungsmodellen jedoch als Haupt-Werkzeug angesehen wird. In meiner Akademie wandeln wir lieber die Aversionsabsichten in Appetenzabsichten um, denn dazu muss man sich nicht selbst austricksen. Das funktioniert nämlich auch dann, wenn es um wirklich wichtige Dinge geht.

Eine weitere gängige Praktik zum Manifestieren von Wünschen sind *veränderte Bewusstseinszustände*. Um zu erklären, was es damit auf sich hat, muss ich ein wenig ausholen. Unser Gehirn kennt verschiedene Bewusstseinszustände. Dazu gehören auch Lernmodi, die auf verschiedene Entwicklungsstufen ausgerichtet sind. Sicherlich hast du schon einmal etwas vom sogenannten EEG gehört, mit dem man Hirnstromfrequenzen messen kann. Darum geht es bei diesen veränderten Bewusstseinszuständen. Der Einfachheit halber unterteilt man die Hirnstromfrequenzen in fünf verschiedene Bereiche. Sie werden Delta, Theta, Alpha, Beta und Gamma genannt – in der Reihenfolge der Frequenzbereiche.

Die Deltaphase (unter 4 Hz) erreichen Erwachsene nur in der Tiefschlafphase, für die Theta-Phase (4 bis 8 Hz) ist eine tiefe Trance erforderlich. Im Alphazustand (8 bis 13 Hz) sind wir, wenn wir träumen oder uns in einer leichten Trance befinden. Der Beta-Zustand ist unser normaler Alltagszustand (13 bis 30 Hz). Gamma-Wellen (über 30 Hz) treten bei starker Konzentration oder in der Meditation auf. Den Sinn dieser verschiedenen Phasen erkennt man leichter, wenn man sich unsere Entwicklung vom Kind zum Erwachsenen anschaut. Es sind ja wie gesagt *Lernphasen*. Am Anfang unseres Lebens sind wir als Baby permanent in der Deltaphase. In diesem Zustand saugt man als Kind jegliche Erfahrung auf wie ein Schwamm – und zwar völlig ohne Kritik! Man entwickelt sich hauptsächlich über Imitation und hat noch kein eigenes Verständnis der Welt.

Im Kindergartenalter ist man dann hauptsächlich in der Theta-Phase. Der Entwicklungsprozess ist jetzt komplexer. Man übernimmt die Meinung der Eltern und anderer nahestehender Personen nur noch annähernd kritiklos, aber nicht mehr völlig. Man speichert in diesem Zustand sehr leicht Informationen im Gedächtnis ab. Man lernt also sehr, sehr schnell. Bei der Einschulung sind die meisten Kinder dann schon in der Alpha-Phase. Sie lernen in dieser Phase auch noch sehr schnell, bilden sich aber schon gelegentlich eine eigene Meinung. Bis zur Pubertät, wo die Beta-Phase beginnt, werden sie dann immer kritischer, und glauben nicht mehr so leicht alles, was ihnen gesagt wird.

Erst mit der Pubertät wird auf die Beta-Phase umgestellt, denn jetzt soll der Mensch selbstständig werden und sich seine eigenen Meinungen bilden. Er wird also sehr viel kritischer und überprüft alles sehr viel genauer, was gesagt wird und auch, was er selbst denkt. Das Integrieren neuer Informationen läuft jetzt sehr viel langsamer ab als zuvor. Ein Kind, das noch in der Delta-Phase oder in der Theta-Phase ist, ist daher sehr viel beeinflussbarer als ein Erwachsener. Es kann noch viel leichter glauben.

Versetzt sich ein Erwachsener mittels Meditation oder einer anderen Trance-Induktion in den Theta- oder Delta-Zustand, kann auch der Erwachsene sehr viel leichter glauben, was ja auf den ersten Blick für die Realitätsgestaltung nicht schlecht erscheint. Doch so einfach, wie es sich anhört, ist es dann leider in der Praxis doch nicht. Unser Gehirn hat, wie bereits erläutert, eine Art psychisches Immunsystem. Es geht dabei um die Integrität unseres Systems. Unser gesamtes Wesen, unsere Gefühle, unser Denken und unsere Identität bilden ein sehr komplexes System, das in sich recht stimmig ist. Ab und an gibt es Unstimmigkeiten, wo zum Beispiel das eigene Denken mit den eigenen Gefühlen nicht so ganz zusammenpasst. Das empfinden wir dann immer als sehr unangenehm, aber im Großen und Ganzen passt alles recht gut zusammen.

Wenn es jedoch große Unstimmigkeiten gibt, können ernsthafte Persönlichkeitsstörungen entstehen. Daher ist dieses psychische Immunsystem sehr stark. Es korrigiert schnellstmöglich, was nicht zum Rest des Systems passt. Wenn man daher einen veränderten Bewusstseinszustand nutzt, um die eigene Kritikfähigkeit herabzusetzen und so leichter an etwas Erwünschtes glauben zu können, was aber leider nicht ganz zum Rest des Systems passt, dann gelingt das zwar erst einmal und hat auch Auswirkungen auf die Realitätsgestaltung, aber mittelfristig macht das Gehirn diese Veränderungen doch wieder rückgängig.

Man müsste schon permanent in diesen veränderten Bewusstseinszuständen bleiben, damit das psychische Immunsystem gehemmt ist. Doch das könnte natürlich mit der Zeit dazu führen, dass das gesamte System so unstimmig wird, dass ernsthaftere Probleme auftauchen.

In der Praxis passiert das nur den absoluten Hardcore-Anwendern, sodass man davor nicht wirklich Angst haben muss. Meistens wird dann über Nacht alles wieder korrigiert. Diese Methode verursacht also einen Kampf gegen das eigene psychische Immunsystem. Und gegen sich selbst zu kämpfen ist natürlich nie die ideale Lösung!

Es gibt auch Menschen, die glauben, dass die Beeinflussung der Matrix *nur* aus solchen veränderten Bewusstseinszuständen heraus möglich ist. Unser normales Alltagsbewusstsein hätte demnach keinerlei Einfluss auf die Ereignisse in unserer Realität. Das ist absoluter Unsinn! Man braucht keinen besonderen Bewusstseinszustand, um seine Realität auszuwählen. Das tun wir in jeder Sekunde unseres Lebens in unserem ganz normalen Bewusstseinszustand. Es gibt also keinen mehr oder weniger *schöpferischen* Bewusstseinszustand.

Eine weitere Variante des So-tun-als-ob-Tricks ist die *Visualisierung*, die ebenfalls von sehr vielen Menschen zur Wunschmanifestation verwendet wird. Man stellt sich also bildhaft vor, wie es wäre, wenn der Wunsch bereits in Erfüllung gegangen wäre. Bei Kleinigkeiten funktioniert das dann auch manchmal, weil man bei dieser Visualisierung seine Aufmerksamkeit auf die gewünschte Realität ausrichtet. Jedoch bleiben die Wahrnehmungsfilter dabei natürlich unverändert, sodass die Möglichkeiten dieses Tricks wieder einmal stark begrenzt sind.

Der Nachteil dieser Selbstaustricksung besteht darin, dass die häufige Visualisierung erwünschter Lebensumstände die Diskrepanz zwischen Ist- und Soll-Zustand immer größer werden lässt. Man wünscht sich zum Beispiel von ganzem Herzen einen wundervollen Lebenspartner und schwelgt in dieser Fantasievorstellung. Doch der Kontrast zum eigenen Lebensalltag, in dem man möglicherweise Single ist und sich einsam fühlt, ist natürlich sehr groß. Und das wird einem umso bewusster, je öfter man seine Wunschvorstellung visualisiert. Das erzeugt ein immer stärker werdendes Mangelgefühl, was sich dann natürlich in der eigenen Realitätsgestaltung widerspiegelt.

Es gestaltet sich also alles noch negativer, als es das normalerweise tun würde, weil jetzt der stärkere Mangel widergespiegelt wird.

Die andauernde Visualisierung von Wunschvorstellungen ist also mit Vorsicht zu genießen. Es kann sein, dass es bei nicht so wichtigen Dingen klappt, weil das Gehirn dabei bereit ist mitzuspielen, aber wenn es um wirklich wichtige Dinge geht, verstärkt man durch solche Visualisierungen sehr häufig sogar den Mangel und manifestiert sich diesen dann auch verstärkt.

Noch problematischer wird die Visualisierung, wenn man zusätzlich noch versucht, sich der Erfüllung seines Wunsches *sicher zu sein*. Diese Absicht löst nämlich ein Missverständnis zwischen Emotionalgehirn und Großhirn aus, das zu großen Problemen führen kann. Dieses Missverständnis wird immer aktiviert, wenn wir *sicher* sein wollen, dass etwas wirklich klappt. Ich habe das im letzten Kapitel bereits angedeutet. Gehen wir diesbezüglich jetzt noch ein wenig mehr in die Tiefe.

Es gibt eine evolutionär entstandene Verhaltensweise, die unserem Gehirn genetisch einprogrammiert ist und die immer aktiv wird, wenn wir *sicher* sein wollen. Um diese instinktive Verhaltensweise nachvollziehen zu können, stell dir bitte einmal vor, du wärst ein Urmensch in der Nähe eines Wasserlochs. Du hast Durst, aber am Wasserloch könnten Raubtiere sein. Nun willst du natürlich sicher zum Wasserloch und wieder zurückkommen. Was tust du? Du wirst dich sicherlich umschauen, ob irgendwo ein Baum oder ein Felsen ist, auf den du klettern könntest, um die Gegend besser überschauen zu können. Denn nur wenn du einen freien Blick auf das Gelände hast, kannst du sehen, ob dort Gefahren lauern. Wenn es momentan weit und breit keine Gefahren gibt, ist es sicher, ans Wasserloch zu gehen – und nur dann!

Sicherheit bedeutet also die Abwesenheit von Gefahren! Und diese Abwesenheit *muss* kontrolliert werden. Du wirst, auch während du am Wasserloch bist, ständig nach eventuellen Gefahren Ausschau halten müssen, wenn du sicher sein willst.

Und das ist auch heute noch so. Ganz egal, wofür du sicher sein willst, du suchst sofort instinktiv nach Gefahren, die deine Sicherheit gefährden könnten. Doch was am Wasserloch gut funktioniert, führt beim Wünschen zu Problemen. Instinktiv wirst du auch hier nach Gefahren Ausschau halten, wenn du *sicher* sein willst, dass deine Wünsche in Erfüllung gehen. Die Empfehlung, „einfach sicher zu sein", dass ein Wunsch in Erfüllung geht, ist also problematisch. Bei den meisten Menschen weckt diese Empfehlung entweder Zweifel an der Wunscherfüllung, oder sie suchen wie gesagt sogar unbewusst nach Faktoren, welche die Erfüllung des Wunsches gefährden könnten.

Das Gleiche passiert auch, wenn man, wie häufig empfohlen, in die *Vorfreude* gehen will. Spielerisch ist unser Gehirn dazu vielleicht noch bereit, aber wenn es wirklich wichtig wird, dann hat man schnell das Gefühl, sich selbst zu verarschen, wenn man künstlich das Gefühl der Vorfreude auslöst – was ja in Wirklichkeit auch der Fall ist! Man verarscht sich selbst bzw. versucht es. Dieser Schuss geht also ebenfalls sehr häufig nach hinten los.

Weiterhin wird oft auch empfohlen, man solle *vertrauen* und nicht an der Erfüllung eines Wunsches zweifeln. Das ist keine schlechte Idee, wenn man denn tatsächlich in der Lage ist, zu vertrauen. Doch in der Praxis tun sich die meisten Menschen damit sehr schwer, einfach blind zu vertrauen. Stattdessen wird dann auch hier oft unbewusst der Sicherheitsmodus aktiviert – nach dem Motto „Vertrauen ist gut, Kontrolle ist besser".

Viele Menschen glauben auch, sich möglichst *stark* etwas wünschen zu müssen, denn Wünsche hätten angeblich eine Wunschenergie, die danach dränge, sich zu verwirklichen. Es wäre wundervoll, wenn das tatsächlich stimmen würde, denn dann wäre unsere Welt schon längst ein Paradies! Sehr viele Menschen tragen große Herzenswünsche in sich. Viele beten jahrzehntelang für die Erfüllung dieser Wünsche. Doch nichts geschieht!

Genauer gesagt geschieht leider doch etwas: Je stärker man sich nämlich etwas wünscht, desto stärker werden die gegenwärtigen Lebensumstände – in denen der Wunsch ja noch *nicht* erfüllt ist – als Mangel, als nicht in Ordnung oder sogar als schlimm empfunden. Und diese Empfindungen haben dann tatsächlich einen Einfluss auf die Realitätsauswahl – aber sicherlich nicht so, wie man sich das wünschen würde!

Wünsche haben also keine Wunschenergie, die sich verwirklichen will, denn Wünsche sind keine eigenständigen Lebewesen. Diese Fehlinterpretation kommt also wieder einmal zustande, weil hier erneut unsinnigerweise *personifiziert* wird. Es wird so getan, als sei der Wunsch ein eigenständiges Lebewesen mit eigenem Willen – eben dem, sich verwirklichen zu wollen. Wie gesagt wimmelt es in der Esoterik nur so von Irrtümern, die entweder auf *Personifizierung* oder auf der *Übergeneralisierung von Metaphern* beruhen.

Aus dem gleichen Grund sprechen viele Menschen auch tausend Mal am Tag ihren Wunsch verbal aus, weil sie gelernt haben, dass Worte eine eigene Energie hätten, die sich verwirklichen wolle. Die Worte würden ins Universum ausgesendet und kämen dann irgendwann in manifestierter Form zu uns zurück. Wir würden dann irgendwann ernten, was wir jetzt mit unseren Worten säen. Und je mehr positive Worte wir aussprechen, desto besser ist es natürlich!

Doch Worte sind genauso wenig wie Wünsche eigenständige Wesen, die sich verwirklichen wollen. Allenfalls gelingt es mit dieser Form des positiven Denkens, die eigene Wahrnehmung auf das Erwünschte auszurichten, was ja gut wäre. Aber in der Regel passiert sogar das Gegenteil. Man stellt sich zum Beispiel vor den Spiegel und suggeriert sich tausend Mal, man sei schön, schlank usw. Doch unser Spiegel antwortet tausend Mal darauf: *„Boah! Schau dich doch endlich mal realistisch an!“* Das positive Denken kann also sehr leicht nach hinten losgehen.

Wie dir in diesem Kapitel vermutlich aufgefallen ist, muss man mächtig viele Klimmzüge machen, wenn man mit diesen Tricks Wünsche manifestieren will. Die Tricks hören sich im ersten Moment vielleicht logisch an, funktionieren aber in der Praxis dann kaum oder bewirken sogar eine Verschlechterung der momentanen Lebensumstände. Ich halte es daher nicht für sinnvoll, sich selbst austricksen zu wollen. Es ist sehr viel sinnvoller und auch letztendlich sehr viel einfacher, wenn man seine Muster verändert, die der Manifestation eines erwünschten Ereignisses oder Lebensumstands im Weg stehen. Im ersten Moment sieht es so aus, als sei dies mehr Aufwand, doch letztendlich ist es genau umgekehrt. Vor allem aber manifestiert man sich keine Probleme, wenn man seine Muster verändert, so wie es beim Wünschen allzu oft der Fall ist. Denn wo keine Angst, kein Zweifel, keine Notwendigkeit, kein Missstand usw. mehr ist, da wird auch keine Angst, kein Zweifel, keine Notwendigkeit und kein Missstand widergespiegelt – eigentlich ein ganz einfaches Konzept.

Das Beste an diesem Realitätsgestaltungskonzept ist jedoch, dass man damit im gleichen Aufwasch etwas für sein Glück tut. Denn unser Glück ist genau wie die Ereignisse in unserer Realität von zwei Faktoren abhängig:

1. vom Fokus unserer Aufmerksamkeit und

2. von unseren Mustern (Wahrnehmungsfiltern).

Das heißt: *Selbst wenn die Weltanschauung falsch wäre, dass wir unsere Realität über die beiden genannten Faktoren auswählen können, so würde uns dieses Konzept trotzdem glücklicher machen! Und das ist bei keinem Realitätsgestaltungskonzept der Fall, bei dem man versucht, sich selbst auszutricksen, indem man seine Muster nur umgeht.*

Vielleicht kennst du Menschen, die sich über das Wünschen oder andere So-tun-als-ob-Methoden ein schönes Leben gestalten wollen. Davon gibt es sehr viele. Und sie alle erfahren früher oder später eine herbe Enttäuschung, wenn sie dann merken, dass sie nach jahrelanger Anstrengung so gut wie nichts Nennenswertes bewerkstelligen konnten – weder bei ihren äußeren Lebensumständen noch in Bezug auf ihr empfundenes Lebensglück. Das kann ganz schön frustrieren, nachdem man anfänglich so begeistert war. Falls du daher Menschen kennst, die diesen Frust-Weg eingeschlagen haben, dann hilf ihnen bitte, von diesem unguten Weg wieder loszukommen. Teile ihnen mit, dass es sehr viel sinnvoller ist, ihre Muster tatsächlich zu korrigieren, statt sie nur austricksen zu wollen.

Hier noch einmal die drei Fragen für deinen begründeten Zweifel:

1. Kann ich wirklich definitiv wissen, dass meine alte Sichtweise wahr ist?
2. Warum kann ich das nicht definitiv wissen?
3. Was spricht dafür, dass es auch anders sein könnte?

Halbwahrheit Nr. 30: Hör auf, etwas verändern zu wollen, und sei achtsam für das, was jetzt ist!

Durch den Wunsch, die Realität zu verändern, erschafft man eine Diskrepanz zwischen dem, was jetzt tatsächlich ist, und dem, was man stattdessen gerne hätte. Man erzeugt mit anderen Worten eine Diskrepanz zwischen Ist- und Soll-Zustand. Da diese Diskrepanz in der Realitätsgestaltung sehr häufig Schwierigkeiten manifestiert und zusätzlich auch noch emotionale Probleme nach sich zieht, wenden sehr viele Menschen, wie im letzten Kapitel erläutert, eine Menge Tricks an. Viele andere Menschen haben sich jedoch aus dem gleichen Grund dazu entschlossen, diese Diskrepanz lieber komplett zu vermeiden und sich deshalb gar nichts mehr zu wünschen. Sie argumentieren folgendermaßen:

Nimm das Leben an, wie es ist, und lebe einfach, sei einfach, sei achtsam, spüre die Gegenwart, erlebe das Leben im Hier und Jetzt, höre auf, etwas verändern zu wollen, höre auf, glücklich sein zu wollen. In dem Moment, wo du aufhörst, die Diskrepanz zwischen Wunsch und Wirklichkeit zu erzeugen, geschehen Glück und innere Zufriedenheit. Wenn du ganz annehmen kannst, was jetzt tatsächlich ist, dann ist positive Veränderung die natürliche Folge.

Dieses Konzept ist eine einfache Möglichkeit, wie man die Diskrepanz zwischen Wunsch und Wirklichkeit vermeiden kann. Logisch: Wenn man sich erst gar nichts wünscht, dann kann es auch keine Diskrepanz geben. Und wenn man zufrieden ist mit dem, was jetzt ist, dann gibt es auch keinen Mangel und keine Machtlosigkeit.

Das Achtsamkeitskonzept kann einem Mangelmanifestationen und Machtlosigkeitsmanifestationen ersparen und ist damit ein effektives Konzept, um Negatives zu reduzieren. Der Plan geht also auf – es sei denn, man macht aus der Achtsamkeit eine Notwendigkeit, wie das viele Autoren leider tun. In meinen Seminaren waren schon sehr viele Teilnehmer, welche die Achtsamkeit als eine „echte Überlebensnotwendigkeit“ bezeichnet haben. Dann geht der Schuss natürlich gewaltig nach hinten los! Man wird dann durch das Achtsamkeitskonzept immer unglücklicher statt glücklicher.

Wenn man jedoch keine Notwendigkeit daraus macht, dann macht dieses Konzept tatsächlich glücklicher! Es reduziert unglückliche Emotionen, und es vermehrt glückliche. Das sind die beiden tragenden Säulen des Glücks: *glückliche Emotionen vermehren und unglückliche reduzieren.* Mit diesem Konzept können beide Säulen unterstützt werden. Das ist eine tolle Sache, denn das Konzept an sich ist in der Theorie sehr einfach. Es erfordert zwar einige Jahre an Übung, bis man die Achtsamkeit wirklich auch im Alltag leben kann, aber wenn man es geschafft hat, ist das Aufwand-Nutzen-Verhältnis sehr gut. Und dennoch ist mit anderen Glückskonzepten noch sehr viel mehr möglich. Und zwar aus folgendem Grund:

Man kann mit dem Achtsamkeitskonzept wie gesagt Mangelgefühle reduzieren, indem man sich erst gar nichts wünscht. Auf diese Weise kann man problematische Mangel-Muster im eigenen Unterbewusstsein sehr häufig umgehen. Doch hier kommt das Konzept schnell an seine Grenzen. Wenn es nämlich um Dinge geht, die einem wirklich sehr wichtig sind, dann gelingt es nur noch den wenigsten, ihre Herzenswünsche komplett zu ignorieren, wie es bei diesem Konzept erforderlich wäre. Eine weitere Grenze des Konzepts besteht darin, dass problematische Muster wie scheinbare Notwendigkeiten, negative Glaubenssätze, Motive, Konditionierungen, Identitäts- oder Kollektivmuster in unserem Unterbewusstsein durch Achtsamkeit gar nicht verändert werden. Alle diese Muster beeinflussen daher weiterhin das alltägliche Glücksempfinden sowie die eigene Realitätsauswahl.

Will sagen: Mit dem Achtsamkeitskonzept kann man das eigene Lebensglück *ein wenig* vermehren, indem man den Mangel reduziert. Aber damit kommt man längst nicht dorthin, wohin die meisten Menschen wollen, die bereit sind, etwas für ihr Lebensglück zu tun. Man kann sich innerhalb von einem Jahr zu einem der glücklichsten Menschen auf der Welt entwickeln. Das ist längst keine schöne Theorie mehr, sondern gelebte Praxis. Man kann das alles haben, wenn man bereit ist, sein Glück selbst in die Hand zu nehmen und alles Erforderliche dafür zu lernen. Freilich erfordert dies mehr Lernaufwand als das einfache Achtsamkeitskonzept, aber dieser Aufwand lohnt sich tausendfach, denn du kannst einfach auch tausend Mal so viel erreichen, wenn du lernwillig genug bist.

Bei vielen Anwendern des Achtsamkeitskonzepts beruht die mangelnde Lernbereitschaft jedoch auf einem einfachen Denkfehler: Sie glauben, dass 100 Prozent aller Veränderungsmotive aus einem Mangel oder dem Gefühl hervorgehen, dass etwas so, wie es jetzt ist, nicht in Ordnung ist. Wäre es anders, würde man sich doch nichts wünschen. Dann wäre man doch mit dem zufrieden, was man hat, oder?!

Das hört sich wieder einmal logisch an, stimmt aber so nicht! Der Mangel ist nur *ein* Grund, warum man gerne etwas verändern möchte, jedoch *nicht der einzige* Grund. Es gibt noch viele andere Gründe! Wir Menschen sind genetisch darauf programmiert, immer das Bestmögliche zu wollen. Wenn dir jemand etwas Gutes anbietet und gleichzeitig etwas noch viel Besseres, dann nimmst du automatisch das Bessere – und das, obwohl auch das Gute schon *völlig in Ordnung* war. Und wenn etwas völlig in Ordnung ist, dann beinhaltet es keinen Mangel. Und trotzdem hat man eine Veränderungsmotivation. Die falsche Annahme, dass jeder Wunsch auf einem Mangel beruht, schränkt daher viele Menschen völlig unnötig ein. Der Mangel ist ein starkes Motiv, aber längst nicht das einzige.

Wie ich bereits ausgeführt habe, führen Aversionsmotive sehr schnell zu Problemen – Appetenzmotive jedoch nicht! Das Bestmögliche zu wollen ist ganz klar ein Appetenzmotiv. Es macht deshalb im Gegensatz zum Mangelbeseitigungsmotiv auch keine Schwierigkeiten. Es lenkt die Aufmerksamkeit eben nicht auf das Negative, sondern auf die Suche nach den besten positiven Möglichkeiten. Es gibt daher keinen Grund, warum du dich auf das Achtsamkeitskonzept begrenzen *musst*. Es ist kein schlechtes Konzept, aber wenn du mehr willst, dann kannst du das jederzeit in Angriff nehmen. Schaff dir dazu einfach einen begründeten Zweifel an der Halbwahrheit, dass jeder Wunsch immer aus einem Mangel hervorgeht.

1. Kann ich wirklich definitiv wissen, dass meine alte Sichtweise wahr ist?
2. Warum kann ich das nicht definitiv wissen?
3. Was spricht dafür, dass es auch anders sein könnte?

Halbwahrheit Nr. 31: Menschen können sich nicht ändern

Viele Leute sind der Meinung, dass Persönlichkeitsarbeit überhaupt keinen Sinn hat, weil Menschen sich ihrer Ansicht nach gar nicht wirklich ändern können. Diese Leute argumentieren häufig mit dem sogenannten *typischen Seminareffekt*. Eine oder zwei Wochen nach einem Seminar oder einem Coaching ist alles super, und dann fällt man wieder komplett in die alten Muster zurück. Dabei hatte man das Thema doch *angeblich* gelöst, hatte alles verstanden, die richtigen Erkenntnisse gehabt, die richtigen Entscheidungen getroffen usw. Der typische Seminareffekt ist als Phänomen seit Langem bekannt, doch mittlerweile kennt man auch die Ursachen dieses Phänomens und kann ihnen entgegenwirken. Aber schauen wir uns erst einmal an, wie der typische Seminareffekt genau entsteht.

Viele therapeutische und spirituelle Konzepte gehen fälschlicherweise davon aus, dass man Muster *auflösen* kann. Wäre dies wahr, dürften die Teilnehmer jedoch nicht nach einigen Wochen wieder in ihren alten Mustern sein. Die sollten ja aufgelöst sein. Aus der Gehirnforschung wissen wir jedoch, dass man Denkmuster, Gefühls-, Verhaltens- und Identitätsmuster niemals auflösen kann. Man kann sie nur *aktivieren* oder *deaktivieren*!

Neurologisch betrachtet bestehen alle Muster in unserem Gehirn aus einer Vernetzung von Neuronen (Gehirnzellen). Und diese sind physisch über sogenannte Axone und Synapsen miteinander verbunden. Da gibt es also echte, physische *Leitungen*! Willentlich kann man diese Verbindungen nicht auflösen oder löschen, wie das viele spirituelle Menschen glauben. Diese Muster lösen sich nachweislich nur dann auf, wenn sie über einen längeren Zeitraum nicht mehr benutzt werden, denn unser Gehirn ist *neuroplastisch* – das bedeutet, es passt sich permanent an die aktuellen Anforderungen an.

Wenn ein Muster häufig gebraucht wird, wird es von unserem Gehirn automatisch verstärkt. Wird ein Muster nur selten verwendet, wird es abgeschwächt. Und wird ein Muster gar nicht mehr verwendet, dann kann es sein, dass es unter Umständen nach langer Zeit sogar ganz aufgelöst wird. Doch darauf haben wir auf dem direkten Weg keinen Einfluss, ganz egal, wie sehr wir uns anstrengen oder wie stark wir daran glauben oder wie spirituell hoch entwickelt wir sind – oder auch der Heiler, den wir um die „Löschung" eines Musters bitten. Auch gibt es keine technischen Geräte, die eine neurologische Auflösung eines Musters bewirken können. Wollte man das tun, müsste man alle Neuronen, die mit einem Muster vernetzt sind, aus unserem Gehirn herausoperieren.

Wir können also keine Muster löschen oder auflösen, doch genau darauf bauen die meisten Methoden aus der Persönlichkeitsbildung und Lebenshilfe auf. Und da dies nicht die Ausnahme, sondern die Regel ist, spricht man vom *typischen* Seminareffekt. Doch dieser Effekt kann mit einer einfachen Maßnahme eliminiert werden, die wir uns einmal ein wenig genauer anschauen sollten.

Nach einem Seminar oder einem Coaching werden unsere alten Muster im Alltag erst einmal weiterhin aktiviert, da die alten Musterauslöser – also die Gründe, warum ein Verarbeitungsmuster in unserem Gehirn überhaupt aktiviert wird – noch unverändert vorhanden sind. Aufgrund der neuen Erkenntnis, die wir im Seminar oder im Coaching gewonnen haben, halten wir jedoch dann jedes Mal inne und treffen eine neue Entscheidung. Auf diese Weise wird das alte Muster von uns unterbrochen und gemäß der neuen Erkenntnis verändert.

In den ersten Wochen nach einem Seminar leiten wir diese Muster dann noch bewusst um, weil das Thema des Seminars noch stark in unserem Bewusstsein ist. Wenn wir Glück haben, entsteht durch die häufige *bewusste* Umleitung dann eine *unbewusste* Routine in unserem Gehirn, die dann automatisch abläuft. Nur wenn das geschieht, haben wir tatsächlich einen langfristigen Effekt. Wenn diese unbewusste Routine jedoch nicht entsteht, ist nach wenigen Wochen wie gesagt wieder alles beim Alten.

Wenn man nicht weiß, dass dieses unbewusste Unterbrechungsmuster wichtig ist, dann ist es mehr oder weniger Zufall, ob die Seminarteilnehmer einen nachhaltigen Effekt erzielen. Und da dieser wünschenswerte Zufall eher die Ausnahme als die Regel ist, spricht man eben vom *typischen Seminareffekt*. Er ist jedoch nur für diejenigen Seminare und Coachings typisch, bei denen keine gezielte Maßnahme zur unbewussten Musterunterbrechung eingebaut ist.

Der entscheidende Faktor der Nachhaltigkeit eines Seminars besteht also darin, eine unbewusste Denkroutine – auch *Generalisierung* genannt – zu schaffen, die im Alltag dafür sorgt, dass die alten negativen Muster nicht mehr aktiviert werden. Das ist das Kernprinzip jeder guten Veränderungsarbeit. Ist diese Generalisierung nicht gegeben, wird die Methode wie gesagt nur einen vorübergehenden Effekt haben, weil die alten Muster in unserem Unterbewusstsein sofort wieder aktiv werden, sobald man sich wieder mit dem normalen Alltag befasst, in dem es unzählige Auslöser für die alten Muster gibt.

Veränderungsarbeit ist also immer eine Musterunterbrechung. Und die sollte auch immer generalisiert werden, wenn man einen nachhaltigen Effekt erzielen möchte.

Die Auslöser bleiben also erhalten, ebenso wie die alten negativen Muster, jedoch wird die Wahrnehmung sofort per unbewusste Routine auf das stattdessen erwünschte positive Muster umgelenkt. Wir müssen daher die vielen Tausend Auslöser nicht eliminieren, wie das viele Menschen glauben, damit die Wahrnehmung nicht ständig wieder automatisch auf das Negative gelenkt wird. In der Praxis ist das nämlich kaum möglich. Man findet nur selten alle Auslöser. Und der Zeitaufwand, um diese Auslöser zu eliminieren, wäre immens!

Tatsächlich stören die Auslöser gar nicht – im Gegenteil! Man kann sie sogar nutzen, um die Wahrnehmung jedes Mal auf das neue, erwünschte Muster auszurichten. Das ist viel eleganter als die Auslöser alle meiden zu müssen, denn so sorgen diese Auslöser in unserem Alltag automatisch für eine Verstärkung des neuen Musters, das wir im Seminar oder in einem Coaching erarbeitet haben.

Der sogenannte *typische Seminareffekt* tritt also nur dann auf, wenn die Musterunterbrechung bei bzw. nach einem Seminar oder Coaching nicht generalisiert wird. Achte daher darauf, wenn du ein Seminar oder Coaching besuchen willst.

Und sollte sich aufgrund deiner eigenen Erfahrungen mit dem typischen Seminareffekt bei dir bereits das Gefühl entwickelt haben, dass Menschen sich in Wirklichkeit sowieso nicht verändern können, dann hoffe ich, dass ich dir mit diesem Kapitel einen begründeten Zweifel an dieser Halbwahrheit anbieten konnte.

Hier noch einmal die drei Fragen, mit denen du dich von dieser unguten Halbwahrheit befreien kannst:

1. Kann ich wirklich definitiv wissen, dass meine alte Sichtweise wahr ist?
2. Warum kann ich das nicht definitiv wissen?
3. Was spricht dafür, dass es auch anders sein könnte?

Halbwahrheit Nr. 32: Dafür habe ich im Moment keine Zeit

Wenn wir nicht so glücklich sind, wie wir gerne sein möchten, dann liegt fast immer genau hier der Grund dafür – im Gefühl, im Moment für das eigene Glück keine Zeit zu haben. In Wirklichkeit geht es jedoch nicht tatsächlich um unsere Zeit, sondern um unsere *Prioritäten* im Leben. Und die werden von einem Mechanismus in unserem Gehirn bestimmt, der den meisten Menschen nicht bewusst ist. Ich nenne diesen Mechanismus das *Hamsterrad des Alltags*.

Du kennst sicherlich das Phänomen mit der gefühlten und der echten Temperatur. Genau das Gleiche gibt es auch bei unseren Prioritäten im Leben – genauer gesagt bei unseren gefühlten und echten *Werten*. In unserem Gefühl wird immer alles automatisch sehr wichtig, womit wir uns *täglich* beschäftigen – ganz egal, was das ist und warum wir uns mit dieser Sache täglich befassen. Das Problem ist, dass dadurch sehr häufig die falschen Dinge wichtig werden – Dinge, die uns in Wirklichkeit in unserem Leben gar nicht so wichtig sind.

Wenn Menschen ihre Prioritäten im Leben bewusst nennen sollen, dann stehen ganz oben auf ihrer Liste in der Regel folgende Werte: Glück, Zufriedenheit, Lebensfreude, Liebe, Partnerschaft, Gesundheit, Freunde, Familie, Erfolg ...

Wenn wir uns jedoch einmal genau anschauen, wie wir unseren Alltag gestalten, dann wird sehr schnell offensichtlich, dass dies zwar unsere *echten*, aber nicht unsere *gelebten* Werte sind. Wie das Gedankenexperiment mit dem Milliardär, der uns für jede Glücksminute 1000 Euro schenkt, aufgezeigt hat, könnten wir von jetzt auf gleich fast rund um die Uhr glücklich sein. Wir könnten uns dazu einfach wie in dieser Experiment-Woche mit den schönen Dingen des Lebens befassen. Doch das tun wir im Alltag einfach nicht, denn unser Verhalten wird von unseren *gefühlten* Werten bestimmt, und die hängen hauptsächlich davon ab, wie viel Aufmerksamkeit wir bestimmten

Dingen in unserem Alltag täglich geben, und nicht davon, was wir in Wirklichkeit als wichtig erachten.

Und so merken wir oft viel zu spät, dass mit unseren Prioritäten im Leben etwas nicht in Ordnung ist. Wenn wir krank werden zum Beispiel, weil wir uns überarbeitet haben. Oder wenn unsere Liebe und unsere Leidenschaft kaputtgehen, weil wir uns zu wenig Zeit für die Beziehung genommen haben. Oder wenn wir jeden Tag mit unbedeutenden Dingen verbringen und das Gefühl haben, das wirkliche Leben zöge an uns vorüber.

Wir haben unserem Job, dem Autokauf, der Wohnungseinrichtung, dem Fernsehprogramm, dem Sport, dem Internet, Facebook etc. täglich so viel Aufmerksamkeit gegeben, dass genau diese Dinge eine extrem hohe gefühlte Priorität bekommen haben. Für das, was uns in Wirklichkeit wichtig wäre, haben wir dann *im Moment* keine Zeit! Doch dieser „Moment“ geht leider nie vorüber! Es gibt nämlich immer irgendwelche Alltäglichkeiten, die durch das *Hamsterrad des Alltags* in unserem Gefühl überdimensional wichtig werden.

Mit diesem Mechanismus, dass Alltäglichkeiten in unserem Gefühl immer wichtiger werden, wenn wir uns täglich damit beschäftigen, müssen wir Menschen leben. Daran führt kein Weg vorbei. Sind wir uns dieses Mechanismus jedoch bewusst, können wir unsere Prioritäten sehr leicht in den Griff bekommen. Sind wir uns dessen nicht bewusst, halten uns die falschen gefühlten Prioritäten im Griff, und wir führen automatisch ein Leben, das wir so in Wirklichkeit gar nicht wollen.

Genau das passierte zu Anfang auch vielen Teilnehmern meiner Akademie. Sie waren hellauf begeistert von den Seminaren, fühlten sich von Woche zu Woche glücklicher und erkannten, dass sie tatsächlich nach 52 Wochen ganz bodenständig und real zu den glücklichsten Menschen auf der Welt gehören könnten. Doch dann hatten sie plötzlich *keine Zeit* mehr für die Akademie. Das Hamsterrad des Alltags hatte sie wieder fest in seinen Bann gezogen.

Wenn man diesen neuroemotionalen Mechanismus nicht kennt, versteht man natürlich die Welt nicht mehr und am allerwenigsten sich selbst! Doch es gibt eine ganz einfache Möglichkeit, der Sogwirkung des Alltags zu entgehen und so seinen Fokus auf dem zu halten, was einem tatsächlich wichtig ist – indem man sich einfach *täglich* mit dem wirklich Wichtigen beschäftigt! Und genau das tun die Teilnehmer meiner Akademie jetzt. Ich habe eigens dazu alle Seminare meiner Akademie in 30-Minuten-Einheiten aufgeteilt. Denn eine halbe Stunde kann man sich immer frei machen für das eigene Glück. Das schafft man sogar noch gut, wenn man müde von der Arbeit nach Hause kommt, denn so anstrengend sind meine Seminare nicht. Eine halbe Stunde geht immer. Die meisten meiner Teilnehmer surfen einfach jeden Tag eine halbe Stunde weniger im Internet oder schauen eine halbe Stunde weniger fern. Einige absolvieren die Seminare auch in ihrer Mittagspause oder morgens vor der Arbeit. Wie gesagt, eine halbe Stunde pro Tag kriegt man immer hin, wenn einem etwas wirklich wichtig ist. Der Erfolg ist sehr durchschlagend. Statt im Hamsterrad des Alltags zu versumpfen, bleibt das eigene Lebensglück immer auch ein gefühlter Wert. Und dann tut man auch tatsächlich etwas dafür und denkt nicht immer nur, dass man *eigentlich* etwas tun sollte.

Es liegt wie gesagt in Wirklichkeit nicht daran, dass wir keine Zeit für unser Glück, unsere Lebensfreude, die Liebe, eine Partnerschaft, Gesundheit, Freunde, Familie, Erfolg usw. haben. Es liegt immer daran, dass wir die falschen gefühlten Prioritäten aufkommen lassen. Die Lösung ist also theoretisch ganz einfach: Wenn dir die Liebe wichtig ist, dann beschäftige dich *täglich ein wenig* mit der Liebe! Wenn dir deine Lebensfreude wichtig ist, dann beschäftige dich damit täglich! Wenn dir deine Partnerschaft wichtig ist, dann beschäftige dich täglich mit deiner Partnerschaft!

Ich kenne nur diese eine Möglichkeit, wie man es schaffen kann, sein Leben nach den eigenen, tatsächlichen Maßstäben zu leben. Man sollte sich täglich ein wenig Zeit nehmen für die Dinge, die einem wirklich wichtig sind. Eine halbe Stunde genügt dazu bereits völlig.

Wann immer du also sagst oder denkst, dass du für etwas keine Zeit hast, das in Wirklichkeit auf deiner Prioritätenliste ganz weit oben steht, solltest du sehr hellhörig werden. Natürlich hast du die Zeit dafür! Jeder Tag, an dem du viel zu tun hast, hat ganze 28 Stunden. (*Normale Tage natürlich nur 24!*) ☺

Die Korrektur deiner gefühlten Werte kannst du dir schwer oder auch leicht machen. Am schwersten ist es, wenn du dich ausschließlich in einem sozialen Umfeld bewegst, in dem alle keine Zeit für die wirklich wichtigen Dinge im Leben haben. Dann schwimmst du allein gegen den Strom. Und am einfachsten ist es, wenn du regelmäßig Menschen triffst, die ebenfalls den tatsächlich wichtigen Werten genügend Aufmerksamkeit schenken.

Stell dir einmal für einen Moment vor, wie dein Leben aussehen könnte, wenn du mehrmals wöchentlich oder sogar täglich Menschen treffen könntest, die sich intensiv mit den Themen Glück, Liebe, Lebensfreude, Emotionen, Partnerschaft, Gesundheit usw. beschäftigen. Mit solchen Menschen gemeinsam wäre es sehr leicht, die wirklich wichtigen Dinge im Leben im Blick zu behalten. All diese Dinge würden automatisch immer wichtig bleiben, und du hättest dadurch unter Garantie die Zeit dazu. Du würdest einfach nur Dinge weglassen, die in Wirklichkeit für dein Lebensglück gar nicht so wichtig sind.

Leider haben die wenigsten Menschen solch ein soziales Umfeld, denn 99 Prozent aller Menschen werden von ihren gefühlten Prioritäten gesteuert und haben daher keine Zeit für die Dinge, die sie glücklich machen könnten. Sie drehen sich tagein, tagaus in ihrem üblichen Hamsterrad und sind mit ihrem Leben unzufrieden. Deshalb habe ich in meiner Akademie ein soziales Netzwerk eingerichtet, wo man sich mit Gleichgesinnten über die wirklich wichtigen Dinge im Leben austauschen kann. Gemeinsam ist es nämlich sehr viel leichter, diese Dinge im Gefühl zu behalten.

Früher dachte ich immer, dass die Menschen in unserer Kultur keinen echten Grund hätten, sich ständig zu beklagen. Doch heute sehe ich das anders. Viele Menschen haben sehr wohl Grund dazu, denn sie führen ganz und gar nicht das Leben, das sie in Wirklichkeit leben wollen, und sind deswegen unglücklich. Dabei ist die Ursache ihrer Unzufriedenheit so klar und eindeutig, dass ich diese Botschaft am liebsten den ganzen Tag aus dem Fenster schreien möchte!

Du kannst also etwas dafür tun, dass dein Leben ganz grundlegend glücklicher wird. Du brauchst dich einfach nur täglich ein wenig mit den Dingen zu beschäftigen, die tatsächlich glücklich machen: glückliche Momente, schöne Gefühle, Lebensfreude, Liebe, Partnerschaft, Freundschaft, Familie, Gesundheit usw. Schnell erhalten diese Dinge dann in deinem Gefühl eine höhere Priorität, und auf einmal hast du Zeit für alles!

Glücklich zu sein ist nicht schwierig. Man sollte es einfach nur tun! Und wenn du es dir leicht machen willst, dann geh auf die Suche nach Menschen, die das ebenfalls tun wollen. Begib dich gemeinsam mit Gleichgesinnten auf den Weg ins Glück! Ich wünsche dir ganz viel Zeit für die wirklich wichtigen Dinge im Leben.

Hier noch einmal die drei Fragen, falls du immer noch das Gefühl hast, dafür keine Zeit zu haben:

1. Kann ich wirklich definitiv wissen, dass meine alte Sichtweise wahr ist?
2. Warum kann ich das nicht definitiv wissen?
3. Was spricht dafür, dass es auch anders sein könnte?

Halbwahrheit Nr. 33: Liebe verpflichtet

Himmel ohne Wolken – wir waren nicht von dieser Welt. Alles war so einfach, richtig und schön, und jede zärtliche Berührung erreichte uns im innersten Kern unseres Wesens. Jeder tiefe Blick vereinte unsere Seelen. Wir hatten keine Grenzen mehr, kein Schloss versperrte den freien Eintritt zu unseren Seelen. Nichts, aber auch gar nichts würde jemals zwischen uns kommen – für immer und ewig. Da waren wir sicher. *Und dann zog der Alltag in unsere Beziehung ein!*

Es ist normal, dass sich die Liebe im Laufe der Jahre abkühlt. Es ist normal, dass einem die Zeit die Leidenschaft abgewöhnt. Es ist normal, wenn unser Partner nicht für immer und ewig unser Ein und Alles bleibt. Das alles ist normal. Doch es muss einfach nicht normal sein. Es kann außergewöhnlich sein!

Ich selbst lebe seit 15 Jahren in solch einer außergewöhnlichen Liebesbeziehung, bei der die Liebe über die Jahre immer noch stärker geworden ist. Viele Menschen, die meine Partnerin und mich gemeinsam erleben, denken für gewöhnlich, dass wir gerade frisch verliebt wären oder dass wir beide einfach nur das Glück hatten, zufällig genau den Partner zu finden, der uns wirklich glücklich macht. Doch Glück in der Liebe ist keine Glückssache. Unsere tiefe Liebe ist kein Zufall, wir haben eine ganze Menge dafür getan. Und das kannst du natürlich ebenfalls!

Ich möchte jedoch an dieser Stelle keine falschen Erwartungen wecken. Die Liebe ist mit Abstand unser größtes, aber leider auch schwierigstes Glückspotenzial auf dieser Welt. Mit ein paar kleinen Tricks ist es daher leider nicht getan, wenn man Liebe auf einem außergewöhnlich hohen Niveau leben will. Aber es ist aber auch kein Hexenwerk. Es ist durchaus zu schaffen, wie viele Teilnehmer meiner Akademie bestätigen können. Die Erkenntnisse, die ich dir diesbezüglich anbieten kann, sind also wieder einmal keine bloßen Theorien, die sich nur schön anhören. Viele Tausend Menschen haben durch meine Seminare ihr Beziehungsglück bereits auf ein außergewöhnlich hohes Niveau gebracht. Wir sprechen daher von einer bereits funktionierenden Praxis.

Schauen wir uns einmal eine dieser elementaren Erkenntnisse an, die dir zu deutlich mehr Liebe verhelfen können. Viele Menschen sehen es beispielsweise als ihre Aufgabe an, ihren Partner glücklich zu machen. Ist dieser nicht glücklich, haben sie versagt, glauben, nicht der oder die Richtige für ihn zu sein, oder fühlen sich sogar schuldig! Viele Menschen fühlen sich *verpflichtet*, die eigenen Wünsche und Bedürfnisse denen ihres Partners unterzuordnen und immer erst einmal daran zu denken, dass es ihm gut geht. Vor nicht allzu langer Zeit war es auch gar nicht so unüblich, dass sich Frauen und Männer zum Sex verpflichtet fühlten. Man nannte das dann „eheliche Pflichten erfüllen".

Doch wie viel Spaß kann Sex machen, wenn man Sex als *Pflicht* ansieht?! Stell dir einmal unseren lieben *Ernst* in dieser Situation vor. Ernst nimmt seine Verpflichtung wie immer sehr ernst. Wie, glaubst du, fühlt sich wohl seine Frau, wenn er alle zwei Minuten das Liebesspiel unterbricht und sie fragt, ob es auch wirklich recht so ist?! Natürlich tut das niemand verbal. Doch nonverbal tun es sehr, sehr viele Männer und Frauen. Die Auswirkungen dieses Verpflichtungsgefühls sind bei den meisten Menschen mehr oder weniger abgeschwächt vorhanden, auch wenn es vermutlich kaum jemanden gibt, der das so ernst nimmt wie unser lieber Ernst.

Solche Verpflichtungen in der Liebe sind jedoch nicht einfach nur Spaßkiller! Sie zerstören über längere Zeit auch sehr zuverlässig die Gefühle der eigenen Liebe. Denn die Liebe kann nur gedeihen, wenn sie auf Freiwilligkeit beruht. Machen wir eine Pflicht daraus, ist sie unweigerlich dem Untergang geweiht.

Viele Menschen fühlen sich zum Beispiel in einer Beziehung verpflichtet, von nun an alles gemeinsam mit dem Partner zu machen. Hier geht es wohlgemerkt nicht um den *Wunsch*, alles gemeinsam machen zu wollen, denn dieser Wunsch würde die Liebe ja sogar noch wachsen lassen – ganz im Gegensatz zu dem Gefühl, alles gemeinsam machen zu *müssen*! Dieses Gefühl der Verpflichtung ist ein so starker Feind der Liebe, dass viele Menschen genau wegen dieses einschränkenden Gefühls lieber gar keine Partnerbeziehung eingehen und auf die Liebe verzichten. Ihre Freiheit ist ihnen dann wichtiger.

Doch in Wirklichkeit gibt es nur selten einen echten Konflikt zwischen Liebe und Freiheit. Die meisten scheinbaren Verpflichtungen in der Liebe sind in Wirklichkeit nur Hirngespinste. Manche dieser Verpflichtungen haben wir als Kind bereits von unseren Eltern übernommen, ohne uns dessen überhaupt bewusst zu sein. Und da wir uns dessen selbst nicht bewusst sind, weiß unser Partner in der Regel dann natürlich auch nichts von unseren unbewussten Verpflichtungen, die wir ihm gegenüber eingegangen sind.

Doch auch wenn uns diese Verpflichtungen nicht bewusst sind, so fühlen wir uns trotzdem emotional verletzt, wenn unser Partner nicht erkennt, wie viel wir für ihn tatsächlich tun und wie sehr wir bei unseren eigenen Bedürfnisse zurückstecken, um unsere Beziehungspflichten zu erfüllen. Gleichzeitig sind wir sauer, wenn er diese Verpflichtungen von seiner Seite aus nicht erfüllt.

Wie gesagt, wir reden hier von Verpflichtungen, die der Partner noch nicht einmal kennt! Die Wahrscheinlichkeit, dass er sie nicht erfüllt und es deshalb immer wieder zu Ungerechtigkeitsgefühlen und Spannungen in der Beziehung kommt, ist schon deshalb extrem hoch.

Wenn du herausfinden möchtest, welche unbewussten Verpflichtungen du tatsächlich in dir trägst, dann frage dich einfach einmal, welche Verpflichtungen deine Eltern dir in Sachen Liebe während deiner Kindheit vorgelebt haben und welche Verpflichtungen du von deinen bisherigen Beziehungspartnern stillschweigend übernommen hast. Du kannst dich ganz leicht von diesen unechten Verpflichtungen befreien, indem du dir wiederholt bewusst machst, dass es tatsächlich deine freie Entscheidung ist, wie du damit umgehst. Es ist nichts, was du tun musst, nichts, was man dir tatsächlich vorschreiben kann, sondern etwas, das du tun kannst, wenn du es selbst willst.

Selbst wenn dein Beziehungspartner ausdrücklich von dir fordert, dass du dich ihm komplett unterordnen sollst, dass du deine eigenen Bedürfnisse zurückstellst, dass du faule Kompromisse eingehst, dass du dich im Hintergrund halten sollst, wenn er redet, und Ähnliches, so ist es immer noch keine echte Verpflichtung. Du kannst all das tun, wenn du es selbst *willst*, aber es gibt kein Gesetz, das dich dazu verpflichtet. Dein Partner fordert einfach nur etwas ein, das ihm gar nicht zusteht. Dagegen kannst du dich abgrenzen, wenn du willst, aber du *musst* dich eigentlich gar nicht dagegen wehren. Denn nur weil er etwas von dir fordert, musst du es nicht tun. Du bist nicht dazu verpflichtet. Du kannst dich einfach entspannt zurücklehnen und ihn auf diese scheinbare Verpflichtung ansprechen oder einfach nur „Nein“ sagen.

Wenn dein Partner die Erfüllung einer scheinbaren Pflicht von dir einfordert, dann liegt es einfach nur daran, dass er es nicht besser weiß. Er hat es so gelernt und fühlt sich dementsprechend im Recht. Deswegen kann man ihm eigentlich keinen Vorwurf machen. Jeder Mensch hat in Bezug auf die Liebe viel Unsinn gelernt. Das ist nicht wirklich verwerflich, und es steckt auch keine böse Absicht dahinter. Daher hat es wenig Sinn, hier einen Streit vom Zaun zu brechen und um seine Freiheit zu kämpfen.

Ein kurzes Gespräch unter zwei Liebenden, wie sehr solche Verpflichtungen der Liebe Schaden zufügen können, genügt für gewöhnlich, damit ein Erkenntnisprozess einsetzt, durch den diese unechten Verpflichtungen dann auf beiden Seiten aufgelöst werden.

Kennt man dieses Phänomen der unechten Verpflichtungen in der Liebe jedoch nicht, kann es schon einmal heftigen Beziehungsstress geben. Viele Menschen fühlen sich so sehr in einer Beziehung eingeengt, dass sie mit aller Macht versuchen, sich aus dieser Enge zu befreien. Dabei gehen sie teilweise sehr massiv gegen genau den Menschen vor, den sie in Wirklichkeit über alles lieben. Doch in ihrem Freiheitskampf merken sie nichts mehr von der Liebe. Sie ist vorübergehend abgeschaltet.

In solchen Momenten ist man komplett im Kampfmodus gefangen, grenzt sich in übertriebenem Maße ab und schießt bei diesem Kampf mitunter heftige Giftpfeile auf seinen Partner ab. Man sagt in diesem Kampfmodus schnell einmal Dinge, die man danach nur allzu gern wieder zurücknehmen würde. Doch das ist dann oft nicht mehr möglich. Die Giftstachel sitzen als emotionale Verletzung mitunter zu tief unter der Haut und belasten fortan die Liebe. Nicht wenige Beziehungen zerbrechen an genau diesen Giftpfeilen.

In Wirklichkeit führen wir in solch einem Moment jedoch einen Kampf gegen uns selbst. Es ist der Kampf zwischen Liebe und Freiheit, der in uns tobt, ohne dass wir uns dessen bewusst sind. Die Menschen, denen wir uns verpflichtet fühlen, können in solchen Momenten tun, was sie wollen. Sie können einfach nichts richtig machen, denn in Wirklichkeit haben sie mit unserem Problem gar nichts zu tun.

Die meisten Verpflichtungen, die unsere Liebe belasten, werden gar nicht von unserem Partner eingefordert, sondern spuken tatsächlich nur in unseren eigenen Köpfen herum. Wann immer du daher unzufrieden oder wütend gegenüber deinem Partner oder dir selbst bist oder dich eingeengt fühlst, dann frage dich einfach einmal, welche Verpflichtung hier ihre Finger mit im Spiel hat. Wenn du diese Verpflichtung ins Bewusstsein bringst und einfach nur begründet anzweifelst, dass du dazu tatsächlich verpflichtet sein sollst, dann lösen sich deine schlechten Gefühle nach und nach in Wohlgefallen auf und machen wieder Platz für die Liebe. Setze einfach den Zweifel einmal gezielt dafür ein. Du wirst merken, dass du mit dem Zweifel eine sehr starke Macht an deiner Seite hast, mit der du mühelos solche Verpflichtungsgefühle auflösen kannst.

Es ist also nicht schwer, eine glückliche Ausnahmebeziehung zu führen, wenn man über die erforderlichen Kenntnisse verfügt und bereit ist, diese auch umzusetzen. Die scheinbaren Verpflichtungen in der Liebe sind zwar nur ein Punkt von vielen, aber allein schon wenn du diese eine Erkenntnis in dein Beziehungsleben integrierst, kannst du es dir selbst und deinem oder deiner Liebsten in der Liebe unfassbar viel leichter und schöner machen. Ich wünsche dir wieder einen Himmel ohne Wolken.

Hier noch einmal die drei Fragen für deinen begründeten Zweifel an dem Gefühl, in der Liebe verpflichtet zu sein:

1. Kann ich wirklich definitiv wissen, dass meine alte Sichtweise wahr ist?
2. Warum kann ich das nicht definitiv wissen?
3. Was spricht dafür, dass es auch anders sein könnte?

Halbwahrheit Nr. 34: Wir sind alle hier, um uns zur Liebe zu entwickeln

Es gibt wohl kaum einen Bereich in der Esoterik, in dem es mehr nachteilige Halbwahrheiten gibt als beim Thema Liebe. Und diese Halbwahrheiten wimmeln nur so von unechten Notwendigkeiten, Ängsten, Missstandsbeurteilungen, Machtlosigkeit usw. Die Liebe ist definitiv schon einmal unser größtes Glückspotenzial, so viel scheint allen klar zu sein. Aber was ist Liebe denn eigentlich genau?

Wir sind natürlich nicht die einzigen Menschen auf der Welt, die über diese Frage nachdenken. Darüber zerbrechen sich die Philosophen schon seit Jahrtausenden den Kopf. In der Philosophie wird versucht, die Welt und die menschliche Existenz *rein logisch* zu deuten und zu verstehen. Doch noch nie in der Geschichte der Menschheit ist es jemandem gelungen, wahre Liebe aufgrund von logischen Erklärungen und Beschreibungen zu erfahren. Der Grund: Unser Verstand kann keine Liebe auslösen, selbst wenn er noch so viel versteht. Es ist ihm einfach nicht möglich. Liebe entsteht über einen ganz anderen Prozess!

Wir können mit unserem Verstand aufgrund guter Argumente jemanden ganz, ganz toll finden und vielleicht sogar erkennen, dass er logisch betrachtet der perfekte Lebenspartner für uns wäre. Doch selbst dann, wenn wir uns das Tag und Nacht mit logischen Argumenten unaufhörlich klarmachen würden, weil wir diesen Menschen unbedingt lieben wollen, könnten wir damit keine Liebe erzwingen. Maximal könnten wir es damit schaffen, uns in diesen Menschen zu *verlieben*.

Der Unterschied zwischen Liebe und Verliebtheit ist den wenigsten Menschen so ganz klar. Schauen wir uns das also wieder einmal ein wenig genauer an: Das menschliche Gehirn verfügt über vier neuroemotionale Systeme. Hier entstehen die sogenannten Belohnungsgefühle, Lockgefühle, Zusammengehörigkeitsgefühle und Vermeidungsgefühle. Zu den Belohnungsgefühlen gehören zum Beispiel Freude,

Zufriedenheit, Genuss oder Spaß. Diese Gefühle erhalten wir immer dann, wenn wir von unserem Emotionalgehirn für eine Verbesserung unserer Lebensumstände belohnt werden. Deshalb heißen sie auch Belohnungsgefühle.

Wenn wir etwas als in Ordnung, gut, sehr gut, schön, toll, super, genial usw. ansehen, erhalten wir von unserem Emotionalgehirn die entsprechenden Belohnungsgefühle. Je positiver unsere Beurteilung ausfällt, desto stärker sind unsere Belohnungsgefühle. Die Ursache der Belohnungsgefühle liegt also in unserer Beurteilung. Hier sind sowohl unser logisch denkender Verstand als auch unsere Intuition in der Lage, solche positiven Beurteilungen abzugeben. Belohnungsgefühle können also von beiden neuronalen Systemen ausgelöst werden.

Die nächste Gefühlskategorie sind die Lockgefühle – wie Vorfreude, Motivation, Begeisterung, Zuversicht, Lust usw. Lockgefühle entstehen immer dann, wenn wir ein Ereignis in der Zukunft als sehr positiv beurteilen. Diese Gefühle heißen Lockgefühle, weil sie uns in eine vielversprechende Richtung locken sollen. Auch die Lockgefühle werden durch Beurteilungen ausgelöst, die sowohl von unserem Verstand als auch von unserer Intuition stammen können.

Verliebtheit ist eine Mischung aus Lock- und Belohnungsgefühlen. Wir finden jemanden ganz toll und stellen uns vor, dass wir mit diesem Menschen glücklich sein könnten. Unser Emotionalgehirn reagiert auf diese positive Beurteilung mit dem Lockgefühl des Verlangens. Wir wollen diesen Menschen dann *haben*. Wir fangen also an, für diesen potenziellen Partner zu schwärmen und fühlen uns *verknallt*.

Das ist aber noch nicht das volle Ausmaß an Verliebtheit, denn dafür fehlt noch die Belohnung. Diese entsteht folgendermaßen: Wenn wir jemanden haben wollen und uns verknallt fühlen, dann bekommen wir in der Regel sofort Angst, dass dieser Jemand sich nicht für uns als Partner interessieren könnte. Wir sitzen damit auf glühenden Kohlen. Wenn jedoch unser Schwarm so auf uns reagiert, dass wir daraus ein eventuelles Interesse ableiten können, dann erhalten wir dafür sofort ein ganz bestimmtes Belohnungsgefühl – *Euphorie*!

Verliebtheit ist daher eine Mischung aus Verlangen (Lockgefühl), Angst (Vermeidungsgefühl) und Euphorie (Belohnungsgefühl). Diese drei Gefühle werden in dieser Kombination so stark in unserem Gehirn, dass wir uns in einer Art innerem Drogenrausch befinden.

Doch erst wenn wir bekommen haben, was wir wollten, stellt sich heraus, ob neben der Verliebtheit auch Liebe da ist. Sobald wir uns nämlich sicher genug sind, dass wir bekommen haben, was wir wollten, erlischt das Verlangen, diesen potenziellen Partner für sich gewinnen zu wollen. Dieses Ziel ist ja bereits erreicht. In der Regel dauert es etwa drei bis sechs Monate, bis wir uns dessen sicher genug sind. Dann hat das Lockgefühl des Verlangens seinen Dienst getan und wird nun abgestellt. In diesem Moment ist die Verliebtheitsphase schlagartig beendet. Wir haben innerhalb weniger Tage kein so großes Verlangen mehr, keine Angst und auch keine Euphorie. Der Zauber ist zu Ende. Es sei denn, es ist wahre Liebe entstanden – dann geht der Zauber auf einer ganz anderen Ebene weiter!

Ich verrate dir jetzt einmal etwas, das auf dieser Welt nur sehr wenige Menschen wissen – nämlich wie wahre Liebe tatsächlich in der Praxis entsteht. Für die meisten Menschen ist dies entweder ein absolutes Mysterium, oder sie befinden sich mit ihren Theorien komplett auf dem Holzweg. Es gibt sicherlich kein Thema, bei denen es in der wissenschaftlichen und spirituellen Literatur mehr Missverständnisse und Unklarheit gibt. Der Grund für all diese Missverständnisse liegt darin begründet, dass man versucht, die Liebe logisch zu erklären. Doch die Liebe entstammt eben nicht unserem Verstand, daher laufen alle diese tollen spirituellen und psychologischen Theorien ins Leere.

Liebe ist kein Belohnungs- und kein Lockgefühl, sondern ein *Zusammengehörigkeitsgefühl*. Genauer gesagt ist es ein ganzes Paket von Zusammengehörigkeitsgefühlen. Dazu gehören zum Beispiel Harmonie, Vertrautheit, Zuneigung, Verbundenheit, Freundschaft, Zusammengehörigkeit und vieles mehr.

Doch ganz im Gegensatz zu den oben beschriebenen Verliebtheitsgefühlen werden diese Zusammengehörigkeitsgefühle *nicht* durch unsere Beurteilungen ausgelöst. Sie sind unabhängig davon, ob wir jemanden toll finden oder nicht. Es kann sogar passieren, dass wir Menschen lieben, die gar nicht gut für uns sind und die uns unglücklich machen. Genauso kann es passieren, dass wir Menschen, die uns offensichtlich glücklich machen könnten, trotzdem einfach nicht lieben können. So sehr wir uns auch bemühen, es entsteht einfach keine Liebe.

Der Grund: Zusammengehörigkeitsgefühle entstehen einzig und allein durch *Identifikation* – genauer gesagt durch eine *Wir-Identifikation*! Das ist das große Geheimnis, das hinter der Liebe steckt. Wir werden auf den Prozess der Wir-Identifikation noch zu sprechen kommen. Identifikation ist, wie bereits erwähnt, ein sogenannter Elementarprozess in unserem Gehirn, also ein Prozess, den man nicht weiter in kleinere Prozessschritte unterteilen kann. Das Gute ist, dass man diesen Elementarprozess gar nicht vom Kopf her verstehen muss, da wir ihn alle von Geburt an beherrschen.

Noch bevor wir geboren werden, können wir uns mit unserer Mutter identifizieren – genauer gesagt können wir das noch gar nicht *nicht* tun. Als Baby im Mutterleib identifizieren wir uns nämlich alle noch zu 100 Prozent mit unserer Mutter. Wir können uns noch gar nicht als Individuum wahrnehmen. Das kommt erst viel später. Und das bedeutet, dass jeder einzelne Mensch die Erfahrung reiner, bedingungsloser Liebe bereits im Mutterleib gemacht hat!

Damit an dieser Stelle keine Missverständnisse aufkommen: Ich meine damit nicht, dass du im Mutterleib von deiner Mutter bedingungslos geliebt wurdest. Das ist keineswegs garantiert. Du selbst bist vielmehr als ungeborenes Kind noch nicht in der Lage, *nicht* zu lieben! Du fühlst dich noch eins mit deiner Mutter – ganz egal, ob sie dir Liebe entgegenbringt oder nicht. Du kannst also bereits seit vor deiner Geburt bedingungslos lieben und musst die Liebe nicht erst erlernen!

Auch Menschen mit Nahtoderfahrungen berichten übereinstimmend von einer unfassbaren, bedingungslosen, reinen und allumfassenden Liebe. Und das bedeutet: *Wir erleben die reine, bedingungslose Liebe, wenn wir kommen, und wir erleben sie, wenn wir gehen!*

Wir *müssen* die Liebe also nicht erlernen. Wir alle besitzen die Fähigkeit zu lieben von Anfang an. Diese Fähigkeit wird bei den meisten Menschen nur aufgrund negativer Erfahrungen mehr oder weniger blockiert. Aber besitzen tun wir sie tatsächlich alle! Und deshalb kann es nicht sein, dass wir hier auf dieser Welt sind, weil wir die Fähigkeit zu lieben entwickeln sollen. Diese Fähigkeit müssen wir nicht entwickeln, denn das Lieben beherrscht jeder Mensch wie auch jedes Tier von Natur aus.

Ich betone dies so deutlich, weil die scheinbare Notwendigkeit, sich zur Liebe entwickeln zu *müssen*, uns im Alltag ständig Knüppel zwischen die Beine wirft. Viele Menschen sehen genau diese Entwicklung als Sinn des Lebens an. Und dann ist es natürlich schwer, diese Notwendigkeit nicht zu entwickeln. Doch diese Notwendigkeit blockiert die Liebe unweigerlich.

Wir *müssen* also nicht zur Liebe finden oder gar zurückfinden. Es sieht auf den ersten Blick nur danach aus, denn offensichtlich suchen die meisten Menschen Zeit ihres Lebens nach der Liebe, und es scheint bei sehr vielen das höchste Ziel zu sein, was ja auf den Sinn des Lebens hindeuten würde, denn das ist ja per Definition das höchste Ziel im Leben. Diese Suche nach der Liebe lässt sich jedoch ganz einfach mit dem Sinn des Lebens erklären, den ich in diesem Buch beschrieben habe. Um diesen Sinn zu erfüllen, brauchen wir nämlich Aufgaben, denn ohne Aufgaben machen wir keine Erfahrungen. Und eine dieser Aufgaben besteht für sehr viele Menschen in der Suche nach wahrer Liebe.

Es ist wie gesagt, als lebten wir in einem Adventure-Spiel, bei dem wir den Drachen besiegen, die Burg erklimmen und die Prinzessin (oder den Prinzen ☺) retten sollen. Das ist nur ein Spiel! Es gibt daher einen elementaren Unterschied zwischen dem Sinn dieses Lebens und der Aufgabe, der wir hier so gut wie alle nachjagen. Wir nehmen diese Aufgabe nicht an, weil sie erledigt werden muss. Gar nichts *muss*! Wir nehmen die Aufgabe an, weil sie das Spiel überhaupt erst in Gang bringt, das dann den Sinn dieser Existenzform erfüllt. Es gibt kein Spiel ohne Aufgabe. Das ist der einzige Grund, warum wir Zeit unseres Lebens nach etwas suchen, das wir sowohl davor schon hatten als auch danach wieder haben werden und während des Lebens lediglich teilweise oder ganz blockiert haben.

Ausnahmslos jeder, der die Erleuchtung tatsächlich erlangt hat, sagt, dass die Menschheit die Liebe nicht finden *muss*. Wir müssen gar nichts! Alles ist genau so, wie es ist, *richtig*, und für den tatsächlichen Sinn des Lebens perfekt, der dahinter steht. Wirklich ausnahmslos jeder, der eine echte Erleuchtungserfahrung gemacht hat, erkennt dies sofort und unmissverständlich. Nur kann man diese Erfahrung kaum mit Worten so beschreiben, dass andere Menschen sie logisch nachvollziehen könnten.

Eine Erleuchtungserfahrung bedeutet übrigens nicht, dass man erleuchtet ist. Ich bin nicht erleuchtet, ich habe nur schon sehr oft Erleuchtungserfahrungen gemacht – also Momente bzw. Zeitspannen, in denen man sich als *eins mit dem Universum* erfährt. Momente, in denen man sich mit *All-dem-was-ist* vollständig identifiziert und so die reine, bedingungslose und allumfassende Liebe erfährt. Man erkennt bei dieser Erfahrung, dass alles perfekt ist, wie es ist, dass alles Liebe ist, dass alles lebendig ist, dass alles dasselbe Bewusstsein in sich trägt, dass es in Wirklichkeit keinen Unterschied zwischen dem eigenen Selbst und dem scheinbaren Außen gibt usw. Man kann in diesem Zustand nicht mehr zwischen sich und der Umwelt unterscheiden, weil man vollständig mit *All-dem-was-ist* identifiziert ist.

Wir werden uns mit dem Thema Erleuchtung noch einmal eingehender befassen. An dieser Stelle geht es mir nur darum, die Notwendigkeit in Zweifel zu ziehen, sich zur Liebe entwickeln zu *müssen*! Denn wenn man diesen Glaubenssatz hat, dann erschwert man sich die Liebe ganz erheblich. Ist diese Notwendigkeit sehr stark, macht man sich das Erleben von wahrer Liebe sogar völlig unmöglich! Denn Liebe ist eine sehr helle, leichte, weite und lebendige Energie. Notwendigkeiten schaffen jedoch Dunkelheit, Schwere, Enge und Leblosigkeit.

In meiner Akademie gibt es dazu einen einfachen Slogan: *Wenn du Liebe in ihrer reinen Form leben möchtest, dann befreie sie einfach von allen düsteren, schweren, einengenden und Kraft raubenden Energien!* Da dies eine Menge Umsetzungsarbeit bedeutet, biete ich meinen Teilnehmern die Selbsterfahrung der reinen Liebe an. Denn wenn man die reine, allumfassende Liebe tatsächlich einmal selbst erlebt hat, dann weiß man, wofür sich diese Umsetzungsarbeit lohnt. Diese Erfahrung hat jedoch noch einen anderen Sinn. Es gibt nämlich wie gesagt keinen anderen Bereich in der Esoterik, in dem so viel Unsinn verzapft wird wie beim Thema Liebe. Das heißt, meine Teilnehmer bringen unzählige Glaubenssätze und Überzeugungen über die Liebe mit in meine Seminare, die es ihnen fast unmöglich machen, wahre Liebe tatsächlich zu erfahren. Denn sie suchen die Liebe an der ganz falschen Stelle.

Nun stünde natürlich einfach nur Aussage gegen Aussage, wenn ich ihnen etwas ganz anderes über die Entstehung von Liebe erzähle, als sie es bis jetzt gelernt haben. Erschwerend kommt noch hinzu, dass es sich vielfach um Überzeugungen handelt, wenn es um die Liebe geht, und nicht um einfache Glaubenssätze. Und Überzeugungen werden, wie bereits erläutert, bis aufs Messer verteidigt. Lasse ich meine Teilnehmer jedoch an eigenem Leib eine reine, allumfassende Liebe erleben, und zwar in einer Intensität, die sie sich zuvor noch nicht einmal annähernd hätten vorstellen können, dann ist Ruhe in der Kiste. Dann muss ich mit niemandem mehr darüber diskutieren, ob man Liebe tatsächlich über eine Wir-Identifikation auslösen kann oder nicht.

Zwar gibt es dann immer noch einige Hardcore-Überzeugte, die partout nicht wahrhaben *wollen*, dass es so einfach sein soll mit der reinen Liebe, aber auch diese können dann ihre Überzeugung nicht langfristig aufrechterhalten, weil Hunderte von anderen Teilnehmern im gleichen Kurs sehr eindrucksvoll bestätigen, dass sie tatsächlich reine, allumfassende Liebe erfahren haben.

Für 99 Prozent meiner Teilnehmer ist diese Erfahrung unfassbar wertvoll, weil sie jetzt aus dem Herzen heraus unmissverständlich wissen, was Liebe tatsächlich ist und was nicht. Sie kommen dadurch nicht mehr von ihrem Weg ab, wenn sie dann anderswo wieder mit spirituellen oder psychologischen Konzepten zu tun bekommen, die Ängste, Notwendigkeiten, Machtlosigkeiten und Sinnlosigkeiten in Bezug auf die Liebe beinhalten.

Für ein Prozent ist es jedoch immer etwas schwer, denn dieses eine Prozent besteht zumeist aus Menschen, die ihren Eigenwert darin gefunden haben, andere Menschen zur Liebe zu führen. Und dafür haben sie jahrelang gearbeitet. Wenn es jetzt wirklich so einfach sein soll, dann ist all das, was sie bislang gelernt haben, einfach wertlos geworden. Das ist für viele bitter. Aber letztendlich tue ich auch diesem einen Prozent einen Gefallen, weil sie auf diese Weise dann endlich einen Weg finden können, der in der Praxis nachweislich tatsächlich zur Liebe führt und nicht nur in einer scheinbar logischen Theorie – und auch nicht erst nach 20 Jahren Meditationspraxis oder nach dem Auflösen des Egos oder dem Aufgeben jeglicher Bewertung, sondern sehr schnell.

Aber es ist natürlich trotzdem erst einmal unangenehm für dieses eine Prozent. Und dafür habe ich vollstes Verständnis. Falls daher dieses Kapitel starke Widerstände in dir auslösen sollte, weil du eine völlig andere Wahrheit darüber vertrittst, was Liebe tatsächlich ist und wie sie entsteht, dann greife wie gesagt nicht gleich zur Bücherverbrennung. Ich schreibe dieses Buch nicht, um deinen Eigenwert zu schmälern, sondern um der Welt einen Weg zur Liebe aufzuzeigen, den sie bislang noch nicht kannte. Es handelt sich dabei längst nicht mehr um eine bloße Theorie. Es ist tägliche Praxis in meiner Akademie, dass die Teilnehmer genau auf diese Art zur Liebe finden.

Liebe entsteht wie gesagt durch eine Wir-Identifikation. Partnerschaftliche Liebe entsteht beispielsweise, wenn *wir* uns damit identifizieren, ein Paar zu sein, familiäre Liebe, wenn *wir* uns damit identifizieren, eine Familie zu sein, freundschaftliche Liebe, wenn *wir* uns damit identifizieren, Freunde oder gar beste Freunde zu sein. Die Liebe zu einer Gruppe von Menschen kann auch entstehen, wenn *wir* uns als Team sehen – beispielsweise ein Fußballteam. Viele Fans *lieben* ihren Verein also tatsächlich. Das ist echte Liebe! Vaterlandsliebe entsteht dann, wenn *wir* uns damit identifizieren, eine Nation zu sein. Eigenliebe entsteht, wenn wir aus uns selbst ein *Wir* machen. Zum Beispiel kann man sich mit seinem Körper eins fühlen oder mit seinem Geist oder der eigenen Seele. *Wir* sind dann das Bewusstsein zusammen mit dem Körper, dem Geist und der Seele – ein tolles *Wir*!

Wir können auch einzelne Körperteile lieben, wenn wir uns damit identifizieren. Wir können uns aber auch mit Gegenständen, Orten oder sogar Tätigkeiten eins fühlen. Auch das gehört zur Liebe. Wir können also unser Zuhause lieben, denn das sind *wir*! Wir können uns mit unserem Beruf identifizieren, mit unserem Auto, mit unserem Sport usw. Wann immer wir uns mit *jemandem* oder *etwas* als ein *Wir* identifizieren, entsteht eine dazu passende Form von Liebe.

Wir können also alles und jeden lieben, indem wir einfach eine Wir-Identifikation herstellen. Und je stärker unsere Wir-Identifikation ist, desto stärker ist unsere Liebe. Das ist das große Geheimnis der Liebe, das kaum ein Mensch auf dieser Welt kennt. Es ist natürlich nicht wirklich ein *Geheimnis*! Es war bislang einfach nur kaum jemandem bekannt, da der Elementarprozess der Identifikation noch weitgehend unbekannt ist. Wenn man diesen Prozess jedoch kennt, dann ist allumfassende, bedingungslose Liebe kein Mysterium mehr, sondern etwas, das wir einfach *tun* können!

Nachdem wir uns jetzt angeschaut haben, was Liebe ist und wie sie entsteht, schlage ich vor, dass wir uns einmal gemeinsam einige der gängigen esoterischen Halbwahrheiten zum Thema Liebe anschauen, die uns in der Praxis das Lieben schwer machen können. Zuvor steht jedoch noch ein begründeter Zweifel in Bezug auf die Halbwahrheit an, dass wir alle hier sind, weil wir uns zur Liebe entwickeln *müssen* oder zur Liebe zurückzufinden *müssen*. Dieses Muss macht uns das Lieben unnötig schwer. Und davon kannst du dich, wie du weißt, sehr leicht befreien:

1. Kann ich wirklich definitiv wissen, dass meine alte Sichtweise wahr ist?
2. Warum kann ich das nicht definitiv wissen?
3. Was spricht dafür, dass es auch anders sein könnte?

Halbwahrheit Nr. 35: Bevor du erwarten kannst, dass dich jemand anders liebt, musst du dich erst einmal selbst lieben

Die meisten Menschen, die diese Halbwahrheit vertreten, lehnen sie an die Metapher des Spiegelprinzips an. Man kann ja gemäß diesem Prinzip immer nur das im Außen widergespiegelt bekommen, was man auch tatsächlich in sich trägt. Doch eines vergessen diese Menschen dabei – nämlich, dass geliebt zu werden und selbst zu lieben zwei völlig verschiedene Paar Schuhe sind, die nur aufgrund einer *Übergeneralisierung* des Spiegelprinzips in einen Topf geworfen werden. Um das leichter nachvollziehen zu können, schlage ich einen Perspektivwechsel vor.

Ich bin mir sicher, dass du auch Liebe für manche Menschen empfindest, die sich selbst nicht lieben, oder?! Wäre es anders, würde tatsächlich kaum ein Mensch auf diesem Planeten geliebt, denn die wenigsten tragen echte Eigenliebe in sich.

Oder schau dir kleine Kinder an: Babys lieben ihre Eltern bedingungslos. Wäre das Spiegelprinzip wirklich ein echtes Gesetz, dann würde das bedeuten, dass sich fast alle Mütter und Väter selbst bedingungslos lieben würden. Das ist jedoch ganz sicher nicht der Fall! Auch Tiere empfinden natürlich Liebe – sowohl zu anderen Tieren als auch zu Menschen. Und zwar auch dann, wenn das Frauchen sich selbst gar nicht lieb hat! Wenn du einen Hund hast, dann weißt du, wovon ich spreche.

Falls du dich daher von dem weit verbreiteten Irrglauben befreien willst, dass man erst einmal sich selbst lieben *muss*, bevor man von anderen geliebt werden *kann*, dann weißt du ja mittlerweile, wie das funktioniert! Du brauchst nur einen begründeten Zweifel. Und der lässt sich wie gesagt sehr leicht finden, wenn du dir anschaust, dass auch Menschen geliebt werden, die sich selbst eben nicht bedingungslos lieben können.

Menschen, die dieser Halbwahrheit so richtig verfallen sind, argumentieren dann jedoch, dass das ja gar keine echte Liebe sei. Doch wenn du dir das einmal ganz unvoreingenommen anschaust, dann merkst du sehr schnell, dass diejenigen Menschen, die sich selbst nicht lieben können, nicht mehr oder weniger geliebt werden als Menschen, die es können. Nur *merken* es diejenigen besser, die sich auch selbst lieben!

Wenn man sich sehr stark auf diese Halbwahrheit eingelassen hat, dann hat man in Bezug auf das Geliebtwerden leider Scheuklappen auf. Das heißt, man kann die Liebe seiner Mitmenschen nicht mehr richtig wahrnehmen, weil man zu stark daran glaubt, dass man in Wirklichkeit gar nicht geliebt werden kann. Man trägt mit diesem Glauben nach meiner Metapher also einen düsteren Wahrnehmungsfilter in seinem Realitäts-Fernrohr mit sich herum.

Falls dies bei dir der Fall ist, dann mach dir keine Sorgen. Auch hier wird der Zweifel, den wir in diesem Kapitel gestreut haben, mit der Zeit seine Dienste tun und diesen Irrglauben immer mehr aufweichen. Und dann kannst du irgendwann die Liebe deines sozialen Umfeldes wieder vollständig wahrnehmen.

Noch ein Wort zur Eigenliebe, damit wir uns hier nicht falsch verstehen: Natürlich bringt die Eigenliebe sehr viele Vorteile mit sich. Doch das sind alles Vorteile, die wir haben *können*, aber nicht *müssen*! Eine starke Eigenliebe zu erreichen ist sehr viel leichter, wenn man das nicht schaffen *muss*. Je mehr Druck du dir hier machst, um eine radikale Eigenliebe zu leben, desto mehr Schwierigkeiten wirst du damit haben.

Ich habe schon Tausende von Seminarteilnehmern auf ihren Weg in eine bedingungslose Eigenliebe begleitet. Ich kann hier also wieder aus Erfahrung sprechen, denn die Eigenliebe steht in meiner Web-Akademie ganz oben auf der Liste. Wir gehen dabei einen ganz einfachen Weg: Wir korrigieren einfach alle Muster, die der Eigenliebe im Weg stehen, und verstärken alle Muster, die ihr dienlich sind. Das heißt, wir befassen uns mit den tatsächlichen Ursachen.

Schwierigkeiten haben damit nur diejenigen Teilnehmer, die vor meiner Akademie aus irgendwelchen Büchern oder in esoterischen Lebenshilfe-Seminaren gelernt haben, dass sie um ihre Eigenliebe *kämpfen müssen*. Ursache für diesen Kampf sind entweder wieder irgendwelche Metaphern, die übergeneralisiert wurden, oder die Personifizierung der Verhaltens-, Denk-, Gefühls- und Identitätsmuster, die momentan die Eigenliebe noch erschweren. Was der Eigenliebe im Weg steht, wird also wieder einmal wie ein Nebenbuhler betrachtet, den man mittels Ablehnung loszuwerden versucht. Doch natürlich lehnt man sich dabei nur selbst ab, denn alle diese Muster gehören eben zum eigenen Selbst! Und Selbstablehnung ist das genaue Gegenteil von Eigenliebe. Liebe kann man nun einmal nicht erzwingen, man kann sie nur fördern oder behindern, und das gilt auch für die Eigenliebe.

Ich hoffe, ich konnte dir mit diesem Kapitel wieder genügend begründete Zweifel liefern, um von dieser unguten Halbwahrheit loslassen zu können. Wie immer empfehle ich auch hier den Austausch mit Gleichgesinnten. Und die sollten nicht sehr schwer zu finden sein, denn es gibt sehr viele Menschen, die in dieses Fettnäpfchen getappt sind.

Hier noch einmal die drei Fragen für deinen begründeten Zweifel:

1. Kann ich wirklich definitiv wissen, dass meine alte Sichtweise wahr ist?
2. Warum kann ich das nicht definitiv wissen?
3. Was spricht dafür, dass es auch anders sein könnte?

Halbwahrheit Nr. 36: Du musst deinen Seelenpartner finden

Gibt es so etwas wie Seelenpartner oder Dualseelen überhaupt? Falls du mein Buch *Robin und das Positive Fühlen* gelesen hast, kennst du meine Antwort auf diese Frage eigentlich schon. Ich habe in diesem Buch nämlich meine eigene Liebesgeschichte verarbeitet, da sie so unfassbar war, dass ich einfach ein Buch darüber schreiben musste! *Robin* ist also teilweise autobiografisch, ebenso wie mein Buch *Mary*.

Ich habe mir, genau wie Robin im Buch, als Teenager eine Traumfrau herbeigewünscht. Damals träumte ich sehr viel von meiner Traumfrau, die sich in meinen Träumen „Mary" nannte. Diese Träume waren unfassbar real! Irgendwann machte Mary mir dann klar, dass sie keine Fantasie von mir sei, sondern ein reales Wesen, eben nur nicht aus Fleisch und Blut. Dies sollte sich später auf sehr eindrucksvolle Weise bewahrheiten!

Meine Mary lebte mein Leben mit – am Anfang als stille Beobachterin, und später half sie mir dann bei meinen persönlichen Entwicklungsprozessen. Ich musste sie nur bitten, dieses oder jenes Problem für mich zu lösen, und es wurde getan. Das erzählte ich irgendwann einmal einem Freund. Doch statt mich für schizophren zu erklären, wie ich es zuerst erwartet hatte, meinte er dann, ich solle meine Mary doch mal zu ihm rüberschicken, damit sie ein Problem bei ihm löste. Ich hielt das eigentlich für unmöglich, aber Mary meinte, dass sie das sehr gerne tun würde – woraufhin ich mich plötzlich für eine Viertelstunde auf eine sehr seltsame Art und Weise *leer* fühlte, während mein Freund die Augen schloss und irgendwie weggetreten war.

Nach dieser Viertelstunde öffnete er die Augen und meinte, dass er nicht wirklich daran geglaubt hätte, dass es meine Mary tatsächlich gab, aber er fühle sich jetzt so, als hätte sich sein Problem gelöst. Ich fragte ihn dann, was Mary denn mit ihm gemacht habe – worauf ich fast rückwärts vom Stuhl fiel! Sie hatte mit ihm in allen Einzelheiten ein Re-Imprinting gemacht – eine NLP-Maßnahme, die normalerweise im Einzelcoaching 60 bis 90 Minuten benötigt. Es handelt sich dabei um eine recht aufwendige und komplizierte Vorgehensweise, auf die man ohne NLP-Kenntnisse niemals kommen könnte! Und mein Freund hatte *überhaupt* keine NLP-Kenntnisse! Er hatte gar keine Kenntnisse aus dem Coaching-Bereich, weder NLP noch irgendetwas anderes!

Von diesem Tag an hatte ich für mich einen sehr starken Hinweis darauf, dass meine Mary tatsächlich real sein könnte. Ich war überglücklich. Daher bat ich sie mit allem Herzblut, ein richtiger Mensch aus Fleisch und Blut zu werden. Irgendwann willigte sie ein. Sie würde dann jedoch anders heißen und auch anders aussehen, erklärte sie. Auch gäbe es eine Kleinigkeit, mit der ich dann zu Anfang große Schwierigkeiten haben würde. Was das sein würde, wollte sie mir jedoch nicht sagen. Aber das war mir auch egal – ich wollte alle Schwierigkeiten auf mich nehmen, egal, was kommen würde.

Doch wie sollten wir uns finden, wenn sie völlig anders aussehen und auch anders heißen würde? Denn sie würde sich dann auch nicht mehr an mich erinnern können. Mary sagte dann, dass der Boden unter ihren Füßen leuchten würde bei jedem Schritt, den sie gehen würde. Wenn ich das sehen würde, dann wüsste ich, dass sie es ist. Ich hielt das erst einmal für eine Metapher. Der Boden konnte doch nicht tatsächlich leuchten, wie sollte das denn gehen?! Doch Mary betonte immer wieder, dass es ganz real genau so passieren würde!

Danach wartete ich auf sie und schaute bei jeder Frau auf den Boden, ob er nicht vielleicht doch leuchten würde. Irgendwann hörte ich dann wieder damit auf, weil meine Zweifel immer größer wurden, je länger es dauerte. Doch ich gab diesen Gedanken nie wirklich auf.

Viele Jahre später veranstaltete ich in Frankreich an der Atlantikküste ein Seminar-Camp und begegnete einer viel zu jungen Frau, in deren Nähe ich sofort in einen emotionalen Ausnahmezustand geriet. Solche Gefühle hatte ich noch nie bei der Begegnung mit einem Menschen gehabt! Mein Herz wollte ihr sofort nahe sein, aber mein Kopf machte mir klar, dass dies unmöglich war. Es durfte einfach nicht sein, denn sie war 20 Jahre jünger als ich und damit für mich eindeutig nicht alt genug.

Dennoch verbrachten wir viel Zeit miteinander, weil dieses Gefühl auf Gegenseitigkeit beruhte. Genauer gesagt beide Gefühle – das Gefühl, uns nahe sein zu wollen, und das Gefühl, dass dies aufgrund unseres großen Altersunterschiedes nicht möglich sei. Wir beschlossen daher, Freunde zu werden. Nach ein paar Tagen waren wir dann schon sehr gute Freunde, und wieder ein paar Tage später wurde uns bewusst, dass wir jetzt *beste* Freunde waren! Das ging alles so unfassbar schnell, dass wir uns fühlten wie auf einer Achterbahn.

Wir waren also tatsächlich bereits nach wenigen Tagen beste Freunde und fühlten uns als solche zusammengehörig. Auch war klar, dass wir immer beste Freunde bleiben würden – auch dann, wenn wir beide andere Beziehungspartner haben würden. Bei uns beiden war eine Beziehung ausgeschlossen, aber eine tiefe, freundschaftliche Liebe eben nicht. Unsere zukünftigen Beziehungspartner würden also unsere enge, lebenslange Freundschaft akzeptieren müssen, sonst würden wir nicht bereit sein, eine Partnerbeziehung mit ihnen einzugehen. Das war uns bereits nach wenigen Tagen völlig klar – was man sich mit dem gesunden Menschenverstand sicher kaum vorstellen kann.

Ohne dass ich mir dies erklären konnte, wurde sie innerhalb weniger Tage zum mit Abstand wichtigsten Menschen in meinem Leben! Und dann geschahen immer mehr unfassbare Dinge. Wir hatten gemeinsam jede Menge paranormaler Erfahrungen. Irgendwie eröffnete sich für uns völlig unerwartet eine Wahrnehmung der Realität, die wir beide zuvor nicht gekannt hatten. Wir sahen gemeinsam Dinge in der geistigen Welt, die wir zuvor nie gesehen hatten. Wir spürten gemeinsam Energien bei anderen Menschen und konnten diese zum Positiven modulieren. Wir umarmten uns freundschaftlich zur Begrüßung und hatten das Gefühl, dass unsere physischen Grenzen sich für eine Sekunde auflösten und wir ineinander fielen! Wir waren für diese Sekunde zwei Körper, die am selben Ort waren. Das war extrem krass!

Und mindestens drei Mal am Tag wurde sie von anderen Teilnehmern aus dem Camp angesprochen, ob sie nicht in Wirklichkeit *Mary* sei (also die Mary, die ich in meinem Buch beschrieben hatte, denn dass ich selbst so eine Mary in mir hatte, wusste damals noch niemand).

Doch jedes Mal, wenn das jemand fragte, versetzte es mir einen heftigen Stich ins Herz. Denn in diesen Momenten wurde mir immer schmerzlich bewusst, dass ich dieses Gefühl von Anfang an gehabt hatte. Ich wollte es nur nicht wahrhaben, weil es da eine unüberwindbare Hürde zwischen uns gab, die eine Partnerbeziehung für mich absolut ausschloss: Uns trennten eben 20 Jahre. Für mich war es völlig undenkbar, solch eine junge Partnerin zu haben.

Zur gleichen Zeit hörte ich ständig – egal wo ich hinging – ein Lied, das mich bis in den innersten Kern meines Wesens erschütterte. Genauer gesagt war es ein ganz bestimmter Satz in diesem Lied. Xavier Naidoo singt in seinem Lied *Sie sieht mich nicht* folgende Zeile: *„Es gibt Grenzen, die man trotz Millionen von Soldaten wegwischt, aber unsere überwindet man nicht!“* Ich erlebte einen unfassbaren Seelenschmerz, wenn ich diese Zeile hörte, der mich innerlich fast zerriss.

Und dann passierte das Unfassbare! Wir veranstalteten an diesem Abend ein Lagerfeuer am Strand. Es war extrem dunkel in jener Nacht – kein Mond, keine hellen Sterne, nur das Feuer.

Irgendwann standen meine neue beste Freundin und ich auf, um ein paar Schritte am Wasser entlangzuspazieren. Es war stockdunkel, sodass wir den Weg zum Wasser eher erspüren mussten, als dass wir ihn sehen konnten. Sie ging ein paar Schritte voraus. Ich folgte mehr den Geräuschen, die ihre Schritte verursachten, denn sehen konnte ich sie nicht mehr, obwohl sie nur zwei bis drei Meter von mir entfernt sein konnte. Und dann geschah es! Der Strand leuchtete hellgrün unter ihren Füßen – und zwar so hell, dass die gesamte Umgebung erleuchtet wurde! Das war keine Sinnestäuschung!

Es handelte sich um ein seltenes Naturphänomen, bei dem phosphoreszierende Algen an den Stand gespült werden, die bei Berührung hell aufleuchten. Im ersten Augenblick war ich euphorisiert von diesem schönen und seltenen Ereignis. Und dann hatte ich einen Nervenzusammenbruch, der mich für eine halbe Stunde heulen ließ wie ein Schlosshund. Ich hatte mich einfach nicht mehr im Griff. Das war zu viel. Es war die Bestätigung von allem, was ich bis dahin befürchtet hatte! *Sie war es,* doch uns trennten 20 Jahre – eine Grenze, die man selbst mit Millionen von Soldaten nicht überwinden konnte. Zumindest fühlte es sich für mich so an.

Ich brauchte vier Wochen, um eine folgenschwere Entscheidung zu treffen. Ich hatte mir über 20 Jahre lang einen guten Ruf als Seminarleiter und Coach erarbeitet. Ich kannte meine Zielgruppe. Viele dieser Menschen hatten hohe moralische Werte. Für sie wäre es ein Affront gewesen, wenn ich als Seminarleiter eine Beziehung mit einer so jungen Teilnehmerin eingehen würde. Die meisten würden dies als Missbrauch meiner Seminarleiterposition ansehen, denn Beziehungen zwischen Seminarleitern und Teilnehmern waren ohnehin verpönt. Es hätte daher für mich als selbstständigen Trainer das Aus bedeuten können.

Doch die Liebe zwischen uns war so unermesslich groß geworden, dass ich mich nach einem harten Kampf mit mir selbst für meine große Liebe und gegen meine Karriere entschied. Mir war es egal, ob ich danach unter einer Brücke würde schlafen müssen oder was auch sonst passieren würde. Hauptsache, wir waren zusammen.

Das war vor 15 Jahren, und ich habe diese wichtigste Entscheidung meines Lebens niemals bereut. Ich verlor glücklicherweise nur die Hälfte meiner Klienten und nicht alle. Ich konnte meinen Beruf daher weiter ausüben, was mich natürlich sehr glücklich machte. Aber ich hätte meine Entscheidung auch nicht bereut, wenn es anders gelaufen wäre. Es war die beste Entscheidung, die ich in meinem Leben je getroffen habe. Unsere Liebe besteht jetzt seit 15 Jahren und ist über die Jahre immer noch tiefer und stärker geworden. Das hätte ich früher nie für möglich gehalten!

Ja, ich glaube daran, dass es so etwas wie Seelenpartner oder Dualseelen gibt. Ich kann das natürlich wieder einmal nicht beweisen, aber für mich und meine Beziehung hat sich dieser Glaube in der Praxis als sehr positiv erwiesen. Aber das heißt nicht, dass die Beziehung mit einem Seelenpartner oder einer Dualseele einfach sein muss. Das ist sie für gewöhnlich ganz und gar nicht – insbesondere nicht mit einer Dualseele.

Unter einem Seelenpartner verstehen viele Menschen einen Partner, mit dem sie auch in sogenannten „früheren" Leben eine enge freundschaftliche, familiäre oder partnerschaftliche Beziehung geführt haben. Wir haben daher durchaus mehrere Seelenpartner. Eine Dualseele gibt es für uns jedoch normalerweise höchstens einmal. Die Bezeichnung Dualseele wird in der Spiritualität für eine Seele verwendet, die zwei Mal zur gleichen Zeit inkarniert. Zwar haben Dualseelen eine sehr ähnliche Seelenstruktur und damit auch Persönlichkeitsstruktur, aber sie sind im Detail komplett konträr. Und damit muss man erst einmal umgehen lernen! Schafft man es, diese Unterschiede als Ergänzung anzunehmen, erfährt man ein Gefühl nie dagewesener Ganzheit. Die meisten Dualseelen schaffen das jedoch leider nicht. Sie schlagen sich eher gegenseitig die Köpfe ein, weil sie viele Eigenschaften bei ihrem Partner nicht akzeptieren können. Viele erleben dann sogar eine Art Hassliebe, weil sie den anderen so gerne lieben würden, wenn er doch nur dieses und jenes ändern würde!

Nur ein kleiner Prozentsatz erlebt mit seiner Dualseele eine glückliche Beziehung. Der Rest trennt sich wieder und hat danach das Problem, sich nur sehr schwer wieder in einen anderen Menschen verlieben zu können. Die Gefühle für die Dualseele sind einfach deutlich stärker, als das normalerweise der Fall ist, sodass man danach jede weitere Beziehung emotional mit der Liebe zur Dualseele vergleicht.

Es ist daher nicht immer ein Glücksfall, wenn man seiner Dualseele begegnet! Den meisten Menschen fehlt einfach das erforderliche Beziehungs-Know-how, um eine Dualseelen-Verbindung auf die Reihe zu bekommen. Das kann man natürlich alles lernen, aber es ist nicht gerade wenig, was es da zu lernen gilt. Meine Partnerin und ich haben es glücklicherweise hinbekommen. Wir erleben eine Liebe, die ich mir früher immer gewünscht, aber nie tatsächlich für möglich gehalten hätte. Wir gehören damit zu den sehr seltenen glücklichen Dualseelen-Paaren.

Doch die Tiefe der Gefühle, die du mit einem geliebten Menschen erleben kannst, ist *nicht* davon abhängig, ob dieser Mensch nun deine Dualseele oder dein Seelenpartner ist oder nicht. Das ist nur am Anfang der Beziehung von Bedeutung, wenn man sich kennenlernt. Man kann die gleiche tiefe Liebe jedoch auch mit einem Nicht-Seelenpartner erfahren, wenn man weiß, wodurch Liebe tatsächlich entsteht. Leider wissen das die wenigsten Menschen. Die Liebe wird immer noch als Mysterium angesehen. Plötzlich ist sie da, als sei sie vom Himmel gefallen.

Liebe ist, wie bereits erläutert, eine Frage der *Wir-Identifikation*. Und die geschieht einfach nur sehr viel schneller als üblich, wenn wir auf einen Seelenpartner oder unsere Dualseele treffen. Wir erkennen intuitiv sofort die Zusammengehörigkeit auf Seelenebene. Und dieses Erkennen führt zu einer stärkeren und schnelleren Wir-Identifikation. Wie stark unsere Liebe jedoch dabei wird, hängt nicht vom Seelenpartner oder von der Dualseele ab, sondern letztendlich nur von unserer eigenen Wir-Identifikation. Das Erkennen der Zusammengehörigkeit ist also nur ein Katalysator für die Wir-Identifikation. Wer die Wir-Identifikation mit einem Partner, der nicht Seelenpartner oder Dualseele ist, auf gleichem Niveau zulässt, erfährt die gleiche tiefe und intensive Liebe. Und dabei ist die Beziehung sogar noch um ein Vielfaches einfacher!

Es hat daher nur einen einzigen Vorteil, wenn man einem Seelenpartner oder seiner Dualseele begegnet: Man erkennt die Zusammengehörigkeit schneller und erfährt dadurch leichter eine intuitive Wir-Identifikation. Dafür ist die Beziehung im Alltag dann jedoch umso schwieriger. Verfügt man über die erforderlichen Beziehungskompetenzen, ist alles sehr schick – verfügt man nicht darüber, kann es sehr, sehr hässlich werden!

Die Liebe ist mir persönlich das Wichtigste auf der Welt. Daher handelt wohl die Hälfte der 52 Seminare meiner Akademie direkt oder indirekt von der Liebe. Ich habe alles einfließen lassen, was man für eine glückliche Ausnahmebeziehung braucht, wie es sie auf dieser Welt nur sehr wenige gibt – und zwar unabhängig davon, ob man nun mit seiner Dualseele, einem Seelenpartner oder mit einer „neuen" Seele zusammen ist. Letztendlich geht es nur um die Liebe, und die kann jeder in der höchsten Intensität erfahren, sofern er das mit der Wir-Identifikation hinbekommt. Und das ist nicht wirklich schwierig, sondern einfach nur eine Fleißarbeit, die einem jedoch leider niemand abnehmen kann.

Was dafür sehr wichtig ist, ist Ehrlichkeit mit sich selbst – mit anderen Worten, dass man sich selbst nichts vormacht. *Die Matrix ist ein Spiegel unseres Selbst.* Diese Metapher kennst du ja bereits. Es ist wie besprochen eine Halbwahrheit – das heißt, diese Metapher hat eindeutig wahre Inhalte, denn die Matrix spiegelt immer genau das wider, was wir in uns tragen. Dieser Spiegel der Matrix ist unbestechlich, unbeirrbar, nicht manipulierbar, absolut ehrlich und wertfrei. Er spiegelt einfach immer alles eins zu eins wider, was wir sind – nicht mehr und nicht weniger.

Wenn ich 180 Kilo wiege und mich vor den Spiegel der Matrix stelle, dann kann ich nicht erwarten, dort einen schlanken Menschen zu sehen. Ich sehe, was ich wirklich bin. Es nützt auch nichts, wenn ich den Spiegel anflehe, mir doch einen schlanken Körper zu geben. Das ist einfach nicht seine Funktion. Ein Spiegel spiegelt einfach nur. Er lügt nicht, beschönigt nichts und lässt auch nichts Unangenehmes weg. Er spiegelt einfach vollständig und präzise wider, was ich bin. Wenn ich also tatsächlich abnehmen will, dann hat es wenig Sinn, mein Spiegelbild verändern zu wollen oder den Spiegel darum zu bitten, mich zu verändern. Das kann ich nur selbst tun. Der Spiegel wird mir immer nur meine Wahrheit zeigen.

Und genau das ist der springende Punkt: Die Matrix ist einfach nur ein Spiegel der Energien, die wir in uns tragen! Wenn man das nicht weiß, dann versucht man unentwegt, sein Spiegelbild zu verändern, und erntet logischerweise nur Misserfolge. Daher gibt es hier keine Tricks und keine Rituale, mit denen man sich tatsächlich eine unfassbar glückliche Beziehung zaubern kann. Es bringt nichts, sich den Traumpartner zu visualisieren, ihn zu „bestellen" oder mit welchen Methoden auch immer manifestieren zu wollen. Damit manifestiert man sich bestenfalls Begegnungen, die den *Anschein* erwecken, den oder die Richtige(n) gefunden zu haben. Dass es bei mir und meiner Partnerin geklappt hat, war eine Folge davon, dass wir fast alle Muster, die in Bezug auf die Liebe relevant sind, bereits bearbeitet hatten. Sonst hätten wir uns maximal unsere Begegnung manifestiert, aber keine glückliche Beziehung. Denn der Spiegel der Matrix zeigt uns immer nur exakt die Energien, die wir tatsächlich in uns tragen.

Wie innen, so außen, sagt man dazu in der Hermetik! Auch das ist ja nur zur Hälfte wahr, aber hier stimmt es. Will man sich also eine bemerkenswert glückliche Ausnahmebeziehung manifestieren, wie es auf dieser Erde nur sehr wenige gibt, dann kann man das tatsächlich tun, indem man diese helle, leichte, weite und Kraft spendende Energie der Liebe von allen düsteren, schweren, einengenden und Kraft raubenden Energien befreit. Genau so habe ich das getan, und es hat einen unfassbaren Erfolg nach sich gezogen. Und genau so läuft es auch in meiner Akademie bei meinen Teilnehmern. Wer seine Liebe von allen negativen Energien befreit, erlebt die reine Liebe auch in seiner Partnerschaft. Glück in der Liebe ist daher wirklich keine Glückssache mehr. Es ist eine Frage der Bereitschaft, sich selbst systematisch zur Liebe zu verändern.

Viele spirituelle Menschen betrachten es als eine Notwendigkeit, den Seelenpartner oder die Dualseele finden zu *müssen*. Diese unechte Notwendigkeit ist eine sehr einengende Energie, die unserer Liebe mächtig im Weg stehen kann. Aber man kann sich sehr leicht von dieser negativen Energie befreien. Ein begründeter Zweifel genügt!

Die Liebe zwischen Dualseelen oder Seelenpartnern ist unbestritten etwas ganz Besonderes, doch das Besondere besteht wie gesagt hauptsächlich darin, dass man die Seelenzusammengehörigkeit sofort erkennt und dadurch sehr viel schneller eine starke Wir-Identifikation entsteht. Wenn wir einem Seelenpartner oder unserer Dualseele begegnen, können wir uns kaum gegen die Liebe wehren. Da haut es uns sämtliche Sicherungen raus!

Das mit den Sicherungen meine ich durchaus wörtlich. Normalerweise sind wir aufgrund von emotionalen Verletzungen in der Vergangenheit erst einmal *vorsichtig*, wenn wir einem potenziellen Partner begegnen. Das heißt, auch wenn dieser Mensch uns auf Anhieb total gut gefällt, gehen wir trotzdem nicht sofort eine Wir-Identifikation ein! Wir lassen diesen Menschen mit anderen Worten nicht ohne jegliche Sicherheitsmaßnahme an uns heran und damit unsere Gefühle auch nicht in voller Intensität zu.

Das ist der *Normalfall*. Wir sind vorsichtig und dosieren unsere Wir-Identifikation, bis wir sicher sind, dass wir uns auf diese Beziehung wirklich einlassen können und wollen. Erst dann lassen wir die Liebe in ihrer kompletten Intensität zu. So läuft das zumindest bei den meisten Menschen. Manche sind hier ihren Gefühlen jedoch komplett ausgeliefert! Ihre Gefühlsregulation funktioniert nicht gut genug, um die starken Gefühle auf Abstand zu halten. Das heißt, wenn diese Menschen jemanden sehen, in den sie sich verlieben könnten, dann passiert dies auch unweigerlich – und zwar ohne Rettungsseil oder Sicherheitsnetz! Manchen passiert es auch dann, wenn sie bereits in einer glücklichen Partnerbeziehung sind, was natürlich für alle Seiten problematisch ist. Doch sie können nichts dagegen tun, weil ihnen die Fähigkeit oder der Wille zur Gefühlsregulation fehlt.

Und genau das Gleiche passiert, wenn wir unserer Dualseele oder einem Seelenpartner begegnen. Die übliche Gefühlsregulation funktioniert nicht mehr, weil wir auf einer tiefen, unbewussten Ebene unsere Zusammengehörigkeit sofort erkennen. Wir sind also sofort in einer Seelen-Wir-Identifikation, und die Gefühle übermannen uns. Die meisten Menschen schließen aus diesen starken Gefühlen dann, dass sie mit diesem Menschen eine Beziehung eingehen *müssen*. Hauptargument: Solch eine starke Liebe gibt es kein zweites Mal. *Und das ist das Missverständnis!*

Es gibt unendlich viele Möglichkeiten, in der gleichen Intensität zu lieben. Die Stärke unserer Liebe hängt *ausschließlich* davon ab, wie sehr wir uns auf eine Wir-Identifikation einlassen. Wie nahe lassen wir also einen Menschen an uns heran? Bei einer Dualseele spürt man sofort, dass man *eins* ist! Näher als Einssein geht natürlich nicht! Doch wir können dieses Einssein mit jedem Menschen, jedem Tier, jeder Pflanze, jedem Stein und jedem Stern erkennen! Denn wir sind ja eins mit allem, was ist!

In Wirklichkeit liegt es daher nicht an der Dualseele oder dem Seelenpartner, dass wir diese übermenschliche Liebe empfinden. Es liegt nur an unserer Fähigkeit, die Wir-Identifikation zuzulassen und uns als eins wahrzunehmen. Und diese Fähigkeit können wir bei *jedem* Menschen nutzen – theoretisch! In der Praxis haben wir dabei viele Blockaden aus dem Weg zu räumen, damit unsere Liebe so frei fließen kann. Werden diese Blockaden jedoch aufgelöst, können wir für alle Menschen die gleiche starke Liebe empfinden wie für unsere Dualseele. Wir können dann allumfassend lieben.

Auch hier spreche ich aus der Praxis, denn einige meiner Akademie-Teilnehmer lösen mit der Zeit tatsächlich alle Blockaden auf und erreichen diese allumfassende Liebe. Doch so weit wollen die meisten Menschen gar nicht gehen. Ihnen genügt es, wenn sie das Einssein mit ihrem Partner erfahren. Und das ist gar nicht so schwierig! Der erste Schritt dazu beginnt bei der Partnerwahl, weshalb wir uns im nächsten Kapitel einmal etwas tiefgründiger damit auseinandersetzen werden. Es gibt nämlich sehr bedeutende unbewusste Mechanismen, die unsere Partnerwahl bestimmen. Sie zu kennen, kann vieles sehr erleichtern.

Aber bevor wir zum Thema Partnerwahl kommen, sollten wir erst einmal einen begründeten Zweifel an der Halbwahrheit schaffen, den eigenen Seelenpartner oder die eigene Dualseele finden zu *müssen*. Hier noch einmal die drei Fragen:

1. Kann ich wirklich definitiv wissen, dass meine alte Sichtweise wahr ist?
2. Warum kann ich das nicht definitiv wissen?
3. Was spricht dafür, dass es auch anders sein könnte?

Halbwahrheit Nr. 37: Wenn du den Partner fürs Leben finden willst, solltest du genau wissen, wonach du eigentlich suchst

Diese Halbwahrheit hört sich wieder einmal völlig logisch an, doch Logik ist, wie ich in diesem Buch schon mehrmals erläutert habe, ganz und gar nicht dasselbe wie Wahrheit! Schauen wir uns das wieder einmal ein wenig genauer an.

Stell dir dazu bitte einmal vor, ein Freund würde dich bitten, ihm etwas ganz Bestimmtes aus dem Baumarkt mitzubringen. Und das ist rot, rund und hart. Mehr sagt er jedoch nicht. Was meinst du, wie groß deine Chancen sind, dass du ihm tatsächlich das Richtige mitbringst? Nicht sehr groß, oder? Da gibt es sicherlich Hunderte von Gegenständen im Baumarkt, die rot, rund und hart sind. Das müsste man schon sehr viel genauer definieren. Doch diese genaue Definition, die im Baumarkt bestens funktionieren würde, um *das Richtige* zu finden, funktioniert überhaupt nicht, um *den Richtigen* oder *die Richtige* zu finden. Im Gegenteil! Diese genaue Definition *verhindert* sogar, dass du den richtigen Partner fürs Leben finden kannst!

Als ich ungefähr 13 war und anfing, mir Stress damit zu machen, ob ich jemals eine Freundin finden würde, die mich wirklich liebte, stellte mir meine Mutter eine Frage, die mein zukünftiges Leben grundlegend verändern sollte: „Was glaubst du? Gibt es mehr Mädchen auf der Welt, die einen guten Geschmack haben, oder mehr mit schlechtem Geschmack?" Ich überlegte kurz und kam zu dem Schluss, dass es vermutlich mehr Mädchen mit schlechtem Geschmack gab. So sah es zumindest in meinem persönlichen Umfeld aus. Meine Mutter lächelte daraufhin und meinte: „Siehst du – da ist bestimmt auch eine für dich dabei!" ☺

Eigentlich sollte diese Aussage meiner Mutter nur ein Scherz sein, doch irgendwie spürte ich, dass in ihr sehr viel Wahrheit verborgen lag. Zwei Jahrzehnte später fand ich dann tatsächlich eine wissenschaftliche Bestätigung für die Aussage meiner Mutter: In einer großen Sozialstudie, die mit 400 Paaren durchgeführt wurde, ging es um die Frage, was einen Menschen für einen anderen attraktiv macht – und zwar nicht nur für ein paar Wochen, sondern für viele lange Jahre. Die 400 Paare, die an dieser Studie teilnahmen, waren allesamt schon seit mehreren Jahren zusammen und gaben mit Überzeugung an, ihren Partner fürs Leben gefunden zu haben.

Die Sozialwissenschaftler wollten bei dieser Studie folgender Frage nachgehen: *Hatten diese Leute einfach nur Glück gehabt, oder waren sie bei ihrer Partnerwahl – zufällig oder wissentlich – genau richtig vorgegangen?* Um das herauszufinden, schickte man die 400 Paare in ein Ehevermittlungsinstitut und ließ sie einzeln eines der üblichen Videos aufnehmen, mit denen sich normalerweise Singles vorstellen. Als alle Videos aufgenommen waren, bekamen die Teilnehmer der Studie den Auftrag, die Videos der gegengeschlechtlichen Teilnehmer anzuschauen und deren Gesamtattraktivität in Bezug auf eine feste Partnerschaft auf einer Punkteskala von 1 bis 10 zu bewerten – wobei 10 die höchste und 1 die niedrigste Punktzahl war. Wohlgemerkt ging es bei dieser Bewertung nicht oberflächlich ums Aussehen, sondern um die Frage, wer sie am meisten interessieren würde, wenn sie auf der Suche nach einem Partner fürs Leben wären.

Das Erste, was den Wissenschaftlern bei ihrer Auswertung der Ergebnisse auffiel, war, dass jeder der Teilnehmer etwa gleich viele ernsthafte Interessenten hatte. Damit hatte man nicht gerechnet. Als Nächstes erkannten sie, dass Personen, die von der Mehrzahl der Teilnehmer mit beispielsweise einer 7 eingestuft wurden, allen anderen Siebenern die höchste Punktzahl gaben. Das heißt: Siebener waren für andere Siebener am attraktivsten, Fünfer für Fünfer und Dreier für Dreier usw.

Nach diesem für die Wissenschaftler überraschenden Ergebnis interviewten sie die Teilnehmer zu ihren Bewertungskriterien. Man wollte verstehen, wieso alle denjenigen Teilnehmern mit der gleichen durchschnittlichen Bewertung eine 9 oder 10 gaben. Das konnte ja kein Zufall sein – offensichtlich steckte ein System dahinter. Nachdem diese Interviews ausgewertet waren, offenbarte sich der Unterschied zu den Singles, die große Schwierigkeiten hatten, den richtigen Partner fürs Leben zu finden. Die Teilnehmer an dieser Studie, die allesamt in einer langjährigen, glücklichen Beziehung lebten, wählten ihren Partner nämlich nach völlig anderen Kriterien aus. Sie schauten darauf, mit wem sie am besten *harmonierten*. Sie gaben denjenigen Teilnehmern die höchsten Punktzahlen, die ihnen in ihrem Charakter ähnlich waren. Weiterhin bewerteten sie gemeinsame Lebensziele und Interessen sehr hoch. Gemeinsame Wertvorstellungen und Prinzipien waren ebenfalls wichtig, ebenso wie gemeinsame Stärken und Fähigkeiten sowie die Übereinstimmung in puncto Geschmack, was Musik, Kleidung oder Wohnungseinrichtung betraf. Und sogar gemeinsame Probleme und Schwächen schienen die meisten von ihnen anzusprechen. Offensichtlich bewahrheitete sich hier sehr deutlich das Sprichwort „Gleich und Gleich gesellt sich gern".

Neben allen diesen Gemeinsamkeiten spielten auch *Ergänzungen* eine wesentliche Rolle. Wo sich beispielsweise die Stärken und Schwächen gegenseitig ergänzten, zeigten beide Seiten ein großes Interesse aneinander. Zusätzlich zu den Gemeinsamkeiten und Ergänzungen schauten die Teilnehmer auf einige wichtige Anforderungskriterien, die ihnen in Bezug auf eine langjährige Partnerschaft wichtig erschienen. So waren den meisten Paaren zum Beispiel Treue, Vertrauen und Offenheit in einer Partnerschaft sehr wichtig.

Darüber hinaus jedoch war der Anforderungskatalog an einen Partner verblüffend klein – ganz im Gegensatz zu den Singles, die bei ihrer Partnerwahl kein so glückliches Händchen hatten und meistens an den Falschen gerieten. Hier zeigten sich gravierende Unterschiede zu den glücklichen Paaren.

Zum einen schienen die Gemeinsamkeiten und Ergänzungen diesen Menschen nicht so wichtig zu sein, zum anderen hatten sie einen erheblich längeren Anforderungskatalog. So hielten es beispielsweise viele für attraktiv, wenn ein Mensch einen akademischen Titel hatte oder wenn er viel Geld verdiente. Auch war ihnen das Aussehen oder die Sportlichkeit über alle Maßen wichtig, genauso wie der Beruf oder der gesellschaftliche Status. Viele wollten jemanden zum Vorzeigen haben. Diese Kriterien machen es einem schwer, den richtigen Partner fürs Leben zu finden.

Schauen wir uns den Grund dafür einmal anhand eines ganz anderen Beispiels an: Wie viel Geld brauchst du zum Beispiel im Monat, um deinen Lebensstandard aufrechtzuerhalten, wenn du alles zusammenrechnest – Wohnen, Essen, Auto, Versicherungen, Hobbys? Wenn du das spontan nicht beantworten kannst, dann herzlichen Glückwunsch – offensichtlich geht es dir finanziell ziemlich gut. Aber was wäre, wenn du plötzlich weniger Geld hättest? Wäre das gut oder schlecht? Je weniger, desto schlechter, oder? Wenn du im Monat 3000 Euro brauchst, um deinen Lebensstandard aufrechtzuerhalten, dann sind 2500 einfach zu wenig.

Deine Beurteilung deiner finanziellen Umstände ist also von deinen *Anforderungen* abhängig. Deine Anforderungen – in unserem Beispiel die 3000 Euro monatlich – bestimmen also, ob du etwas als in Ordnung, gut oder schlecht ansiehst. Hast du mehr, als du brauchst, ist das natürlich gut. Hast du weniger, ist es schlecht. Und wenn du genau das hast, was du brauchst, dann ist es in Ordnung – mit anderen Worten weder gut noch schlecht, sondern neutral. Und genau hier liegt der Grund, warum sich die Menschen mit zu detaillierten Vorstellungen von einem Partner selbst im Weg stehen. *Solche Vorstellungen werden nämlich schnell unabsichtlich zu Anforderungen!*

Du überlegst dir also genau, was du dir bei deinem zukünftigen Partner *wünschst* – wie er aussehen soll, seinen Charakter, seine Hobbys, seinen Beruf usw. Vermutlich bist du in dieses Fettnäpfchen genau wie ich auch schon einmal hineingetappt – dann weißt du aus Erfahrung, wovon ich hier spreche. Viele dieser Partnerwünsche werden also automatisch und unbeabsichtigt nach einer gewissen Zeit zu Anforderungen. Das heißt, diese Wünsche bestimmen dann, wie du potenzielle Partner beurteilst. Wirklich toll finden kannst du sie dann dummerweise nur, wenn sie *besser* sind als deine Anforderungen. In

Ordnung sind sie, wenn sie deine Anforderungen erfüllen, und nicht gut genug, wenn sie darunter liegen.

Die meisten Menschen, die sich intensive Gedanken um ihre Partnerwünsche machen, setzen ihre Anforderungen nach und nach immer höher und höher. Man will ja schließlich den Richtigen finden! Und der Richtige ist natürlich etwas ganz Besonderes, denn letztendlich will man für den Rest seines Lebens mit diesem Menschen glücklich sein. Deshalb muss man natürlich nach jemand ganz, ganz Tollem suchen.

Diese Denkweise zieht zwei kapitale Probleme nach sich, weshalb man dann auch keinen passenden Partner finden kann. Zum einen kann man froh sein, wenn man überhaupt einen Menschen findet, der diese hohen Anforderungen erfüllen kann. Und hat man ihn dann doch gefunden, löst das noch nicht einmal so richtig tolle Gefühle aus, denn wenn wir eine Anforderung als erfüllt betrachten, dann ist das ja bestenfalls gerade mal *in Ordnung* und damit neutral. Wirklich tolle Gefühle können dann nur noch Menschen auslösen, die noch viel toller sind als unsere Anforderungen. Und die gibt es für viele Menschen aufgrund ihrer hohen Anforderungen einfach gar nicht mehr.

Doch das war wie gesagt nur das eine Problem, das eine glückliche Partnerschaft verhindert. Das zweite Problem besteht darin, dass es uns überhaupt nichts nützt, wenn wir einen Partner finden, den wir toll finden. Genauer gesagt nützt es uns langfristig nichts. Kurzfristig fangen wir natürlich an, uns für diesen Menschen, den wir so toll finden, immer mehr zu interessieren. Unter Umständen entsteht auch Verliebtheit, denn Verliebtheit ist ja, wie bereits erläutert, keine echte Liebe, sondern nur eine Mischung von Lock-, Belohnungs- und Vermeidungsgefühlen. Wirkliche Liebe ist hingegen ein Zusammengehörigkeitsgefühl und entsteht in einem ganz anderen neuronalen System in unserem Gehirn als die anderen drei Gefühlskategorien – eben durch die besagte Wir-Identifikation.

Die positive Beurteilung eines Partners kann diese Wir-Identifikation natürlich *fördern*, weil wir uns lieber mit tollen Menschen identifizieren, aber sie kann keine Wir-Identifikation *erzwingen*. Und so passiert es sehr häufig, dass wir jemanden *eigentlich* toll finden, aber unser Herz trotzdem nicht erwärmt wird. Wir würden diesen Menschen dann vielleicht sogar sehr gerne lieben, aber es passiert nicht – und zwar deshalb nicht, weil wir dann doch keine Wir-Identifikation annehmen.

Möglicherweise hat dieser *tolle* Mensch einfach zu wenige Gemeinsamkeiten mit uns. Das Erkennen von Gemeinsamkeiten geht nämlich dem Erkennen von Zusammengehörigkeit in der Regel voraus. Ausnahme ist die *Liebe auf den ersten Blick*, bei der man von dem anderen im ersten Moment noch gar nichts weiß. Man erkennt die Zusammengehörigkeit dann aus einem anderen Grund. Allerdings wird häufig auch spontane Verliebtheit aufgrund erfüllter Anforderungen mit „Liebe auf den ersten Blick" verwechselt.

Bei der Partnerwahl geht es also darum, einen Menschen zu finden, mit dem sich eine Wir-Identifikation entwickelt. Nur dann entsteht auch Liebe. Aber die Partnerwünsche helfen uns dabei nicht weiter – im Gegenteil! Sie stehen dem Erkennen der Wir-Identifikation mächtig im Weg. Denn damit diese Wir-Identifikation entsteht, müsste der potenzielle Partner wie gesagt sogar noch toller sein, als wir es uns gewünscht haben. Denn nur dann könnten wir ihn als wirklich toll und nicht nur als in Ordnung empfinden. Und nur wenn wir ihn richtig toll finden, wären wir geneigt, eine Wir-Identifikation überhaupt zuzulassen. Sind unsere Anforderungen an einen Partner also zu hoch, dann wird das gar nicht passieren. Denn dann finden wir niemanden, mit dem wir ein partnerschaftliches *Wir* bilden wollen.

Die Wir-Identifikation ist der tatsächliche Urgrund der Liebe. Dass wir jemanden toll finden, kann die Wir-Identifikation erleichtern, aber trotzdem nicht erzwingen, denn es ist ein eigenständiger Prozess in unserem Gehirn. Leider können zu hohe Anforderungen jedoch sehr häufig eine Wir-Identifikation verhindern, die sich ohne diese Anforderungen auf ganz natürlichem Wege von selbst eingestellt hätte. Der einzige Weg, dann wirklich noch die Liebe fürs Leben zu finden, besteht darin, einem Seelenpartner zu begegnen, bei dem man die Zusammengehörigkeit trotzdem erkennt – selbst dann noch, wenn überhaupt keine der Anforderungen erfüllt werden, die man sich in Bezug auf den Richtigen ausgedacht hat.

Wie ich bereits erläutert habe, ist es letztendlich für unser Beziehungsglück egal, ob wir die Wir-Identifikation mit einem Seelenpartner eingehen oder mit einem anderen Menschen. Es ist daher sinnvoll, die Fähigkeiten zur Wir-Identifikation weiter auszubauen. Und der erste und einfachste Schritt dazu besteht darin, all seine Partnerwünsche komplett über Bord zu werfen und stattdessen das eigene Herz einfach einmal machen zu lassen. Du musst also nichts Kompliziertes tun, um der Liebe eine Chance zu geben. Du brauchst stattdessen einfach nur etwas wegzulassen, das ohnehin keinen Sinn hatte und dir nur Nachteile eingebracht hat.

Hier noch einmal die drei Fragen, mit denen du deinen begründeten Zweifel an der Halbwahrheit erzeugen kannst, dass du dir ganz genau überlegen musst, wie die Liebe deines Lebens aussehen und sein soll:

1. Kann ich wirklich definitiv wissen, dass meine alte Sichtweise wahr ist?
2. Warum kann ich das nicht definitiv wissen?
3. Was spricht dafür, dass es auch anders sein könnte?

Halbwahrheit Nr. 38: Das ist keine echte Liebe

Viele spirituelle Menschen haben gelernt, dass die Liebe nichts, aber auch gar nichts bewertet. Dass die Liebe vollkommen bedingungslos ist, dass sie niemals einschränkt und niemals verletzt, keine Besitzansprüche hat und völlig frei von jeglichem Egoismus ist. Wahre Liebe beinhaltet weder Angst noch Verbote oder Verpflichtungen und schon gar keine Abhängigkeit, Machtlosigkeit, Sinnlosigkeit, Notwendigkeit, Eifersucht, Mangel usw. Wenn eines dieser schlechten Gefühle gleichzeitig zur Liebe empfunden wird, dann ist das nach Ansicht vieler Menschen ein untrügliches Zeichen dafür, dass es keine echte Liebe sein kann. Denn reine Liebe müsse völlig frei von negativen Gefühlen sein. Die meisten Menschen seien daher gar nicht in der Lage, tatsächlich zu lieben!

So heißt es in der spirituellen Literatur vielfach! Und das ist eine der übelsten Halbwahrheiten, die es überhaupt gibt. Millionen von Menschen glauben deshalb von sich selbst, dass sie gar nicht richtig lieben könnten, und sind sehr, sehr unglücklich darüber.

Schauen wir uns das wieder einmal bei unserem lieben *Ernst* an. Ernst hat diesen Unsinn also irgendwo aufgeschnappt und macht wie immer Nägel mit Köpfen damit. Als Erstes verlässt er schon einmal seine Frau, denn ihm wird sofort bewusst, dass er in den letzten 30 Jahren mit der falschen Frau zusammen war. Er liebt sie ja gar nicht richtig, denn wenn er mit ihr zusammen ist, dann gibt es sehr wohl auch mal andere Gefühle als nur die reine Liebe. Und auch seine Frau liebt ihn offensichtlich nicht richtig, denn sie hat auch schon mal Dinge gesagt oder getan, die Ernst emotional verletzt haben. Und das hätte die echte Liebe ja angeblich niemals getan, denn die Liebe verletzt nicht!

Ernst verlässt also erst einmal seine Frau, was tatsächlich in der Praxis sehr viele Menschen tun, nachdem sie diesen Unsinn über die Liebe gelernt haben. Dann schaut sich Ernst nach einer anderen Partnerin um und stellt schnell fest, dass er bei *keiner* Frau reine Liebe empfindet. Immer sind auch andere, „niedrig schwingende“ Gefühle dabei. Und dann ist es ja keine echte Liebe! Daher kommt Ernst schnell auf die Idee, dass er gar nicht wirklich lieben kann. Offensichtlich muss er das erst noch lernen. Also macht er sich auf den Weg. Schnell wird klar, dass die einzigen Menschen, die tatsächlich und wahrhaftig lieben können, die sogenannten *Erleuchteten* sind. Er findet auch in den sozialen Medien sehr viele, die dies bestätigen und angeben, dass sie erst seit ihrer Erleuchtung tatsächlich in der Lage seien, wahrhaft zu lieben. Alles, was sie vorher empfunden hätten, sei nur unechte Liebe gewesen. Jetzt seien sie hundert Mal glücklicher als zuvor.

Wenn du dich in den sozialen Medien ein wenig umschaust und diese Menschen einmal ein weniger genauer unter die Lupe nimmst, dann erkennst du sehr schnell, dass sie entweder sich selbst etwas vormachen oder allen anderen. Die scheinbaren Bestätigungen dieser Menschen, dass man nur dann wirklich lieben könne, wenn man die Erleuchtung erlangt und sein Ego besiegt habe, sind also wenig bis gar nichts wert. Aber unser lieber Ernst nimmt diese Berichte von scheinbar erleuchteten Menschen natürlich wieder einmal komplett *ernst*. Also begibt er sich auf die Suche nach der Erleuchtung. Und das tut er sicherlich auch heute noch! ☺

Ich hatte unzählige Teilnehmer in meinen Seminaren, die sich diesen Schuh für viele Jahre oder sogar Jahrzehnte angezogen haben. Sie waren entweder davon überzeugt, dass sie noch nicht richtig lieben könnten, und gingen deshalb erst gar keine Partnerschaft ein, oder sie machten sich selbst etwas vor und taten so, als könnten sie bereits völlig bedingungslos lieben. Viele von ihnen gingen dann eine Beziehung mit einem Partner ein, der auf dem gleichen spirituellen Pfad wandelte. Und da die echte Liebe ja völlig frei von jeglicher Verantwortung, Verpflichtung oder Besitzansprüchen ist, lebten sie eine offene Beziehung, in der jeder ohne jegliche Einschränkung machen konnte, was er wollte. Dagegen wäre grundsätzlich auch gar nichts einzuwenden. Doch in Wirklichkeit wollten viele dieser Menschen gar keine offene Beziehung. Sie wollten eine normale, romantische, monogame Partnerbeziehung, in der sie das Allerwichtigste für ihren Partner wären. Dieses Motiv mussten sie jedoch verleugnen oder bekämpfen, denn es stammte ja eindeutig aus dem Ego. Und das Ego kann ja bekanntlich nicht lieben!

Viele dieser Menschen sind schier zerbrochen an dieser *Selbstvergewaltigung*. Und das zog sich wie ein nie enden wollendes Leid über sehr viele Jahre hin. Bei einigen musste dann zuerst ein echter Zusammenbruch stattfinden, damit sie von dieser bescheuerten Halbwahrheit loslassen konnten. Nicht wenige Menschen haben sich sogar genau deswegen das Leben genommen, weil sie einfach keinen Sinn mehr im Leben sahen.

Diese Halbwahrheit zerstört also Menschen! Einige wenige polieren dabei ihr Selbstwertgefühl auf, weil sie einigermaßen erfolgreich anderen Menschen vormachen können, dass sie diese reine Liebe bereits erreicht hätten. Wenn man genau hinschaut, erkennt man jedoch genau bei diesen Menschen die egoistischen Motive im Hintergrund – also bei genau den Menschen, die behaupten, ihr Ego im Griff oder es sogar vollständig aufgelöst zu haben. In Wirklichkeit zerstören diese Leute jedoch das Leben anderer Menschen, die sich auf eine Partnerbeziehung mit ihnen einlassen. Und wenn sich der Partner dann beschwert, weil er sich betrogen, gedemütigt oder anderweitig emotional verletzt fühlt, dann machen sie ihm klar, dass diese Gefühle nur aus dem Ego kämen und sie diese Bewertung doch einfach mal lassen sollten!

Eine glückliche Partnerbeziehung mit solch einem Egomanen, der behauptet, kein Ego mehr zu haben, ist völlig unmöglich. Diese Menschen sind einfach überhaupt nicht mehr beziehungsfähig. Für sie gibt es immer nur einen Grund, warum es Beziehungsprobleme oder Leid in der Beziehung gibt – nämlich weil ihr Partner immer noch aus dem Ego heraus handelt! Sie selbst trifft natürlich keinerlei Schuld, denn sie leben ja die echte, reine Liebe. Und reine Liebe erzeugt ja bekanntlich kein Leid. Wenn Leid erzeugt wird, dann ist es immer das Ego. Und da sie selbst keines mehr haben, kann nur das Ego ihres Partners dafür verantwortlich sein. So einfach ist das!

So viel zu den Nachteilen dieser Halbwahrheit. Kommen wir jetzt zu unserem begründeten Zweifel, damit du davon loslassen kannst oder sichergestellt ist, dass du niemals in dieses esoterische Fettnäpfchen treten wirst.

Das Erste, was bei dieser Halbwahrheit ersichtlich wird, ist, dass hier ganz kräftig *beurteilt* wird – also genau das, was diese Menschen ja gerade behaupten nicht zu tun. Nur die spirituelle Liebe ist gut, und wenn dann neben der Liebe noch andere Emotionen empfunden werden, dann ist das nicht nur schlecht, dann ist es noch nicht einmal mehr Liebe. Natürlich ist das eine Beurteilung. Aber die Liebe beurteilt doch angeblich gar nicht!?

Und das stimmt sogar: Die Liebe beurteilt tatsächlich nicht! Denn die Liebe ist kein eigenständiges Lebewesen, das über einen eigenen Willen und einen eigenen Geist verfügt. Daher kann die Liebe selbst gar nicht beurteilen. Hier wird also wieder einmal *personifiziert*. Schnell entsteht aus der Liebe damit ein Fantasie-Wesen. Und dann werden von dieser Fantasie alle möglichen logischen Ableitungen gemacht, die bestimmen, was die Liebe angeblich alles tut und was sie nicht tut. Das hört sich dann alles wieder einmal völlig logisch an, ist aber dennoch *Esoblödquatsch allererster Güte*. Und zwar einer von der schädlichsten Sorte, wie wir eben gesehen haben, denn diese Denkweise kann Leben zerstören.

Weiterhin wird immer behauptet, es gebe eine spirituelle Liebe, die weit über alles hinausgehe, was es an irdischer Liebe gebe. Das ist jedoch wieder einmal nur zur Hälfte richtig. Die Erfahrung reiner Liebe ist in der Tat möglich. Ich bin wie viele Teilnehmer meiner Akademie in der Lage, diese reine, spirituelle Liebe zu empfinden. Diese Erfahrung ist fester Bestandteil meines 21-Tage-Prozesses, den ich in meiner Akademie anbiete. Genauer gesagt geht es dabei um einen Prozess, der in der Praxis gerade einmal 30 Minuten benötigt! Diese Zeitspanne genügt bereits für die meisten Menschen, wenn sie wissen, wie sie es anstellen können, auf direktem Wege in den Zustand der reinen Liebe zu kommen. Für eine halbe Stunde *ist* man dann die Liebe in Person. Das heißt, man empfindet keine Liebe für irgendeinen Menschen, auch nicht für sich selbst, denn es gibt dann kein *Ich* und kein *Du* mehr. In diesem Zustand ist man die Liebe selbst. Man ist unendlich und liebt ohne jegliche Grenzen.

Diese Erfahrung gemacht zu haben, ist sehr wertvoll, denn dann weiß man, was Liebe tatsächlich ist. Man weiß dann aber auch, dass man *genau diese Liebe* auch im Alltag hat! Es gibt nämlich keine verschiedenen Formen von Liebe. *Liebe ist einfach immer nur Liebe.* Der angebliche Unterschied kommt immer nur dadurch zustande, dass die Liebe noch mit anderen Gefühlen gekoppelt ist, die wir aus irgendwelchen Gründen gleichzeitig empfinden. Wir haben wie gesagt vier emotionale Systeme in unserem Gehirn, die alle gleichzeitig aktiv sein können (Belohnungsgefühle, Lockgefühle, Zusammengehörigkeitsgefühle und Vermeidungsgefühle). So können wir zum Beispiel Liebe empfinden und gleichzeitig Angst haben, unseren Partner zu verlieren. Wir können in unserer Beziehung etwas als nicht in Ordnung ansehen und unseren Partner dennoch über alles lieben. Wir können sexuelles Verlangen gegenüber einem anderen Menschen empfinden und trotzdem gleichzeitig unseren Partner lieben. Wir können auch Liebe und Mangel oder Liebe und Machtlosigkeit gleichzeitig empfinden.

Das alles ist jederzeit möglich und kein Grund, die eigene Liebe oder die des Partners deshalb völlig infrage zu stellen. Genauer gesagt ist es sogar der Normalzustand, dass wir nicht nur ein einziges Gefühl empfinden, sondern immer einen *Gefühlscocktail*. Bei allen anderen Gefühlen scheint das auch niemanden zu stören, aber wenn es dann um die Liebe geht, dann soll es plötzlich ein Zeichen dafür sein, dass wir in Wirklichkeit gar keine *echte* Liebe empfinden. Das ist Quatsch mit Soße!

Ich kann es mir nur auf eine einzige Art und Weise erklären, dass so viele Esoteriker diesen Unsinn so hartnäckig postulieren: Sie haben in Wirklichkeit nie erfahren, was Liebe tatsächlich ist, auch wenn sie das allen weismachen wollen. Wer die reine Liebe tatsächlich schon einmal erfahren hat, der erkennt sie in jedem Moment seines Lebens. Sie ist *neben* den anderen Gefühlen, die wir in unserem Alltag empfinden, allgegenwärtig. Und dann spürt man sofort, dass es exakt die gleiche Liebe ist. Es gibt daher nur einen einzigen Unterschied zwischen der hoch gepriesenen „spirituellen“ Liebe und der „weltlichen“ partnerschaftlichen Liebe – nämlich die Kopplungen mit anderen Emotionen, die wir gleichzeitig fühlen.

Es ist erst wenige Jahre her, dass Forscher das sogenannte *Emotionalgedächtnis* im limbischen System entdeckten. Dieser Name ist ein wenig irreführend, denn im Emotionalgedächtnis werden eigentlich gar keine Erinnerungen gespeichert, sondern lediglich emotionale Kopplungen. Wie sich zeigte, haben diese emotionalen Kopplungen jedoch einen sehr viel größeren Einfluss auf unsere Liebe und unsere Partnerwahl als unser bewusstes oder unbewusstes Denken, weshalb wir uns das einmal ein wenig genauer anschauen sollten. Denn es erklärt auch, warum so viele spirituelle Menschen einen Unterschied zwischen der „weltlichen“ und der „spirituellen“ oder „göttlichen“ Liebe machen.

Die menschliche Intuition arbeitet mit einer einfachen und sehr rudimentären „Sprache“, die nichts mit der Sprache unseres Verstandes zu tun hat. Diese Sprache ermöglicht es uns, die Vorgänge im limbischen System bewusst zu beobachten. Das Schöne ist, dass jeder Mensch von Natur aus ein intuitives Gefühl für diese Sprache hat. Schauen wir uns das einmal beim Thema Liebe gemeinsam an. Beantworte die nachfolgenden Fragen einmal nicht mit dem Verstand, sondern ganz spontan aus dem Bauch heraus:

1. Ist reine Liebe eine dunkle oder eine helle Energie?
2. Ist reine Liebe eine enge oder eine weite Energie?
3. Ist reine Liebe eine schwere oder eine leichte Energie?
4. Raubt reine Liebe dir Kraft oder vitalisiert sie dich?

Wenn du diese Fragen aus dem Bauch heraus beantworten konntest, dann hast du soeben den Sprachcode deiner Intuition erfolgreich wahrgenommen. Herzlichen Glückwunsch dazu!

Wenn du diese Energie der Liebe immer weiter erhöhen würdest, würdest du irgendwann reine, allumfassende Liebe empfinden. Das ist genau das, was wir beim 21-Tage-Prozess eine halbe Stunde lang tun. Es ist einfach, aber unfassbar wirkungsvoll. Die meisten Teilnehmer geben danach an, dass sie noch niemals in ihrem Leben auch nur annähernd eine so starke Liebe gespürt hätten.

Doch die Einfachheit des limbischen Systems, die uns innerhalb von einer halben Stunde die Erfahrung reiner Liebe bescheren kann, hat auch einen Nachteil – nämlich den, dass emotionale Kopplungen in unserem Emotionalgedächtnis auch sehr schnell unbeabsichtigt passieren können. Und dann geht es nicht unbedingt immer in die Richtung der allumfassenden Liebe, sondern manchmal genau ins Gegenteil.

In unserem Emotionalgedächtnis gibt es wie gesagt keine echten Erinnerungen, sondern lediglich energetische Kopplungen. Reine Liebe ist eine helle, leichte, weite und vitalisierende Energie. Wird die Liebe nicht als diese hohe Energie wahrgenommen, dann liegt das daran, dass sie im Emotionalgedächtnis mit einengenden, dunklen, schweren oder lähmenden Energien gekoppelt ist. Trotzdem ist in dieser Kopplung die reine Liebe enthalten! Korrigiert man nämlich diese Kopplung, was wir in meiner Akademie tun, empfindet man sofort wieder reine Liebe. Was ich hier beschreibe, ist wieder einmal keine bloße Theorie, sondern längst gelebte Praxis.

Schauen wir uns zum besseren Verständnis noch einmal die Kopplungen von Liebe an negative Energien an, die ich vor einigen Kapiteln bereits einmal angesprochen hatte. Es gibt wie gesagt Eltern, die von ihren Kindern eine komplette Unterordnung verlangen. Lehnen sich die Kinder dagegen auf, werden sie mit Liebesentzug bestraft. Ordnen sie sich jedoch dem Willen der Eltern unter, werden sie jedes Mal mit Zuneigung belohnt. Geschieht dies öfter, entsteht im Emotionalgedächtnis automatisch eine Kopplung zwischen der Energie der Liebe und der Energie der Unterordnung.

Menschen mit dieser Kopplung suchen sich, wie bereits erläutert, immer einen Partner, der sie unterordnet. Zwar merken sie schnell, dass sie sich immer in den Falschen verlieben, doch dieses Wissen hilft ihnen nicht weiter. Denn wenn sie sich einen *netten* Mann oder eine *liebe* Frau suchen, können sie einfach keine Liebe empfinden, denn die Liebe ist ja mit Unterordnung gekoppelt.

Wird diese Kopplung im Emotionalgedächtnis aufgehoben, kann Liebe wieder in ihrer reinen Form empfunden werden. Die Bereitschaft, sich derart unterordnen zu lassen, ist dann nicht mehr vorhanden. Und das führt natürlich sofort zu einer Veränderung bei der Partnerwahl und zu einer veränderten Beziehung, bei der es dann tatsächlich möglich ist, dass sie glücklich wird.

Glück in der Liebe ist daher tatsächlich keine Glückssache. Für viele mag es so aussehen, als hätten einige in der Liebe einfach nur Glück gehabt und zufällig den richtigen Partner gefunden. Doch das stimmt nicht. Wir erleben in unseren Beziehungen immer genau die Energien, dir wir tatsächlich in uns tragen. Verändern wir diese Energien, verändern wir auch unsere Beziehungen.

Schauen wir uns einmal ein weiteres Beispiel solcher Kopplungen an. *Weite* bedeutet in der energetischen Sprache der Intuition Freiraum oder auch Freiheit. Wenn die Energie der Liebe sich also weit und frei anfühlt, dann hat man keine Verpflichtungen, Einschränkungen, Zwänge oder Verbote an die Liebe gekoppelt. Es ist in unserer Kultur jedoch eher selten, dass die Liebe so frei empfunden wird. Die meisten Menschen empfinden ein gewisses Maß an *Enge*, was natürlich das genaue Gegenteil bedeutet, nämlich dass man sich in seiner Liebesbeziehung verpflichtet oder eingeengt fühlt. Man hat beispielsweise das Gefühl, so sein zu müssen, wie der Partner einen haben will, oder tun zu müssen, was der Partner richtig findet, bzw. Dinge nicht mehr tun zu dürfen, die er nicht gut findet. Sind solche engen Energien mit der Liebe gekoppelt, dann fühlt man sich in einer Liebesbeziehung eingeengt. Viele kämpfen dann auch permanent um ihre Freiheit. Der Kampf richtet sich äußerlich gegen den Partner, doch in Wirklichkeit kämpfen sie gegen ihre eigenen Kopplungen.

Das Dumme ist, dass Menschen mit diesen Kopplungen, gegen die sie ankämpfen, die Liebe gar nicht ohne die Einengung empfinden können. Diese Energien sind ja gekoppelt. Sie gehören zusammen. Und so suchen sich diese Menschen zielgerichtet einen Partner, der sie einengt und bei dem sie dann um ihre Freiheit kämpfen müssen. Auf dieser Basis ist es natürlich nicht gerade einfach, eine überaus glückliche Partnerbeziehung zu führen. Spannungen sind vorprogrammiert.

In der intuitiven Sprache unseres Gehirns bedeutet *Leichtigkeit* Unbeschwertheit und Lebensfreude. *Schwere* steht hingegen für Sorgen und Probleme. Je mehr Schwere, desto größer sind die Probleme. Nun ist es natürlich kein Zufall, ob man in der Liebe eine leichte oder eine schwere Energie in sich trägt. Wenn einem das Herz gebrochen wird, verliert die Liebe schnell ihre Leichtigkeit. Die meisten Menschen wurden in der Liebe schon einmal emotional verletzt – zurückgewiesen, verlassen, betrogen, belogen, gedemütigt usw. Viele dieser emotionalen Verletzungen heilen mit der Zeit, aber ein wenig von ihrer schweren Energie bleibt dennoch jedes Mal im Emotionalgedächtnis zurück und damit an die Liebe gekoppelt.

Und so wird es mit jeder weiteren emotionalen Verletzung immer schwerer, sich auf die Liebe einzulassen. Und diese schwere Energie belastet natürlich die gesamte Beziehung. Der Partner wird oft mit schweren Energien aus der Vergangenheit konfrontiert, für die er selbst gar nichts kann. Doch solange der Partner diese schweren Energien an die Liebe gekoppelt hat, gibt es kaum eine Möglichkeit, seine wunden Punkte nicht versehentlich zu berühren. Die gesamte Beziehung hat daher immer eine gewisse Schwere, denn so einfach ist es nicht, mit einem Menschen zusammenzuleben, der üble emotionale Verletzungen hat.

Dummerweise suchen sich Menschen mit dieser Kopplung im Emotionalgedächtnis immer auch Partner, die eine schwere Energie in sich tragen, denn ohne diese Schwere empfinden sie ja wie gesagt keine Liebe mehr. Nach dem Motto: *Kaputtnik sucht Kaputtnixe!*

Menschen, deren emotionale Verletzungen in der Liebe besser geheilt sind oder die vielleicht nie emotional verletzt wurden, tragen hingegen die Leichtigkeit des Liebens noch in sich. Und genau das spiegelt ihre Partnerwahl auch stets wider. Sie fließen über vor partnerschaftlichem Glück, fühlen sich füreinander wie geschaffen und schweben auf Wolke sieben.

Ein Mensch, der Leichtigkeit und damit Lebensfreude mit der Liebe verbindet, wird sich auch vertrauensvoll auf seinen Partner einlassen können. Dadurch entsteht eine Kopplung von Liebe an Vertrauen, was sich in der Sprache unserer Intuition durch eine *helle* Energie äußert. Ein Mensch, der hingegen schon einmal übelst emotional verletzt wurde, wird natürlich Angst haben, dass dies wieder geschehen könnte. Dadurch entstehen die *dunklen* Energien, die viele Menschen an die Liebe gekoppelt haben. Menschen mit dieser Kopplung vermeiden oft Beziehungen. Manche flüchten sogar, wenn sie auf einen potenziellen Partner treffen, der ihnen *gefährlich* werden könnte.

Die dunkle Energie steht also für *Angst*. Ist diese dunkle Energie an die Liebe gekoppelt, hat man Angst vor Verletzung, Angst davor, betrogen zu werden, Angst davor, verlassen zu werden, Angst davor, sich in der Beziehung selbst aufzugeben usw. Und dummerweise sucht man sich mit dieser Kopplung auch immer einen Partner, bei dem von Anfang an diese Ängste aufkommen. Wenn Liebe mit Angst gekoppelt ist, kann man Liebe ohne Angst einfach nicht empfinden. Die Menschen, die das betrifft, empfinden einen potenziellen Partner, der ihnen nicht *gefährlich* werden kann, nicht als attraktiv oder sogar als langweilig.

Und so gestaltet sich dann später auch die Beziehung. Der Partner verhält sich so, dass man permanent Angst haben muss. Zum einen hat man sich solch einen Partner von vornherein ausgewählt, zum anderen bringt man ihn durch die eigene Angst dazu, sich so zu verhalten. Man engt den Partner beispielsweise ein, sodass er irgendwann anfängt, um seine Freiheit zu kämpfen. Angst ist die *sicherste* Möglichkeit, eine Beziehung auf Dauer zu zerstören.

Wir haben in diesem Buch bereits darüber gesprochen, dass die Kopplungen im Emotionalgedächtnis jenseits unseres Willens und Glaubens zustande kommen – und zwar einfach nur deshalb, weil mehrere Ereignisse wiederholt zeitgleich stattfinden. Wann immer das passiert, koppelt unser Emotionalgedächtnis diese Ereignisse. Das Problematische daran ist jedoch, dass sich diese Kopplungen weder von unserem Willen noch von unserem Glauben beeinflussen lassen, wie ich das anhand der Lavendel-Erdbeer-Milch schon einmal erläutert habe. Und so nützt es auch einem Menschen, der beispielsweise nur dann Liebe empfinden kann, wenn er dominiert wird, herzlich wenig, wenn ihm alle sagen, dass er sich immer auf die Falschen einlässt. Das weiß er selbst! Doch sein Verstand hat hier wie gesagt überhaupt keinen Einfluss auf die Kopplung im Emotionalgedächtnis.

Diese Kopplungen entstehen also einfach nur deshalb, weil zwei Dinge oft genug gleichzeitig passieren, wie beispielsweise die medikamentöse Unterdrückung des Immunsystems bei einer Allergie und der Geschmack des Getränks. In der Liebe entstehen diese Kopplungen, weil man für ein bestimmtes Verhalten oder eine bestimmte Eigenschaft wiederholt eine gesteigerte Zuneigung bzw. Liebesentzug bekam. Es ist der gleiche Prozess, den man auch in der Hundeerziehung verwendet. Wenn der Hund tut, was Frauchen will, bekommt er zur Belohnung ein Leckerli oder Zuneigung.

Wenn du wissen möchtest, wie deine Kopplungen mit der Liebe aussehen, brauchst du dir daher nur anzuschauen, wofür du als Kind oder später von deinen Beziehungspartnern immer mit Zuneigung belohnt oder mit Liebesentzug bestraft wurdest. Das können Verhaltensweisen gewesen sein, bestimmte Charaktereigenschaften, dein

Aussehen, bestimmte Fähigkeiten, Ziele, Erfolge, Leistungen und vieles mehr. Wenn du für diese Dinge immer ein Mehr an Zuneigung erhalten hast, ist eine Kopplung mit der Liebe in deinem Emotionalgedächtnis zustande gekommen.

Die Kopplung von Liebe an Leid kann ebenfalls sehr vielfältige Auswirkungen haben – insbesondere wenn sie stark ausgeprägt ist. Sie beeinflusst natürlich auch die Partnerwahl. Man sucht sich zum Beispiel einen Partner, bei dem man ein gewisses Maß an Leid in der Liebe spürt. Meistens handelt es sich dabei um Mitleid. Mitleid ist nämlich mitgefühltes Leid. Und *mit-gefühltes* Leid genügt bereits, um Liebe fühlen zu können, wenn man diese Kopplung hat. Das ist sicherlich nicht die beste Voraussetzung, um die wahre Liebe zu finden. Wenn man aber Liebe ohne Leid nicht fühlen kann, ist es die einzige Möglichkeit.

Die Kopplung von Liebe an Leid wird jedoch nicht nur die Partnerwahl beeinflussen. Sie sorgt auch dafür, dass man in einer Beziehung keine Chance auslässt, selbst zu leiden. Der unbewusste Wille zur Gesundheit oder zum Glücklichsein wird von solch einer Kopplung natürlich stark geschwächt. Einige Menschen wehren sich dadurch sogar regelrecht unbewusst gegen das Gesundwerden oder gegen glückliche Gefühle, denn sonst könnten sie keine Liebe mehr fühlen. Liebe ist ja an Leid gekoppelt, und Liebe will man auf jeden Fall haben, selbst wenn man dafür leiden muss! Wird diese Kopplung im Emotionalgedächtnis aufgelöst, wird man plötzlich in rasantem Tempo gesünder und glücklicher.

Nun ist bedingt durch unsere Konditionierung in der Kindheit Liebe bei fast jedem Menschen mehr oder weniger stark an Leid gekoppelt. Wir empfinden fast alle mehr Zuneigung für einen Menschen, wenn es ihm schlecht geht. Doch diese Kopplung ist nicht bei jedem Menschen so stark, dass sie sein Glück bestimmt.

Wir haben bereits über die Kopplungen im Emotionalgedächtnis gesprochen, die enge, schwere und dunkle Energien in unsere Liebe bringen. Eine Energie fehlt noch, die den mit Abstand größten Einfluss auf unsere Liebe und auf unser gesamtes Leben hat: Es geht um *schwächende*, Kraft raubende Energien. Dazu gehören beispielsweise Mangelgefühle, Machtlosigkeit und Sinnlosigkeit. Insbesondere die Mangelgefühle sind bei fast allen Menschen an die Liebe gekoppelt. Es gibt nur einige wenige Naturvölker, bei denen dies nicht der Fall ist. Das bekannteste Volk sind die Yequana-Indianer in Venezuela. Wissenschaftler versuchen seit Jahrzehnten, die Erziehungsmethoden der Yequana auf unsere westliche Kultur zu übertragen, was jedoch bisher aufgrund der kulturellen Unterschiede nicht gelungen ist.

Menschen, bei denen die Liebe stark an Mangel gekoppelt ist, fühlen sich nie genügend geliebt. Es genügt schon eine kleine Kritik oder ein kleiner Mangel an Aufmerksamkeit seitens des Partners, und sie stellen seine Liebe infrage. Sie wollen möglichst perfekt, wertvoll und etwas ganz Besonderes sein, denn davon versprechen sie sich Liebe. Doch selbst dann, wenn der Partner sie als perfekt ansieht, sind sie sich seiner Liebe nie sicher genug und wollen ständig neue Bestätigungen, dass sie wirklich noch geliebt werden.

Die Kopplung von Liebe an Mangel kommt bereits in den ersten beiden Lebensjahren zustande und ist aufgrund der Lebensweise in unserer Kultur kaum vermeidbar. Bei manchen Menschen ist dieser Mangel stark ausgeprägt, bei anderen weniger stark. Aber betroffen ist davon so ziemlich jeder in unserer Kultur.

Die Teilnehmer meiner Akademie befreien ihre Liebe von allen diesen düsteren, schweren, einengenden und Kraft raubenden Energien. Und dann bleibt genau die allumfassende, reine Liebe übrig, die von den Esoterikern als reine, spirituelle Liebe angestrebt wird. Die Praxiserfahrung meiner Teilnehmer lässt dazu nur einen Schluss zu: *Diese reine Liebe muss auch zuvor schon da gewesen sein, denn wir haben ja lediglich die negativen Energien weggenommen.* An der Liebe selbst haben wir überhaupt nichts verändert. Wir haben sie nur freigelegt!

Es ist daher schlicht und ergreifend falsch, wenn zwischen der angeblichen reinen Liebe, die als spirituell bezeichnet wird, und der Liebe auf der weltlichen Ebene ein Unterschied gemacht wird. Es kann also trotzdem echte Liebe sein, auch wenn es wehtut.

Auch bei dieser unguten Halbwahrheit könnte der Austausch mit Freunden und Bekannten sehr wertvoll für beide Seiten sein. Bei dir selbst beschleunigt dieser Austausch die Wirkung deines begründeten Zweifels, und deine Freunde erfahren von einer der größten Problemquellen unserer Zeit.

Hier noch einmal die drei Fragen, mit denen du deinen begründeten Zweifel erzeugen kannst:

1. Kann ich wirklich definitiv wissen, dass meine alte Sichtweise wahr ist?
2. Warum kann ich das nicht definitiv wissen?
3. Was spricht dafür, dass es auch anders sein könnte?

Halbwahrheit Nr. 39: Liebe kannst du nicht im Außen finden

Recht viele spirituelle Menschen glauben nicht nur, dass es eine spirituelle Liebe gibt, die höherwertig ist als die weltliche, sondern auch, dass Liebe und Partnerschaft in Wirklichkeit gar nicht zusammenpassen. Die partnerschaftliche Liebe bezeichnen sie als Abhängigkeit. Das sei gar keine echte Liebe, sondern eher der Versuch, einen Mangel in sich selbst zu füllen, den man nur hat, weil man sich der „göttlichen" Liebe nicht bewusst sei, die man in sich trage. Aus diesem Grund jage der „unerwachte" Mensch permanent der Liebe im Außen nach, wodurch er sich von Anerkennung, Lob oder Liebesbekenntnissen abhängig mache. Die meisten Beziehungen würden genau an dieser Abhängigkeit zerbrechen, sagt man. Man leide in Beziehungen nur deshalb, weil man das eigene Glück davon abhängig mache, was der Partner tut oder nicht tut. Und daran könne sich nur dann etwas ändern, wenn man von einem Partner zu 100 Prozent unabhängig würde. Viele Menschen wollen dabei sogar Nägel mit Köpfen machen und *vollkommen unabhängig* von allen Menschen sein.

Aber stell dir einmal vor, was das tatsächlich bedeuten würde! Um vollkommen unabhängig von anderen Menschen zu sein, müsstest du zum Beispiel dein eigenes Brot backen. Das ginge ja noch. Aber woher bekämst du das Mehl? Klar, natürlich wieder von anderen Menschen. Wenn du vollkommen unabhängig sein wolltest, dann müsstest du also auch dein eigenes Getreide anbauen und das Korn selbst mahlen. Doch dazu bräuchtest du natürlich sowohl das Land als auch die erforderlichen Maschinen und Geräte. Die müsstest du dir kaufen. Und von wem? Natürlich wieder von anderen Menschen! Dann bräuchtest du natürlich auch Salz. Wenn du wirklich komplett unabhängig sein wolltest, dann müsstest du zum Beispiel zum Meer *laufen*, denn in deinem Garten findest du sicherlich kein Salz!

Wir sind Rudeltiere oder mit anderen Worten kollektive Wesen. Wir arbeiten mittlerweile weltweit Hand in Hand. Wir kaufen uns Rohstoffe in China, lassen daraus in Ungarn Produkte fertigen und verkaufen sie in den USA. Jeder Mensch ist dabei vom Kollektiv abhängig. Das ist überhaupt nichts Schlechtes, und man sollte es auch nicht künstlich zu etwas Schlechtem machen. Die unechte Notwendigkeit, von allen unabhängig sein zu *müssen*, weil man nur dann frei sei, ist eine sehr nachteilige Halbwahrheit, die einem das Leben unsagbar schwer, düster, einengend und Kraft raubend gestalten kann.

Man *muss* also nicht vollkommen unabhängig sein – weder in seinem Lebensalltag noch in der Liebe. Denn der Mensch ist wie gesagt ein Rudeltier. Er ist gar nicht dafür gemacht, von anderen Menschen komplett unabhängig zu leben. Er braucht ein gewisses Maß an Freiraum, so weit trifft diese Halbwahrheit zu, aber er *muss* nicht vollkommen unabhängig sein. Das Bedürfnis, sich mit einem Lebenspartner zusammenzutun, ist in unseren Genen festgeschrieben. Das ist keine Erfindung des modernen Menschen. Die meisten Tiere tun sich in Paaren zusammen. Das ist völlig normal und vor allem *natürlich*! Für ein Rudeltier ist es unnatürlich, wenn es isoliert von anderen gehalten wird. Es wird davon krank.

Statt einer scheinbaren Logik zu folgen, die dazu führt, dass man eine Partnerbeziehung als Abhängigkeit empfindet, wäre es sinnvoller, einfach seiner menschlichen Natur zu folgen. Und die regt uns dazu an, uns einen Partner zu suchen.

Die meisten Menschen, die sich für die Halbwahrheit entschieden haben, dass eine Partnerschaft uns nur abhängig macht, haben in Wirklichkeit ganz andere Gründe, warum sie keine Partnerschaft wollen. Sie sind aufgrund unangenehmer Erfahrungen sogenannte *Bindungsvermeider* geworden.

In der Psychologie unterscheidet man drei Beziehungstypen: Bindungssichere, Bindungsängstliche und Bindungsvermeider. Letztere vermeiden aus Angst vor Verletzung oder Einschränkung eine enge Partnerbindung. Aber schauen wir uns diese drei Beziehungstypen und ihre Interaktion untereinander einmal ein wenig genauer an, denn falls du ein Bindungsvermeider bist, wirst du sonst sofort versuchen, deine Überzeugung zu verteidigen, dass Partnerbeziehungen nur Abhängigkeit bedeuten und keine echte Liebe.

Ein bindungssicherer Mensch fühlt sich in einer Beziehung relativ sicher. Sicherlich ist auch er gelegentlich eifersüchtig oder hat Verlustangst, da es keine hundertprozentige Sicherheit gibt, aber das hält sich bei einem relativ bindungssicheren Menschen im Rahmen. Wenn zwei bindungssichere Menschen eine Beziehung miteinander eingehen, gibt es daher keine nennenswerten Probleme. Beide lassen sich gegenseitig ihren Freiraum und genießen gleichzeitig ihre Zusammengehörigkeit.

Bindungsängstliche Menschen haben dagegen permanent Angst, ihren Partner zu verlieren, und sind dadurch in der Regel sehr eifersüchtig. Sie engen sich gegenseitig sehr stark ein. Aber auch das kann funktionieren, wenn sich zwei bindungsängstliche Menschen zusammentun. Sie halten sich dann gegenseitig fest wie zwei Klammeräffchen und bilden dabei eine Art Mikrokosmos. Und solange sich beide in diesem Mikrokosmos wohlfühlen, sind sie glücklich miteinander.

Auch eine Beziehung zwischen einem Bindungssicheren und einem Bindungsängstlichen kann funktionieren. Der Bindungsängstliche wird zwar klammern, aber wenn der Sichere sich damit keinen Stress macht und sich gar nicht groß daran stört, dann gibt es keine Probleme. Schwierig wird es nur manchmal beim Bowlingspielen, wenn man ein Klammeräffchen am Bein hängen hat. ☺ Aber wenn einen auch das nicht stört, dann kann man mit diesem Klotz am Bein trotzdem überall hingehen und muss sich nicht eingeschränkt fühlen.

Bei Bindungsvermeidern ist es jedoch am schwierigsten. Sie wollen aufgrund emotionaler Verletzungen oder Enttäuschungen keine Partnerbeziehung mehr eingehen und suchen förmlich nach esoterischen Halbwahrheiten, die sie in dieser Entscheidung unterstützen. Dennoch tragen auch die Bindungsvermeider den instinktiven Wunsch nach einer Partnerbeziehung in sich. Und das macht die Sache nicht unbedingt einfacher. Denn sie suchen deshalb trotzdem unbewusst nach einem Partner. Und sie verlieben sich auch – in der Regel wider

Willen, aber sie tun es, denn ihr Instinkt ist letztendlich doch stärker als ihre künstliche Halbwahrheit.

Ich kenne viele Bindungsvermeider aus meinen Seminaren, denn sie sind zumeist sehr unglücklich und rennen deshalb von einem Seminar zum nächsten. Wenn man ihnen jedoch etwas über ihre Bindungsunfähigkeit erzählt, sind sie in der Regel sofort wieder weg und suchen sich einen Seminarleiter, der ihnen das erzählt, was sie hören wollen. Doch nützen tut das dann leider gar nichts. Die Leere, die sie in ihrem Inneren spüren, lässt sich einfach nicht mit etwas anderem füllen – auch nicht mit der so hoch gelobten spirituellen, göttlichen Liebe und auch nicht mit Eigenliebe.

Ich spreche hier wieder aus der Praxis und kann sagen, dass alle Bindungsvermeider, die ihre tatsächliche Beziehungsblockade auflösen konnten, danach eine glückliche Partnerschaft eingegangen sind und ihre ursprüngliche Halbwahrheit, dass Partnerschaften Abhängigkeiten darstellen, als falsch erkannten. Viele von ihnen hatten zuvor viele Jahre lang eine On-Off-Beziehung geführt, denn ganz ohne Beziehung ging es eben nicht – egal wie sehr sie sich in Eigenliebe oder göttlicher Liebe geübt hatten.

Die meisten Bindungsvermeider suchen sich übrigens auch einen Bindungsvermeider als Beziehungspartner aus. Und das sieht dann folgendermaßen aus: Zwei Menschen treffen sich, und es berührt etwas in ihren Herzen. Sofort rennen sie in die andere Richtung, denn hier ist jemand, der ihnen echt *gefährlich* werden könnte. Und das sehen Bindungsvermeider tatsächlich so. Sie fürchten, dass man ihnen wieder das Herz bricht oder dass sie erneut eine herbe Enttäuschung erleben werden – oder dass sie wieder abhängig werden könnten. Also rennen sie so schnell es geht auseinander.

Doch ihre Instinkte sind wie gesagt stärker. Irgendwann kommt dann doch einer von beiden auf die Idee, den anderen wieder sehen zu wollen. Und wenn das dann geschieht, geht er oder sie einen Schritt auf sie oder ihn zu. Die Folge ist natürlich ein sofortiger Rückzug des anderen. Doch das wird von einem Bindungsvermeider nicht als negativ aufgefasst, denn wenn der andere sich zurückzieht, dann gibt es ja gar keine Bindungsgefahr! Daher wird diese Angst dann auch sehr stark reduziert, was dazu führt, dass der interessierte Bindungsvermeider dem Desinteressierten nachsetzt. Er kann ja jetzt ohne Gefahr seinem Verlangen nach einer Beziehung nachgehen, denn der andere will ja sowieso nicht. Und es tut einfach gut, wenn man seine tatsächlichen Bedürfnisse auch mal ausleben kann.

Es tut so lange gut, bis der potenzielle Partner es sich plötzlich anders überlegt und nicht mehr wegläuft – wenn er also stehen bleibt und damit ein eventuelles Interesse an einer Beziehung signalisiert. Und plötzlich wendet sich das Blatt. Der erste Bindungsvermeider, der ja bislang gefahrlos seinem Beziehungswunsch nachgehen konnte, bekommt jetzt plötzlich wieder die Krise, weil der andere nun doch will, und zieht sich sofort zurück – was natürlich dem anderen Bindungsvermeider gerade recht kommt, denn jetzt kann der seinem instinktiven Verlangen nach partnerschaftlicher Liebe nachgehen – zumindest so lange, bis der Erste wiederum aufhört wegzulaufen, denn dann wendet sich das Blatt erneut.

Ich kenne Menschen, die dieses Spielchen jahrzehntelang durchgezogen haben. Und natürlich waren sie dabei alles andere als glücklich. Daran änderte wie gesagt auch ihre esoterische Halbwahrheit nichts, dass die partnerschaftliche Liebe ja sowieso keine echte Liebe sei. Ihr Herz wusste es besser! (*Du weißt, dass ich das nur als Metapher meine. Das Herz ist kein eigenständiges Lebewesen.*) Die Liebe zu anderen Menschen lässt sich eben nicht durch eine wie auch immer geartete „höhere" Liebe ersetzen und auch nicht durch Eigenliebe. Viele Menschen reden sich das selbst ein, aber das geht wie erläutert nur aus ihren Beziehungsblockaden hervor.

Beziehungen zwischen zwei Bindungsvermeidern sind also sehr schwierig und unglücklich, was fatalerweise beiden Menschen wieder scheinbar das Gefühl bestätigt, dass Partnerbeziehungen nicht der richtige Weg zum Glück sein können. Das ist natürlich eine Fehlinterpretation.

Eine halbwegs glückliche Beziehung zwischen einem Bindungsvermeider und einem Bindungssicheren ist jedoch wieder möglich. Der Bindungssichere lässt dem Bindungsvermeider einfach seinen Freiraum und wartet, bis der Bindungsvermeider von selbst kommt. Dies erfordert natürlich auf der einen Seite sehr viel Geduld und auf der anderen Seite, dass der Bindungssichere keine allzu enge Beziehung führen möchte.

Am problematischsten wird es sicherlich, wenn sich ein Bindungsvermeider mit einem Bindungsängstlichen zusammentut, was in der Praxis tatsächlich häufiger vorkommt. Der Bindungsängstliche will wie immer klammern, damit er sich sicherer fühlt, und der Bindungsvermeider nimmt die Beine in die Hand und rennt so schnell er kann – und der Bindungsängstliche immer hinterher, denn er will ja seinen Partner nicht verlieren!

Partnerbeziehungen sind nicht einfach. Es gibt viele Gründe, warum es Beziehungsprobleme geben kann. Doch diese Probleme kann man tatsächlich alle lösen. Ich spreche auch hier wieder aus der Praxis. Die Hälfte aller Seminare meiner Akademie befasst sich wie gesagt direkt oder indirekt mit der Liebe. Wir räumen dabei alles aus dem Weg, was einer glücklichen Partnerschaft tatsächlich im Weg steht. Und sobald das geschafft ist, erkennt man sofort, dass die partnerschaftliche Liebe in ihrem Urgrund exakt das Gleiche ist wie die spirituelle Liebe oder die Eigenliebe. Liebe ist immer gleich Liebe. Es ist, als ob man ein Haus von vier verschiedenen Seiten betrachten würde. Das Haus sieht dann zwar von vorne, von hinten und von der Seite unterschiedlich aus, aber es ist dennoch immer dasselbe Haus.

Um auf den Titel dieses Kapitels zurückzukommen: Es ist zwar richtig, dass du Liebe – wie jedes andere Gefühl auch – nur in dir selbst *erzeugen* kannst, aber *erleben* kannst du sie sehr wohl im Außen – also mit anderen Menschen. Man *muss* natürlich keinen Beziehungspartner haben, um die Liebe zu anderen Menschen zu leben – das geht auch mit den eigenen Kindern, Freunden usw. Aber die reine, spirituelle Liebe füllt diese Lücke eben nur scheinbar, weil sie unsere instinktiven Bedürfnisse als Rudeltiere nicht vollständig befriedigen kann.

Ich hatte schon unzählige Teilnehmer in meinen Seminaren, die der Meinung waren, dass wahre Liebe nichts mit der Liebe zu anderen Menschen zu tun habe. Doch als sie ihre Beziehungsblockaden gelöst hatten, sahen sie die Welt sofort mit ganz anderen Augen und erkannten, dass sie sich die ganze Zeit nur selbst etwas vorgemacht hatten. Sie hatten gegen die Natur des Menschen gelebt, indem sie die Liebe zu anderen Menschen als minderwertig angesehen hatten.

Ich hoffe, ich konnte dir genügend Gründe für deinen Zweifel liefern, damit du dich von dieser unguten esoterischen Halbwahrheit befreien kannst. Wie immer empfehle ich dazu auch den Austausch mit Freunden und Bekannten.

Hier noch einmal die drei Fragen für deinen begründeten Zweifel:

1. Kann ich wirklich definitiv wissen, dass meine alte Sichtweise wahr ist?
2. Warum kann ich das nicht definitiv wissen?
3. Was spricht dafür, dass es auch anders sein könnte?

Halbwahrheit Nr. 40: Er/Sie hat mich so verletzt ...

Jeder erwachsene Mensch wurde sicherlich schon einmal emotional verletzt, im Stich gelassen, hintergangen, betrogen, verlassen, gedemütigt etc. Wenn das geschieht, tut das sehr weh – und das im wahrsten Sinne des Wortes. Damit ein Gefühl unangenehm wird, wird in unserem Gehirn das Schmerzzentrum aktiviert. Es ist dasselbe Schmerzzentrum, das auch bei körperlichen Verletzungen aktiviert wird. Wir empfinden also bei einer emotionalen Verletzung *echten* Schmerz. Das ist der Grund, warum wir beispielsweise eine Lüge, eine Demütigung oder eine herbe Enttäuschung als *echte* Verletzung beurteilen.

Diese Beurteilung löst dummerweise wieder einmal Missverständnisse beim Emotionalgehirn aus. Das Emotionalgehirn geht nämlich immer von einer *körperlichen* Verletzung aus. Das Konzept der „emotionalen Verletzung" kann es gar nicht begreifen. Sobald wir also etwas als „Verletzung" beurteilen, startet das Emotionalgehirn eine Maßnahme, die sich seit Jahrmillionen zum Vermeiden körperlicher Verletzungen bewährt hat: *Es vermeidet die Situationen, in denen man sich erfahrungsgemäß verletzen könnte.* Damit das funktioniert, erzeugt das Emotionalgehirn ein starkes Angstgefühl. Wir haben dann also Angst vor einer weiteren Verletzung.

Und so kann es schnell passieren, dass Menschen die Liebe als Gefahr definieren, denn dabei könnte man ja verletzt werden. Die Liebe kann einem sogar das Herz brechen! Der Grund für diesen unglaublichen emotionalen Schmerz, den unser Emotionalgehirn uns zufügt, liegt aus der Sicht der Evolutionspsychologie in der Frühzeit des Menschen begründet. In der Steinzeit, als die Menschen noch in kleinen Gruppen in einer gefährlichen Wildnis lebten, konnte es den Tod bedeuten, wenn man von einem nahestehenden Menschen betrogen, hintergangen, belogen, fallen gelassen oder verlassen wurde. Wenn man sich damals nicht auf die Loyalität seiner nächsten Mitmenschen verlassen konnte, war man in Lebensgefahr.

Einen Partner zu haben, auf den man sich *nicht* verlassen kann, wäre also in der Steinzeit ein lebensbedrohlicher Missstand gewesen. Das Emotionalgehirn würde daher wollen, dass man diesen Partner verlässt und sich einen besseren sucht. Doch auf der anderen Seite liebt man diesen Menschen ja auch und möchte bei ihm bleiben. Gleichzeitig hat man natürlich Angst, keinen besseren zu finden, was bedeuten würde, dass man dann allein wäre.

Die Kräfte, die dafür sprechen, den Partner behalten zu wollen, sind also sehr stark. Daher muss die entsprechende Gegenkraft ebenfalls sehr stark sein. Und wenn man von diesem Partner loslassen soll, dann muss die Gegenkraft *extrem* stark sein! Und das ist sie dann auch im Fall einer emotionalen Verletzung. Es gibt kaum einen Schmerz, der an ein gebrochenes Herz herankommt. Daher liegt es nahe, diesen Schmerz einer Verletzung gleichzusetzen.

Wenn wir also etwas als emotionale Verletzung empfinden, wird automatisch eine starke Vermeidungsmotivation aktiviert. Verletzungen müssen unbedingt vermieden werden. Solange wir etwas als Verletzung ansehen, wird diese Beurteilung das Verhalten des Emotionalgehirns dominieren. Und so lange kommen wir aus der Vermeidung nicht heraus.

Es ist jedoch in Wirklichkeit keine echte Verletzung, sondern nur ein *Missstandsgefühl* – und zwar ein Missstand, der zwar in der Steinzeit lebensbedrohlich war, aber in unserer heutigen Zeit keine ernsthafte Lebensgefahr mehr darstellt. Das weiß unser Emotionalgehirn nur leider nicht. Aber wir können es ihm einfach sagen! Unsere Lebensverhältnisse haben sich so schnell verändert, dass das Emotionalgehirn hier in seiner Entwicklung einfach nicht mitkommt. Es beurteilt die Umstände, die in der Steinzeit Missstände gewesen wären, auch heute noch als Missstand. Hier kann unser Großhirn jedoch leicht korrigierend eingreifen und klarstellen, dass kein echter Missstand vorliegt. Es ist nicht mehr lebensbedrohlich, wenn man keinen Partner hat. Man überlebt in unserer heutigen Zeit auch gut als Single. Es ist auch nicht lebensbedrohlich, wenn der Partner einen betrügt oder belügt. Es ist alles andere als schön, aber aus der Sicht des Emotionalgehirns eben keine Katastrophe mehr, weil es nicht lebensbedrohlich ist.

Nach einer Weile beruhigt sich das Emotionalgehirn nach solch einer emotionalen Verletzung auch wieder und hört mit den permanenten Missstandsgefühlen auf. Man sagt dann, die Zeit habe die Wunden geheilt. Doch die Zeit heilt in Wirklichkeit gar nichts. Das Emotionalgehirn hat nach einer Weile lediglich festgestellt, dass man offensichtlich immer noch lebt und der lebensbedrohliche Missstand damit offenbar vorbei ist. Was bleibt, ist die Erinnerung an diese emotionale Verletzung und die Motivation, so etwas nie wieder erleben zu wollen. Man wird also zukünftig alles vermeiden, was einen erneut in diese Lage bringen könnte.

Manche Menschen vermeiden es dann grundsätzlich, sich wieder auf die Liebe oder zu enge Freundschaften einzulassen. Andere behalten nur die wunden Punkte, bei denen sie fortan in übertriebenem Maße mit Vermeidungsmaßnahmen reagieren, wenn diese Punkte von zukünftigen Beziehungspartnern oder Freunden berührt werden. Je mehr dieser wunden Punkte sich mit der Zeit ansammeln, desto schwieriger wird es, mit solch einem verletzten Menschen eine glückliche freundschaftliche oder partnerschaftliche Beziehung zu führen. Hat ein Mensch viele dieser emotionalen Verletzungen erlebt, bekommt man als Beziehungspartner ständig etwas ab, obwohl man gar nichts Böses getan hat. Man kann es einfach nicht vermeiden, ständig mit ganz alltäglichen Dingen alte Wunden aufzureißen.

Und solange diese Erlebnisse von damals weiterhin als Verletzungen beurteilt werden, wird man aus dieser Vermeidungsmotivation nicht herauskommen. Daran kann man natürlich ganz leicht etwas ändern, indem man dem Emotionalgehirn sagt, dass es keinen echten Missstand gab. Es war sehr unschön, aber es war kein echter, lebensbedrohlicher Missstand.

Es ist in Wirklichkeit nie das Ereignis selbst, das uns so weh tut. Wären wir tatsächlich zu dumm, um einen Betrug oder eine Lüge als solche zu erkennen, wäre das Ereignis immer noch das gleiche, aber wir hätten trotzdem keine schlechten Gefühle. Erst durch unsere eigene Beurteilung dieses Ereignisses als schlimmer Missstand wird die negative Energie erzeugt, die uns dann solche starken emotionalen Schmerzen zufügt. Und diese Schmerzen beurteilen wir dann als Verletzung, was die starke Vermeidungsmotivation in uns auslöst, die uns fortan das Lieben so schwer macht.

Aus diesem Grund empfehlen so viele spirituelle Lehrer die Beurteilungsfreiheit. Jedoch ist diese, wie ich in diesem Buch bereits erläutert habe, in Wirklichkeit gar nicht möglich. Unser Gehirn beurteilt *immer* (nach Kahneman 40 Millionen Mal pro Tag). Wir können daher gar nicht *nicht* beurteilen. Das gelingt maximal für die Zeitdauer einer Meditation, wie Buddha es empfohlen hat, aber es wäre in höchstem Maße unnatürlich, wenn wir gar nichts mehr beurteilen würden.

Statt dem Mythos anzuhängen, dass man gar nichts mehr beurteilen dürfe (was Buddha ja gar nicht gesagt hat), wäre es sehr viel sinnvoller, nachteilige Beurteilungen einfach korrigieren zu wollen, wie wir das auch bei unseren emotionalen Verletzungen tun können. Denn wenn wir genau hinschauen, erkennen wir sehr schnell, dass es in Wirklichkeit weder ein echter lebensbedrohlicher Missstand noch eine echte körperliche Verletzung war. Es waren einfach nur negative Energien, die wir selbst durch unsere eigene Missstandsbeurteilung erzeugt haben. Sobald uns dies bewusst ist, können wir mit etwas Übung unsere Energien und damit auch unsere falschen Beurteilungen korrigieren. Ein Mensch, der diese negativen Energien in solchen Situationen einfach nicht mehr erzeugt, ist nicht mehr emotional verletzbar!

Halbwahrheit Nr. 41: Die Liebe ist das Einzige, was unsere Welt noch retten kann

Dieser Aussage möchte ich eigentlich gar nicht widersprechen, sondern nur die Schlussfolgerungen unter die Lupe nehmen, die fälschlicherweise daraus von vielen Menschen abgeleitet werden. Aber schauen wir uns das Thema wieder einmal gemeinsam etwas genauer an.

Die Menschheit verhält sich auf diesem Planeten sehr unnatürlich, und das in einem so gravierenden Ausmaß, dass wir dabei sind, unsere eigene Lebensgrundlage zu zerstören. Ich habe sehr lange nach der Ursache dieses Phänomens gesucht. Sind es die Reichen und Mächtigen, die Wirtschaft, die Regierungen, die Religionen, unser Geldsystem, oder stimmt vielleicht etwas mit unseren Gesellschaftsformen nicht? Ich verfolgte jede Spur und hinterfragte sie. Warum tun die Reichen dieser Welt denn, was sie tun? Warum ist unser Geldsystem so, wie es ist? Warum tut die Wirtschaft, was sie tut? Warum handeln die Regierungen nicht anders? Ich hinterfragte dann auch erneut die Antworten auf diese Fragen, und diese dann ebenfalls. Interessanterweise landete ich dabei im Urgrund jedes Mal bei derselben Ursache! Das grundlegende Problem der Menschheit ist, wie es aussieht, ein *neurobiologisches*!

Wie bereits erwähnt, sind wir in unserem Ursprung *Rudeltiere*. Das Problem dabei ist jedoch, dass unser Gehirn eine Gruppe von mehr als etwa 150 Personen nicht mehr instinktiv als unser Rudel wahrnehmen kann. Das ergibt sich aus der Größe und Leistungsfähigkeit eines bestimmten Gehirnareals, das dafür zuständig ist, die soziale Vernetzung in unserem Rudel im Auge zu behalten. Vielleicht hast du ja schon einmal eine große Hochzeit organisiert, dann hast du das selbst schon einmal erlebt. Thema Sitzordnung: Wer kann mit wem gut und mit wem nicht so gut? Welche Verwandten sind zerstritten? Wer gehört auf jeden Fall zusammen? Wen muss ich also zusammensetzen und wen muss ich trennen? Wer wird Stress machen, wenn er nicht mit jemand Bestimmtem zusammensitzen kann? Wen darf ich nicht nebeneinandersetzen, weil dort sonst ein Lästerzentrum entsteht? Und so weiter und so fort.

Wenn es mehr als 150 Gäste werden, ist das menschliche Gehirn mit dieser Aufgabe überfordert. Und dann fühlen wir uns unwohl, weil wir das alles nicht mehr überschauen können und so das Gefühl aufkommt, dass wir das nicht mehr im Griff haben. Aus diesem Grund spalten sich bei Naturvölkern die Sippschaften in zwei oder mehrere kleinere Gruppen auf, wenn die Größenordnung von 150 Personen überschritten wird. Und das Gleiche tut auch der sogenannte *zivilisierte* Mensch. Wir tun uns immer in kleineren Gruppen zusammen. Das fängt schon in der Schule an und zieht sich dann durch das gesamte Leben. Wir gründen eine Familie, eine Clique, ein Team usw.

Verantwortlich für diese Aufspaltung ist wie gesagt das ungute Gefühl, eine Gruppe von mehr als 150 Personen nicht mehr vollständig kontrollieren zu können. Doch das müssen wir auch gar nicht mehr! Unsere Gesellschaft hat mit ihrer Exekutive und Legislative längst Regeln und Gesetze erlassen, mit denen sie sich selbst kontrolliert. Der Einzelne muss daher gar nicht mehr alles allein im Griff haben. Unsere Gesellschaft würde deshalb mit einer sehr viel größeren Wir-Identifikation bestens funktionieren. Ich schlage vor, dass wir uns das wieder einmal etwas genauer anschauen.

Was, glaubst du, würde geschehen, wenn wir die gesamte Menschheit als *unser Rudel* – mit anderen Worten als unser *Wir* definieren würden? Wenn wir also eine echte Wir-Identifikation nicht nur mit unserer Familie oder unserem Freundeskreis annehmen würden, sondern mit allen Menschen, die auf diesem Globus leben? *Wir sind die Menschheit!*

Schauen wir uns einmal an, was *Ernst* daraus machen würde. Gehen wir einmal davon aus, dass Ernst ein sehr erfolgreicher und knallharter Geschäftsmann ist, der für seinen Erfolg sprichwörtlich über Leichen geht. Er verhält sich im Job also durchaus nicht so, wie es einer heilen Welt dienlich wäre. Das Wohl seiner Familie ist ihm jedoch sehr, sehr wichtig! Niemals würde er ein Familienmitglied aus egoistischen Gründen ausbeuten oder auch nur benachteiligen. In der Familie ist er eine Ausgeburt an Fairness. Und wenn jemand in der Familie finanzielle Probleme hat, dann nimmt sich Ernst seiner sofort an und hilft. So wie Ernst verhalten sich übrigens alle Menschen, die ihre Familie als ihr *Wir* ansehen. Man bezeichnet sie auch als *Familienmenschen*. Bedingt durch ihre Wir-Identifikation verhalten sie sich im Grundsatz alle gleich, denn diese Verhaltensweisen sind in den menschlichen Genen bereits festgelegt. Die Familie ist dann *alles*, was zählt, und alle außerhalb der Familie sind dann einfach nur die *anderen*.

Jetzt stell dir einmal vor, was passieren würde, wenn Ernst die gesamte Menschheit zu seinem *Wir* machte! Seine Instinkte würden dafür sorgen, dass er sich gegenüber der Menschheit genauso verhält wie zuvor in seiner Familie. Und dort waren der Egoismus und der Altruismus von Ernst in einer gesunden Balance. Das hat die menschliche Natur ganz von selbst richtig geregelt. Wenn man ein echter Familienmensch ist, also eine echte Wir-Identifikation mit der Familie vorgenommen hat, dann liegt einem das Wohl *aller* am Herzen. Kein Familienmensch beutet wie gesagt seine eigene Familie aus. Da geht man nicht aus egoistischen Gründen über Leichen, nur weil es dem *eigenen* Wohl dient. Bei Fremden ist das jedoch gang und gäbe. Das sind ja wie gesagt auch die *anderen*, und für die anderen ist man nicht zuständig. Die müssen selbst schauen, wo sie bleiben. Die sorgen sich ja auch nicht um uns!

Diese Gedanken und Empfindungen entstammen dem menschlichen Instinkt. Jedes Rudeltier verhält sich so. Jedes Rudel versucht, den besten Kompromiss für alle herauszuholen – *aber eben nur für alle Rudelmitglieder!*

Wir haben in unseren Instinkten also eigentlich schon die Lösung für das Dilemma der Menschheit. Würden alle Menschen die gesamte Menschheit als ihr Rudel ansehen – also eine echte Wir-Identifikation mit der gesamten Menschheit annehmen – dann stünden Geben und

Nehmen sofort auf einer ganz anderen emotionalen Basis. Sofort würde unser Gehirn eine gesunde Balance zwischen Egoismus und Altruismus finden.

Auf unserer Erde wäre genug für alle da. Es müsste nur gerecht verteilt werden. Dass dies nicht der Fall ist, liegt in seinem tiefsten Ursprung an der fehlenden Wir-Identifikation. Wäre die vorhanden, würde der menschliche Rudelinstinkt alles automatisch regeln, was geregelt werden muss, und wir würden wie jede andere Spezies auf diesem Planeten mit der Natur leben und nicht gegen sie.

Die Wir-Identifikation mit der Menschheit – oder noch besser mit der gesamten Natur – wäre zweifellos die Rettung für diese Welt. Vermutlich sogar die einzige, die tatsächlich funktionieren kann, denn alle Religionen, alle Ideologien und auch alle Regierungsformen sind von vornherein zum Scheitern verurteilt, wenn sie gegen den Egoismus jedes einzelnen Menschen ankämpfen müssen. Das sieht man beispielsweise immer sehr schön, wenn es um weltweite Abkommen in Sachen Klimaschutz oder andere wichtige Projekte für den Naturschutz geht. Die egoistischen Ziele einzelner Lobbys bringen fast jedes gut gemeinte Projekt sofort wieder zum Scheitern. Die Lobbys sehen nur das, was sie sehen wollen. Sie versuchen, ihre eigenen Interessen zu schützen. Ob diese dann anderen schaden, ist nicht so wichtig, denn das sind ja die *anderen*! Ohne eine Wir-Identifikation mit diesen *anderen* bleiben diese auch immer die anderen. Die Wir-Identifikation wäre daher vermutlich tatsächlich die einzige Lösung. *Und Wir-Identifikation heißt Liebe!*

Deshalb rufen so viele spirituelle Menschen seit jeher zur Liebe auf. Sie wissen vielleicht nicht in allen Einzelheiten, was ich eben zum Rudelinstinkt erläutert habe, aber sie spüren intuitiv, dass die Liebe die Lösung wäre. Die Lösung scheint also klar zu sein, aber es hapert an den Umsetzungsmöglichkeiten. Wie soll man jeden einzelnen Menschen dazu bewegen, eine Wir-Identifikation mit der gesamten Menschheit anzunehmen – zumal er ja bereits bei Gruppen über 150 Mitglieder unangenehme Gefühle bekommt?

Die Lösung ist ganz einfach: Wir nutzen den *Egoismus* des Menschen, damit er sich zur Wir-Identifikation mit der gesamten Menschheit entscheidet. Wir lassen ihn erkennen, dass die Wir-Identifikation für ihn persönlich extrem große Vorteile bringt – und zwar so große, dass er dafür das bisschen an unangenehmen Gefühlen wegen der großen Gruppe gerne in Kauf nimmt.

Die Lösung besteht also darin, jeden einzelnen Menschen erkennen zu lassen, dass es nur *Eines* gibt, was ihn tatsächlich dauerhaft glücklich machen kann. Wenn dieses *Eine* fehlt, ist es unmöglich, wirklich glücklich zu sein. Und je mehr wir von diesem *Einen* haben, desto erfüllter ist unser Leben. Ohne dieses *Eine* ist all unser Reichtum, all unser Wohlstand nichts wert. Und dieses *Eine* ist natürlich die *Liebe*.

Den Menschen dies nur verbal zu erklären, bringt jedoch überhaupt nichts. Das kann sich einfach niemand vorstellen, der es nicht selbst erlebt hat. Aus diesem Grund lasse ich meine Teilnehmer auch die reine Liebe erfahren. Dann weiß man, wofür man das alles tut. Und man weiß dann auch, wie sehr es sich lohnt, alle Hindernisse aus dem Weg zu räumen, die den freien Eintritt zu unseren Herzen versperren. Wir räumen deshalb ganz systematisch alles aus dem Weg, was unsere eigene Liebe beeinträchtigt oder blockiert. Und davon gibt es eine ganze Menge. Wenn man jedoch die reine Liebe erlebt hat, dann weiß man, wofür man sich hier anstrengt. Man spürt dann auch sofort, dass man in Wirklichkeit *nichts* hat, wenn man keine Liebe hat.

Dies wissen bereits sehr, sehr viele Menschen. Doch kommen die meisten auf eine Schlussfolgerung, die dann in der Praxis die Liebe so gut wie unmöglich macht: Sie kommen auf die Idee, lieben zu *müssen*! Tun wir das nicht, können wir ja nie glücklich werden. Tun wir das nicht, geht die Welt zugrunde. Also *müssen* wir das doch wirklich, oder etwa nicht?! Ich selbst war in dieser scheinbaren Logik einige Jahre gefangen und kenne die Auswirkungen dieser Notwendigkeit des *Liebenmüssens* sehr gut. Schauen wir uns also wieder einmal an, wie Ernst mit diesem Muss umgeht.

Was meinst du? Traut Ernst sich die Liebe zur gesamten Menschheit direkt zu, nachdem er ihre Wichtigkeit erkannt hat? Sagt er sofort: „Klar, mach ich! Kein Problem!"? Oder fragt er sich, was passiert, wenn er es nicht hinbekommt? Natürlich stellt er sich diese Frage, denn wenn er es nicht hinbekommt, wird er niemals richtig glücklich sein, und gleichzeitig geht auch noch die Welt zugrunde! Also wird Ernst Angst bekommen, dass er es nicht schafft. Möglicherweise wird er sich sogar machtlos fühlen bei dieser Aufgabe oder gar resignieren.

Schauen wir uns das einmal in der intuitiven Sprache des Gehirns an, denn da wird das Dilemma sofort offensichtlich. Liebe ist eine helle, leichte, weite und vitalisierende Energie. Die Angst, es nicht zu schaffen, ist eine sehr *düstere* Energie. Die Machtlosigkeit und die Resignation sind *Kraft raubende* Energien. Die Notwendigkeit, lieben zu müssen, ist eine *einengende* Energie. Der Gedanke, dass es schlimm ist, wenn man es nicht schafft, erzeugt eine sehr *schwere* Energie.

Zusammenfassung: Wenn wir glauben, lieben zu müssen, dann erzeugen wir dabei düstere, schwere, einengende und Kraft raubende Energien. Die Liebe wäre jedoch eine helle, leichte, freie und Kraft spendende Energie – also genau das Gegenteil!

Der Glaube, lieben zu müssen, steht unserer Liebe also mächtig im Weg. Solange wir so denken, erzeugen wir ständig negative Energien, die es uns schwer bis unmöglich machen, tatsächliche Liebe zu empfinden. Dabei ist es auch egal, ob es um die Liebe zur gesamten Menschheit, die Liebe zur Familie, die Liebe zu unseren Freunden oder die Liebe zum Lebenspartner geht. Wenn immer die Liebe als ein Muss empfunden wird, kann man kaum noch Liebe empfinden. Sie wird von den düsteren, schweren, einengenden und Kraft raubenden Energien zugedeckelt.

Aber es passiert noch mehr. Wie du weißt, gehe ich davon aus, dass Ernst seine Realität selbst auswählt – und zwar durch die Ausrichtung seiner Aufmerksamkeit und seine Wahrnehmungsfilter. Wie wir gesehen haben, lenkt er seine Aufmerksamkeit auf viele düstere, schwere, einengende und Kraft raubende Muster, die er in sich trägt. Und diese Muster bestimmen dann natürlich auch seine Realitätsauswahl.

Was meinst du, welchen Menschen Ernst fortan hauptsächlich begegnet, wenn er glaubt, alle lieben zu müssen, und dabei Angst hat, dass er das nicht hinbekommt? Ich kann dir sagen, wem er dann hauptsächlich begegnet, denn genau das habe ich selbst erfahren. Er begegnet ständig Unsympathen – also Menschen, die ihm aus irgendwelchen Gründen zuwider sind. Natürlich weiß er, dass das nur an ihm selbst liegt. Er müsste alle lieben, kann es jedoch nicht, weil ihn irgendwelche eigenen Muster blockieren. Er fängt daher an, sich Sorgen darüber zu machen, dass er es vielleicht nicht schaffen wird. Diese Sorgen lassen seine Energie natürlich noch einmal schwerer werden.

Wie sieht es mit der Eigenliebe von Ernst aus, wenn er glaubt, alle Menschen lieben zu müssen? Er wird erleben, dass er bei dieser Aufgabe versagt. Welche Auswirkung hat dieses Versagen auf seine Eigenliebe? Wird es für ihn dadurch leichter, sich selbst zu lieben oder schwerer? Ich denke, die Antwort ist offensichtlich.

Und wenn Ernst gar das Motiv angenommen hat, dass er nicht nur alle Menschen, sondern absolut *alles* lieben muss, dann wird das alles noch viel schwieriger. Falls du diese Vorstellung ebenfalls in dir trägst, solltest du deshalb so schnell wie möglich davon loslassen.

Hier noch einmal die drei Fragen mit denen du das tun kannst:

1. Kann ich wirklich definitiv wissen, dass meine alte Sichtweise wahr ist?
2. Warum kann ich das nicht definitiv wissen?
3. Was spricht dafür, dass es auch anders sein könnte?

Halbwahrheit Nr. 42: An seiner Liebe zu arbeiten ist falsch, denn dann ist es keine authentische Liebe mehr

Viele Menschen nehmen sich mit diesem Postulat selbst die Möglichkeit, ihre Beziehungsblockaden zu lösen. Sie sind davon überzeugt, dass die Liebe vollkommen ist. Jeder Versuch, daran zu arbeiten, würde zwangsläufig zu einer unauthentischen, künstlichen Liebe führen. Sie sind daher davon überzeugt, dass man an seiner Liebe nicht arbeiten *darf*. Aus eigener Erfahrung weiß ich, wie problematisch sich diese Halbwahrheit im eigenen Leben auswirken kann. Und ich weiß auch, wie schwer es sein kann, von dieser Halbwahrheit loszulassen, denn die Menschen, die diese Halbwahrheit postulieren, können sehr, sehr überzeugend sein! Aus diesem Grund möchte ich dir in diesem Kapitel nicht nur einen begründeten Zweifel an dieser Halbwahrheit anbieten, sondern darüber hinaus auch die Möglichkeit, dir anzuschauen, welche Kompetenzen die Menschen, die diese Halbwahrheit vertreten, in Bezug auf die Liebe tatsächlich haben – oder eben *nicht* haben.

Ich werde dir dazu eine ganze Reihe an Mustern aufzeigen, die einem das Leben von Liebe schwer bis unmöglich machen können. Wenn du dir die Menschen genau anschaust, die diese Halbwahrheit vertreten, dann wirst du vermutlich mehrere der genannten Muster bei ihnen feststellen und auch erkennen können, wie negativ sich diese Muster auf ihr Leben tatsächlich auswirken. Und das wird dir dabei helfen, ihre scheinbar überzeugenden Argumente zu relativieren, sodass sie deinem begründeten Zweifel nicht länger im Weg stehen. Wenn es um die Liebe geht, kann ich sehr gut aus der Praxis sprechen, denn gut die Hälfte der 52 Seminare meiner Web-Akademie befasst sich wie gesagt direkt oder indirekt mit der Befreiung der Liebe von allen möglichen Störfaktoren, die uns die Liebe im Alltag schwer machen können. Und meine Teilnehmer zeigen hier sehr, sehr eindeutig auf, dass dies in der Praxis ganz wunderbar funktioniert.

Es gibt zum Beispiel viele Ängste, die unsere Liebe blockieren können. Wir haben Angst vor Ablehnung oder Zurückweisung, Angst, nicht zu genügen, Angst, verletzt zu werden, Angst, den Partner zu verlieren, betrogen, belogen, fallen gelassen zu werden, uns in der Beziehung zu sehr aufzugeben, die Freiheit zu verlieren und vieles mehr. All diese Ängste lassen sich wunderbar auflösen, sodass man dann angstfrei und sicher lieben kann. Wenn man allerdings aufgrund der oben genannten Halbwahrheit gar nicht an seiner Liebe arbeiten *darf*, dann werden sich diese Ängste natürlich nie auflösen!

Genauso sieht es auch mit all den vielen Dingen aus, die wir sein, tun oder haben zu müssen glauben, um geliebt werden zu können. Das sind Hunderte von „Müssens", die als Bedingungen zwischen uns und der Liebe stehen können, zum Beispiel: perfekt, unabhängig, lebensfroh, glücklich, erfolgreich, schlank, intelligent, eine gute Mutter, ein guter Vater oder ein guter Mensch sein zu müssen. Oder auch bestimmte Dinge tun zu müssen, wie arbeiten gehen, Geld verdienen oder sich weiterentwickeln. Etwas haben zu müssen, wie Kind, Haus, Job, Partner, Auto, Garten, schöne Schuhe usw. Oder etwas Bestimmtes schaffen, erreichen oder vermeiden zu müssen.

Es gibt in unserem Alltag tatsächlich Hunderte dieser Dinge, bei denen wir in Bezug auf das Geliebtwerden so ein unterschwelliges Müssen-Gefühl haben. Und all diese „Müssens" üben sowohl einen sehr negativen Einfluss auf unsere Realitätsgestaltung als auch auf unsere Liebe aus. Wenn wir diese „Müssens" nicht ändern dürfen, weil es sonst angeblich keine authentische Liebe mehr ist, dann hat unsere Liebe einfach keine Chance!

Schau dir deshalb einfach einmal die Menschen an, die meinen, an ihrer Liebe nicht arbeiten zu dürfen. Du wirst vermutlich gleich mehrere dieser „Müssens" bei ihnen finden und erkennen, wie negativ sich diese Muster auf ihr Leben in der Praxis tatsächlich auswirken. Dabei wäre die Korrektur dieser „Müssens" gar nicht so aufwendig, wie es auf den ersten Blick vermutlich den Anschein hat. Wenn wir sie freilich alle *einzeln* in Ordnung bringen müssten, würde das sicherlich viele Jahre dauern. Aber solche Dinge kann man sehr gut *generalisieren*. Es handelt sich dabei um eine Automatisierung der Umsetzung, für die wir uns der natürlichen Fähigkeit unseres Gehirns bedienen, Erfahrungen zu verallgemeinern, damit man nicht alles in zahllosen Varianten testen und lernen muss. Wir benötigen in der Akademie gerade einmal zwei Stunden, um ein unbewusstes Muster zu schaffen, das uns dann die gesamte Umsetzungsarbeit mit diesen vielen „Müssens" im Alltag abnimmt. Wir merken davon so gut wie nichts – außer dass nun in bestimmten Situationen, in denen wir früher immer in ein Gefühl des Müssens gerieten, die Energie von selbst auf ein höheres Niveau aufsteigt und wir uns sehr viel freier fühlen und auch besser mit der Situation umgehen können.

Ohne diese Generalisierung würde der gleiche Entwicklungsprozess, den die Teilnehmer meiner Akademie in 52 Wochen durchlaufen, vermutlich 40 Jahre dauern, denn es gibt in unserem Alltag extrem viele solcher Muster wie die „Müssens". In den 52 Seminaren werden insgesamt etwa 150 solcher Muster behandelt und generalisiert. Dafür brauchen wir pro Muster in der Regel nicht mehr als fünf Beispiel-Themen, die wir umsetzen. Den ganzen Rest macht unser Gehirn dann im Alltag vollautomatisch. Und das können wie gesagt Hunderte von Mustern täglich sein.

Die eigene Liebe von allen schweren, düsteren, einengenden und Kraft raubenden Mustern zu befreien ist also in der Praxis gar nicht so aufwendig. Aber diese Möglichkeit nimmt man sich wie gesagt, wenn man glaubt, dass es dann keine authentische Liebe mehr sei. Doch das ist wirklich esoterischer Unfug! Genau genommen arbeiten wir dabei ja noch nicht einmal direkt an unserer Liebe, denn an der gibt es in der Tat nichts zu korrigieren. Wir räumen nur unnötigen Ballast weg, damit die Liebe sich wieder ohne Blockaden entfalten kann.

Genauso verfahren wir dann zum Beispiel auch mit den vielen Dingen, die wir als nicht in Ordnung oder mit anderen Worten als *Missstand* ansehen. Auch dazu gibt es Hunderte von Mustern, die wir im

Laufe unseres Lebens erworben haben und die unsere Fähigkeit, die Liebe uneingeschränkt zuzulassen, stark beeinträchtigen können. Und auch diese Umsetzung lässt sich sehr gut generalisieren, sodass es sehr viel weniger Arbeit ist, als man vermutlich zunächst denkt.

Sehr sinnvoll ist auch die Veränderung gewisser Verhaltensmuster, die für das Scheitern der meisten Beziehungen verantwortlich sind – zum Beispiel die gegenseitige Manipulation. Wir tun das in einer Beziehung schon einmal, weil wir den anderen ändern wollen, damit er *noch besser* zu uns passt – nach dem Motto: *Wenn diese oder jene Eigenschaft nicht wäre und dieses oder jenes Verhalten nicht, dann wäre es perfekt!* Also versucht man diese unerwünschten Verhaltensweisen, Charaktereigenschaften, Wünsche, Bedürfnisse, Ängste und Hoffnungen, Motivationen, Anforderungen usw. beim anderen loszuwerden, indem man sie *ablehnt*, denn unbewusst personifizieren die meisten Menschen all diese Dinge – mit den üblichen negativen Konsequenzen, die wir in diesem Buch bereits besprochen haben. Aber schauen wir uns das noch einmal explizit in Bezug auf die Partnerbeziehung an.

Von Natur aus reagiert jeder Partner auf solche Erziehungsversuche mit Gegenwehr. Beide fangen dann für gewöhnlich an, sich gegenseitig mit Ablehnung zu begegnen, machen Schuldzuweisungen, werden wütend aufeinander, fühlen sich verletzt, sind beleidigt usw. Diese gegenseitigen Manipulationsmaßnahmen sind der Hauptgrund, warum die meisten Beziehungen auf Dauer nicht so glücklich bleiben wie am Anfang. Und natürlich kann man alle diese Verhaltensmuster ändern! Auch dabei arbeitet man in Wirklichkeit nicht an seiner Liebe, sondern einfach nur an seinen Beziehungsfähigkeiten. Man befreit seine Liebe also einfach nur von unguten Mustern, und das ist ganz sicher nicht falsch, wie die Teilnehmer meiner Akademie in der Praxis absolut bestätigen können.

Sie beenden diese gegenseitigen Manipulationen und gehen sehr viel sinnvollere Wege zu einer glücklichen Beziehung, in der beide Partner sich so geliebt fühlen können, wie sie wirklich sind. Sie lösen dazu auch sehr viele unechte Notwendigkeiten dahingehend auf, was wir alles tun zu müssen glauben, um beim Partner nicht in irgendwelche Fettnäpfchen zu treten, nicht zurückgewiesen oder abgelehnt zu werden oder einen schlechten Eindruck zu machen. Damit kann man sich die Liebe so unsagbar kompliziert machen, dass man sie nur in ganz vereinzelten, besonders schönen Momenten noch fühlen kann. Und genau das kann man sehr leicht ändern, wenn man sich nicht selbst die Möglichkeit dazu verbaut, indem man glaubt, an seiner Liebe nicht arbeiten zu dürfen.

Wenn du Menschen in deinem persönlichen Umfeld hast, die glauben, nicht an ihrer Liebe arbeiten zu dürfen, dann schau dir deren Partnerbeziehung einmal ein wenig genauer an. Ich bin sicher, du wirst erkennen, dass auch diese Menschen ihren Partner gelegentlich manipulieren wollen. Und du wirst erkennen, welche Probleme sie damit ständig auslösen. Diese Manipulation abzustellen wäre ein Segen für beide Partner, doch das tun sie natürlich nicht, weil sie ja an ihrer Liebe nicht arbeiten dürfen. Auch die unechte Notwendigkeit, Fehler vermeiden zu müssen, kann unserer Liebe sehr im Weg stehen. Wir wollen keine falschen Entscheidungen treffen, generell nichts falsch machen, was die Beziehung belasten könnte, usw. Dadurch sind wir so kontrolliert, dass wir die Liebe nicht frei fließen lassen können.

Nach dem Motto *„Vertrauen ist gut, Kontrolle ist besser"* zerstören viele Menschen sogar ihre Partnerbeziehung – zum einen mit Eifersucht, zum anderen mit überzogener Selbstkontrolle oder generell, weil man die eigene Zukunft mit dem Partner zu sehr kontrollieren will. Doch Kontrolle gehört nicht zur Liebe! Von ihr abzulassen ist nicht leicht. Das tut man erst, wenn man erkennt, dass in der Liebe Vertrauen *besser* ist als Kontrolle. Dieser Erkenntnisprozess ist jedoch nicht ganz einfach. Wir gehen das in der Akademie so detailliert durch, dass man sich selbst davon überzeugen kann. Danach ist Vertrauen kein Problem mehr! Und das ist überaus wichtig für eine liebevolle Partnerbeziehung. Denn zur Liebe gehören auch Freiheit und Vertrauen. Und auch wenn ich mich wiederhole: Diese Möglichkeit nehmen sich die Menschen, die glauben, an ihrer Liebe nicht arbeiten zu dürfen!

Noch fataler als eine übertriebene Kontrolle kann sich der *Überprüfungsmodus* auf unsere Liebe auswirken. Das ist ein Modus in unserem Gehirn, der dafür verantwortlich ist, dass viele Menschen ihren Partner am liebsten vor dem Traualtar sitzen lassen würden. *„Bist du wirklich sicher, dass du bis zum Ende deines Lebens mit diesem Partner glücklich sein wirst?"* Wer sich diese Frage ernsthaft stellt, erwartet sofort eine emotionale Bestätigung aus sich selbst. Das eigene Innere sollte hier laut und deutlich *„Ja!"* schreien. Stattdessen sind plötzlich alle Gefühle weg, was manche Menschen so verunsichert, dass sie dann nicht mehr heiraten wollen. In Wirklichkeit liegt es jedoch nur an diesem Modus, der dafür geschaffen wurde, etwas unvoreingenommen überprüfen zu können. Unvoreingenommen sind wir jedoch nur dann, wenn unsere Gefühle neutral sind. Also schaltet dieser Modus sofort alle Gefühle ab!

Wer nach dieser Frage erwartet, eine monsterstarke Liebe zu seinem Partner zu spüren, hat also ein Problem, weil er die Gefühle zuvor selbst abgeschaltet hat, ohne es zu merken. Natürlich starten wir diesen Überprüfungsmodus nicht nur bei einer Hochzeit. Wir tun das im Alltag unter Umständen mehrere Male pro Tag und neutralisieren damit immer wieder unsere Gefühle zu unserem Partner oder auch die Liebe zu uns selbst. Und wieder einmal hätte unsere Liebe keine Chance, wenn wir das nicht ändern dürften, weil es dann angeblich keine authentische Liebe mehr wäre.

Was wir bisher besprochen haben, waren alles *mentale* Muster. Noch gravierender wirken sich im Alltag jedoch die Muster des limbischen Systems auf unsere Liebe aus – beispielsweise das Gefühl des Liebesentzugs, das in unserem Emotionalgedächtnis mit vielen Auslösern gekoppelt sein kann und damit in unserem Alltag oft völlig unerwartet über uns hereinbricht.

Wenn wir zum Beispiel in den Augen eines geliebten Menschen etwas falsch oder nicht gut genug gemacht haben, dann kann es sein, dass er mit Liebesentzug reagiert, denn so ist er selbst in seiner frühen Kindheit konditioniert worden. Der gleiche Liebesentzug kann ausgelöst werden, wenn wir uns aus seiner Sicht nicht genug angestrengt haben, wenn wir versagt haben, wenn wir faul waren, wenn wir keine herausragende Leistung erbracht haben, wenn wir die Erwartung eines geliebten Menschen nicht vollständig erfüllt haben, wenn wir aus seiner Sicht zu egoistisch oder nicht rücksichtsvoll genug gewesen sind, uns zu viel oder zu wenig angepasst haben, wenn wir schlecht drauf waren oder auch einfach nur, weil wir anders waren als andere! Jedes Mal, wenn so etwas passiert, löst das unweigerlich das Gefühl von Liebesentzug in uns aus. Und das geschieht natürlich auch bei den Menschen, die glauben, an ihrer Liebe nicht arbeiten zu dürfen. Diese Menschen kämpfen gegen ihre Konditionierung an, weil sie ja unbedingt lieben wollen, doch in der Praxis hat ihr Kampf keine Chance. Konditionierungen sind einfach stärker als unser Wille.

Genau das gleiche Bild zeigt sich dann auch bei einer weiteren Konditionierung: Die meisten Eltern werfen *Zuneigung* und *Anerkennung* bei der Kindererziehung in einen Topf und lösen damit eine sehr ungute Konditionierung aus. In Wirklichkeit bekommen wir natürlich Anerkennung für unsere Leistungen. Zuneigung erhalten wir hingegen, weil wir die sind, die wir sind – also für unser *Sein* und nicht für unsere Leistungen! Dies ist jedoch in unserer Kultur bei so ziemlich allen Menschen falsch konditioniert, sodass wir nach Anerkennung streben, dabei aber eigentlich Liebe erwarten und dann zwangsläufig immer einen Mangel empfinden, weil wir nämlich über unsere Leistungen nicht tatsächlich das bekommen, was uns so wichtig ist! Wenn diese Konditionierung korrigiert ist, dann ist alles sofort ganz anders. Dürfen wir an diesem Muster jedoch nicht arbeiten, wird unsere Liebe auf ewig dadurch beeinträchtigt bleiben. Und das ist dann ganz sicher auch keine authentische Liebe!

Weiterhin sind wir in unserer Kindheit darauf konditioniert worden, dass Fehlverhalten bestraft wird. Und genau das tun wir dann auch in der Liebe mit uns selbst und unserem Partner – und zwar ohne es zu wollen und auch oft ohne uns dessen bewusst zu sein. Denn diese

Bestrafungsabsicht stammt aus dem Emotionalgedächtnis des limbischen Systems. Selbst wenn wir es merken und abstellen wollen, bricht dieses Motiv immer wieder durch. Erst wenn es dann umkonditioniert ist, ist Ruhe in der Kiste! Dann bestraft man weder sich selbst noch andere Menschen zwanghaft, wenn man etwas falsch gemacht hat. Das ist eine überaus wichtige Umsetzung für jede glückliche Beziehung. Und all das nehmen sich die Menschen, die glauben, dass sie an ihrer Liebe nicht arbeiten dürfen!

Es gibt noch viele solcher Muster, die in Bezug auf eine glückliche Partnerbeziehung und das Befreien unserer Liebe wichtig sind. Natürlich kann ich sie an dieser Stelle nicht alle aufführen. Aber ein paar interessante Zusammenhänge möchte ich dir noch vorstellen, denn diese können dir dabei behilflich sein, die Nützlichkeit spiritueller Postulate in Bezug auf die Liebe besser einordnen zu können.

Wir haben ja, wie bereits erläutert, vier Emotionssysteme in unserem Gehirn: Belohnungsgefühle, Lockgefühle, Zusammengehörigkeitsgefühle und Vermeidungsgefühle. Jedes dieser vier Systeme funktioniert nach anderen Prinzipien. So werden Belohnungsgefühle sehr schnell und stark ausgelöst, wenn wir einen Grund haben, uns zu freuen. Aber diese Gefühle verschwinden auch sehr schnell wieder. Mit der Liebe ist das anders. Die Liebe ist das einzige der vier Systeme, das darauf ausgelegt ist, ein *dauerhaftes* Gefühl zu erzeugen.

Man kann sich dieses Emotionssystem wie ein Fass vorstellen, in das unaufhörlich das Wasser der Liebe tropft. Je höher der Wasserstand in diesem Fass ist, desto stärker ist unsere Liebe. Doch leider hat dieses Fass auch einen Ablauf mit einem Stopfen. Ist in der Beziehung alles fein, bleibt der Stopfen drin und unsere Liebe wächst und wächst von Tag zu Tag. Doch leider ist dieses Fass sehr störungsanfällig. Da genügt eine kleine Unachtsamkeit unseres Partners, eine Kritik, eine Zurechtweisung oder Ähnliches, und sofort wird der Stopfen gezogen und unser Fass läuft aus. Danach braucht es dann wieder eine ganze Weile, bis der ursprüngliche Pegel wieder erreicht ist – sofern zwischendurch nicht schon wieder der Stopfen gezogen wird. Es schadet unserer Liebe daher sicherlich nicht, wenn wir dafür sorgen, dass der Stopfen drin bleibt!

Ich hoffe, es ist deutlich geworden, was ich mit diesem Kapitel ausdrücken wollte. Die Arbeit an uns selbst, um jene Muster zu verändern, die unsere Liebe im Weg stehen, ist sinnvoll und gut. Genau genommen arbeiten wir damit wie gesagt gar nicht an unserer Liebe, sondern an den Mustern, die uns das Lieben erschweren. Wenn man diese Muster in Ordnung bringt, dann kann man seine Liebe ohne Begrenzung frei ausleben. Und dann erfährt man am eigenen Leib, dass die Liebe zu einem anderen Menschen exakt die gleiche Liebe ist, die in vielen esoterischen Lobliedern als *göttliche* Liebe gepriesen wird. Liebe ist *immer* göttlich! Menschen, die das Gegenteil behaupten, haben einfach nur die besagten Blockaden, sodass sie die weltliche Liebe nicht als reine Liebe erleben können, weil sie an sehr viele schwere, düstere, einengende und Kraft raubende Energien gekoppelt ist.

Lass dir daher nicht erzählen, dass du an deiner Liebe nicht arbeiten darfst – und auch nicht, dass die Liebe zu einem Menschen keine *echte* Liebe sei, weil nur die göttliche Liebe authentisch sei. Wenn du genau hinschaust, dann wirst du sehr leicht erkennen können, dass dies nur genau diejenigen Menschen behaupten, deren weltliche Liebe durch so viele ungute Muster blockiert ist, dass sie echte Liebe in ihrem Alltag einfach nicht leben können. Deshalb weichen sie dann auf eine scheinbar höhere, spirituelle Liebe aus, denn dort können sie ohne Blockaden lieben.

Hier noch einmal die drei Fragen, mit denen du deinen begründeten Zweifel stärken kannst:

1. Kann ich wirklich definitiv wissen, dass meine alte Sichtweise wahr ist?
2. Warum kann ich das nicht definitiv wissen?
3. Was spricht dafür, dass es auch anders sein könnte?

Halbwahrheit Nr. 43: Du musst loslassen

Als ich vor 30 Jahren das erste Mal mit dieser Halbwahrheit in Berührung kam, hatte ich erst kurz zuvor ein für mich völlig neues Weltbild kennengelernt, in dem der Mensch gar kein materielles Wesen war, sondern reine Energie. Diese Energie floss durch meinen Körper. Aber sie floss in meiner damaligen Vorstellung auch von Mensch zu Mensch – und deshalb konnten mir andere Menschen meine Energie auch *absaugen*. Man erklärte mir damals, dass ich mich dagegen natürlich schützen müsse. Auch müsse ich aufpassen, dass mir andere Menschen keine negative Energie *reinschraubten*!

Über diese Halbwahrheit haben wir ja bereits ausführlich gesprochen und festgestellt, dass der Glaube, sich schützen zu *müssen*, sehr viele Nachteile mit sich bringt. Damals wusste ich allerdings noch nichts davon. Daher tappte ich volle Kraft voraus in dieses Fettnäpfchen. Es ging mir also immer schlechter. Mein lieber Weggefährte, durch den ich damals überhaupt erst Kontakt mit der Esoterik bekommen hatte, machte mir dann klar, dass die *Liebe* die stärkste Macht im Universum sei. Ich solle mir eine goldene Kugel aus reiner Liebe um mich herum vorstellen und diese Vorstellung immer aufrechterhalten. Durch diese Liebe könne nichts hindurchkommen.

Ich tat, was mir geraten wurde, und fürwahr, es funktionierte. Kein Klient saugte mir noch Energie ab oder bohrte seine Negativenergie in mich hinein – zumindest solange ich die Kugel visualisierte! Das Problem war nur, dass ich meinen Klienten kaum zuhören konnte. Denn immer, wenn ich mich zu sehr auf das Gespräch konzentrierte, vergaß ich meinen Schutz. Der Erfolg war, dass meine Klientel immer kleiner wurde. Aber wenigstens verschonten sie mich jetzt mit ihrer Negativenergie! Nach einer Weile bekam ich jedoch finanzielle Schwierigkeiten, weil ich so gut wie gar keine Klienten mehr hatte.

Mein treuer esoterischer Ratgeber hatte auch darauf eine Antwort. Er meinte, wenn man den spirituellen Weg eingeschlagen habe, müsse man halt damit leben, dass man kein Geld habe. Denn Geld sei dem materiellen Leben zugehörig und habe mit Spiritualität nichts zu tun. Man *müsse* von diesem schnöden Mammon *loslassen*. Überhaupt müsse man von *allem* loslassen, was einem wichtig erscheine. Nur was man loslasse, komme freiwillig und in Liebe zu einem zurück! Das sei das große Geheimnis der Liebe! Wenn ich wirklich Liebe leben wollte, dann *müsste* ich als Allererstes schon einmal *alles* loslassen.

Nicht ahnend, auf was ich mich eingelassen hatte, versuchte ich fortan, alles loszulassen, was mir bislang wichtig gewesen war. Und fürwahr, auch das funktionierte. Die Probleme, die ich loslassen konnte, lösten sich plötzlich ganz von selbst auf. Sicher, jetzt die richtige Methode zum Glück gefunden zu haben, warf ich alles, was ich bis dahin gelernt hatte, in die Tonne und übte Loslassen. Ich hatte ja meine Zauberlösung gefunden. Egal welche *Lernaufgabe* das Leben mir präsentierte, ich ließ einfach los, und das Problem verschwand. Es war wie ein Wunder. Es passierten Dinge, die ich nie für möglich gehalten hatte – Ereignisse, die ich niemals mit Zufall oder Wahrscheinlichkeit hätte erklären können. Diese kleinen und großen Wunder gaben mir das Gefühl, dass mir nichts mehr passieren konnte. Ich hatte mein Leben jetzt im Griff. Es war mir egal, welche Probleme auftauchen würden. Ich wusste ja, was ich zu tun hatte: Ich *musste* einfach nur *loslassen*, dann wurde alles gut.

Was glaubst du, wie gut dir das Loslassen von Problemen gelingt, wenn du glaubst, du *musst* loslassen? Die Antwort ist einfach: Es gelingt dir gar nicht mehr! Schauen wir uns das wieder einmal ein wenig genauer an. Wenn wir etwas als *Muss* definieren, sucht unser Gehirn sofort nach einer erklärenden Wenn-dann-Kausalität, wie beispielsweise: *Wenn* wir ein Problem loslassen, *dann* löst es sich auf. Und das bedeutet im Umkehrschluss: Wenn wir es nicht schaffen, unser Problem loszulassen, dann wird es sich auch nicht auflösen.

Das Muss verengt zusätzlich noch unseren Fokus ganz erheblich. Solange wir das Loslassen als eine von vielen Möglichkeiten ansehen, *müssen* wir nicht loslassen. Dann *können* wir loslassen. Unser Fokus auf der Suche nach Lösungsmöglichkeiten bleibt also weit, weil es ja viele Möglichkeiten gibt. Wenn es jedoch tatsächlich nur eine einzige gibt, dann haben wir natürlich das Gefühl, dass wir diese eine Möglichkeit nutzen *müssen.* Das heißt, wir überlegen dann gar nicht mehr, ob es noch andere Möglichkeiten gäbe, um unser Problem zu lösen. Wir haben Scheuklappen auf und sehen nur, dass wir diese eine Möglichkeit nutzen müssen.

Genau das passiert, wenn wir den Glauben annehmen, alles loslassen zu müssen. Dieser Glaube wird zu einem Wahrnehmungsfilter in unserem Fernrohr, der alle Möglichkeiten herausfiltert, die es neben dem Loslassen noch geben würde, um unser Problem zu lösen. Wir schauen dann einfach nicht mehr über unseren Tellerrand hinaus und sind nur noch voll und ganz auf das Loslassen unseres Problems fixiert. *Und damit sind wir automatisch auf unser Problem fixiert!* Wir halten unseren Fokus also die ganze Zeit auf das Problem gerichtet, dabei müssten wir beim Loslassen genau das Gegenteil tun!

Wir wählen mit unserem metaphorischen Fernrohr unsere Realität aus. Das, was wir dadurch wahrnehmen, manifestiert sich in unserem Leben. Und mit dem Loslassenmüssen nehmen wir das Problem wahr – und zwar als Dauerfokus, weil wir ja komplett darauf fixiert sind! Daher wird das Problem auch unweigerlich weiterhin manifestiert. Es kann sich also nicht auflösen, weil wir es die ganze Zeit fixieren und damit weiterhin manifestieren.

Genauso erlebte ich das vor etwa 30 Jahren. Am Ende meiner Weisheit angekommen, traf ich dann wieder meinen „Aufwecker". Er war inzwischen in seiner Entwicklung entscheidend weitergekommen und half mir aus der Zwickmühle heraus. Er war mittlerweile dahintergekommen, dass er selbst die Ereignisse in seinem Leben gestaltete. Er wusste auch schon genau, wie das funktionierte. Alles sei Energie, erklärte er wiederum. Wenn ich meine Aufmerksamkeit auf ein Problem richten würde, gäbe ich dem Problem damit Energie. Die Lösung bestehe nun darin, einfach zu *akzeptieren,* was ist. Wenn ich es nicht mehr bewerten würde und einfach annehmen würde, wie es ist, gäbe ich absolut keine Energie mehr darauf, und es würde sich auflösen. Ich zog also fortan durch das Land und übte, nicht zu bewerten und alles zu akzeptieren, wie es war. Es ging mir recht gut damit. Ich spürte richtig, dass ich den Problemen keine Energie mehr gab.

Erneut sicher, meine Zauberlösung gefunden zu haben, warf ich das *Loslassenmüssen* in die Tonne und *akzeptierte* auf Teufel komm raus. Der Erfolg gab mir Recht. Und so keimte erneut die Hoffnung in mir auf, dass ich jetzt das Leben in den Griff bekäme. Wenn irgendetwas Negatives passierte, *musste* ich ja nur akzeptieren, was gerade war. Dummerweise war aber auch klar, dass ein Problem noch größer werden würde, wenn ich es nicht akzeptieren könnte!

Du kannst dir wahrscheinlich schon denken, was dann geschah. Ich musste zwar jetzt nicht mehr loslassen, aber dafür alles akzeptieren, was mir gerade passierte. Zusätzlich musste ich natürlich weiterhin alle Menschen lieben. Gleichzeitig musste ich mich natürlich auch vor der Negativität schützen – was dummerweise mit dem Liebenmüssen und Akzeptierenmüssen massiv kollidierte! Mein Leben war ganz schön schwierig geworden. Je mehr ich über die Esoterik lernte, desto problematischer wurde es. Ich begann so langsam daran zu zweifeln, ob das tatsächlich alles so stimmte, was ich in den letzten Jahren gelernt hatte. Ich war für die Esoterik immer offen gewesen. Möglicherweise war ich ja auch *zu* offen, dachte ich mir. *Möglicherweise war ich schon so offen, dass ich nicht mehr ganz dicht war!* ☺

Der Glaube, *loslassen zu müssen*, führte jedenfalls unweigerlich dazu, dass ich nicht mehr loslassen konnte. Das gesamte Leben schien mich zum Loslassen zu zwingen, denn immer, wenn ich es nicht schaffte, passierte eine kleine Katastrophe. Dass diese Katastrophen eine Widerspiegelung meines Müssens darstellten, begriff ich erst sehr viel später. Ich konnte dadurch dann endlich vom Loslassenmüssen loslassen, und der Spuk hörte genauso schnell wieder auf, wie er gekommen war.

Wir *müssen* weder loslassen noch akzeptieren noch lieben noch sonst irgendetwas. Aber wir *können* natürlich, wenn wir das *wollen.* Wenn man nicht glaubt, es zu müssen, dann ist das in der Praxis oft sogar ganz einfach. Und immer dann, wenn es nicht klappt, kann man das dahinter liegende Muster in Ordnung bringen. In der Regel sind es nämlich einfach nur Missverständnisse zwischen dem Großhirn und dem Emotionalgehirn, wenn man nicht loslassen oder lieben kann. Und die kann man sehr gut in Ordnung bringen.

Nimm den gut gemeinten Rat vieler spiritueller Menschen daher nicht so wörtlich, wenn sie sagen, dass du jetzt loslassen musst. Du *musst* das nicht tun – du *kannst,* wenn du es *möchtest,* denn es gibt noch viele anderen Möglichkeiten.

Hier noch einmal die drei Fragen, mit denen du von dieser unguten Halbwahrheit *loslassen kannst*:

1. Kann ich wirklich definitiv wissen, dass meine alte Sichtweise wahr ist?

2. Warum kann ich das nicht definitiv wissen?

3. Was spricht dafür, dass es auch anders sein könnte?

Auch zu diesem Thema möchte ich dir den Austausch mit gleichgesinnten spirituellen Menschen wärmstens empfehlen. Es wird ein wahrer Umsetzungsturbo für dich sein.

Halbwahrheit Nr. 44: Du musst etwas Besonderes sein

Da wir gerade beim *Müssen* sind: Viele Menschen glauben, dass sie die Tollsten, Besten, Liebenswertesten usw. sein *müssen*. Und wenn man das nicht schafft, dann sollte man wenigstens *perfekt* sein! ☺

Diese Motivation hat, wie bereits erwähnt, ihren Ursprung in unserer frühesten Kindheit. In ihrem Kern entsteht sie aus einer Kopplung von Liebe an Unsicherheit im Emotionalgedächtnis des limbischen Systems. Diese Kopplung ist, bedingt durch die Lebensweise in unserer Kultur, praktisch unvermeidbar, wie ich schon einmal ausführlich erläutert habe. Sie entsteht bereits in der Kleinkindphase, da unsere Kinder nicht *artgerecht* aufwachsen. Wir haben darüber schon einmal gesprochen, als es um die Yequana in Venezuela ging.

Die Yequana tragen ihre Kinder das gesamte erste Lebensjahr permanent am Körper. Dadurch kann in Bezug auf die Zusammengehörigkeit mit der Mutter bei den Kindern keinerlei Unsicherheit aufkommen. Weiterhin schlafen die Kinder so lange im Bett ihrer Eltern, bis sie selbst entscheiden, dass sie ein eigenes Bett haben wollen – in der Regel die ersten drei bis fünf Jahre. Auch das ist ein Faktor, der keine Unsicherheit bei den Kindern aufkommen lässt. Der dritte Faktor besteht darin, dass die Yequana, bedingt durch ihre einfache Lebensweise und sehr entspannte Wertvorstellungen, ihre Kinder nur sehr selten zurechtweisen müssen, weil sie gar nicht so viel falsch machen können wie die Kinder in unserer Kultur. Dadurch werden die Kinder ohne scheinbaren Liebesentzug erzogen. Sie wachsen dadurch zu unfassbar freundlichen, friedlichen, sehr lebensfrohen und selbstbewussten Menschen heran, die niemals auch nur auf die Idee kommen würden, man könnte sie nicht lieben.

In unserer Kultur dagegen kommen Kinder nicht daran vorbei, in Bezug auf die Liebe eine gewisse Unsicherheit zu empfinden. Unsere Lebensweise entspricht einfach nicht mehr dem, was die Instinkte eines Kleinkindes brauchen würden, um sich der Liebe der Eltern wirklich sicher zu sein. Wir lernen dann später, mit dieser Konditionierung umzugehen – der eine besser, der andere schlechter –, doch wir alle tragen sie in uns.

Aufgrund dieser Unsicherheit in Bezug auf die Liebe entsteht in der Kindheit automatisch ein stark erhöhtes Verlangen nach Liebe. Unser Sicherheitsinstinkt reagiert immer so auf eine Unsicherheit. Wenn etwas Mangelware ist, wollen wir aus Sicherheitsgründen mehr davon – sozusagen einen Notvorrat. Nur dann fühlen wir uns sicher. Das gilt für die Themen Geld, Erfolg oder Gesundheit genauso wie für die Liebe. Es gilt in allen Bereichen unseres Lebens. Wenn wir uns nicht sicher fühlen, wollen wir mehr! Wir wollen ein Sicherheitspolster!

Von diesem Phänomen sind Frauen offenbar deutlich stärker betroffen als Männer, was angeblich mit dem Hormon Testosteron zu tun haben soll, das Männern auf biochemischem Wege etwas mehr Sicherheit verleiht. Wissenschaftler kamen zu diesem Schluss, nachdem statistisch ermittelt wurde, dass Frauen das deutlich unzufriedenere Geschlecht sind. Doch natürlich bleiben auch Männer nicht ganz von Unzufriedenheiten verschont. Hinterfragt man die Unzufriedenheit von Männern oder Frauen bis zu ihrem Urgrund, kommt immer wieder die gleiche Antwort: Wir wollen *mehr*! *Mehr* Liebe, *mehr* Geld, *mehr* Erfolg, *mehr* Gesundheit, *mehr* alles und *mehr* jedes. Hinterfragt man auch dieses Verlangen nach *mehr*, stößt man im Urgrund auf unser Sicherheitsbedürfnis. Mehr Geld macht zwar nicht glücklich, aber es beruhigt die Nerven! Und so sieht es bei allem aus, von dem wir mehr wollen.

Und so wollten wir auch als Kind aus Sicherheitsgründen mehr Liebe von unseren Eltern, als wir bekommen konnten. Und das verursachte natürlich erst recht Mangelgefühle. Und diese Mangelgefühle in Bezug auf die Liebe stellen für das limbische System eines Kindes einen lebensbedrohlichen Missstand dar. Also wird das Kind alles versuchen, um mehr Liebe zu bekommen – und dabei natürlich zwangsläufig scheitern und irgendwann machtlos aufgeben. Auf diese Weise entsteht eine Kopplung von Liebe an Machtlosigkeit im limbischen System, die ebenfalls jeder Mensch in unserer Kultur aufweist. Natürlich sind die Kopplungen von Liebe an Mangel und Machtlosigkeit nicht bei allen Menschen gleich stark ausgebildet, aber jeder hat sie.

Das alles passierte bereits in den ersten beiden Lebensjahren. Es war sozusagen unsere *erste allgemeine Verunsicherung*. Dann wurden wir älter und fingen an, uns über diesen Missstand Gedanken zu machen. Mit etwa drei bis vier Jahren waren wir dann alt genug, um auf eine folgenschwere Idee zu kommen: Vielleicht lag es ja an uns!? Vielleicht waren wir einfach nicht liebenswert oder nicht gut genug. Aus der allgemeinen Verunsicherung wurde also eine spezielle. Es entstand die Unsicherheit, ob wir, so wie wir sind, überhaupt gut genug sind.

Und sobald wir uns unsicher fühlen, wollen wir wie gesagt ein Sicherheitspolster. Das ist in unseren Instinkten so angelegt. Deshalb versuchen wir dann, so perfekt wie irgend möglich zu sein. Wir verlangen uns selbst mehr ab als jedem anderen Menschen auf der Welt. Mit anderen Worten: Wir setzen die Anforderungen an uns selbst sehr, sehr hoch. Und dann messen wir uns an diesen viel zu hohen Anforderungen, was natürlich unsere Unsicherheit noch weiter verstärkt. Gleichzeitig versuchen wir natürlich, diese hohen Anforderungen an uns selbst zu erfüllen, was uns sehr schnell völlig überfordern kann.

In der Psychologie kennt man deswegen das sogenannte „Superfrau-Syndrom“. *Superfrauen* fühlen sich verpflichtet, auf tausend Hochzeiten gleichzeitig zu tanzen – und das mit allergrößter Perfektion! Sie müssen perfekte Ehefrauen, perfekte Mütter, perfekte Liebhaberinnen und perfekte beste Freundinnen sein, einen vollkommenen Körper besitzen, permanent glücklich, fröhlich, zufrieden und liebevoll sein, eine Bilderbuchkarriere hinlegen, eine perfekte Gesundheit und Jugendlichkeit vorweisen, dafür sorgen, dass es jedem Menschen, der sich in ihrer Nähe aufhält, gut geht, den Hunger in der Welt abstellen, Kriege verhindern und nebenbei noch die Welt retten.

Dieses Syndrom gibt es natürlich auch bei Männern. Es hat jedoch nicht die Bezeichnung *Superman-Syndrom* erhalten, weil diese Bezeichnung bereits für Männer mit XYY-Chromosomen verwendet wird.

Wir merken irgendwann natürlich, dass wir diesen hohen Anforderungen unmöglich gerecht werden können. Und an diesem Punkt haben wir dann zwei Möglichkeiten: Entweder wir geben auf und verzichten auf die Liebe, die wir ja fälschlicherweise an diesem Superfrau-Syndrom festgemacht haben, oder wir gehen den Standardweg in unserer Kultur: Wenn wir die Anforderungen nämlich nicht erfüllen können, die wir glauben erfüllen zu müssen, damit wir uns der Liebe anderer Menschen sicher sein können, dann muss das ja nicht unbedingt gleich jeder mitkriegen! ☺ Wir versuchen also, nach außen hin mehr zu scheinen, als wir vermeintlich sind. Diese Taktik fahren in unserer Kultur fast alle Menschen.

Wir bemühen uns natürlich erst einmal, die Persönlichkeit zu sein, die wir nach außen hin darstellen wollen. Dann merken wir schnell, dass wir so perfekt, wie wir gerne wären, *in Wirklichkeit* gar nicht sind! Genau das ist der springende Punkt. Wenn wir versuchen, jemand Besonderes zu sein, und es dann nicht schaffen, dann denken wir schnell, dass wir *in Wirklichkeit* ein Mensch sind, der das Leben nicht auf die Reihe bekommt. Wir identifizieren uns also mit dem negativen Aspekt unseres Selbst, der es nicht hinbekommt. Dieser *Loser* glauben wir dann *in Wirklichkeit* zu sein!

Wir wollen aber kein Loser sein! Und wir wollen auch nicht, dass andere uns so sehen. Also leben wir nach außen hin deshalb eine *Wannabe-Identität,* an deren Wahrheit wir selbst immer stärker zweifeln, weil wir ja ständig selbst erkennen müssen, dass wir so toll gar nicht sind, wie wir scheinen wollen. Auf diese Weise schwächen wir mit der Zeit immer mehr den Wahrheitsgehalt unserer Wannabe-Identität und stärken immer mehr die scheinbare Wahrheit – nämlich dass wir in Wirklichkeit gar nicht so toll sind.

Anmerkung: „Wannabe" ist umgangssprachliches Amerikanisch und bedeutet ausgeschrieben „want to be". Man könnte die Wannabe-Identität also mit Möchtegern-Identität übersetzen. Da dies nicht wirklich nett klingt, verwende ich lieber den amerikanischen Begriff.

Doch dieses unechte, negative Selbstbild, mit dem wir uns jedes Mal als „wahres" Selbst identifizieren, wenn wir unsere Wannabe-Identität einmal nicht vor uns selbst aufrechterhalten können, ist absolut nicht unser *wahres Selbst*. Es ist genauso wenig wahr wie unsere Wannabe-Identität. Die Wahrheit liegt irgendwo in der Mitte. Um sie zu erkennen, lass mich dir bitte einmal ein paar einfache Fragen stellen! Empfindest du deine Freunde eigentlich als Bereicherung in deinem Leben? Wenn ja, was macht sie dazu? Was genau müssen sie leisten, um für dich eine persönliche Bereicherung zu sein? Ist es wichtig, dass sie einen angesagten Beruf ausüben? Sind sie als Freunde wertvoller, wenn sie Karriere machen und viel Geld verdienen? Oder sind sie wertvoller, wenn sie sehr sportlich oder gut im Bett sind? Wahrscheinlich ist es das alles nicht, oder?!

Hast du vielleicht schon einmal eine andere Person als Bereicherung empfunden, weil sie ähnliche Interessen oder Lebensziele hatte wie du? Du gehst vielleicht für dein Leben gern gut essen. Wenn einer deiner Freunde das ebenfalls sehr gern tut, ist er doch schon allein dadurch eine persönliche Bereicherung für dich, oder?

Oder gibt es vielleicht bestimmte Charaktereigenschaften, die einen Menschen für dich zur persönlichen Bereicherung machen? Ehrlichkeit, Offenheit, Optimismus, Humor? Wie sieht es mit deinen grundsätzlichen Werten und Ansichten aus? Empfindest du deine Freunde nicht auch deshalb als Bereicherung, weil diese ähnlich denken wie du und du deshalb mit ihnen über alles reden kannst?

Für all dies müssen deine Freunde in Wirklichkeit nichts leisten. Ihr *Persönlichkeitswert* stellt für dich eine Bereicherung dar, nicht ihr Leistungswert. Der ist vorwiegend im Sport oder im Beruf von Belang, wo es tatsächlich um Leistung geht, aber in Freundschaften oder Partnerbeziehungen ist er nur von sehr untergeordneter Bedeutung.

Schauen wir uns einmal ein ganz offensichtliches Beispiel dazu an: Hast du schon einmal einen Freund als Bereicherung empfunden, weil er dieselben Probleme hatte wie du? Auch das ist möglich und hat ganz sicher nichts mit Leistung zu tun! *Gemeinsamkeiten* und *Ergänzungen* machen andere Charaktere für dich zur persönlichen Bereicherung – gemeinsame Interessen, Ansichten, Werte, Eigenschaften, ja sogar gemeinsame Probleme oder Ängste.

Menschen, die du magst oder liebst, sind die mit Abstand größten Glückspotenziale, die du haben kannst. Ohne sie wäre dein Leben trostlos und einsam. Viele Zeitgenossen erkennen das jedoch leider erst, wenn sie alt geworden sind. Auf dem Sterbebett gefragt, was sie anders machen würden, wenn sie in der Zeit zurückreisen könnten, kommt immer dieselbe Antwort: „Ich würde mir mehr Zeit für meine Liebsten nehmen." Keiner sagt jemals, dass er mehr Zeit im Büro hätte verbringen sollen. Am Ende ihres Lebens merken alle, wie wertvoll die Freundschaft und Liebe anderer Mitmenschen tatsächlich war und wie sehr diese sie bereicherten.

Und das gilt natürlich auch umgekehrt. Du – so wie du bist, mit all deinen Ecken und Kanten – bist für deine Freunde, deine Familie, deinen Lebenspartner eine unfassbar wertvolle persönliche Bereicherung. Dafür musst du nicht perfekt sein. Im Gegenteil: *Ein Diamant glänzt auch nur durch seine Ecken und Kanten!* In Wirklichkeit wünscht sich niemand als Freund oder Partner einen perfekten Erdenbürger. Da gäbe es viel zu wenig Gemeinsamkeiten und Ergänzungen und damit zu wenig persönliche Bereicherung. Man fände diese vollkommene Person sicher ganz toll, weil sie einen unfassbaren Leistungswert verkörpert, aber als Freund oder Partner würde sie sich dennoch niemand langfristig wünschen.

Da wir jedoch alle in einer Leistungsgesellschaft aufgewachsen sind, wo der Leistungswert einer Person permanent hochgejubelt und über den Persönlichkeitswert kaum gesprochen wird, versuchen dennoch die meisten, dem Bild eines Idealmenschen zu entsprechen. Das ist der Ursprung des Superfrau-Syndroms.

Natürlich kann niemand auf Erden diesem Anspruch tatsächlich gerecht werden. Wer sich selbst nach einem solch überzogenen Maßstab beurteilt oder glaubt, andere täten dies auch, wird zwangsläufig in Selbstzweifeln versinken. Manche ziehen sich deshalb wie gesagt aus der Gesellschaft zurück und arbeiten an ihrem Selbstwertgefühl, andere versuchen, ihre Unzulänglichkeiten zu ignorieren oder zu überspielen, aber die meisten versuchen, wenigstens nach außen hin ein möglichst mustergültiges Bild abzugeben. Sie versuchen also, mehr zu scheinen, als sie sind, und verlieren dadurch etwas überaus Wertvolles: *ihre Authentizität.*

Jene, die am stärksten an die Notwendigkeit eines hohen Leistungswertes glauben, trifft es für gewöhnlich am härtesten. Sie lassen keine Gelegenheit aus, sich selbst zu inszenieren und mit ihren Leistungen zu protzen, was es für andere sehr schwierig macht, mit ihnen eine tiefe freundschaftliche oder partnerschaftliche Beziehung einzugehen.

Viele von ihnen versuchen dann darzustellen, was andere Leute toll finden. Diese Strategie scheint zunächst sogar aufzugehen, einige finden sie zu Beginn vielleicht auch interessant. Doch auf lange Sicht kann niemand dieses Versteckspiel aufrechterhalten – vor allem auch deshalb nicht, weil man jedem etwas anderes vorspielen muss, um für ihn toll zu erscheinen. Sobald mehr als eine Handvoll Personen zusammenkommen, sitzt man zwischen den Stühlen.

Gleichzeitig hat man selbst Schwierigkeiten, jene Individuen, denen man etwas vorspielt, tatsächlich zu mögen, denn in Wirklichkeit passt es gar nicht richtig zusammen. Aus mangelndem Eigeninteresse und weil diese Menschen sehr schnell merken, dass man nicht authentisch ist, gehen die Beziehungen rasch wieder auseinander. Tiefe Beziehungen bauen auf dem Erkennen von Gemeinsamkeiten und Ergänzungen und damit auf dem Persönlichkeitswert auf, für den es keinen einheitlichen Maßstab gibt. Für den einen bist du wertvoll, weil ihr zueinander passt, für den anderen nicht. Das ist auch gut so, denn es ist nicht unbedingt angenehm, wenn man ständig jemanden an der Backe hat, der einen ganz toll findet, den man aber selbst gar nicht besonders gut leiden kann.

Wenn wir uns unseren Mitmenschen gegenüber so zeigen, wie wir tatsächlich sind, und zwar ohne besonders toll sein zu wollen, bietet sich uns die Chance, jene Personen zu finden, die wirklich zu uns passen. Es mag vielleicht etwas länger dauern, bis sich andere Menschen für uns interessieren, doch alle Beziehungen, die auf Authentizität und Wahrhaftigkeit beruhen, bleiben uns in der Regel langfristig erhalten, und es kommen nach und nach ständig neue tolle Typen hinzu.

Zu Beginn wird es trotz dieser guten Argumente für die Authentizität sicherlich ein wenig Mut kosten, sich nicht jedem von seiner vermeintlich besten Seite zu zeigen. Sag dir in solchen Momenten einfach immer wieder: *„Ein Diamant glänzt auch nur durch seine Ecken und Kanten!“*

Hier noch einmal die drei Fragen, mit denen du von der unguten Halbwahrheit loslassen kannst, etwas ganz Besonderes sein zu *müssen*:

1. Kann ich wirklich definitiv wissen, dass meine alte Sichtweise wahr ist?
2. Warum kann ich das nicht definitiv wissen?
3. Was spricht dafür, dass es auch anders sein könnte?

Halbwahrheit Nr. 45: Wenn du etwas erreichen willst, dann musst du hohe Anforderungen an dich selbst stellen

Ich war Teenager und wollte meine sportlichen Leistungen verbessern. Dazu lernte ich als Erstes, man solle seine Anforderungen an das Leben richtig hoch setzen, denn das sporne einen zu Höchstleistungen an. Das bestätigte sich auch sehr schnell, was mich dann letztendlich zu einem sehr ehrgeizigen Menschen machte. Aber es hatte leider auch sehr negative Konsequenzen für mein Lebensglück!

Nachdem ich diese Empfehlung verinnerlicht und meine Anforderungen an das Leben in allen Bereichen richtig hoch angesetzt hatte, arbeitete ich fast Tag und Nacht daran, alle meine Anforderungen zu erfüllen. Das waren nicht nur Anforderungen an meinen Lebensstandard, sondern auch Anforderungen an meine Partnerbeziehung, an meine Freundschaften, an meine Gesundheit, an mich selbst usw. Ich hatte sehr viele sehr hohe Anforderungen ans Leben. Nach vielen Jahren gelang es mir, fast alle diese Anforderungen zu erfüllen. Es war ehrlich gesagt die trostloseste Zeit meines Lebens!

Der Grund: Es gibt einen gravierenden Unterschied zwischen *Anforderungen* und *Wünschen*. Wenn sich ein Wunsch erfüllt, dann freuen wir uns, sind möglicherweise sogar begeistert bis euphorisch. Kurz: Unser Gehirn überschüttet uns mit Belohnungsgefühlen, und wir fühlen uns glücklich. Wenn hingegen eine unserer Anforderungen erfüllt wird, ist das ganz anders: Wie ich schon einmal in diesem Buch angedeutet habe, sind Anforderungen Definitionen dessen, wie etwas zu sein hat, damit wir es als *in Ordnung* ansehen können. Wird eine Anforderung nicht erfüllt, ist unser Leben also nicht in Ordnung. Wird sie hingegen erfüllt, ist es bestenfalls *okay*, aber es ist eben nichts Besonderes! Erst wenn wir unsere Anforderungen deutlich übertreffen könnten, würde dies als toll oder gut beurteilt.

Wenn eine Anforderung also gerade einmal so erfüllt wird, bekommt man keine Belohnungsgefühle wie Freude oder Zufriedenheit und schon gar nicht Euphorie oder Begeisterung. Und wenn man alle seine Anforderungen so richtig hoch setzt, dann gibt es kaum noch intensive Belohnungsgefühle im eigenen Leben. Und so war es auch bei mir. Mein Leben fühlte sich einfach nur langweilig und trostlos an. Ich hatte ein permanentes unterschwelliges Mangelgefühl und wusste nicht, was mir eigentlich fehlte. Ich hatte doch alles!? Ich hatte Erfolg, wo ich nur hinschaute. Aber das war alles nur äußerlich – in meinem Inneren fehlten mir einfach die glücklichen Gefühle.

Wenn man kaum noch Belohnungsgefühle bekommen kann, dann lohnt sich vom Gefühl her vieles einfach nicht mehr. Denn unser Großhirn erhält seinen Lohn über die Belohnungsgefühle – nur das ist es, was es wirklich haben will: Es will schöne Gefühle! Bekommt es die nicht mehr, wenn wir an etwas denken, das wir tun sollten, dann lohnt es sich vom Gefühl her auch nicht mehr, damit überhaupt anzufangen. Und wenn wir stattdessen auch noch ständig Mangelgefühle haben, dann fangen wir schnell an zu zweifeln, ob sich das ganze Leben eigentlich noch lohnt! Wenn das geschieht, ist man in einem Teufelskreis gefangen. Unser innerer Schweinehund wird sofort aktiv, wenn wir auch nur daran zweifeln, ob sich etwas noch lohnt. Die Frage, ob sich das Leben noch lohnt, ist sehr häufig der Einstieg in eine Depression.

Wie können wir also dafür sorgen, dass unser Gehirn glückliche Gefühle produziert? Um das Prinzip zu verstehen, schauen wir uns noch einmal den Aufbau unseres Gehirns an. Tatsächlich haben wir ja, wie ich bereits bei Halbwahrheit Nr. 11 erläutert habe, nicht nur ein Gehirn, sondern – je nach Definition – mindestens drei: das Reptiliengehirn, das Emotionalgehirn (limbisches System) und das Großhirn, die sich in dieser Reihenfolge evolutionär entwickelt haben.

Das Emotionalgehirn erzeugt – vereinfacht gesprochen – Belohnungsgefühle wie Lust oder Zufriedenheit, wenn es eine Situation als überlebensfördernd einstuft, und Vermeidungsgefühle wie Angst oder Aggression, wenn die Situation das Überleben zu gefährden scheint. Denn der einzige Daseinszweck des Emotionalgehirns ist die Sicherung unseres Überlebens.

Das Großhirn hat dagegen die Aufgabe, komplexe Zusammenhänge zu erfassen und zu beurteilen, die für die beiden primitiveren Gehirne zu kompliziert sind. Deshalb sind Reptiliengehirn und Emotionalgehirn hier darauf angewiesen, dass das Großhirn ihnen sinnvolle Beurteilungen liefert.

Damit das Großhirn diese Aufgabe übernimmt, braucht es jedoch eine Motivation. Ohne Motivation tun wir nämlich gar nichts! Und diese Motivation besteht darin, dass wir glückliche Gefühle erleben wollen. Doch die kann das Großhirn eben nicht selbst erzeugen! Es kann diese Gefühle nur dem Emotionalgehirn entlocken. Das Emotionalgehirn rückt diese Gefühle jedoch immer nur dann heraus, wenn das Großhirn etwas Lohnendes in Sachen Überleben leistet. Das Interessante dabei ist aber, dass unser Emotionalgehirn hier selbst gar nicht beurteilen kann, was tatsächlich lohnend ist und was nicht! Und genau hier liegt die größte Chance auf ein überaus glückliches Leben!

Das Emotionalgehirn besitzt nur die Intelligenz, über die bereits ein niederes Säugetier verfügt. Es versteht damit zum Beispiel, dass es lohnend ist, etwas Gutes zu essen zu bekommen. Deshalb kann man beispielsweise auch einen Hund mit Leckerlis erziehen. Er hat weitestgehend das gleiche Emotionalgehirn wie wir Menschen. Aber genauso wenig, wie ein Hund beurteilen könnte, warum es sich für uns lohnt, morgens in die U-Bahn zu steigen und zur Arbeit zu fahren, so kann das unser Emotionalgehirn ebenfalls nicht. Es ist hier auf die Beurteilung des Großhirns angewiesen. Wenn das Großhirn also sagt, dass sich etwas lohnt, dann geht das Emotionalgehirn auch davon aus, dass dies wirklich so ist. Und – es erzeugt dann sofort Belohnungsgefühle!

Es genügt schon, wenn wir uns fragen, wozu sich etwas lohnen *könnte*. Denn allein schon die Chance, dass sich etwas lohnen könnte, löst bereits gute Gefühle aus. Natürlich könnten wir jetzt einfach immer sagen, dass sich etwas bestimmt lohnen könnte, ohne lange darüber nachzudenken. Doch dann wäre das Lohnen unbegründet. Unbegründete Aussagen werden immer sehr schnell von unserem Großhirn bezweifelt, was das Emotionalgehirn natürlich mitbekommt. Daher haben unbegründete Beurteilungen vergleichsweise wenig Kraft. Das ist auch der Grund, warum wir hier in diesem Buch immer einen *begründeten* Zweifel erarbeiten.

Es ist also *lohnend*, Argumente zu suchen, wozu sich etwas lohnen könnte. Wenn du dir das angewöhnst, und zwar bei allem, was du tust, sogar bei den kleinsten Kleinigkeiten, dann produziert dein Emotionalgehirn von Tag zu Tag immer mehr Lebenslust und Lebensfreude. Du wirst das Gefühl haben, am Leben nicht mehr nur teilzunehmen, sondern mittendrin zu sein. Du kannst auf diese einfache Art und Weise ein Mensch werden, der vor Vitalität und Lebensfreude nur so sprüht! Aber vor allem wirst du auf diese Weise ständig neue vitalisierende, leichte, freie und helle Ereignisse in dein Leben ziehen, denn diese starken positiven Energien werden natürlich deine Realität beeinflussen!

Aber kommen wir noch einmal zu unseren Gehirnen zurück, um die Sachlage noch besser zu verstehen. Für unser Großhirn ist es lohnend, sich anzustrengen, wenn wir dafür am Ende Belohnungsgefühle bekommen. Bei unserem Emotionalgehirn sieht das anders aus. Es will keine Belohnungsgefühle. Es erzeugt ja alle Gefühle selbst. Wollte es Belohnungsgefühle, könnte es sich diese einfach in beliebiger Häufigkeit und Intensität produzieren! Doch das ist nicht das Ziel des Emotionalgehirns. Seine Aufgabe ist es, unser Überleben zu sichern. Nur das interessiert es. Und nur dafür setzt es auch die Intelligenz des Großhirns ein. Für das Emotionalgehirn lohnt sich etwas nur dann, wenn es zweckdienlich für unser Überleben ist.

Das Großhirn hingegen findet auf die Frage, wozu sich das Leben eigentlich lohnt, nur eine Antwort: Das Leben lohnt sich nur dann, wenn es *schön* ist! Genauer gesagt lohnt es sich nur dann, wenn wir schöne Gefühle haben, denn das ist alles, was das Großhirn in Wirklichkeit interessiert – deshalb sind Drogen auch so gefährlich.

Zusammenfassung: Das Großhirn will schöne Gefühle haben. Darauf ist die Zusammenarbeit zwischen Emotionalgehirn und Großhirn genetisch ausgelegt. Das Großhirn kann jedoch selbst keine Gefühle erzeugen. Das kann nur das Emotionalgehirn. Damit das Großhirn seine Aufgaben als Zusatzintelligenz erfüllt, erhält es vom Emotionalgehirn entweder Belohnungsgefühle, wenn es etwas gut gemacht hat, oder Vermeidungsgefühle, wenn etwas nicht in Ordnung ist. Unser Großhirn ist also nicht der Chef im Ring. Es steht in Wirklichkeit im Dienst des Emotionalgehirns. So ist das System unserer drei Gehirne (Großhirn, Emotionalgehirn, Stammhirn/Kleinhirn) nun einmal aufgebaut.

Das Großhirn kommt wie gesagt schnell auf die Idee, dass das Leben sich nur dann lohnt, wenn man auch schöne Gefühle hat. Doch die kann es nicht mehr haben, wenn es seine Anforderungen zu hoch gesetzt hat und nur noch alles als *okay* bis *schlecht* beurteilt! Die Folge ist, dass man sich extrem unglücklich fühlt und keinen Sinn mehr im Leben sieht.

Bei einem Wunsch sieht das wie gesagt alles ganz anders aus. Bei einem reinen Wunsch – also einem, hinter dem sich keine gefühlte Notwendigkeit versteckt – ist es auch okay, wenn er *nicht* erfüllt wird. Alles, was besser ist als die Nichterfüllung, ist bereits gut! Und damit lohnt sich so gut wie alles! Die Folge sind Lebensfreude und Energie und letztendlich langfristig eine sehr viel größere Leistungsfähigkeit als durch zu hohe Anforderungen, weil man nämlich über Jahrzehnte geistig und emotional gesund bleibt.

Wir haben überhöhte Anforderungen in allen Bereichen unseres Lebens – an andere Menschen, an uns selbst, an unsere Lebensumstände, an unseren Job, an unsere Gesundheit usw. Alle diese zu hohen Anforderungen zu korrigieren ist ein sehr weites Feld und gehört zu den anspruchsvollsten Umsetzungen, die ich in meiner Akademie anbiete. So weit können wir hier in diesem Buch natürlich nicht gehen. Aber wir können hier trotzdem etwas tun, um deine Lebensfreude ganz gewaltig zu steigern und damit auch immer mehr vitalisierende, leichte, freie und helle Ereignisse in dein Leben zu ziehen.

Ich möchte dir daher eine ganz einfache Übung anbieten, mit der du den Grad deiner Lebensfreude erheblich steigern kannst: Du brauchst dich einfach nur zu fragen, warum sich etwas Bestimmtes *lohnt*! Warum lohnt es sich zum Beispiel, sich mit einem Freund oder einer Freundin zu verabreden? Warum lohnt es sich, jemandem eine private oder geschäftliche E-Mail zu schreiben? Warum lohnt es sich, zur Arbeit zu gehen? Warum lohnt es sich, dir etwas Leckeres zu kochen oder in ein nettes Restaurant zu gehen? Warum lohnt es sich, diese kleine Übung zu machen? ☺

Wenn du dir für diese einfache Übung nur fünf Minuten täglich Zeit nimmst, wirst du bereits nach wenigen Tagen feststellen, dass dich die Menschen in deinem persönlichen Umfeld fragen, ob du dich neu verliebt hast oder sonst irgendetwas Tolles passiert ist. Aber worauf ich in diesem Kapitel hauptsächlich hinauswollte, war, dass du die Empfehlung, deine Anforderungen ans Leben höher anzusetzen, nicht annehmen solltest, wenn du ein erfülltes und glückliches Leben führen möchtest. Diese Halbwahrheit aus dem Erfolgscoaching steigert zwar tatsächlich deinen Ehrgeiz, aber glücklich macht sie ganz und gar nicht. Wie immer genügt auch hier ein einfacher Zweifel, damit sich diese Halbwahrheit nach und nach auflöst. Und wenn du dich zusätzlich noch mit Gleichgesinnten darüber unterhalten kannst, geht das noch viel einfacher und schneller, wie du weißt.

Hier noch einmal die drei Fragen für deinen begründeten Zweifel:

1. Kann ich wirklich definitiv wissen, dass meine alte Sichtweise wahr ist?
2. Warum kann ich das nicht definitiv wissen?
3. Was spricht dafür, dass es auch anders sein könnte?

Halbwahrheit Nr. 46: Du musst im Hier und Jetzt leben

Es gibt Menschen, die fast nur in ihrer Vergangenheit leben. Sie hängen entweder den schönen Zeiten von damals nach, oder sie versuchen zu verarbeiten, was sie in der Vergangenheit durchmachen mussten. Die Gegenwart können sie kaum genießen, und die Zukunft sehen sie als eine Fortsetzung ihrer Vergangenheit.

Natürlich gibt es auch Menschen, die ihre Vergangenheit so wenig berücksichtigen, dass sie aus ihren Fehlern kaum lernen. Sie haben keine Lust, an schlechte Erfahrungen zu denken, denn das macht ihnen schlechte Gefühle. Daher machen sie die gleichen Fehler immer wieder und wieder.

Andere leben vorwiegend in der Zukunft. Was in der Vergangenheit passiert ist, haben sie hinter sich gelassen. Die Gegenwart genießen sie nur sehr selten, denn sie sind unentwegt damit beschäftigt, dafür zu sorgen, dass in Zukunft alles gut wird. Die meisten Menschen, denen die Zukunft wichtiger ist als die Gegenwart, sind daher nicht sonderlich glücklich. Sie machen sich sehr viele Sorgen um ihr Wohlergehen in der Zukunft.

Es gibt viele spirituelle Menschen, die deshalb das Leben in der Gegenwart als einzig glückbringende Lebensweise postulieren. Man macht sich nicht so viele Sorgen und genießt wirklich den Moment. Das Leben im Hier und Jetzt scheint auf den ersten Blick eine wirklich gute Idee zu sein. Es ist jedoch nur dann eine gute Idee, wenn man es damit nicht übertreibt! Es gibt nämlich auch Menschen, die *zu* sehr in der Gegenwart leben. Einen von ihnen habe ich einmal etwas näher kennengelernt. Nennen wir ihn zur Abwechslung einmal *Ernst.* ☺

Ernst war ein sogenannter Lebenskünstler. Das bedeutet, er arbeitete nur vier Wochen im Jahr. Den Rest der Zeit lebte er in den Tag hinein. Er wollte nur in der Gegenwart leben. Er wusste deshalb nie, wo er morgen sein würde, denn über morgen dachte er nicht nach. Er hatte keinen festen Wohnsitz, lebte aus Pappkartons und hatte keine echten Freunde, denn er war immer woanders, wohin ihn das Leben gerade trieb. Er hatte keinen festen Job, sondern – wenn er Glück hatte – ab und an einen Gelegenheitsjob, jedoch nichts, was ihm Spaß machte. Er aß jeden Tag Vollkornreis, morgens, mittags und abends, da er kein Geld für etwas anderes hatte und der Meinung war, dass er dadurch gesund bleiben würde – was ein kleiner Bruch seiner Philosophie war, denn dabei dachte er ja an seine gesundheitliche Zukunft.

Träume hatte er viele. Er wäre unheimlich gern Tänzer geworden, doch er wäre nie in der Lage gewesen, dies in die Wege zu leiten, da er ja nicht an die Zukunft dachte. Er fühlte sich auch sehr oft sehr einsam, da er keine richtigen Freunde hatte.

Mir tat Ernst damals leid. Als es ihm wieder einmal richtig schlecht ging, half ich ihm deshalb dabei, eine bessere Balance zwischen Gegenwart, Vergangenheit und Zukunft zu finden.

Als ich ihn zufällig ein Jahr später wieder traf, studierte er Tanz in Holland, arbeitete nebenbei, um sich das Studium zu finanzieren, hatte den Plan, Tanz-Performance-Trainer zu werden – zusammen mit seiner festen Freundin, die er zwischenzeitlich gefunden hatte – und fühlte sich sehr glücklich. Er bedankte sich bei mir, dass ich ihm *ein Leben* gegeben hätte.

Es ist weder gut, zu stark in der Vergangenheit noch zu stark in der Gegenwart oder zu stark in der Zukunft zu leben. Diese Halbwahrheit, man solle ausschließlich im Hier und Jetzt leben, ist daher mit Vorsicht zu genießen. Mir sind schon sehr viele spirituelle Menschen begegnet, deren Leben dadurch sehr ähnlich aussah wie das von *Ernst*. Und glücklich war kein einziger damit! Wenn man diese Empfehlung nutzt, um die Wichtigkeit von Vergangenheit, Gegenwart und Zukunft in eine gute Balance zu bringen, dann ist das super, aber wenn man diese Halbwahrheit zu *ernst* nimmt, dann gibt es wie immer Probleme.

Die beste Möglichkeit, hier einen begründeten Zweifel zu schaffen, besteht darin, sich die Menschen genau anzuschauen, die diese Halbwahrheit vertreten. Hake einfach einmal nach, wenn es ihnen damit offensichtlich richtig gut geht. Du wirst sehen, dass sie diese Halbwahrheit in Wirklichkeit selbst gar nicht so konsequent leben, wie sie es lehren. Ab und an wirst du vielleicht auch auf Menschen treffen, die das tun. Und bei diesen Menschen siehst du sofort, dass es ihr Leben alles andere als einfach und schön macht.

Oft wird von Esoterikern behauptet, Buddha habe gesagt, man sollte nur im Hier und Jetzt leben, weil es weder die Zukunft noch die Vergangenheit überhaupt gäbe. Doch Buddha hat immer den Weg der Mitte postuliert und niemals solche Extreme. Die Aussagen darüber, mehr im Hier und Jetzt zu leben, wurden daher wieder einmal aus einem völlig anderen Kontext gerissen – genau wie die Aussage, man solle nichts mehr beurteilen und alles nur wahrnehmen, wie es ist. Das war eine Aussage, die, wie bereits erläutert, nur auf die Meditationspraxis bezogen war – und zwar mit dem Ziel, nach der Erfahrung der reinen Bewusstheit (während der Meditation) den Alltag noch angemessener und sinnvoller beurteilen zu können. Und genauso sieht es auch mit der Aussage aus, man solle *mehr* im Hier und Jetzt leben. Diese Aussage stimmt für Menschen, die keine gute Balance zwischen Vergangenheit, Gegenwart und Zukunft haben (also für fast alle). Aber es stimmt eben nur bis zu dem Maß, bei dem diese Balance dann hergestellt ist. Wenn man darüber hinausgeht, gibt es Probleme.

Hier noch einmal die drei Fragen für deinen begründeten Zweifel:

1. Kann ich wirklich definitiv wissen, dass meine alte Sichtweise wahr ist?
2. Warum kann ich das nicht definitiv wissen?
3. Was spricht dafür, dass es auch anders sein könnte?

Halbwahrheit Nr. 47: Der Erleuchtung ist es egal, wie du sie erlangst

Das ist der Titel des Weltbestsellers von Thaddeus Golas, der leider bereits vor fast 20 Jahren verstorben ist. Kürzlich erzählte mir ein Bekannter, dass es im Anhang dieses Buches eine Bücherempfehlung gebe. Das ist natürlich noch nichts Besonderes, aber mein Bekannter berichtete mir, dass dort ausschließlich *meine* Bücher aufgelistet seien. Darüber, wie ich zu dieser Ehre gekommen bin, kann ich nur spekulieren, denn ich kannte zwar den Titel dieses Buches, hatte es aber nie gelesen – geschweige denn hatte ich Kontakt zum Autor. Jedenfalls habe ich mich über diese Anerkennung sehr gefreut.

Und natürlich haben meine Bücher etwas mit dem Thema Erleuchtung zu tun. Ich strebe diesen Zustand zwar gar nicht an, aber er scheint ein unerwartetes Nebenprodukt meiner Arbeit zu sein, was mir selbst lange Zeit gar nicht bewusst war. Es fiel mir erst auf, als der Prozentsatz der erleuchteten Menschen in meiner Akademie ungewöhnlich hoch wurde. Ich hatte also offensichtlich unbeabsichtigt einen weiteren Weg entdeckt, mit dem man Erleuchtung erlangen kann.

Da ich das Buch von Golas nicht gelesen habe, weiß ich nicht, was er mit dem Titel genau ausdrücken wollte. Da der Titel aber inzwischen fast schon zum geflügelten Wort geworden ist und sich auf mancherlei Weise verstehen – und missverstehen – lässt, nehme ich ihn hier zum Anlass, ein wenig Aufklärung zum Thema Erleuchtung zu betreiben. Erleuchtung ist nämlich nicht gleich Erleuchtung, und obwohl es der Erleuchtung tatsächlich egal ist, wie du sie erlangst und ob du sie überhaupt erreichst (einfach weil die Erleuchtung keine Person ist, die etwas wollen könnte), macht es für dein Lebensglück sehr wohl einen Unterschied, welchen der vorgeschlagenen Wege du einschlägst und welche Wichtigkeit du dem Erreichen dieses Ziels gibst. Erleuchtung bedeutet nämlich keineswegs zwangsläufig mehr Lebensglück.

In der spirituellen Literatur gibt es sehr viele Ratgeber, die beschreiben, wie man zur Erleuchtung kommen kann. Bei den meisten geht es dabei jedoch nur um eine sogenannte *erleuchtungsähnliche Erfahrung* (auch Gotteserfahrung genannt), das heißt, um einen vorübergehenden Zustand, bei dem man sich eins mit All-dem-was-ist fühlt, oder mit anderen Worten um die Erfahrung der reinen Bewusstheit. Diese Erfahrung einzuleiten ist nicht sehr schwierig. Viele meiner Teilnehmer haben sie bereits gemacht, obwohl wir das in meiner Akademie wie gesagt gar nicht gezielt anstreben. Es passiert trotzdem recht häufig.

Tatsächliche Erleuchtung ist jedoch etwas anderes. Den Unterschied zur erleuchtungsähnlichen Erfahrung kann man interessanterweise am einfachsten neurobiologisch erklären. Die beiden Hemisphären unseres Gehirns sind fast vollständig voneinander getrennt und kommunizieren nur über das sogenannte Corpus callosum, das aus „nur" ungefähr 300 Millionen Axonen besteht.

Häufig hört man aufgrund dieser Zweiteilung unseres Gehirns die Aussage, dass die linke Hirnhälfte für das analytische, logische Denken zuständig sei und die rechte für das ganzheitliche, intuitive Denken. Das ist nach dem aktuellen Stand der Gehirnforschung jedoch zu stark vereinfacht. Tatsächlich nutzen beide Systeme sowohl rechtshemisphärische als auch linkshemisphärische Gehirnareale. Eine gewisse Asymmetrie besteht jedoch in der Tat – so dominiert zum Beispiel die linke Hemisphäre bei Sprachverarbeitung und Mathematik, die rechte dagegen bei räumlicher Wahrnehmung und Bilderkennung.

Beide Systeme – Verstand und Intuition – verarbeiten parallel zueinander die gleichen Informationen, jedoch auf eine völlig verschiedene Art und Weise. Der Verstand denkt linear, methodisch und hauptsächlich in Worten. Auch ermöglicht er uns, zwischen unserer Umwelt und uns selbst zu unterscheiden. Ohne unseren Verstand könnten wir uns nicht als Individuum wahrnehmen. Das kann die Intuition nämlich überhaupt nicht. Sie nimmt keine Trennung zwischen uns und unserer Umwelt vor. Unsere Intuition denkt weitgehend unmethodisch in Vernetzungen, Assoziationen, Gefühlen, Bildern und Symbolen – oder in der Sprache meiner Akademie: in „Energien" – und nicht in Worten.

Unser Verstand kann also das Einssein nicht wahrnehmen, das die Grundlage der Erleuchtung darstellt. Die Intuition nimmt das Einssein hingegen automatisch wahr. Genauer gesagt kann sie das gar nicht *nicht* tun.

Um eine erleuchtungsähnliche Erfahrung zu erleben, bei der man sich eins mit All-dem-was-ist fühlt, braucht man dem intuitiven Denken daher nur die erforderliche Dominanz zu geben. Dazu gibt es viele verschiedene Möglichkeiten. Viele Menschen erreichen diesen Zustand durch langjährige Meditationspraxis. Viele Naturvölker nutzten auch Drogen dafür. Aber es gibt auch schon wissenschaftlich Forschungen mit technischen Geräten, bei denen man bestimmte Gehirnareale elektromagnetisch stimuliert oder auch hemmt. Diese Geräte werden von einigen Menschen als „Gottesmaschinen" bezeichnet.

Neurologisch betrachtet wird eine erleuchtungsähnliche Erfahrung dadurch ausgelöst, dass man die Welt fast ausschließlich intuitiv wahrnimmt und damit jede Individualität verliert. Man fühlt sich dadurch eins mit dem Universum. Während dieses Zeitraums ist der Verstand bei den meisten Menschen fast vollständig abgeschaltet. Man fühlt sich dabei über alle Maßen glücklich, weil man ultimative Zusammengehörigkeit und damit reine Liebe empfindet – doch wäre man in diesem Zustand kaum in der Lage, eine Glühbirne zu wechseln oder einkaufen zu gehen. Während einer erleuchtungsähnlichen Erfahrung sind die meisten Menschen im Gegensatz zur tatsächlichen Erleuchtung komplett handlungsunfähig.

Es gibt zwei grundsätzliche Möglichkeiten, wie man eine erleuchtungsähnliche Erfahrung herbeiführen kann: Man kann die Intuition auf direktem oder indirektem Wege aktivieren, oder man kann die Aktivität des Verstandes reduzieren, was dann wiederum einen indirekten Einfluss auf die Intuition hat, denn die beiden Systeme hemmen sich gegenseitig. Wenn man eine Seite stärkt, wird die andere automatisch geschwächt und umgekehrt. Deshalb erleben manche Menschen, deren Verstand aufgrund einer Verletzung oder Erkrankung zeitweilig stark eingeschränkt ist, oftmals eine erleuchtungsähnliche Erfahrung. Sie müssen dazu weder meditieren noch sich sonst irgendwie spirituell weiterentwickeln. Es genügt, wenn ihr Verstand in seiner Aktivität stark reduziert wird und so die Wahrnehmung der eigenen Individualität weitgehend abgeschaltet wird. Viele erleben allein dadurch bereits das Einssein mit All-dem-was-ist.

Diesbezüglich möchte ich dir den Video-Vortrag von Jill Bolte Taylor, einer Hirnforscherin aus Harvard, wärmstens empfehlen. Du findest dieses Video auf YouTube unter dem Titel: „Wie cool! Ich habe einen Schlaganfall...!“ Jill konnte fast nur noch mit ihrer Intuition denken, da ihr Verstand während ihres Schlaganfalls extrem stark beeinträchtigt war. Ihre Beschreibung dieses Zustands zeigt sehr anschaulich, wie die menschliche Intuition die Welt tatsächlich wahrnimmt. Natürlich hängt solch eine erleuchtungsähnliche Erfahrung, wie Jill sie gemacht hat, von vielen Faktoren ab. Deshalb erlebt nicht gleich jeder Schlaganfall-Patient, dessen Verstand stark beeinträchtigt ist, auch automatisch eine Erleuchtungserfahrung. Aber es passiert häufig genug, um hier einen klaren Zusammenhang feststellen zu können.

Fast alle bekannten Wege, eine erleuchtungsähnliche Erfahrung herbeizuführen, laufen interessanterweise nicht über den direkten Weg, der darin bestehen würde, die Aktivität der Intuition zu steigern. Stattdessen wird für gewöhnlich daran gearbeitet, die Aktivität des Verstandes zu reduzieren, um so eine indirekte Verstärkung des intuitiven Denkens zu erzielen. Viele spirituelle Menschen gehen dabei sehr extrem vor. Manche wollen ihren Verstand am liebsten komplett loswerden! Und nicht wenige entwickeln sogar ein Feindbild gegenüber ihrem eigenen Verstand, denn der ist ja nach ihrer Auffassung – neben dem Ego – für alles Übel verantwortlich, hält sie nur von der Erleuchtung ab und muss demzufolge bekämpft werden.

Hier wird also der Verstand wieder einmal unsinnigerweise personifiziert – mit den üblichen Folgen, die wir in diesem Buch schon mehrfach besprochen haben. Man ignoriert ihn dann erst einmal instinktiv. Wenn er dann nicht von selbst geht, lehnt man ihn dezent ab, und wenn er dann immer noch nicht Leine zieht, lehnt man ihn offensichtlich ab, dann droht man ihm, und schließlich zieht man gegen ihn in den Kampf.

Das Motiv, seinen Verstand loswerden zu wollen, entstammt also wieder einmal einem kapitalen Missverständnis zwischen Großhirn und Emotionalgehirn. Würde man den Verstand nicht personifizieren, würde man auch besser verstehen können, was Buddha tatsächlich gemeint hat. Auf ihn berufen sich nämlich die meisten spirituellen Menschen, die ihren Verstand bekämpfen. Doch wie bereits erwähnt, hat Buddha das ganz und gar nicht so gelehrt. Den Verstand gezielt herunterzufahren wird nämlich, genau wie die Beurteilungsfreiheit, *ausschließlich* für die Meditationspraxis empfohlen, aber absolut nicht für den normalen Lebensalltag. Dort empfiehlt Buddha nämlich, eine sinnvolle und angemessene Beurteilung aller Alltagsereignisse und Umstände vorzunehmen. Und das geht eben nur mit *klarem Verstand*! Schaltet man jedoch seinen Verstand auch im Alltag ab, dann hat man schlicht und ergreifend den *Verstand verloren*!

Wie ich bereits angemerkt habe, ist dies für einen Yogi, der den gesamten Tag lang in seiner Höhle sitzt und meditiert, kein Problem, solange es ihm gerade noch gelingt, nicht zu verdursten. Doch in unserer westlichen Kultur sieht das ein wenig anders aus! Hier überleben wir nicht ohne unseren Verstand!

Der liebe Gott oder viele Millionen Jahre Evolution (wie man das auch immer sehen will) haben uns nicht umsonst mit einem leistungsfähigen Verstand *und* einer Intuition gesegnet. Natürlich ist unser Verstand richtig und gut. Man sollte ihn jedoch sinnvoll einsetzen. Viele Menschen geben ihrem Verstand nämlich auch dann den Vorzug, wenn die jeweilige Aufgabe mit der Intuition sehr viel besser zu bewältigen wäre. Und einige wenige Menschen gebrauchen ihre

Intuition sogar so selten, dass sie diese so gut wie gar nicht bewusst nutzen können.

In meiner Akademie lernen die Teilnehmer, für welche Prozesse es sinnvoller ist, die Intuition zu verwenden, und wann der Verstand die bessere Wahl darstellt. Vor allem aber lernen sie, wie sie ihre Intuition auf direktem Weg nutzen können, indem sie den energetischen Sprachcode der Intuition verwenden. Es ist daher nicht verwunderlich, dass meine Teilnehmer ihre Intuition sehr viel intensiver nutzen als Menschen, die diese energetische Sprache gar nicht kennen. Und das scheint auch der Grund dafür zu sein, warum relativ viele meiner Teilnehmer erleuchtungsähnliche Erfahrungen machen, obwohl wir in der Akademie gar nicht gezielt darauf hinarbeiten. Wir reduzieren zwar nicht die Aktivität des Verstandes, wie das fast alle anderen tun, die nach Erleuchtung streben, aber wir verstärken eben gezielt die Nutzung der Intuition, was ja der direkte Weg ist.

Doch wie eingangs erwähnt, ist eine erleuchtungsähnliche Erfahrung nicht das Gleiche wie eine dauerhafte Erleuchtung. Im Gegensatz zur erleuchtungsähnlichen Erfahrung nutzen erleuchtete Menschen nämlich Verstand und Intuition gleichermaßen. Sie geben keinem den Vorzug, wie sie das vor ihrer Erleuchtung jedoch in aller Regel noch getan haben.

Vermutlich war die Reduktion der Verstandesaktivität nur wichtig, um mehr Bewusstheit für das intuitive Denken zu entwickeln. Zu Buddhas Zeiten kannte man den energetischen Sprachcode der Intuition noch nicht. Um dennoch stärker intuitiv zu denken, konnte man nur die Aktivität des Verstandes reduzieren. Heute haben wir wie gesagt noch eine zweite Möglichkeit, die sich in der Praxis als die deutlich einfachere und schnellere abzeichnet!

Kann man seine Intuition genauso gut wie seinen Verstand nutzen, dann fühlt man sich eins mit dem Universum und gleichzeitig auch als Individuum. Diese beiden Wahrnehmungen schließen sich nämlich gar nicht gegenseitig aus. Da wir zwei voneinander unabhängig arbeitende neuronale Systeme für Verstand und Intuition haben, können wir uns gleichzeitig eins und getrennt fühlen. Wer die Welt auf diese Weise mit der Intuition und dem Verstand gleichwertig wahrnimmt – und zwar dauerhaft –, wird als erleuchtet bezeichnet.

Irgendwo habe ich gelesen, dass sich bei Gehirnscans erleuchteter Menschen eine Besonderheit gezeigt haben soll: Ihr Corpus callosum (die neuronale Verbindung zwischen den beiden Gehirnhälften) soll angeblich ein Mehrfaches des normalen Durchmessers haben. Wenn das stimmt, dann werden bei erleuchteten Menschen sehr viel mehr Daten zwischen den Gehirnhälften ausgetauscht als bei normalen Menschen. Und genau das scheint neurobiologisch betrachtet der bedeutendste Unterschied zu einem normalen Gehirn zu sein.

Als ich davon las, wurde mir sofort klar, dass meine Methode eine kleine Nebenwirkung hat: Sie führt bei häufiger Anwendung automatisch dazu, dass man seine Intuition immer bewusster nutzen kann, und da die Daten bei der Anwendung dieser Methode auch immer von der rechten in die linke Gehirnhälfte transferiert werden, verstärkt sich das Corpus callosum ganz erheblich. Unser Gehirn ist, wie bereits erwähnt, neuroplastisch. Das bedeutet, dass es sich wie ein Muskel den täglichen Anforderungen anpasst. Und wenn man das Corpus callosum ständig für den Transfer gewaltiger Datenmengen benutzt, dann baut das Gehirn diese Nervenleitung zwischen linker und rechter Gehirnhälfte aus. Und genau das tun wir mit meiner Methode bei jeder Umsetzung.

Die Anwendung meiner Methode formt daher das Gehirn sehr ähnlich, wie es auch bei erleuchteten Menschen beschaffen ist. Daher habe ich aufgehört, mich zu wundern, wieso verhältnismäßig viele meiner Teilnehmer die Erleuchtung erreichen. Wer meine Methode häufig anwendet, entwickelt sich immer stärker in diese Richtung – ein nicht geplanter, aber dennoch sehr erfreulicher Nebeneffekt, dessen ich mir nicht bewusst war, als ich meine Methode entwickelte. Aber der Erleuchtung ist es ja sowieso egal, wie man sie erlangt! ☺

Wir haben uns den Unterschied zwischen einer erleuchtungsähnlichen Erfahrung und der tatsächlichen Erleuchtung jetzt aus der neurobiologischen Perspektive angeschaut. Der Unterschied wird dadurch sehr schnell offensichtlich, aber daran erkennt man noch nicht so gut, was Erleuchtung eigentlich genau bedeutet. Auch mache ich einen Unterschied zwischen der *spirituellen* Erleuchtung und der *allumfassenden* Erleuchtung. Ich schlage vor, dass wir uns auch das noch einmal ein wenig genauer anschauen.

Unser Verstand tut sich ein wenig schwer damit, die Erleuchtung zu begreifen. Wie du weißt, geht es in meiner Akademie jedoch hauptsächlich um die Nutzung unserer Intuition, und in der energetischen Sprache unserer Intuition bedeutet Erleuchtung schlicht und ergreifend, von einer sehr hohen Energie (Licht) erfüllt zu sein. Viele erleuchtete Menschen nehmen diese Energie übrigens tatsächlich als strahlendes Licht vor ihrem inneren Auge wahr. Übersetzt in die Sprache des Verstandes bedeutet diese hohe Energie gleichzeitig Licht, Liebe, Leben, Weisheit und Bewusstsein.

Doch erleuchtet zu sein heißt wie gesagt nicht, das Licht hinter der Wirklichkeit einmal gesehen zu haben. Dauerhafte Erleuchtung bedeutet, dieses Licht vollständig und permanent in sich zu tragen. Es bedeutet, dass man das eigene Selbst auf eine sehr hohe Energie gebracht hat. Und genau hier liegt der Unterschied zwischen der spirituellen und der allumfassenden Erleuchtung.

Als allumfassend erleuchtet würde ich Menschen bezeichnen, die alle ihre Energien (= Muster) auf ein sehr hohes Energieniveau gebracht haben, und zwar auf allen Ebenen des eigenen Selbst – wie physischer Körper, Ätherkörper, Mentalkörper, Emotionalkörper, Identitätskörper, der persönliche Möglichkeitsraum, spiritueller Körper usw. Diese allumfassende Form von Erleuchtung umfasst unsere körperliche Gesundheit, unser Glück, unseren Lebenserfolg, unsere Lebensumstände, unsere Liebe und unsere Spiritualität. Sie umfasst unser gesamtes Selbst, das aus unserem Bewusstsein, unserem Unterbewusstsein und unserem höheren Selbst besteht. Die spirituelle Erleuchtung beschränkt sich dagegen auf die spirituelle Ebene. Körperliche Gesundheit, Glück, Erfolg usw. werden gar nicht angestrebt.

Ich möchte noch ein wenig näher auf die Begriffe „Bewusstsein", „Unterbewusstsein" und „höheres Selbst" eingehen, denn hierzu gibt es unzählige verschiedene psychologische und spirituelle Verständnismodelle. Bei fast allen werden diese drei Instanzen, wie in der Esoterik leider üblich, personifiziert. Die Personifizierung von Bewusstsein, Unterbewusstsein und höherem Selbst ermöglicht zwar ein einfaches Verständnis, wie diese drei Instanzen zusammenarbeiten, aber sie verursacht natürlich auch die üblichen Probleme, die ich in diesem Buch mehrfach benannt habe. Ich möchte dir daher ein Verständnismodell anbieten, das nicht mit Personifizierung arbeitet und damit all diese Probleme nicht hat.

Das Unterbewusstsein ist unser unbewusstes Selbst. Und unser unbewusstes Selbst wird repräsentiert durch unsere Körper – den physischen Körper und seine unbewussten Funktionen, den sogenannten Ätherkörper (der energetische Körper, in dem die Meridiane verlaufen, die bei der Traditionellen Chinesischen Medizin mit Akupunktur behandelt werden), der Mentalkörper, in dem alle unsere Gedankenmuster gespeichert sind, dem Emotionalkörper, zu dem auch unsere Chakren gehören, dem Identitätskörper, der unsere Persönlichkeit repräsentiert, und unserem persönlichen Möglichkeitsraum, in dem alle unsere kollektiven Muster abgespeichert sind.

Über diese Körper hinaus gibt es laut sehr vielen spirituellen Quellen noch mehrere weitere feinstoffliche Körper, die dem höheren Selbst zugeordnet werden, wie den Astralkörper und dem Kausalkörper.

Alle Körper sind sogenannte Musterspeicher. So gibt es im Mentalkörper zum Beispiel Denkmuster. Diese mentalen Muster sind noch relativ gut mit den Programmen in einem Computer vergleichbar. Im Emotionalkörper gibt es emotionale Muster. Zum einen sind das die emotionalen Kopplungen, die auch Konditionierungen genannt werden, zum anderen emotionale Verkettungen. Hier sind die Emotionen nicht parallel miteinander gekoppelt wie bei den Konditionierungen. Sie laufen stattdessen linear hintereinander ab. Oft sind das vier oder mehr Emotionen, die solche Ketten bilden. Wenn die erste Emotion dann im Alltag angestoßen wird, folgen die anderen alle wie in einer Kettenreaktion nacheinander. Das geht extrem schnell.

Solchen Ketten haben wir es zum Beispiel zu verdanken, dass wir bei bestimmten Themen sofort auf 180 sind, oder auch, dass wir es nicht schaffen, mit dem Rauchen aufzuhören. Es gibt sehr viele dieser emotionalen Muster, bei denen es Verkettungen in uns gibt. Diese Muster könnte man sich ebenfalls noch gut als Computerprogramme vorstellen. Schwieriger wird es dann bei den Identitätsmustern. Hier schlüpfen wir in lebendige Rollen. Verglichen mit einem Computer hätten wir es hier mit einer künstlichen Intelligenz zu tun. Das heißt, diese Muster verhalten sich innerhalb ihrer vorgegebenen Parameter völlig logisch. Doch können diese Parameter fehlerhaft sein – dann ist auch die Verhaltensweise dieser Muster fehlerhaft.

Wir haben bereits über die Mutter- oder Vaterrolle gesprochen und uns angeschaut, welche Auswirkungen diese Rollen haben können. Du erinnerst dich sicherlich: Es ging um Sex. Die meisten Menschen stellen sich ihre Eltern lieber nicht beim Sex vor. Viele blenden das sogar komplett aus, weil es ihnen unangenehm ist. Und dann gehört Sex nicht mehr zur Rolle als Vater oder Mutter. So manche Beziehung ist nach der Geburt des ersten Kindes genau an diesem Rollenmuster zerbrochen. Der Mensch, den man geheiratet hat, ist plötzlich nicht mehr derselbe. Stattdessen ist es, als wäre man mit seinem Schwiegervater oder seiner Schwiegermutter verheiratet.

Solche Identitätsmuster sorgen auch oft dafür, dass man bei bestimmten Themen ein mentales oder emotionales Muster nicht ändern will. Identitätsmuster beinhalten Motive, die sich gegen eine Veränderung der zugehörigen mentalen oder emotionalen Muster richten können. Das können auch Motive sein, die man von anderen Menschen als Rolle übernommen hat wie bei dem Vater- oder Mutter-Beispiel.

Wir haben jedoch auch viele eigene Identitätsmuster, die wir nicht von anderen Menschen übernommen haben – also keine Rollenmuster. Niemand von uns ist heute noch der gleiche Mensch, der er vor

20 Jahren war. Doch viele der Identitätsmuster, die wir damals geschaffen haben, sind heute immer noch vorhanden – obwohl viele von diesen Mustern heute eigentlich schon längst überholt sind. Sie ändern sich jedoch nicht automatisch. Und so kann es sein, dass wir beispielsweise noch veraltete Identitätsmuster aus unserer frühen Kindheit haben, die dazu führen, dass wir uns in bestimmten Situationen plötzlich fühlen und verhalten wie ein Kind. Oft haben wir dann irrationale Ängste oder trotziges Verhalten, das für einen Erwachsenen völlig unangemessen ist.

Zu diesen Identitätsmustern gehören auch immer ganz bestimmte Motive, die dann ebenfalls veraltet sind. Und so kann es sein, dass man sich unbewusst gegen die Veränderung eines Musters wehrt, weil das alte Motiv sonst nicht mehr erfüllt werden kann. Dass dieses Motiv längst nicht mehr sinnvoll ist, weiß unser Gehirn auf der Identitätsebene jedoch nicht. Es funktioniert innerhalb seiner Vorgaben korrekt.

Wie gesagt, diese Muster kann man alle verändern. Tut man das konsequent und umfassend, erzielt man dabei helle, leichte, weite und lebendige Musterspeicher auf allen Ebenen des eigenen Selbst. Und eine solche *allumfassende Erhellung* aller Muster auf allen Ebenen könnte man als *allumfassende Erleuchtung* bezeichnen, die dann sowohl unsere spirituelle Erleuchtung als auch unsere weltlichen Lebensumstände wie unsere Gesundheit, unsere Lebensqualität, unser Glück, unsere Beziehungen usw. umfasst.

Die spirituelle Erleuchtung würde ich als Teil-Erleuchtung bezeichnen. Hier wird zum Beispiel der physische Körper als völlig unbedeutend angesehen, genauso wie der Mentalkörper, dessen Muster lieber abgeschaltet und damit umgangen werden, statt sie zu verändern. Auch werden der Identitätskörper und der persönliche Möglichkeitsraum mit seinen Kollektivmustern nicht betrachtet. Wichtig sind für die Menschen in Fernost, die ernsthaft nach Erleuchtung streben, ausschließlich die spirituellen Körper, die dem höheren Selbst zugeordnet werden. Die Ebenen des Unterbewusstseins versucht man lieber abzuschalten, statt sie ebenfalls auf ein höheres Energieniveau zu bringen.

Dadurch erklärt sich auch sehr gut, warum so viele Erleuchtete sehr krank sind. Wie bereits erläutert, haben wir ein psychisches Immunsystem, das Diskrepanzen zwischen den einzelnen Ebenen des Selbst vermeiden soll. Doch diese Diskrepanzen gibt es natürlich zuhauf, wenn man nur die spirituelle Ebene auf ein extrem hohes Energieniveau bringt, die Ebenen des Unterbewusstseins jedoch nicht. Auch gibt es Probleme, wenn die einzelnen Ebenen des Unterbewusstseins unausgeglichen sind. Schauen wir uns auch das wieder einmal ein wenig genauer an, denn dies erklärt sehr viele körperliche, emotionale und geistige Probleme.

Die Gesamtenergie aller unserer energetischen Körper zusammengenommen ist immer konstant. Unsere Gesamtenergie ist also auf unsere einzelnen Körper verteilt – und zwar so, wie es unserer Aufmerksamkeit entspricht. Und das kann gravierende Auswirkungen haben. Wenn man beispielsweise dem Mentalkörper zu viel Aufmerksamkeit gibt, weil man einfach zu viel denkt, dann wird die Energie aus den anderen Körpern abgezogen. Beim Emotionalkörper bedeutet dies, dass man weniger fühlt. Im Extremfall kann es sogar sein, dass man gar nichts mehr fühlt, wie das beispielsweise beim Burnout der Fall ist. Dort hat man den Mentalkörper so einseitig aufgeladen, dass einfach keine Energie mehr zum Fühlen vorhanden ist. Auch entstehen dann schnell körperliche Krankheiten, weil der Ätherkörper mit seinem Meridiansystem zu wenig Energie hat. Hat der Identitätskörper zu wenig Energie, entstehen Identitätskrisen, Selbstzweifel und ein schlechtes Selbstwertgefühl.

Probleme gibt es jedoch nicht nur, wenn man zu viel denkt und so dem Mentalkörper zu viel Energie gibt. Es gibt auch Probleme, wenn man dem Emotionalkörper zu viel Aufmerksamkeit gibt. Dann nämlich leiden ebenfalls alle anderen Körper. Auf der mentalen Ebene sinkt unsere geistige Leistungsfähigkeit, weil hier zu wenig Energie ist. Auf der Identitätsebene gibt es wieder ein schlechtes Selbstbewusstsein, auf der Ätherebene Energieblockaden, die zu Krankheiten führen. Sogar auf der emotionalen Ebene gibt es Probleme, wenn diese zu viel Aufmerksamkeit bekommt: Man ist total emotionsgesteuert und steigert sich ständig in alles hinein.

Gibt man hingegen dem Identitätskörper zu viel Aufmerksamkeit, wird man sehr schnell selbstherrlich. Man entwickelt also ein übertriebenes Selbstwertgefühl, arrogantes Verhalten, überzogene Selbsteinschätzung, körperliche und geistige Überlastung und emotionale Verarmung.

Gibt man der Ätherebene zu viel Aufmerksamkeit, ist man zu stark körperbezogen. Viele entwickeln sich zum Hypochonder. Alle anderen Ebenen haben wieder zu wenig Energie – mit den genannten Folgen.

Wir sorgen in meiner Akademie für eine gute Balance aller dieser Körper und verändern alle Muster auf allen Ebenen ins Positive. Wenn man das konsequent betreibt, dann ist die allumfassende Erleuchtung das logische Ergebnis. Ich habe das zwar nie gezielt angestrebt, aber es ist natürlich eine sehr schöne Nebenwirkung.

Jedenfalls musst du für die allumfassende Erleuchtung deinen Verstand nicht loswerden oder gar abtöten, wie es so oft in der Esoterik behauptet wird. Diese Halbwahrheit beruht nur wieder auf einem Missverständnis zwischen Großhirn und Emotionalgehirn, das durch die Personifizierung des Verstandes ausgelöst wird. Das Bekämpfen des Verstandes ist sicher kein guter Weg! Falls du das bisher versucht hast, dann möchte ich dir neben dem zuvor Gesagten noch einen weiteren Grund zum Zweifeln liefern, denn wie immer genügt auch hier ein einfacher begründeter Zweifel, um von dieser schädlichen Halbwahrheit loslassen zu können.

Viele Menschen wollen die Erleuchtung erlangen, weil sie das als Weiterentwicklung in Richtung Vollkommenheit ansehen. Wir haben uns ja bereits am Anfang dieses Buches über die Widersprüche in diesem Glaubenssystem unterhalten. Wenn es in Wirklichkeit keine Zeit gibt, dann ergibt der Glaube an das *Weiterentwickelnmüssen* einfach keinen Sinn. Aber ich möchte dir noch einen zweiten Grund zum Zweifeln anbieten.

Was, glaubst du, nimmst du wahr, wenn du denkst, du *musst* dich weiterentwickeln? Richtet sich der Fokus deiner Aufmerksamkeit dann darauf, dass du vollkommen bist, oder fällt dir vielmehr auf, was noch nicht vollkommen ist? Letzteres ist natürlich der Fall. Du glaubst natürlich daran, dass du noch unvollkommen bist, denn sonst müsstest du dich ja gar nicht weiterentwickeln. Du hättest dein Ziel ja bereits erreicht.

Und was, glaubst du, wird dir von deiner Realität widergespiegelt, wenn du an deine Unvollkommenheit glaubst? Natürlich dass du unvollkommen bist! Denn die Matrix spiegelt dir genau das wider, was du glaubst. Und damit verstärkt sich dein Glaube an deine Unvollkommenheit automatisch mit jeder Widerspiegelung immer mehr. Denn das Leben scheint dir ja damit förmlich zu beweisen, dass du noch unvollkommen bist. Ich spreche hier wieder aus Erfahrung. Genau wie viele meiner Teilnehmer habe ich das genau so erlebt. Durch diese vielen Widerspiegelungen der eigenen Unvollkommenheit hat man dann irgendwann absolut keinen Zweifel mehr daran, dass man unvollkommen ist. Doch wie kann man dann erwarten, jemals die Vollkommenheit zu erreichen?! Das Leben spiegelt ja immer nur wieder, was man über sich selbst glaubt!

Als ich das zum ersten Mal begriff, war ich im ersten Moment völlig vor den Kopf gestoßen. Wenn ich tatsächlich meine Realität mit meiner Wahrnehmung auswähle, dann wäre es völlig unmöglich, mein Ziel der Vollkommenheit zu erreichen, solange ich glaube, mich dorthin entwickeln zu *müssen*. Das Müssen würde mir immer widergespiegelt werden, und damit bekäme ich permanent die Bestätigung meiner Unvollkommenheit präsentiert. Denn das Weiterentwickeln-müssen manifestiert ja Ereignisse, die mir erneut das Gefühl geben, mich weiterentwickeln zu müssen.

Auch würde ich mich niemals zur Liebe entwickeln können, wurde mir dann klar, denn dabei galt natürlich das gleiche Prinzip. Solange ich es als Sinn des Lebens ansehen würde, mich zur Liebe, zur Vollkommenheit oder zu was auch immer entwickeln zu müssen, würde mir dieses Müssen widergespiegelt, und ich hätte kaum noch eine Chance, aus diesem Teufelskreis herauszukommen.

Doch du kennst mittlerweile den Ausstieg aus diesem Hamsterrad. Ein einfacher begründeter Zweifel genügt bereits, um diese ungute Halbwahrheit hinter dir zu lassen. Du *musst* dich also weder weiterentwickeln – nicht zur Vollkommenheit und auch nicht zur Liebe – und du *musst* auch nicht die Erleuchtung erlangen und auch nicht dein Ego oder deinen Verstand loswerden. Du *musst* gar nichts, wenn du an den Sinn des Lebens glauben kannst, den ich dir in diesem Buch angeboten habe – nämlich, dass wir alle hier sind, um diese Form der Existenz zu erfahren, in der wir scheinbar sterben können und *nicht* allwissend und allmächtig sind. Bei dieser Weltanschauung musst du wie gesagt gar nichts, denn diese Erfahrung, wegen der wir alle hier sind, kannst du gar nicht *nicht* machen.

Wenn es bei dir noch einengende Vorstellungen darüber gibt, ob bzw. wie du die Erleuchtung erlangen kannst oder musst, sollte dieses Kapitel dir genügend Argumente geliefert haben, um einen begründeten Zweifel an diesen Halbwahrheiten zu entwickeln. Hier noch einmal die drei Fragen, die dir dabei helfen:

1. Kann ich wirklich definitiv wissen, dass meine alte Sichtweise wahr ist?
2. Warum kann ich das nicht definitiv wissen?
3. Was spricht dafür, dass es auch anders sein könnte?

Halbwahrheit Nr. 48: Dein Herz kann sich nicht irren

Viele spirituelle Menschen glauben, dass ihr Herz – im Gegensatz zum Verstand – mit der göttlichen Weisheit des Universums verbunden ist. Wenn man auf sein Herz höre, könne man keine Fehler machen. Das Herz wisse immer, was für einen richtig ist – ganz im Gegensatz zum Verstand, der uns immer in die falsche Richtung lenken wolle. Man solle daher immer auf sein Herz hören und nicht auf seinen Verstand.

Hier werden sowohl das Herz als auch der Verstand natürlich wieder unzulässig personifiziert. Das Herz wird als wertvoller Ratgeber angesehen, der Verstand als der Ahnungslose oder sogar als der Verursacher aller Probleme.

Was hier dem Herz – oder alternativ auch häufig dem Bauch – angedichtet wird, spielt sich jedoch viel eher in unserer Intuition ab. Und diese Intuition spüren die meisten Menschen am ehesten als gutes oder mulmiges Gefühl im Bauch oder in der Herzgegend. Und da man das Gefühl dort spürt, kommt schnell die Schlussfolgerung auf, dass diese Gefühle auch dort erzeugt würden – dass also der Bauch oder das Herz selbstständig *gedacht* hätten. Wenn man sich das jedoch einmal genauer anschaut, dann erkennt man, dass sowohl die Intuition als auch der Verstand die gleichen körperlichen Ausdrucksformen verwenden. Will sagen: Auch der Verstand erzeugt gute oder ungute Bauch- bzw. Herzgefühle! Das ist gar keine Domäne der Intuition allein.

Wenn du also auf dein Herz oder auf deinen Bauch hörst, dann kann es sein, dass du entweder auf deine Intuition hörst oder auf deinen Verstand oder auf beides gleichzeitig. Hier wird in Wirklichkeit gar keine Unterscheidung getroffen, ob Herz oder Verstand. Und leider sind auch die sogenannten Herz-Entscheidungen nicht über jeden Zweifel erhaben. Sowohl der Verstand als auch die Intuition können sich irren. Und das tun sie auch in der Praxis. Nach wissenschaftlichen Untersuchungen irrt sich die Intuition in etwa fünf Prozent aller Fälle, das heißt, in 95 Prozent aller Fälle passt es tatsächlich. Aber für die fünf fehlerhaften Prozent benötigen wir unseren Verstand. Denn dazu wurde er geschaffen: um zweifelhafte intuitive Entscheidungen noch einmal zu überprüfen.

Dass der Verstand die Intuition abschalten kann, ist eine Folge dieser Überprüfungsaufgabe. Denn der Verstand kann diese Überprüfung nur dann richtig ausführen, wenn er *unvoreingenommen* hinschaut. Und dazu muss der Verstand erst einmal alle Gefühle neutralisieren, denn sonst ist es nicht möglich, unvoreingenommen zu sein.

Wenn man also eine Überprüfungsabsicht annimmt, schaltet man damit automatisch seine Intuition ab, was den meisten Menschen nicht bewusst ist. Will man das nicht, kann man sich einfach von Fall zu Fall gegen eine Überprüfung entscheiden. Das Überprüfen läuft nämlich nicht einfach von allein. Dieser Modus muss gestartet werden, und das passiert sofort, wenn man etwas überprüfen *will*. Dieses Motiv startet also automatisch den Überprüfungsmodus. Der ist manchmal störend und manchmal lebenswichtig!

Würden wir diesen Modus niemals nutzen und unserem Herzen zu 100 Prozent folgen, würden wir in etwa fünf Prozent aller Fälle in die falsche Richtung laufen. Das „Herz" kann sich also sehr wohl irren! Schauen wir uns dazu einmal ein einfaches Beispiel an.

Stell dir einmal vor, du würdest eine Flugreise nach Thailand machen. Du kommst aus dem Flughafengebäude, wo der Fahrer des Shuttle-Busses bereits wartet, der dich zum Hotel bringen wird. Und dieser Fahrer ist *unfassbar freundlich*. Dann kommst du am Hotel an, wo ein Kofferträger dir mit deinem Gepäck behilflich ist. Und auch dieser Kofferträger ist *unfassbar freundlich*. Du gehst dann an die Rezeption, um einzuchecken, und was soll ich sagen, die Rezeptionistin ist ebenfalls *unfassbar freundlich*. Was denkt dein „Herz" nun über die Thailänder? Logisch – die sind *alle* unfassbar freundlich. Du schließt also ohne nachzudenken von drei Menschen auf eine ganze Nation.

Es versteht sich von selbst, dass solche „Herz-Entscheidungen“ nicht immer richtig sein können. Doch der Clou ist, dass sie in 95 Prozent aller Fälle tatsächlich stimmen, was angesichts solcher vorschnellen Generalisierungen schon fast unglaublich ist.

Unserer Intuition genügen bereits einige wenige ähnliche Ereignisse, und sie leitet daraus allgemeingültige Regeln für das gesamte Leben ab. Genau das ist auch dafür verantwortlich, warum es in der Esoterik so unfassbar viele fragwürdige Halbwahrheiten gibt. Sie wurden einfach nie mit dem Verstand überprüft, nicht zuletzt weil man den Verstand ja häufig komplett verteufelt hat.

Ich will hier keine schlechte Stimmung machen, aber es ist schlicht und ergreifend falsch, immer seinem Herzen zu folgen. Viele Menschen haben aus dieser falschen Halbwahrheit eine Lebensweise gemacht und rennen ständig von einer Katastrophe in die nächste. Sie leben zum Beispiel in einer glücklichen Beziehung, haben eine Familie gegründet usw. Doch plötzlich sagt ihr „Herz“ (was durchaus auch mal die Hose sein kann), dass es sich zu einem anderen Menschen hingezogen fühlt. Und schon folgen sie ihrem Herzen und zerstören ihre Beziehung für ein flüchtiges Abenteuer. Spirituelle Seminare sind voll von Menschen, die sich auf diese Weise immer weiter „reingeritten“ haben.

Manche Menschen bedrängen andere auch regelrecht oder stalken sie sogar, weil ihr Herz ihnen gesagt hat, dass dieser Mensch ihr Seelenpartner sei und sie deshalb füreinander geschaffen seien. Und wenn das Herz das sagt, dann *muss* man dem natürlich Folge leisten – auch dann, wenn der andere Mensch die Stimme seines Herzens wohl offensichtlich nicht richtig hören kann, denn sonst würde er ja merken, dass man zusammengehört. Stattdessen erwirkt er eine einstweilige Verfügung gegen seinen Stalker. Und das nur, weil er die Stimme seines Herzens nicht hören kann!

Du kannst dir nicht vorstellen, wie viele Menschen mit solchen Überzeugungen ich bereits in meinen Seminaren hatte. Sie konnten von ihren Wahn nicht loslassen, weil sie gelernt hatten, dass das Herz in

100 Prozent aller Fälle Recht habe. Und sie wollten von diesem Glauben auch nicht loslassen, denn er gab ihnen emotionalen Halt. Sie fühlten sich sicher, da sie sich ja auf ihr Herz verlassen konnten. Doch das konnten sie in Wirklichkeit eben nicht.

Natürlich wäre es schön, wenn wir eine Instanz in uns hätten, die uns immer mit hundertprozentiger Sicherheit sagen könnte, was richtig ist. Doch die gibt es eben einfach nicht in dieser menschlichen Existenzform. Wir haben uns bewusst von der Allwissenheit abgetrennt, weil wir genau diese Erfahrung machen wollten, die einem allwissenden Wesen verwehrt ist. Der Sinn des Lebens besteht genau in der Erfahrung dieser Unsicherheit, die daraus folgt, dass wir weder unserem Verstand noch unserer Intuition völlig blind folgen können. Fehler sind so oder so einfach nicht vermeidbar. Doch die größten Fehler machen wir, wenn wir entweder unserem Verstand oder unserer Intuition blind folgen, denn beide können sich irren. Am besten fahren wir, wenn wir beide Seiten sinnvoll einsetzen, sodass sie sich gegenseitig ergänzen können.

Folge daher nicht blind der Stimme deines Herzens. Es kennt in 95 Prozent aller Fälle den Weg zu deinem persönlichen Glück, aber eben leider nicht in 100 Prozent. Für die restlichen fünf Prozent hast du einen leistungsfähigen Verstand, den du auch einsetzen sollest. Triff wichtige Entscheidungen daher einfach mit *Herz und Verstand*!

Hier noch einmal die drei Fragen für deinen begründeten Zweifel:

1. Kann ich wirklich definitiv wissen, dass meine alte Sichtweise wahr ist?
2. Warum kann ich das nicht definitiv wissen?
3. Was spricht dafür, dass es auch anders sein könnte?

Halbwahrheit Nr. 49: Gib dem Negativen keine Energie!

Damit ist gemeint, dass man dem Negativen keine Aufmerksamkeit geben sollte, denn die Energie folgt der Aufmerksamkeit. Auch diese Halbwahrheit ist natürlich wieder zur Hälfte wahr. Denn zum einen verstärkt unsere Aufmerksamkeit unsere entsprechenden Gefühle, und zum anderen bestimmt sie auch unsere Realitätsauswahl. Es ist logisch, dass man da schnell wieder auf die Idee kommen kann, das Negative einfach nicht wahrnehmen zu wollen. Doch so funktioniert das leider nicht!

Unsere Aufmerksamkeit wird nicht allein von unserem Bewusstsein bestimmt. Unsere unbewussten Verhaltens-, Denk-, Gefühls-, Identitäts- und Kollektivmuster tun das ebenfalls – und zwar wesentlich stärker als unser Bewusstsein.

Wenn es zum Beispiel auf deiner Arbeit Gerüchte gibt, dass deine Firma die Hälfte der Belegschaft entlassen will, dann kannst du gerne mal versuchen, diese negative Nachricht zu ignorieren, um ihr keine Energie zu geben. Solange du beispielsweise noch Ängste oder Sorgen als Muster in deinem Gehirn trägst, wirst du dir auch unbewusst über deine finanzielle Zukunft Sorgen machen. Diese Gerüchte werden daher Existenzängste auslösen. Wenn du diese wahrnimmst, kannst du die zugrunde liegenden Muster einfach in Ordnung bringen und so deine Wahrnehmung tatsächlich ändern. Aber wenn du die negativen Nachrichten einfach nur ignorieren willst, damit sie bloß nicht noch mehr negative Energie bekommen, dann wirst du sofort in einen inneren Konflikt geraten. Denn du kämpfst gegen dich selbst. Auf der einen Seite machst du dir Sorgen und suchst unbewusst nach einer Lösung, auf der anderen Seite bekämpfst du dann diese Lösungssuche, weil du ja dem Negativen keine Energie geben willst.

Veranschaulichen wir diesen Prozess einmal mit einer Metapher. Wenn du vor einem Spiegel stehst und dem Negativen keine Energie geben willst, dann schaust du dir deinen Hüftspeck lieber nicht an. Doch dadurch wird er ganz sicher nicht verschwinden! Denn in Wirklichkeit schaust du unbewusst weiterhin auf deinen Hüftspeck, wenn er dich stört. Wir schauen immer auf das, was uns stört, weil wir instinktiv etwas dagegen unternehmen wollen. Und würde der Hüftspeck dich nicht stören, dann würdest du ihn gar nicht als negativ beurteilen. Und dann müsstest du auch nicht wegschauen.

Das Ignorieren oder Wegschauen ist daher in der Praxis keine funktionierende Lösung. Es funktioniert einfach nicht, weil das Negative, das man nicht sehen will, eben kein eigenständiges Lebewesen ist, das man über Ignoranz oder Ablehnung loswerden kann.

Aber zur Hälfte ist dieses Postulat natürlich wie gesagt trotzdem wahr. Wir haben nämlich einen Einfluss auf unsere unbewussten Muster. Nutzt man diesen Einfluss sinnvoll, kann man seine negativen Muster abschwächen, was schon einmal gut ist. Aber man kann sie dadurch nicht tatsächlich verändern. Man kann diese Halbwahrheit also in einem gewissen Maß sinnvoll nutzen. Aber viele Menschen sehen sie als Generallösung an. Wann immer etwas Negatives auftaucht, lenken sie sich schnell ab, und wenn das nicht so leicht gelingen will, weil ein Gesprächspartner zum Beispiel ständig weiter darauf herumreitet, dann versuchen sie wenigstens, das Negative zu bagatellisieren.

Dies sorgt sehr häufig für große gesellschaftliche Probleme oder auch Probleme in der Partnerbeziehung. Stell dir nur wieder einmal vor, wie *Ernst* mit dieser Halbwahrheit umgehen würde. Ernst hat sich ja eine Partnerin gesucht, die eine Lernaufgabe für ihn darstellt. Gehen wir einmal davon aus, dass sie die Sachlage daher komplett gegensätzlich sieht wie Ernst, was übrigens bei sehr vielen Partnerschaften der Fall ist, bei denen einer vor beiden das Negative nicht sehen will.

Es gibt also ständig Streit in der Beziehung von Ernst, weil seine Partnerin der Meinung ist, man müsse sich auch die Missstände auf dieser Welt anschauen, denn sonst könne sich ja nichts ändern, wenn niemand etwas tue, weil alle das Negative nur ignorieren wollten.

Ernst wiederum will seine Partnerin davon abhalten, sich ständig in irgendetwas Negatives hineinzusteigern und damit alles nur noch schlimmer zu machen.

Gehen wir einmal davon aus, Ernst und seine Frau hätten Kinder. Was glaubst du, was da los wäre?! Die armen Kinder wüssten überhaupt nicht mehr, was richtig ist. Möglicherweise würden sie dann irgendwann zu Drogen greifen, was Ernst natürlich nicht sehen will, denn er will ja dem Negativen keine Energie geben. Seine Frau würde jedoch eine Vollkrise bekommen, wenn Ernst die Wahrheit offensichtlich nicht wahrhaben will. Und Ernst glaubt sogar, dass seine Frau eine Mitschuld daran trägt, dass seine Kinder Drogen nehmen, weil sie ja diesem negativen Umstand so viel Energie gibt.

Wenn Menschen wie Ernst auf Menschen wie seine Partnerin treffen, gibt es immer sofort Probleme, denn beide Seiten fühlen sich von der Vorgehensweise des anderen unverstanden, gestört oder sogar geschädigt. Ernst glaubt ja, dass er das Problem mit der Drogensucht seiner Kinder lösen könnte, würde seine Frau nur mal aufhören, ihn ständig wieder auf diesen Punkt aufmerksam zu machen. Er würde diesem negativen Umstand einfach keine Bedeutung mehr zumessen, und damit würde das Negative ganz von allein wieder verschwinden. Davon ist Ernst überzeugt.

Doch diese Überzeugung ist ein Irrglaube! Ernst kann nicht die Realität für seine Kinder auswählen. Jeder Mensch wählt seine eigene Realität aus. Wir beeinflussen uns dabei lediglich in unserer Wahrnehmung. Daher haben wir einen großen Einfluss aufeinander, aber der geht nicht so weit, dass sich bei anderen Menschen nur das manifestiert, was *wir* wahrnehmen. Ganz abgesehen davon macht Ernst sich unbewusst natürlich sehr wohl Sorgen um seine Kinder, was seine Realität (und indirekt auch die seine Kinder) sogar stärker beeinflusst als sein bewusstes Denken.

Natürlich könnte sich auch das Verhalten von Ernsts Frau negativ auf die Kinder auswirken, wenn sie sich massiv in ihre Vermeidungsmotivation hineinsteigern würde. Denn wann immer unsere Gefühle *zu stark* werden, reagieren wir unangemessen. Sie würde den Kindern dann beispielsweise heftige Vorwürfe machen, was diese jedoch nicht dazu bewegen würde, von den Drogen abzulassen, sondern sie eher in einen Verteidigungsmodus bringen würde.

Der beste Weg liegt also wieder einmal in der Mitte, wie Buddha es vor 2500 Jahren bereits gelehrt hat. Weder Ernst noch seine Frau wären mit ihrer extremen Einstellung auf einem guten Weg.

Es wäre daher besser, die eingangs genannte Halbwahrheit ein wenig umzuformulieren: „Gib dem Negativen nicht mehr Energie, als tatsächlich sinnvoll ist!"

Hier noch einmal die drei Fragen für deinen begründeten Zweifel:

1. Kann ich wirklich definitiv wissen, dass meine alte Sichtweise wahr ist?
2. Warum kann ich das nicht definitiv wissen?
3. Was spricht dafür, dass es auch anders sein könnte?

Halbwahrheit Nr. 50: Wenn die rote Lampe im Auto leuchtet, sollte man das Motoröl wechseln und nicht die Lampe rausschrauben

Diese Halbwahrheit soll ausdrücken, dass es sinnvoller ist, sich um die tatsächlichen Ursachen eines Problems zu kümmern, als lediglich die Symptome zu beseitigen. Sie wird insbesondere in Bezug auf Krankheiten sehr häufig vertreten und ist spontan sehr einleuchtend. Entgegen dieser gefühlten Plausibilität ist es jedoch tatsächlich *nicht* so, dass man zur Beseitigung einer Krankheit unbedingt ihre Ursachen ergründen muss.

Um dem auf den Grund zu gehen, schlage ich vor, dass wir uns einmal das bereits kurz erwähnte Phänomen der multiplen Persönlichkeit etwas genauer anschauen. Es gibt Menschen, die zwischen mehreren völlig verschiedenen Persönlichkeiten wechseln – und das beschränkt sich nicht auf ihren Charakter, sondern schließt auch den Körper ein. So gibt es Betroffene, die in der einen Identität eine lebensgefährliche Allergie oder sehr schlimmes Asthma haben und in der anderen überhaupt nichts dergleichen. Einige haben Diabetes und müssen Insulin spritzen, sind aber in einer anderen Identität völlig gesund.

Die meisten multiplen Persönlichkeiten haben in ihrer Kindheit schwere traumatische Erfahrungen erlitten. Um diese Erfahrungen nicht mehr aushalten zu müssen, wechseln sie in ein komplett anderes Selbst. Sie denken dann anders, fühlen anders und haben eine andere Persönlichkeit. Sie teilen sich einzig den physischen Körper.

Multiple Persönlichkeiten zeigen damit auf, dass die emotionalen oder mentalen Ursachen von Erkrankungen nicht zwangsläufig aufgearbeitet werden müssen, um gesund zu werden. Bei den „Multis", wie sie auch liebevoll genannt werden, gibt es einfach mehrere verschiedene Unterbewusstseine, die sie verwenden können. Wenn ein Multi sein Unterbewusstsein wechselt, lenkt er seine Aufmerksamkeit auf ein komplett anderes Paket an mentalen, emotionalen und

Identitätsmustern. Er wechselt in einen anderen Mental-, Emotional- und Identitätskörper. Mit „wechseln" meine ich, dass er seinen bisherigen Denk-, Gefühls-, Identitäts- und Kollektivmustern keine Aufmerksamkeit mehr schenkt, sondern nun völlig andere wahrnimmt.

Diejenigen Muster, die zuvor zum Beispiel eine Allergie oder Diabetes hervorgebracht haben, liegen nun einfach brach, weil sie keine Aufmerksamkeit mehr bekommen. Stattdessen fließt die Energie in Musterspeicher, die nichts mit den vorherigen Krankheiten zu tun haben. Die Krankheit verursachenden Muster dürfen also einfach nur keine Aufmerksamkeit bekommen, dann wirken sie sich auf den physischen Körper auch nicht mehr aus.

Diese Phänomene beziehen sich jedoch nicht nur auf die Gesundheit. Es gibt Multis, die in der einen Persönlichkeit extrem geschickt sind, und in der anderen Identität können sie keine Glühbirne wechseln. Manche sind in der einen Identität äußerst attraktiv und in der anderen totale Mauerblümchen. In der einen total glücklich, in der anderen depressiv. In der einen Identität total musikalisch, in der anderen genau das Gegenteil. In der einen topfit und sportlich, in der anderen völlig außer Atem, wenn sie nur eine kurze Treppe hinaufgehen. In der einen sprühen sie vor Leben, in der anderen stehen sie kurz vorm Tod. Es gibt hier tatsächlich fast nichts, was es nicht gibt. Es gibt sogar Multis, die innerhalb von Sekunden ihre Augenfarbe wechseln, wenn sie in eine andere Identität schlüpfen.

Eine interessante Frage, die multiple Persönlichkeiten aufwerfen, lautet: Hat das etwas mit Heilung zu tun, was bei diesen Menschen passiert, wenn sie ihre Persönlichkeit wechseln und dann beispielsweise eine Allergie weg ist? Und wie nennt man es dann, wenn sie wieder zurückwechseln und ihre Allergie wieder haben? Der Begriff „Heilung" scheint hier irgendwie nicht zu passen. Mehr noch: *Die Multis stellen den Begriff „Heilung" sogar grundsätzlich infrage!* Was bei den Multis passiert, überschreitet die Grenze von dem, was viele

Menschen glauben können. Und doch sind all diese Phänomene wissenschaftlich gesicherte Tatsachen.

Spirituell lässt sich das Phänomen der multiplen Persönlichkeit recht anschaulich erklären. Du hast sicherlich schon einmal Bilder von unserer Aura mit ihren einzelnen Schichten gesehen. Das ist unser *nichtphysisches* Selbst. So wird es von den meisten Menschen gesehen. Doch diese Aura ist in Wirklichkeit nur ein winziger Ausschnitt aus unserem multidimensionalen Selbst, den wir eben gerade mit dem Fokus unserer bewussten und unbewussten Aufmerksamkeit beleuchten und dem wir damit Energie geben.

Unsere multidimensionale Aura kann man sich wie eine energetische Säule vorstellen – und zwar eine extrem hohe Säule! Sie reicht von den dunkelsten Niederungen der physischen Welt bis ins allumfassende Urbewusstsein, in dem nur noch reines Licht ohne jede Form existiert. Wir nehmen von dieser Säule jedoch nur einen kleinen Ausschnitt wahr – eben den, der sich gerade im Fokus unserer bewussten oder unbewussten Aufmerksamkeit befindet.

Um das zu veranschaulichen, stell dir bitte einmal vor, außerhalb dieser Säule befände sich ein großer Suchscheinwerfer, der die multidimensionale Säule deines Selbst an einer bestimmten Stelle mit seinem relativ schmalen Lichtkegel beleuchtet. Stellen wir uns diese Säule einfach einmal als Nebelsäule vor. Die Stelle in dieser Nebelsäule, die von unserem Scheinwerfer angeleuchtet wird, erscheint uns dann als unsere Aura. Und da unsere Nebelsäule mehrere Schichten hat, nehmen wir auch mehrere Schichten unserer Aura wahr.

Die Multis verfügen offensichtlich über die Fähigkeit, genau diesen Scheinwerfer nach oben oder unten zu verschieben und damit eine höhere oder niedrigere Stelle unserer multidimensionalen Aura zu aktivieren. *Hier wird also keine Energie transformiert, und es werden auch keine Muster geändert. Es wird einfach ein anderes Komplettpaket an mentalen, emotionalen, kollektiven und Identitätsmustern ausgewählt.*

Doch das passiert nicht nur bei den Multis. *Jede* scheinbare Transformation ist, aus der multidimensionalen Perspektive betrachtet, nur eine Auswahl. Um es auf den Punkt zu bringen: *Unsere herkömmliche Vorstellung von Transformation ist ein Irrtum.* Alle Muster, die es jemals gab und jemals geben wird, waren immer schon vorhanden. Du erinnerst dich sicherlich: Es gibt keine echte Zeit.

Am einfachsten kann man dies anhand der mentalen Muster nachvollziehen. Mentale Muster sind *Sichtweisen*. Und unsere Sichtweisen können wir ändern! Doch sind die alten Sichtweisen dabei nicht weg. Wir nehmen sie nur nicht mehr ein, wenn wir glauben, es besser zu wissen. Aber natürlich könnten wir jederzeit auch wieder die alte Sichtweise annehmen. Sie ist ja nicht tatsächlich transformiert worden, wenn wir eine bessere Sichtweise angenommen haben. Sie wurde einfach ausgetauscht!

Und so sieht das mit allen Mustern auf allen Ebenen unseres Selbst aus. Nirgendwo werden tatsächlich Muster transformiert oder verändert, sie werden immer nur durch andere ausgetauscht. Der Fokus deiner Aufmerksamkeit wird in Bezug auf ein bestimmtes Muster lediglich in deiner multidimensionalen Aura nach oben oder unten gelenkt. Das, was du fokussierst, bekommt dann Energie und wird aktiviert, und die Muster, die du nicht mehr beobachtest, werden abgeschaltet. Das fühlt sich dann an wie eine Transformation, weil sich ja im Fühlen und Denken etwas geändert hat, ist aber doch eine *Auswahl*.

Das ist im Prinzip der gleiche Prozess, mit dem auch die Zellen in unserem Körper reguliert werden. Wir haben, wie bereits erläutert, einen zwei Meter langen DNS-Strang in unseren Zellen – und zwar in jeder Zelle den gleichen! Unsere vielen verschiedenen Körperzellen unterscheiden sich nur deshalb, weil in jeder Zellart ein unterschiedlicher Abschnitt der DNS abgelesen wird. Bei einer sogenannten Zellregulation wird dieser Abschnitt durch bestimmte Neurotransmitter verschoben. Letztendlich wird dabei also der Fokus der

Aufmerksamkeit verschoben. Es werden also andere Informationen *ausgewählt*. Auch hier findet keine wirkliche Transformation statt.

Unsere multidimensionale Aura funktioniert also im Grunde genauso wie die DNS. Hier können wir einfach den Fokus verschieben, sodass andere Informationen in der Aura abgelesen werden. Da muss gar nichts transformiert werden.

Die meisten Menschen haben einen sehr starken Glaubenssatz, dass die Ursachen von Erkrankungen gefunden und transformiert werden *müssen* und dass es dann noch eine Weile braucht, um zu heilen. Die Multis geben uns jedoch klare Hinweise darauf, dass keine Ursache gefunden – ja noch nicht einmal transformiert werden muss! Dieser Glaubenssatz ist eine unnötige Einschränkung, wenn es darum geht, unsere Gesundheit zu gestalten. Heilung ist tatsächlich nur ein mentales Konzept!

Der Wissenschaftler Gregg Braden hat 2007 bei einem Vortrag in Mailand eine Video-Aufnahme gezeigt, bei der drei dafür ausgebildete Praktizierende einen acht Zentimeter großen Krebstumor bei einer Patientin verschwinden ließen – und zwar ohne diese Frau anzufassen oder sie irgendwie zu behandeln. Das Verschwinden dieses Tumors wurde in Echtzeit mit einer Ultraschalluntersuchung überwacht und dauerte nicht einmal drei Minuten. Die Patientin war dabei die ganze Zeit bei Bewusstsein.

Ich kann nicht mit Bestimmtheit sagen, ob diese Aufnahmen authentisch waren, die Gregg Braden da vorgeführt hat. Aber wenn sie echt waren, dann wurde hier nicht im üblichen Sinne des Begriffes geheilt. Die drei Praktizierenden konzentrierten sich nur auf den gesunden Zustand und erzeugten in sich selbst das Gefühl, dass der Tumor bereits geheilt sei. Die Patientin ließ sich unbewusst von der kollektiven Energie dieser drei Männer beeinflussen, wodurch sie ihre Wahrnehmung dann ebenfalls auf den gesunden Zustand fokussierte. Es war daher eine Manifestation und keine Heilung im herkömmlichen Sinne.

Heilung ist der Prozess, wie sich ein krankhafter Zustand zum gesunden Zustand transformiert. Nennen wir den kranken Zustand zur Vereinfachung „A" und den gesunden Zustand „B". Heilung bezeichnet den Weg von A nach B – also nicht das *Ziel*, sondern den *Prozess*, bei dem sich A in B transformiert. Die wenigsten Menschen können glauben, dass man A oder B einfach *auswählen* kann und A gar nicht in B transformieren muss. Dennoch ist es so, wie multiple Persönlichkeiten aufzeigen. Der Glaube an die Notwendigkeit einer Transformation ist nur ein Glaubenssatz, also ein mentales Konzept, das wir für wahr halten. Und solange wir es für wahr halten, kommen uns sogenannte *Wunderheilungen* irreal vor.

Geht man jedoch davon aus, dass wir genau wie die Multis sowohl den krankhaften als auch den gesunden Zustand auswählen können, dann sind Wunderheilungen eigentlich gar keine Heilungen mehr, sondern spontane Wahrnehmungsveränderungen. Statt A wird spontan B als Realität wahrgenommen. Und A wird dabei *nicht* in B transformiert!

In meiner Akademie befassen wir uns deshalb nicht mit Heilung. Wir gestalten unsere körperliche Gesundheit in der Sprache der Intuition so, dass sie uns ein helles, leichtes, weites und lebendiges Leben ermöglicht. Was das im Einzelnen genau bedeutet, überlassen wir der Matrix. Sie kann das besser als wir. Es kann sein, dass es Gesundheit bedeutet, aber es kann auch sein, dass man nur einen besseren Weg findet, um mit seiner Krankheit gut zu leben. Es kann sein, dass der Körper seine eigenen Kräfte mobilisiert, es kann aber auch genauso gut sein, dass man sich die Unterstützung anderer Menschen wie beispielsweise die von Ärzten manifestiert. Das lassen wir alles komplett offen, sonst begrenzt man unnötig seine Möglichkeiten. Uns interessiert wie gesagt nicht das mentale Konzept der Heilung, sondern das Endergebnis.

Ich weise daher immer explizit darauf hin, dass die Anwendung meiner Methode weder bei psychischen noch bei körperlichen Krankheiten eine medizinische Behandlung ersetzen kann. Denn wir bestimmen wie gesagt immer nur, dass das Endergebnis leicht, weit, hell und lebendig ist. Welche Wege die Matrix dann wählt, um diese Realität zu gestalten, und ob das überhaupt Heilung bedeutet, wissen wir nicht. Die Heilung liegt daher nicht in unserer Hand. Wenn die Matrix diesen Weg wählt, dann passiert es entweder einfach, oder man trifft auf den richtigen Arzt, Heiler oder Therapeuten, den man sich auf diese Weise gestaltet hat.

Ich rate daher immer dringend davon ab, wegen meiner Methode auf notwendige ärztliche Behandlung zu verzichten, diese ohne Absprache mit dem Arzt zu unterbrechen oder sie zu verzögern. Das wäre wirklich töricht, denn genau diese Behandlung hat man sich möglicherweise gestaltet, um ein leichteres, helleres, weiteres und lebendigeres Leben zu führen.

Die Matrix geht immer die Wege, die jedem Beteiligten seine Glaubenssätze, seine Emotionen und seine Identität widerspiegeln. Wenn man also tief in seinem Inneren an die Notwendigkeit von Heilung glaubt, um von A nach B zu kommen, dann ist es ratsam, die Matrix diesen Weg auch gehen zu lassen. Man wird daher auf die richtigen Heiler oder den richtigen Arzt treffen oder seine eignen Heilungskräfte mobilisieren, wenn man sich mit meiner Methode Gesundheit gestaltet hat.

Grundsätzlich wissen wir also weder, wie der Übergang von A nach B ablaufen wird, noch wissen wir, ob sich die Gesundheit letztendlich auf der stofflichen Ebene überhaupt manifestieren wird. Wir wissen nur, dass sich alles so entwickeln wird, dass es für den Anwender ein Maximum an Leichtigkeit, Licht, Weite und Lebendigkeit ins Leben zieht.

Heilung ist ein Konzept, an das die Menschen in unserer Kultur leichter glauben können, um einen Zustand von A nach B zu verändern. Dass man A oder B einfach jederzeit auswählen kann, können wie gesagt nur sehr wenige Menschen in unserer Kultur tatsächlich glauben.

Die Manifestation von Gesundheit ist etwas völlig anderes als die Heilung von Krankheiten. Beide Wege verfolgen zwar die gleiche Zielsetzung, sind aber von der Vorgehensweise her völlig gegensätzlich. Beide Wege funktionieren, aber aufgrund der gegensätzlichen Vorgehensweisen ist es von elementarer Bedeutung, diese beiden Wege nicht zu vermischen!

Um aufzuzeigen, wie beide Wege aus der Sicht der Realitätsgestaltung funktionieren, möchte ich zunächst noch einmal an die Essenz der Realitätsauswahl erinnern, die da lautet: *Wir wählen die Realität durch den Fokus unserer Aufmerksamkeit und unsere Wahrnehmungsfilter aus.*

Das Finden und Lösen von Krankheitsursachen hat sich in der Praxis als funktionierende Behandlungsmethode für Krankheiten erwiesen – und das, obwohl sowohl Patient als auch Arzt bei der Suche nach den Krankheitsursachen erst einmal komplett auf das Negative ausgerichtet sind. Bei einigen Behandlungsmethoden kennt man deshalb auch die sogenannte *Erstverschlimmerung*. Doch sobald die Ursache bewältigt ist, erwarten sowohl Arzt als auch Patient eine Verbesserung der Gesundheit, wodurch die Aufmerksamkeit dann in Richtung Gesundheit verlagert wird und sich gemäß der besagten Essenz der Realitätsauswahl Gesundheit manifestieren kann.

Aber nicht nur das Finden der Ursachen lenkt letztendlich die Aufmerksamkeit auf die Gesundheit. Auch Symptombehandlungen können dazu beitragen. So kann beispielsweise eine Schmerztablette dafür sorgen, dass man die Aufmerksamkeit leichter vom Schmerz und damit von der Krankheit lösen kann, wodurch oft ein Teufelskreis durchbrochen wird. Schauen wir uns dazu beispielsweise einmal das Phänomen der Rückenschmerzen an. Wenn unser Rücken schmerzt, dann verspannen sich automatisch unsere Muskeln. Und wenn sich die Muskeln verspannen, dann drücken sie auf unsere Schmerznerven. Der Schmerz wird also stärker, was dafür sorgt, dass sich unser Rücken noch mehr verspannt, was den Schmerz erneut verstärkt usw.

Natürlich fällt es mehr als schwer, solch starken Schmerzen dann keine Aufmerksamkeit mehr zu schenken. Man ist daher in einem Teufelskreis gefangen. Und hier kann eine einfache Symptombehandlung mit einem Schmerzmittel den Ausstieg aus diesem Teufelskreis bedeuten. Die Ursachen müssen übrigens häufig auch hier nicht behandelt werden – es sei denn, der Patient ist davon überzeugt, dass eine Symptombehandlung nichts bringt, weil die Ursachen ja noch nicht gelöst sind. Dann fokussiert dieser Patient trotz der Schmerzlinderung seine Aufmerksamkeit weiterhin auf die Krankheit und manifestiert sie damit weiterhin.

Heilmethoden bewirken also aus der Sicht der Realitätsgestaltung deshalb etwas, weil sie letztendlich die Aufmerksamkeit des Patienten auf die Gesundheit lenken und so Gesundheit manifestiert wird. Das Gleiche gilt natürlich für Placebo-Behandlungen.

Wie bereits erwähnt, empfiehlt der Wissenschaftsbeirat der Bundesärztekammer seit 2011, die Placebo-Behandlung als gleichwertig mit der herkömmlichen Medikation einzustufen. Der wichtigste Punkt beim Placebo-Effekt ist jedoch, dass dabei weder das Symptom tatsächlich behandelt noch die echte Krankheitsursache gelöst wird. Placebo-Forschungen zeigen also sehr deutlich auf, dass es tatsächlich *egal* ist, ob die echte Ursache bewältigt wird oder eine erfundene.

So gab es beispielsweise einen „Placebo-Heiler", der jedem Patienten das Gleiche erzählte. Er versetzte sich in eine scheinbare Trance, um in einem angeblichen früheren Leben des Patienten nach der Ursache seiner Erkrankung zu suchen. Heiler und Patient saßen sich bei dieser Meditation gegenüber und hielten sich an den Händen. Der Heiler bat seinen Patienten, ebenfalls in einen Entspannungszustand zu gehen. Und dann schrie er plötzlich nach 10 bis 15 Minuten wie am Spieß: „Überall Blut und gespaltene Schädel!"

Die meisten Patienten erschraken aus ihrer Meditation heraus fast zu Tode, wenn der „Heiler" damit loslegte. Und dann tischte er *allen* Patienten die *gleiche* Horrorgeschichte auf. Natürlich löste er dann dieses „Problem" im früheren Leben, sodass der Patient die Erwartungshaltung annahm, dass er jetzt gesund würde, weil das tatsächliche Problem ja beseitigt war. Und ein Großteil seiner Patienten wurde daraufhin tatsächlich gesund!

Wie bereits erwähnt, gibt es unzählige weitere Fälle erfolgreicher Placebo-Behandlungen, von denen viele auch in wissenschaftlichen Studien protokolliert sind. Auch gibt es viele von Ärzten dokumentierte Einzelfälle, wo Placebos unfassbare Wirkungen hatten. Und ich wiederhole es noch einmal: *Bei diesen Erfolgen wurde weder die tatsächliche Ursache behandelt noch das Symptom!*

Die Placebo-Forschung zeigt damit ebenso wie das Phänomen der multiplen Persönlichkeit, dass es tatsächlich *nicht notwendig* sein kann, die Ursache einer Erkrankung zu finden und zu beheben. Das ist ganz offensichtlich nur ein Glaubenssatz, dem extrem viele Menschen in unserer Kultur anhängen. In anderen Kulturen wird das übrigens teilweise ganz anders gesehen!

Im Gegensatz zu herkömmlichen oder alternativen Heilmethoden befassen wir uns in meiner Akademie überhaupt *nicht* mit Heilung, Krankheiten oder deren Ursachen. Mit meiner Methode kann man nicht heilen – was jedoch nicht heißt, dass man keine Gesundheit manifestieren kann! Wir gehen dazu nur einen völlig anderen Weg. Ob nun dieser spirituelle Weg besser oder schlechter ist als eine medizinische Behandlung, ist meines Erachtens unerheblich, denn man muss sich hier gar nicht entscheiden. Man kann einfach beides parallel tun, was ich auch wärmstens empfehlen möchte.

Überlass also einfach das Behandeln deiner Krankheiten deinem Arzt und kümmere dich parallel dazu selbst um die Manifestation einer guten Gesundheit. Diese beiden Wege schließen sich gegenseitig überhaupt nicht aus. Man sollte sie wie gesagt nur nicht vermischen! Die Manifestation von Gesundheit, wie wir sie in der Akademie mit großem Erfolg betreiben, ist also wirklich kein Ersatz für eine medizinische Behandlung, denn bei der spirituellen Manifestation deiner Gesundheit wirst du dich überhaupt nicht mit der Heilung deiner Krankheiten befassen. Und das ist von elementarer Wichtigkeit!

Denn der Fokus deiner Aufmerksamkeit wird von deinen Absichten und Motiven bestimmt. Und ich denke, es ist nicht schwer zu erraten, worauf sich deine Aufmerksamkeit fokussiert, wenn du eine Krankheit bei dir selbst heilen willst, oder?! Natürlich komplett auf die Krankheit!

Das ist wie gesagt in Ordnung, wenn du von einem Arzt behandelt wirst, weil die Aufmerksamkeit dabei sehr schnell auf die Gesundheit umgelenkt wird. Wenn du aber deine Gesundheit auf spirituellem Wege verbessern willst, dann solltest du doch lieber einen anderen Weg einschlagen. Und das geht nur, wenn du die Heilungsabsicht ablegst! Denn solange diese Heilungsabsicht aktiv ist, wirst du auf die Krankheit fokussiert bleiben.

Überlass deshalb die Heilungsabsicht einfach deinem Arzt und geh parallel dazu den reinen spirituellen Weg zur Manifestation deiner Gesundheit. Um dir ein Gefühl dafür zu geben, wie diese Gesundheitsbildung in der Praxis aussehen kann, möchte ich dir zum Abschluss dieses Buches eine einfache, fünfminütige Gesundheitsmeditation vorschlagen. Dabei solltest du deinen Körper aus der Perspektive deiner Intuition wahrnehmen. Und die nimmt den Körper, wie du weißt, ganz anders wahr als der Verstand. Schauen wir uns das wieder einmal ein wenig genauer an.

Unser Körper – wie auch der Rest der Welt – besteht in Wirklichkeit nicht aus solider Materie, sondern, wie wir aus der modernen Physik seit vielen Jahrzehnten wissen, aus reiner Energie. Der Eindruck von fester Materie entsteht erst in unserem Gehirn und ist eine Illusion. Schaut man in die kleinsten Bestandteile der Materie, dann kommt man nämlich nicht umhin zu erkennen, dass dort in Wirklichkeit nur Energiefelder sind, die uns lediglich als feste Materie erscheinen. Materie ist daher tatsächlich eine Illusion!

Unser Körper ist demnach ein Energiefeld. Und unsere Gesundheit ist ebenfalls eine Energie in unserem Körper. Genauer gesagt ist Gesundheit eine helle, leichte, weite und Kraft spendende Energie. Und die befindet sich überall in unserem Körper – nur nicht dort (oder zumindest nicht in ausreichendem Maße), wo die Krankheit zu finden ist. Denn Krankheit ist die Abwesenheit von Gesundheit!

Nun wäre es aus der Sicht unserer Weltanschauung töricht, seine Aufmerksamkeit auf den Mangel an Gesundheitsenergie zu lenken, denn dadurch würde man unweigerlich den Mangel verstärken. Wir tun daher lieber das Gegenteil! Wir suchen die Stellen in unserem Körper, an denen unsere Gesundheitsenergie so richtig stark ist! Solange mal lebt, trägt man in seinem Körper nämlich noch Gesundheitsenergie – egal wie krank man ist. Es gibt immer noch irgendwo Gesundheitsenergie, sonst wäre der Körper bereits tot. Und diese Energie gilt es zu finden und ihr Aufmerksamkeit zu schenken. Das ist schon alles! Der Rest ergibt sich dann ganz von allein, denn die Energie folgt der Aufmerksamkeit. Das heißt, die Gesundheitsenergie wird automatisch immer stärker, wenn du sie beobachtest oder ihr mit anderen Worten Aufmerksamkeit schenkst.

Bitte sieh bei dieser Meditation davon ab, deine Gesundheitsenergie *willentlich* stärker machen zu wollen, denn das weckt ohne die erforderlichen Kenntnisse, die man in meiner Akademie erst in den Wochen 18 bis 21 erwerben kann, sehr schnell Mangelgefühle. Der Sollzustand (also die stärkere Energie) wird schnell wieder zu einer *Anforderung*. Dadurch wird der Sollzustand unbewusst als Maßstab gesehen. Weniger ist dann für unser Gehirn sehr schnell *zu wenig* – und das bedeutet Mangel, der sich dann natürlich auch körperlich manifestieren kann.

Es genügt also völlig, wenn du deine Gesundheitsenergie in dir findest und sie *beobachtest*. Dadurch wird sie wie gesagt ganz von selbst stärker. Mehr ist nicht zu tun!

Führe die nachfolgende Meditation für ein paar Wochen täglich für fünf Minuten durch. Am besten eignet sich die Zeit vor dem Einschlafen für diese Meditation. Ich bin sicher, du wirst nach wenigen Tagen bereits eine Verbesserung deines körperlichen Wohlbefindens feststellen.

Kurzbeschreibung der Meditation

1. Mach dir bewusst, dass dein gesamter Körper in Wirklichkeit ein Energiefeld ist.

2. Suche die Energie der Gesundheit in diesem Energiefeld. Das kannst du mittels innerer Bilder oder einfach nach Gefühl tun. Wo ist überall Gesundheitsenergie? Du erkennst sie daran, dass sie hell, leicht, weit und Kraft spendend ist.

3. Beobachte diese Energie fünf Minuten lang, ohne sie verändern zu wollen, und schau zu (oder spüre nach), wie diese Gesundheitsenergie durch deine Aufmerksamkeit automatisch immer stärker wird und sich ausbreitet.

4. Falls du eine Krankheit hast und merkst, dass du ab und zu nach der Krankheitsenergie schielst, um zu schauen, ob sie sich schon gebessert hat (oder ob sie überhaupt noch da ist), dann mach dir sofort wieder klar, dass du sie dadurch nur wieder verstärkst. Lass also sofort wieder davon los und fokussiere dich wieder auf die Gesundheitsenergie. Wenn du das oft genug getan hast, wird das von deinem Gehirn automatisiert. Das heißt, du schaust dann automatisch sehr schnell wieder auf die Gesundheitsenergie statt auf die Krankheit.

Versuche aber auf keinen Fall, das Schauen nach der Krankheitsenergie zu *bekämpfen*. Diese Absicht würde deine Aufmerksamkeit nur noch stärker auf die Krankheitsenergie lenken. Denn wenn du etwas bekämpfen willst, dann lenkst du automatisch deine Aufmerksamkeit auf das, was du bekämpfst. Kehre einfach nur immer wieder zur Beobachtung deiner Gesundheitsenergie zurück, wenn du einmal einen unbeabsichtigten Abstecher zur Krankheit gemacht hast. Mit der Zeit wirst du dadurch immer stärker auf deine Gesundheitsenergie fokussiert. Und diese positive Energie wird sich dann von Tag zu Tag immer weiter in dir ausbreiten, sodass irgendwann einfach gar kein Platz mehr für Krankheit ist.

Diese fünfminütige Meditation ist natürlich längst nicht alles, was ich in der Akademie zum Thema Gesundheit lehre. Aber alle Methoden, die wir zur Verbesserung der Gesundheit verwenden, sind auf den gleichen Prinzipien aufgebaut. Genau wie bei der Gesundheitsmeditation empfehle ich auch in den Akademie-Seminaren wärmstens, die spirituelle Manifestation der eigenen Gesundheit gegebenenfalls mit einer medizinischen Behandlung zu kombinieren, denn auf diese Weise kann man die Behandlung der Krankheiten getrost dem Arzt überlassen und sich selbst auf die Manifestation einer guten Gesundheit konzentrieren. Auf diese Weise kannst du sehr einfach Ängste und Sorgen ausschalten, die anderenfalls bewirken könnten, dass du aus vermeintlichen Sicherheitsgründen doch ständig deine Krankheiten beobachtest und sie damit weiterhin manifestierst.

Mir ist bewusst, dass es sehr viele spirituelle Menschen gibt, die eine medizinische Behandlung grundsätzlich ablehnen und sich stattdessen lieber selbst heilen wollen. Doch wie gesagt: Die Absicht der Selbstheilung fokussiert dich sehr schnell auf die Energie der Krankheit! Um Gesundheit leichter manifestieren zu können, hat es sich in der Praxis als sehr viel erfolgversprechender erwiesen, wenigstens aus Sicherheitsgründen einen Arzt aufzusuchen, damit man sich selbst ohne Ängste und Sorgen auf seine Gesundheitsbildung fokussieren kann. Auf diese Weise behältst du einfach alle Trümpfe in der Hand.

Nachwort

Wie du sicherlich bereits vermutet hast, gibt es weit mehr als 50 Halbwahrheiten, die uns das Leben unnötig schwer machen können. Um sie alle zu erfassen, hätte ich vermutlich ein Buch mit mehreren Tausend Seiten schreiben müssen. Und selbst das hätte nicht genügt, da ständig neue Bücher mit nachteiligen Halbwahrheiten auf den Markt kommen.

Ich wollte dir deshalb mit den 50 Beispielen ein Gefühl für nützliche und schädliche Halbwahrheiten vermitteln, sodass du fortan selbst in der Lage bist, diesbezüglich die Spreu vom Weizen zu trennen. Wann immer zum Beispiel etwas *personifiziert* wird, das kein eigenständiges Lebewesen mit eigenem Willen ist, weißt du schon einmal, dass die dazugehörige Halbwahrheit mit Vorsicht zu genießen ist. Ganz egal, wie logisch sie sich anhört, die Personifizierung führt dein Gehirn immer aufs Glatteis, was in der Regel nachteilige Konsequenzen nach sich zieht.

Weiterhin wirst du jetzt sehr viel feinfühliger auf Metaphern reagieren, denn die *scheinbar logische Übergeneralisierung* von Metaphern ist die zweithäufigste Quelle von unsinnigen Halbwahrheiten. Diese Übergeneralisierungen sind zwar nicht immer schädlich, aber sie sind es meistens.

Wer dir auch dabei helfen kann, zukünftig nachteilige Halbwahrheiten besser von nützlichen unterscheiden zu können, ist der liebe *Ernst.* Spiele die Konsequenzen einer spirituellen oder psychologischen Anschauung einfach in Gedanken durch. Stell dir dazu vor, wie Ernst damit umgehen würde! Je mehr Machtlosigkeit, Sinnlosigkeit, Notwendigkeit, Verpflichtung oder Angst eine Halbwahrheit bei diesem Gedankenexperiment beinhaltet, desto kritischer solltest du sie betrachten.

Es gibt noch eine weitere, hervorragende Möglichkeit, mit der du etwa zwei Drittel aller nachteiligen Halbwahrheiten von nützlichen unterscheiden kannst – und zwar durch eine intuitive Überprüfung einer Halbwahrheit im Sprachcode der Intuition. Zwar benötigt man normalerweise einige Stunden Trainingszeit, um den vollständigen Sprachcode von Glaubenssätzen zu erlernen, aber es gibt eine stark vereinfachte Methode, die 99 Prozent aller Anwender sofort ohne jegliche Übung anwenden können. Diese Methode funktioniert zwar wie gesagt „nur" in zwei Drittel aller Fälle, aber aufgrund ihrer Einfachheit sind zwei Drittel eine phänomenale Quote!

Ich habe ein 20-minütiges Video-Seminar aufgenommen und auf YouTube gestellt, mit dem du diese vereinfachte Methode kostenlos erlernen kannst. Gib dazu einfach meinen Namen bei YouTube ein oder den Titel des Videos: „In 21 Tagen zu einem schöneren Leben". Es handelt sich dabei um das Einführungsvideo zu dem bereits erwähnten 21-Tage-Prozess, den ich in meiner Akademie anbiete. Um deine Halbwahrheiten hinsichtlich ihrer Nützlichkeit intuitiv überprüfen zu können, musst du nicht den gesamten 21-Tage-Prozess durchlaufen – die Informationen aus dem Video sollten dafür bereits genügen.

Nachdem du dir das Video angeschaut hast und mit der grundsätzlichen Vorgehensweise vertraut bist, kannst du wie nachfolgend beschrieben vorgehen, um deine Halbwahrheiten zu überprüfen. Diese Vorgehensweise ist übrigens bereits von einigen Tausend Menschen getestet worden. Wir verwenden sie an Tag 11 im 21-Tage-Prozess zur Veränderung von Glaubenssätzen. Es ist also eine bewährte Praxis.

Und so geht es: Du denkst an eine Halbwahrheit, von der du noch nicht weißt, ob sie sich in der Praxis nützlich oder schädlich auswirkt. Dann nimmst du diese Halbwahrheit in der Sprache deiner Intuition erst einmal energetisch wahr – und zwar genauso, wie du es im Video gelernt hast. Dann nimmst du diese Energie und rüttelst sie erst einmal kurz durch. Damit löst sich die Annahme, die den Kern des Glaubenssatzes bildet, von den Hinweisen, welche die Annahme scheinbar bestätigen. Und dann kannst du die Annahme auch schon hochschieben – ebenfalls so, wie du es im Video gelernt hast. Durch das Erhöhen der Energie nimmst du automatisch eine andere Perspektive ein – und zwar eine, die deutlich näher an der sogenannten *reinen Bewusstheit* liegt. Das heißt, du siehst den Glaubenssatz jetzt aus einer höheren Perspektive, wodurch du direkt intuitiv erkennen kannst, ob es ein nützlicher oder schädlicher Glaubenssatz ist.

Das Schöne bei dieser Art der Überprüfung ist, dass dein Gehirn dabei von einem schädlichen Glaubenssatz sofort loslässt und automatisch einen positiveren annimmt. Diese intuitive Überprüfung ist daher gleichzeitig Überprüfung *und* Veränderung.

Ich wünsche dir viel Erfolg mit dieser vereinfachten Methode. Vielleicht sehen wir uns ja einmal in meiner Akademie. Ich würde mich sehr freuen. Ich wünsche dir alles erdenklich Liebe und ein wundervolles leichtes, helles, freies und vitales Leben.

Liebste Grüße

Bodo

Danksagung an meine Leser

Vor ein paar Jahren stellte ich mir einmal die Frage, was aus mir geworden wäre, wenn es meine Leser nicht gegeben hätte. Was hätte ich dann wohl getan? Ich fand keine auch nur annähernd erfüllende Antwort auf diese Frage, aber ich spürte im gleichen Moment so unendlich viel Dankbarkeit für meine Leser und Seminarteilnehmer, dass ich das unmöglich in Worte fassen kann. Ich versuche es dennoch, denn es ist mir einfach ein Bedürfnis.

Oft erwache ich morgens mit dem Gefühl, als lebte ich in einem Märchen. Manchmal habe ich dann auch im ersten Moment Angst, dass ich das alles nur geträumt habe, und will dann lieber gar nicht aufwachen. Aber es ist wahr, und meine Leser haben mir dieses Leben ermöglicht. Sie haben mir schlicht und ergreifend meinen Lebenstraum erfüllt.

Und deshalb möchte ich mich an dieser Stelle von ganzem Herzen bei allen meinen Lesern bedanken. Ich habe mit diesem Buch versucht, ein wenig von dem zurückzugeben, was ich von euch bekommen habe. Natürlich ist das immer noch viel zu wenig – das ist mir bewusst. Es gibt einfach so unendlich viel, was ihr für mich getan habt und wofür ich eine unermessliche Dankbarkeit empfinde.

Für den Glanz in euren Augen, der auf Seminaren schon so oft meine Seele berührt und mir das Gefühl von Erfüllung geschenkt hat. Für den Mut, sich zu trauen, meine Bücher oder Seminare euren Freunden und Bekannten zu empfehlen. Für eure Bereitschaft, den Weg der Ehrlichkeit zu sich selbst mit mir gemeinsam in meinen Seminaren zu gehen. Ich danke euch von ganzem Herzen für eure Begeisterung, eure Anerkennung, eure Liebe!

Als ich vor 37 Jahren als Teenager in meinem Sportverein die Rolle des Mentaltrainers übernahm, hätte ich mir niemals träumen lassen, dass meine Worte irgendwann auf so viele offenen Ohren, Augen und Herzen treffen würden. Und erst recht nicht, dass meine Forschungen und Entwicklungen deutliche Spuren in so vielen spirituellen und psychologischen Bereichen hinterlassen würden.

Ihr habt mich groß gemacht und mir gezeigt, was tatsächlich in mir steckt. Nur durch euch konnte ich der Mensch werden, der ich heute bin. Und glaubt mir, ich habe ganz unten angefangen! Alle Worte dieser Welt sind zu wenig, um meiner Dankbarkeit dafür Ausdruck zu verleihen. Ich kann einfach nur danke sagen, und das nicht oft genug! Danke für die Energie, die ihr mir jeden Tag gebt. Für den finanziellen und zeitlichen Aufwand, den ihr wegen meiner Worte auf euch nehmt, und für so vieles mehr.

Ohne euch hätte ich ein „normaler" Trainer werden müssen. So konnte ich jedoch meinen absoluten Traumberuf als Entwickler verwirklichen. Ich hoffe daher wirklich sehr, dass ich mit diesem Buch ein klein wenig von dem Glück, das ihr mir ermöglicht habt, zurückgeben kann. Danke.

Die Bodo Deletz Akademie im Internet

Anfang 2011 gelang es mir nach fast 20-jähriger Forschungs- und Entwicklungszeit, den Sprachcode unserer Intuition zu entschlüsseln, was im Selfcoaching völlig neue Möglichkeiten eröffnete. Meine Akademie ist das Resultat dieser Entwicklung. Sie bietet ein ausgeklügeltes Lernprogramm zur Entwicklung und Förderung sehr bedeutender Kommunikationsfähigkeiten mit dem eigenen Gehirn. Mithilfe dieser intuitiven Kommunikation ist die systematische Verwirklichung sehr großer Lebensziele möglich. Auf dem Unterrichtsplan stehen beispielsweise eine Verbesserung der Gesundheit, inneres Glück, eine außergewöhnlich glückliche Partnerbeziehung, bedingungslose Eigenliebe, allumfassende Liebe, Erfolg, Wohlstand, spirituelle Entwicklung und vieles mehr.

Dazu werden zwei Programme angeboten:

1. Der 21-Tage-Prozess, bei dem es vorwiegend um die Gestaltung der persönlichen Realität und die Korrektur unguter Halbwahrheiten geht.

2. Das 52-Wochen-Programm, dessen Ziel es ist, alle Muster, die man in seinem Gehirn trägt, auf ein sehr hohes positives Niveau zu bringen.

Ausführliche Infos findest du hier: **bodo-deletz-akademie.de**

Eine Reihe von kostenlosen Video-Seminaren und Interviews findest du auf meinem YouTube-Kanal. Gib dazu einfach **Bodo Deletz** bei YouTube ein, dann werden dir alle Videos aufgelistet.

Weitere Bücher von mir findest du auf den nachfolgenden Seiten.

Das beste Buch der Welt gegen Liebeskummer und schlechte Stimmung

Michael, unsterblich verliebt und von Selbstzweifeln zerfressen, hat nur von einem genug im Leben: nämlich von Problemen. Er trifft im Ella-Camp auf Mary, die ihm die Geschichte eines Wesens erzählt, das aus einer anderen Welt auf die Erde gekommen ist, um das Menschsein zu erlernen. Dabei muss es zunächst einmal lernen, wie man sich Probleme erschaffen kann – keine leichte Aufgabe für ein Wesen, das so etwas wie Probleme überhaupt nicht kennt!

Ein Buch für alle, die das Wissen über unsere sieben Grundmotive auf humorvolle Weise kennenlernen möchten.

Ein aktionsgeladener Liebesroman als Fortsetzung meines Bestsellers *Mary*

Es gibt Momente im Leben, in denen wir so glücklich sind, dass wir am liebsten die ganze Welt umarmen würden. Egal wie das Wetter ist, für uns scheint die Sonne. Egal wie schwierig anderen eine Aufgabe erscheinen mag, für uns ist sie einfach. Ja, in diesen Paradiessekunden gehört uns die Welt!

In diesem Buch geht es um eine innovative, intuitive Selfcoaching-Methode, mit deren Hilfe man sich in Sekunden in sehr positive Gefühlszustände bringen kann.

In sieben Schritten zum vollkommenen Glück

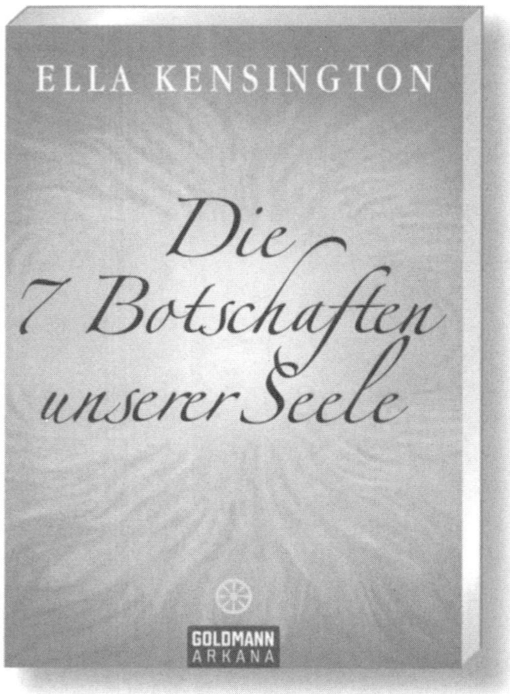

Dies ist die Geschichte zweier Menschen, die auf der Suche nach dem Glück ihrer eigenen Seele begegnen. Von ihr erfahren sie die sieben existenziellen Botschaften und erhalten Schritt für Schritt einen tieferen Einblick in die eigene spirituelle Persönlichkeit. Dieses Buch weist uns den Weg zu jenem wunderbaren Seelenzustand, in dem wir vor Glück zerspringen möchten. Es beinhaltet sehr umfassendes Hintergrundwissen zum Thema Realitätsgestaltung.

Ein atemberaubender spiritueller Thriller

Mysterio ist ein ungewöhnliches Spiel im Internet. Die Spieler erhalten die Möglichkeit, die Gestaltung einer virtuellen Realität aktiv zu beeinflussen. Ein packender Thriller, der eine grundlegende Erkenntnis vermittelt, auf die mittlerweile auch die moderne Naturwissenschaft hindeutet: Glück und Unglück sind keine Produkte des „Zufalls", sondern werden durch unsere eigenen Gedanken geschaffen.

Dieses Buch ist besonders für alle geeignet, die häufig mit dem Gefahrenvermeidungsmodus zu kämpfen haben.

Neue Möglichkeiten im Glückstraining

Dieses Buch wurde ursprünglich geschrieben, um professionellen Trainern und Beratern neue Möglichkeiten aufzuzeigen. Bedingt durch die Einfachheit des Konzeptes wurde jedoch sehr schnell klar, dass es sich ebenfalls für alle Menschen eignet, die sich selbst und anderen zu einem glücklichen Leben verhelfen wollen.

Dieses Sachbuch beinhaltet einen umfassenden Einblick in das Thema Grundmotive und ermöglicht dem Leser ein sehr detailliertes Verständnis seiner menschlichen Instinkte.

Ein Übungsbuch zu den sieben Grundmotiven

Wenn ich als Tennisspieler meinen Aufschlag verbessern will, kann ich trainieren. Wenn ich meine Fähigkeiten als Sänger verbessern will, kann ich üben. Was aber ist, wenn ich glücklicher werden will? Kann ich auch das lernen? Dieses Buch beinhaltet ein sehr effektives Glückstraining, mit dessen Hilfe bereits mehrere Tausend Seminarteilnehmer ihr Glücksempfinden dauerhaft und stabil auf ein sehr viel höheres Niveau bringen konnten.

Ein etwas anspruchsvolleres Übungsbuch für Fortgeschrittene und Autodidakten.

Inhaltsverzeichnis

Bodo Deletz im Internet

Homepage: bodo-deletz-akademie.de

YouTube: youtube.com/user/bododeletzakademie